现代饭店管理

(第四版)

朱承强　童俊　编著

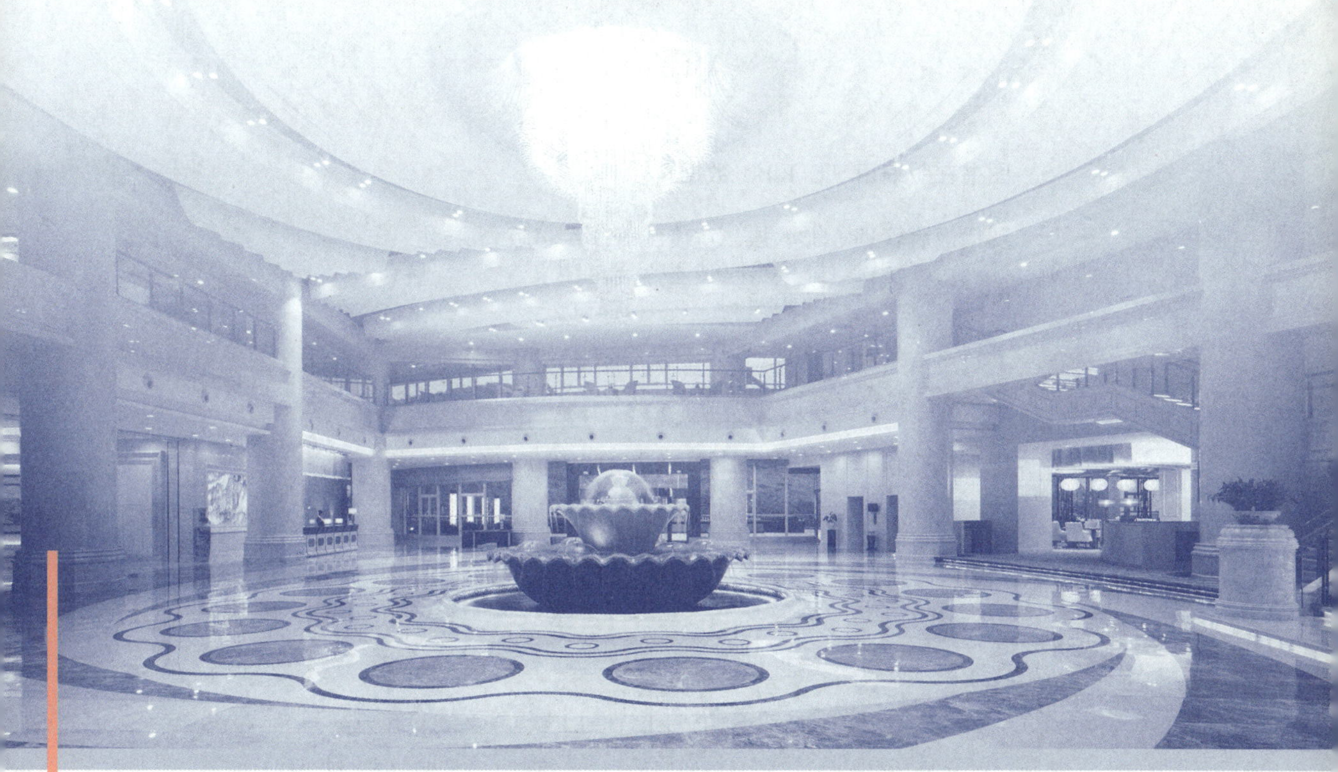

中国教育出版传媒集团

高等教育出版社·北京

内容提要

本书为"十四五"职业教育国家规划教材，也是国家级精品课程的配套教材。

本书围绕现代饭店的运营过程，从饭店的经营理念与实践、战略模式与选择、投资与决策分析、组织与机构设置、市场营销策划与实施、收益管理方法与技巧、服务质量测定与控制、人力资源开发与管理及绩效评价体系与分析等方面，系统地阐述了现代饭店管理的原理、内容和方法。

本书充分体现了系统性、实用性和创新性的特色。同时，根据教学和企业应用的实际需要，解析了许多中外饭店管理的成功案例。本书既可作为高等职业院校、应用型本科院校、普通高等院校酒店类等相关专业课程教材，也可作为继续教育和旅游行业从业人员的业务参考书。

本书配套建设有教学课件，教师可发邮件至 gaojiaoshegaozhi@163.com 索取。

图书在版编目（CIP）数据

现代饭店管理 / 朱承强，童俊编著. -- 4版. -- 北京：高等教育出版社，2021.6（2023.8重印）
ISBN 978-7-04-055993-4

Ⅰ.①现… Ⅱ.①朱… ②童… Ⅲ.①饭店-商业管理-高等职业教育-教材 Ⅳ.①F719.2

中国版本图书馆CIP数据核字（2021）第061660号

Xiandai Fandian Guanli

| 策划编辑 | 陈 瑛 | 责任编辑 | 陈 瑛 | 封面设计 | 姜 磊 | 版式设计 | 王艳红 |
| 插图绘制 | 于 博 | 责任校对 | 刘丽娴 | 责任印制 | 耿 轩 | | |

出版发行	高等教育出版社	网　　址	http://www.hep.edu.cn
社　　址	北京市西城区德外大街4号		http://www.hep.com.cn
邮政编码	100120	网上订购	http://www.hepmall.com.cn
印　　刷	山东韵杰文化科技有限公司		http://www.hepmall.com
开　　本	787mm×1092mm 1/16		http://www.hepmall.cn
印　　张	22	版　　次	2003年8月第1版
字　　数	500千字		2021年6月第4版
购书热线	010-58581118	印　　次	2023年8月第3次印刷
咨询电话	400-810-0598	定　　价	58.00元

本书如有缺页、倒页、脱页等质量问题，请到所购图书销售部门联系调换
版权所有 侵权必究
物 料 号 55993-B0

第四版前言

《现代饭店管理》教材自出版以来，获得全国旅游高等院校和饭店业界同行的广泛认可，先后两次修订再版，累计发行量达15万册，并荣获上海市"高等学校优秀教材教学成果"二等奖、全国首届旅游专业优秀教材奖，也是上海市级精品课程配套教材、国家级精品课程配套教材、普通高等教育"十五"国家级规划教材和"十四五"职业教育国家规划教材。

本教材的编写以党的二十大精神为指引，落实立德树人的根本任务，积极践行社会主义核心价值观。第四版在基本保留原书体例的基础上，顺应现代饭店业的发展趋势，增加了"饭店收益管理方法与技巧"一章，在"饭店市场营销策划与实施"一章中，为了进一步贯彻落实党的二十大对数字中国战略作出的布署，增补了"互联网营销""移动营销""新媒体营销"的内容，在"饭店服务质量测定与控制"一章中，增补了"饭店服务品质塑造"的内容，力图体现互联网技术在饭店业的应用现状与发展趋势，体现经济时代消费需求的变化及饭店业的发展动态。此次修订还对饭店行业相关资料和数据做了更新和补充，并对全书结构进行了适当的调整，把教材的体系结构聚集在理论延伸与拓展、技术应用与模拟、系统案例分析和技能要点培育等层面上，以更好地体现高等教育教学改革的导向，更好地体现该教材系统性、实用性和创新性的特色。

本教材作者自1985年起在上海旅游高等专科学校、上海师范大学旅游学院、上海杉达学院从事旅游与饭店管理专业教学，先后荣获上海市"高校教学名师""上海市优秀教育工作者""国家级高校教学名师"和"全国旅游系统先进工作者"等荣誉称号。2019年，在中国旅游教育四十年首届五名旅游教育突出贡献人物推荐活动中，荣获"旅游教育突出贡献人物"称号。作者曾在美国、日本和澳大利亚旅游院校留学深造，并曾在国际一流品牌饭店学习与工作，还担任了二十多年的国家级饭店星级评定员，是现代饭店管理国家级精品课程负责人、上海市饭店管理教学团队学科带头人。本教材内容部分源于国内外饭店管理研究成果的提炼，部分源于作者参与饭店管理实践的经验总结。

由于作者水平和时间有限，本教材中不妥或疏漏之处，诚望国内同仁和广大读者不吝赐教。

朱承强
2023年6月于上海杉达学院

第一版前言

我和上海旅游高等专科学校常务副校长余炳炎教授于20世纪90年代合作编写的《现代饭店管理》一书自出版以来，已累计发行7万余册，广泛用于高等院校旅游与饭店管理专业的教学，受到社会普遍好评。进入21世纪，随着服务经济时代的到来和我国加入世界贸易组织，传统的饭店经营理念、管理哲学、营销方法和服务手段，正面临全面挑战，发生重大变化。为了能更好地反映饭店业发展的现状和趋势，以及现代管理理论、技术和方法在饭店管理中的应用，以便更好地适应各类旅游高等院校饭店管理专业的专业教学和行业培训的需要，本书根据教育部普通高等教育"十五"国家级规划教材（高职高专教育）的要求，注重吸收中外饭店管理的最新研究成果，注意贴近饭店经营管理的实践，力求体现系统性、创新性和实用性三大特色。

本书根据"观念是先导、战略是方向、组织是基础、决策是关键、营销是龙头、质量是生命、人才是核心、效益是根本、创新是灵魂"这九大现代饭店经营管理的主题，构筑框架体系，内容包括概论、现代饭店的经营理念与实践、饭店经营战略的选择与实施、饭店的组织结构与管理体制、饭店投资决策的内容与方法、饭店市场营销的策划与实施、饭店服务质量的测定与控制、饭店人力资源的开发与管理、饭店经营绩效的分析与评价等。本书内容曾多次在上海旅游高等专科学校饭店管理专业、全国旅游饭店管理专业证书班、全国旅游饭店总经理、部门经理岗位职务培训班等讲授，得到较高评价，被普遍认为具有理论与实际、系统与创新相结合的特点。

为了适应高职高专教学模式的改革，本书在编写体例和编排形式的设计上，从有利于素质教育和能力培养的角度出发，做了一些尝试。例如，在各章标题之下，列出本章的"学习目标"，便于学员掌握学习的主动权；又如，为了使学员真正理解并灵活运用现代饭店经营管理的基本理论、基本原则和基本方法，在某些重点章节内附有"案例研究"，以便组织学员进行讨论与分析。再如，各章最后都列有"本章小结"，目的在于使学员对本章内容有一个完整、系统的理解。紧随其后的"问题讨论"，其目的则在于启发学员思考、理解和运用本章"学习目标"中所要求掌握的基本内容。另外，结合每章主题附有饭店经营管理实例，这些资料部分来自中外成功饭店经验的汇编，部分源于作者参与饭店管理咨询的成果浓缩，既有助于学员加深对本书内容的理解，也不失为饭店行业管理人员的有益参考。

在本书的编写过程中，参阅了国内外同行的有关教材和资料（参考文献见书后），在此谨向有关文献的编著者表示感谢。同时，我也由衷地感谢高等教育出版社的大力支持和赵洁编辑等的帮助，正是由于他们的辛勤工作，使本书能以一种新的风格及时问世。

由于作者水平有限，本书中不妥或疏漏之处，诚望国内同仁和广大读者不吝赐教。

朱承强
2003年3月于上海旅游高等专科学校

目录

第一章 概论 / 001
学习目标 / 001
第一节 饭店的基本概念与类型 / 002
第二节 中外饭店业的发展历史 / 013
第三节 饭店管理的内容与原理 / 022
本章小结 / 032
同步练习 / 033
实例参考 / 033

第二章 饭店的经营理念与实践 / 039
学习目标 / 039
第一节 从 CI 到 CS 的演变 / 040
第二节 从 CS 到 CL 的拓展 / 046
第三节 从 CS 到 ES 的升华 / 053
本章小结 / 061
同步练习 / 061
实例参考 / 062

第三章 饭店的战略模式与选择 / 065
学习目标 / 065
第一节 饭店基本战略的内容与特点 / 066
第二节 饭店发展战略的模式与选择 / 069
第三节 饭店竞争战略的模式与运用 / 073
本章小结 / 077
同步练习 / 078
实例参考 / 078

第四章 饭店的投资与决策分析 / 083
学习目标 / 083
第一节 饭店筹资的方式与策略 / 084
第二节 饭店投资的可行性研究 / 089
第三节 饭店的决策分析与技术 / 101
本章小结 / 109
同步练习 / 109
实例参考 / 110

第五章　饭店的组织与机构设置　/ 115

学习目标　/ 115

第一节　饭店组织设计的原则与程序　/ 116

第二节　饭店组织结构的类型与层次　/ 120

第三节　饭店的机构设置与组织制度　/ 124

本章小结　/ 135

同步练习　/ 135

实例参考　/ 136

第六章　饭店市场营销策划与实施　/ 147

学习目标　/ 147

第一节　饭店市场营销分析与策划　/ 148

第二节　饭店市场营销任务与策略　/ 158

第三节　饭店市场营销模式的创新　/ 177

本章小结　/ 188

同步练习　/ 188

实例参考　/ 189

第七章　饭店收益管理方法与技巧　/ 199

学习目标　/ 199

第一节　饭店收益管理的基本概念　/ 200

第二节　饭店收益管理的主要方法　/ 211

第三节　饭店收益管理的实战技巧　/ 222

本章小结　/ 231

同步练习　/ 232

实例参考　/ 232

第八章　饭店服务质量测定与控制　/ 235

学习目标　/ 235

第一节　饭店服务质量要素与属性　/ 236

第二节　顾客满意度的调查与分析　/ 246

第三节　服务质量管理理念与方法　/ 255

本章小结　/ 273

同步练习　/ 274

实例参考　/ 274

第九章　饭店人力资源开发与管理　/ 279

学习目标　/ 279

第一节　饭店人力资源的规划　/ 280

第二节　饭店人力资源的开发　/ 288

第三节　饭店人力资源的管理　/ 297

本章小结　/ 305

同步练习　/ 306

实例参考　/ 306

第十章　饭店绩效评价体系与分析　/ 313

学习目标　/ 313

第一节　饭店绩效评价系统的建立　/ 314

第二节　饭店绩效评价的指标体系　/ 317

第三节　饭店绩效评价指标的分析　/ 323

本章小结　/ 333

同步练习　/ 333

实例参考　/ 334

参考文献　/ 342

二维码资源目录

序号	二维码对应资源	页码	序号	二维码对应资源	页码
1	视频：饭店的基本概念	002	30	视频：饭店的机构设置	124
2	视频：饭店的分类方法	004	31	在线自测5	135
3	视频：饭店业态的变化	007	32	视频：饭店市场营销的调研	148
4	视频：西方饭店业的发展历史	013	33	视频：饭店市场营销的分析	149
5	视频：中国饭店业的发展历史	018	34	视频：饭店市场营销的策划	154
6	在线自测1	033	35	视频：市场营销的组合策略	161
7	视频：从CI到CS的演变	040	36	视频：互联网营销	178
8	视频：从CS到CL的拓展	046	37	视频：移动营销	180
9	视频：从CS到ES的升华	053	38	在线自测6	189
10	在线自测2	062	39	视频：饭店收益管理的要素	201
11	视频：饭店基本战略的内容	066	40	视频：收益管理的衡量指标	209
12	视频：饭店基本战略的特点	068	41	在线自测7	232
13	视频：饭店基本战略的制定过程	068	42	视频：饭店服务的定义与特征	236
14	视频：饭店发展战略的基本模式	069	43	视频：饭店服务质量的构成要素	239
15	视频：饭店发展战略的选择方法	070	44	视频：饭店服务质量的基本属性	242
16	视频：影响饭店战略选择的环境因素	071	45	视频：饭店服务质量管理的方法	257
17	视频：饭店的成本领先战略	073	46	在线自测8	274
18	视频：饭店的差异化战略	074	47	视频：饭店人力资源规划的内容	281
19	视频：饭店的专一化战略	076	48	视频：劳动定额与人员编制的确定	283
20	在线自测3	078	49	视频：饭店员工的培训	291
21	视频：饭店建设投资的可行性研究	090	50	视频：饭店员工的激励	299
22	视频：饭店投资的财务评价	097	51	在线自测9	306
23	视频：饭店的决策分析与技术	101	52	视频：饭店绩效评价系统的要素	314
24	在线自测4	109	53	视频：绩效评价系统的设计要求	315
25	视频：饭店组织设计的原则	116	54	视频：饭店绩效评价的方法	316
26	视频：影响组织结构设计的因素	118	55	视频：饭店绩效评价的指标体系	317
27	视频：饭店组织结构的类型	120	56	视频：饭店绩效评价指标的分析	323
28	视频：饭店组织管理的层次	122	57	在线自测10	334
29	视频：饭店组织结构的变革	122			

第一章 概论

学习目标

知识目标：

懂得饭店的定义及要素，熟悉饭店的分类方法，了解中外饭店的发展历史，知晓饭店的发展趋势，掌握饭店管理的理论基础。

能力目标：

能说明不同饭店的产品特点，能解释不同发展阶段的饭店的特征，能通过互联网或其他途径查找饭店的资料，能编制介绍饭店的PPT文件并在课堂上进行交流分享。

第一节　饭店的基本概念与类型

饭店业是人类最古老的职业之一，其起源可追溯到史前洞穴时期。饭店业伴随着人类社会的发展而不断变化。现代的饭店，就是从中国的驿馆、中东的商队客店、古罗马的棚舍、欧洲的路边旅馆及美国的马车客栈等演变而来的。

在过去的100多年间，随着经济的发展、闲暇时间的增多、交通的完善，饭店业发生了巨大的变化。今天，饭店业已成为全球旅游热中不可缺少的一部分，是商业全球化发展的主力军。饭店业的迅猛发展，会给当地社会的政治、经济、文化等方面带来重要影响，是一个地区整体发展水平的重要标志。

一、饭店的基本概念

视频：饭店的基本概念

饭店（Hotel）一词源于法语，原指贵族在乡间招待贵宾的别墅。后来，英、美等国沿用了这一名称来泛指所有商业性的住宿设施。中文里表示住宿设施的名称有很多，如"宾馆""酒店""饭店""旅馆"等。因为我国旅游行政管理部门将现代宾馆、酒店等统称为旅游饭店，所以本书就选用了"饭店"这一规范的名称。

（一）饭店的定义

国外的一些权威性辞典，曾对"饭店"下过这样一些定义：

"饭店一般地说是为公众提供住宿、膳食和服务的建筑与机构。"（《科利尔百科全书》）

"饭店是装备好的公共住宿设施，它一般都提供膳食、酒类与饮料以及其他的服务。"（《美利坚百科全书》）

"饭店是在商业性的基础上向公众提供住宿，也往往提供膳食的建筑物。"（《大不列颠百科全书》）

饭店是指"为公众提供住宿设施与膳食的商业性的建筑设施。"（《简明不列颠百科全书》）

在中国《旅游饭店星级的划分与评定》（GB/T 14308—2010）的国家标准中，对饭店的定义是："以间（套）夜为时间单位出租客房，以住宿服务为主，并提供商务、会议、休闲、度假等相应服务的住宿设施，按不同习惯可能也被称为宾馆、酒店、旅馆、旅社、宾舍、度假村、俱乐部、大厦、中心等。"

该定义反映了饭店产品具有空间、时间和服务三个基本要素。

第一，"住宿设施"的定义表明，客房及其服务是饭店的最基本的必备功能，也是对饭店建筑内空间的一种规定，即客房始终是饭店的主体。

第二，"提供……相应服务"的定义表明，与住宿相配套的其他服务是饭店产品的基本组成因素，也是饭店与单纯房产出租的基本区别。

第三，"以间（套）夜为时间单位出租"的定义表明，饭店产品在具备间（套）等空间要素的同时，具有包括以预订为界限，以过夜为单位的时间要素。

(二) 饭店的特性

作为综合性服务企业,饭店的经营活动要受到以下几个特性的制约。

1. 高额的经营成本

饭店既是资本密集型企业,又是劳动密集型企业。饭店不仅初期投资大,而且形成很高的固定成本。因此,要达到收支平衡,需要很高的客房出租率。

2. 价值的不易保存性

饭店的空房与航班的空座位、未出售的电视广告一样,不能保留。今天的客房没卖出去,今天的价值就失去了。饭店产品作为一种使用的权利,无法像实物产品那样储存起来。

3. 空间的不可转移性

饭店的产品通常是以相应的建筑为依托的,由此决定了饭店无法将自己的产品做空间上的转移。饭店业先驱斯塔特勒曾经用"饭店经营成功的三大法宝,一是位置,二是位置,第三还是位置"的说法来强调位置对饭店业的重要性。

4. 销量的季节波动性

国外新饭店在开业时扔掉大门钥匙是一种传统,意味着饭店开业后永远不会关门。然而饭店业又是极具季节性的行业,不仅一年中有淡季、平季、旺季,甚至一周、一天中都会有销售波动。航空公司可以通过增加或取消一些线路的航班来调节飞机座位的数量,而饭店不仅有固定的位置,也有固定的客房供应量,销量的季节波动十分明显。

(三) 饭店的作用

饭店的最初功能是为旅途中的人们提供过夜住宿服务。随着人类社会的发展,饭店已成为具有向客人提供住宿、餐饮、购物、娱乐、健身、商务等诸多功能的综合性服务企业,它与旅行社、旅游交通企业一起被称为旅游业的三大支柱,是旅游供给的基本构成要素。现代饭店业的作用,主要体现在以下四个方面。

1. 社交活动的中心

饭店业的发展会给当地社会的政治、经济、文化诸方面的发展带来重要影响,会刺激、促进和活跃当地社会的对外交往、经济发展和文化交流。

2. 提供广泛就业机会

饭店能为社会创造直接就业和间接就业的机会。按目前中国饭店的人员配备状况,一家300间客房的饭店能创造400~500个直接就业机会,同时,又能为相关行业(如饭店设备、物品的生产和供应行业)提供大量的间接就业机会。根据国际统计资料和中国的实际经验,高档饭店每增加一个房间,可以直接或间接提供4~7个岗位的就业机会;中低档饭店每增加一个房间,则可以创造3~5个岗位的就业机会。

3. 促进消费方式变革

饭店业的发展促进了社会消费方式和消费结构的发展变化。饭店向所在地的居民提供活动的场所,无疑会带来当地人们消费观念的变化和消费行为的改变,有利于社会经济的发展。

4. 带动相关行业发展

据有关资料统计,一位饭店住客开支的近60%花费在饭店以外的行业,而且住客在饭店消费的物品大多也是社会其他相关行业提供的。因此,饭店业的发展也刺激了其他行业的发展。

二、饭店的分类方法

视频:饭店的分类方法

按照饭店服务对象、规模、等级和计价方式分类,是国际饭店业的四种传统分类方法。根据某些特定标准对饭店进行分类,一是有利于顾客选择,二是有利于饭店的市场营销,三是便于同行业的比较。

(一) 按服务对象分类

根据饭店服务对象的特点,一般把饭店分为商务型饭店、度假型饭店和公寓型饭店三种。

1. 商务型饭店(Commercial Hotels)

商务型饭店也称暂住型饭店(Transient Hotels)。此类饭店多位于城市的商业区,接待商务客人、观光度假客人及因其他原因作短暂逗留的客人。这类饭店的客人,在饭店平均逗留期较短、流动性较大,饭店的服务及设施配备的适应性较广,在饭店业中所占比例最大。为方便商务客人开展各种商务活动,饭店往往设有商务中心(Business Centre),为客人提供打字、复印、传真、秘书、翻译等服务,并提供各类会议室供商务洽谈之用。有的饭店还在客房内提供办公用品、传真机、宽带上网设施等。高档饭店还设置"行政楼层"(Executive Floor),专门为高级行政人员服务,并在行政楼层上配有商务套房和商务中心。

2. 度假型饭店(Resort Hotels)

度假型饭店传统上以接待休闲度假的宾客为主。此类饭店多位于海滨、山区、温泉、海岛、森林等旅游胜地,开设各种娱乐、体育项目,如滑雪、骑马、狩猎、垂钓、划船、潜水、冲浪、高尔夫球、网球等,这是因为,度假地区的景观及其旅游活动的吸引力是一个度假型饭店成功的关键。度假型饭店因易受淡旺季的影响而采取较灵活的经营方式,如实行淡季价、旺季价,拉大价格差距。不少度假型饭店还增设了会议设施,吸引各种会议客人。商务与度假相结合,是度假型饭店发展的一种趋势。近些年来,不少旅游胜地还出现了分时度假型饭店。

3. 公寓型饭店(Apartment Hotels)

公寓型饭店也称长住型饭店(Resident Hotels)。此类饭店一般采用公寓式建筑的造型与布局,适合住宿期较长、在当地短期工作或休假的客人或家庭居住。长住型饭店的设施及管理较其他类型的饭店简单,饭店一般只提供住宿服务,并根据客人的需要提供餐饮及其他辅助性服务。饭店与客人之间通过签订租约的形式,确定租赁的法律关系。客房多采用家庭式布局,以套房为主,配备适合宾客长住和自理饮食的家具、电器设备和厨房设备。在服务形式上讲究家庭式氛围,在服务特点上突出亲切、周到和针对性。

从发展趋势看,公寓型饭店一是向豪华型发展,服务设施和服务项目日趋完备,如不少大城市的高档酒店式公寓;二是分单元向客人出售产权,成为提供饭店服务的共管式公寓(Condominium)。不少饭店还实行定时分享制(Tine-sharing-system),与其他地方的相同类型设施的所有者交换使用。

(二) 按饭店规模分类

饭店的规模可以用很多标准来衡量,而按照饭店拥有客房数量来表示饭店规模,是一种传统的分类标准,它在各种衡量标准中最为客观。目前,国际上通行的划分方法是按客房数量把饭店分为大、中、小三种类型。

1. 小型饭店

一般把客房数在100间以下的称为小型饭店。在中国饭店业中,小型饭店数约占56%,客房总数约占27%(见表1-1)。在夫妻饭店占主导的欧洲,饭店的平均客房数不足50间;在日本,饭店平均客房数约为70间。在小型饭店中,客人较易受到家庭式的服务。但是,由于受建筑设施和经济实力等方面的限制,小型饭店在宣传招徕和综合服务等方面的竞争能力较弱。

2. 中型饭店

一般把客房数在100~500间的饭店称为中型饭店。中型饭店的设施相对来说较为齐全,能够提供舒适方便的客房、餐厅、酒吧、康乐设施、健身设施等服务,是一般旅游者理想的休息娱乐场所。在美国,饭店的平均规模大约为125间客房。而在中国饭店业中,中型饭店数约占43%,客房总数约占67%。

3. 大型饭店

一般把客房数在500间以上的饭店称为大型饭店。在中国,大型饭店数量约占1%,客房总数约占6%。大型饭店的设施和服务项目十分齐全,一般都有各种大小规格的会议厅、宴会厅、健身设施、康乐设施、舞厅、音乐酒吧等。大型饭店在宣传招徕和综合服务等方面具有明显的优势,但在经营方面所承担的风险也很大,因此,必须采用先进的设备和科学的管理手段,具备良好的营销能力。

表1-1 2020年中国星级饭店规模分类表

饭店规模	饭店数/家	房间数/间	床位数/张
客房数500间以上	141	99 430	182 900
客房数300~499间以上	718	224 500	413 300
客房数200~299间以上	1 016	291 200	535 800
客房数100~199间以上	4 328	594 700	1 098 600
客房数99间以下	7 896	447 470	823 300
合计	14 099	1 657 300	3 053 900

(三) 按饭店等级分类

饭店有着严格的等级划分。饭店等级划分有两种客观的方法:一种方法是用平均房价来衡量,而另一种则是世界通用的等级评定标准。

全世界有近100种等级评定系统,不同的国家和地区采用的等级标准不同,用以表示级别的标志与名称也不一样。目前,世界上通用的饭店等级制定与表示方法大致有以下几种。

1. 星级制

星级制是指把饭店根据一定的标准分成的等级分别用星号(★)表示出来,以区别其等级的制度。比较流行的是五星制,星越多,等级越高。一般来说,五星级饭店属于豪华饭店;四星级饭店属于高档饭店;一星级、二星级和三星级饭店属于有限服务饭店。这种星级制在世界上,采用得最为广泛(参见"美国饭店星级标准")。中国也采用此种分级方法。

美国饭店星级标准

美国饭店星级评定的重要标准是清洁程度、维护状况、家具和具体陈设的质量、服务及所提供设施的豪华程度。

★
一星级饭店,应当清洁、舒适,其价格同地区内其他酒店相比要物有所值。如果低于平均价格,它们除一颗星外,还会得到一个表示价格从优的钩形符号。它们提供的服务范围最小,可能没有24小时的前台和电话服务,可能没有餐厅,也没有豪华家具。客房及其维护良好,礼貌待客,然而不包括豪华。

★★
二星级饭店,提供的服务会多于一星级饭店,包括以下一些——不一定是全部——的内容:卧室具有较大的面积、质量较好的家具,酒店内设有餐厅,所有客房备有彩电、直拨电话、客房送餐服务和游泳池。通常谈不上豪华,而清洁和舒适则是必备的。

★★★
三星级饭店和汽车饭店,包括以上提到的所有设施和服务。如果有所欠缺的饭店得到了三颗星,就意味着其他某些礼仪会很出色。三星级饭店,应当为每一位客人提供一次非常愉快的旅行经历。

★★★★
四星级和汽车饭店,在所有列出的饭店中的比例很小,因此它们无愧于"出类拔萃"的描述。其卧室大于一般的饭店卧室,家具高档,提供所有重要的附加服务。员工训练有素、礼貌待客,尽量使客人愉快。由于质量标准高,价格经常也高于一般的饭店。入住四星级饭店和汽车饭店应当成为令人难忘的记忆。如果有顾客投诉,无论饭店豪华程度如何,都不能被授予四颗星。

★★★★★
为数不多的五星等级,属于舒适档次饭店。必须有上等餐厅,一日两次的清洁卫生服务,是这些饭店的标准。大厅应优雅漂亮,通常用古董作家具陈设。如果建筑物周围有庭院,则必须进行精心的修饰和美化,要让每一位客人感到自己是饭店的贵宾。

2. 字母表示法

许多国家将饭店的等级用英文字母表示，即 A、B、C、D、E 五级，A 为最高级，E 为最低级。有的国家虽采用五级制，但用 A、B、C、D 四个字母表示，最高级用 A_1 来表示。

3. 数字表示法

用数字表示饭店等级的方法，一般采用最高级用豪华表示，继豪华之后由高到低依次为 1、2、3、4，数字越大，档次越低。

（四）按计价方式分类

根据饭店向客人收取的房费中是否包含餐费的标准来分类，饭店又可以分为欧式计价饭店、美式计价饭店、修正美式计价饭店、欧陆式计价饭店与百慕大计价饭店五种类型。

1. 欧式计价饭店（EP）

欧式计价形式指饭店客房价格仅包括客房住宿费，不含餐食费用。国际上大多数饭店采用这一形式，中国的饭店一般也采用欧式计价形式。在通常情况下，只要饭店未向客人作特别说明的报价，均为欧式计价形式。

2. 美式计价饭店（AP）

美式计价形式指饭店客房价格包括房租以及一日早、中、晚三餐的费用。美式计价形式曾一度被几乎所有度假型饭店采用。但随着交通的发展，旅客流动性增强，美式计价形式逐渐被淘汰了。目前，地处偏远的度假饭店及会议中心仍然使用美式计价形式，却赋予它一个更现代的名称："全包价方案"（An All-Inclusive Plan）。

3. 修正美式计价饭店（MAP）

修正美式计价形式是一个精明的折中方法，客人的早餐和晚餐包括在房费中，但不包括午餐。这种计价形式可以使客人有较大的安排白天活动的自由，又可以为饭店继续保留提供晚餐所带来的良好效益。

欧洲的"半包餐"计价形式相当于修正美式计价形式，房价中包括早餐、午餐或晚餐和住宿费。让客人在午餐或晚餐中任选一餐，便于客人灵活安排日程。

4. 欧陆式计价饭店（CP）

欧陆式计价形式指房价中包括欧陆式早餐和住宿费。欧陆式早餐包括咖啡、面包及果汁。这种计价形式也称"床位连早餐"（Bed-Breakfast）报价。此类计价形式较多地被不设餐厅的家庭旅馆采用。

5. 百慕大计价饭店（BP）

百慕大计价形式是指饭店房价包括住宿费及一顿丰盛的西式早餐。这种计价形式对商务旅客具有较大的吸引力。

三、饭店业态的变化

饭店业在最近几十年发生了重大的变革，传统的分类方法已不足以涵盖今天的饭店业，饭店业正按照新的模式调整自身的结构（见表1-2）。其中，经济型酒店、设计型酒店、精品酒店和主题酒店在当代社会有了迅猛的发展。

视频：饭店业态的变化

表 1-2　被重新划分的饭店业

按活动划分	按收费方式划分
博彩型饭店	美式收费方式
会议型饭店	欧陆式收费方式
度假牧场	欧式收费方式
按资金筹措划分	按价格（平均每天房价）划分
公开招股公司	豪华饭店(100美元以上)
私人	中档饭店(50~99美元)
REIT	经济实惠饭店(35~49美元)
按位置划分	按等级划分
机场	五星级
高速公路	四星级
海边	三星级
按管理划分	按服务划分
连锁集团	全套服务饭店
管理公司	有限服务饭店
自行管理	自助服务饭店
按市场划分	按建筑划分
商务	高层建筑
团体	低层建筑
消闲	室外走廊(Outside Corridor)
按混杂性划分	按种类划分
环状饭店(Collar)	商务饭店
学生旅社/招待所	长住饭店
混合使用饭店	度假饭店
按所有制划分	按用途划分
连锁饭店	（供住宿和早餐的）客栈和私人饭店
（房产私有的）公寓房或公寓大楼	长住饭店
夫妻店	矿泉浴场

（一）经济型饭店（Economy Hotels）

20多年来，经济型饭店在欧美地区发展较为迅速。以美国为例，经济型饭店客房数量从40多万间增加到70多万间，增幅超过了70%，而同一时期，高档饭店的增长率仅为25%左右。除了希尔顿、凯悦和最佳西方等少数主要经营高档饭店的联号以外，世界上规模最大的饭店公司在其品牌系列中几乎都包括了一个甚至多个经济型饭店品牌。

近十多年，经济型饭店在中国也有了很大发展，以"如家""锦江之星"为代表的一大批经济型饭店日益受到国内旅游者的青睐。《中国经济型酒店调查报告》显示，国内经济型饭店的平均房价在190元,平均出租率在82%左右。截至2020年,中国经济型饭店数量达到2 900家。中国经济型饭店排名前30位的如表1-3所示。

表1-3 2020年中国经济型饭店品牌规模前30名排行

排名	品牌名称	所属集团	客房数	门店数
1	汉庭酒店	华住酒店集团	224 626	2 372
2	如家酒店	首旅如家酒店集团	215 056	2 133
3	7天酒店	锦江国际集团	190 087	2 195
4	格林豪泰	格林酒店集团	171 414	2 013
5	锦江之星	锦江国际集团	125 553	1 058
6	尚优客连锁酒店	尚美生活集团	98 061	1 904
7	城市便捷	东呈国际集团	87 849	1 098
8	都市118连锁	都市酒店集团	82 472	1 353
9	怡莱酒店	华住酒店集团	37 836	648
10	骏怡连锁酒店	尚美生活集团	37 020	809
11	布丁酒店	住友酒店集团	33 518	529
12	莫泰酒店	首旅如家酒店集团	32 015	282
13	都市花园	都市酒店集团	30 178	494
14	海友酒店	华住酒店集团	28 153	465
15	99旅馆连锁	恭胜酒店集团	27 468	625
16	云酒店	首旅如家酒店集团	27 105	510
17	格林联盟	格林酒店集团	24 142	314
18	贝壳酒店	格林酒店集团	23 617	514
19	汉庭优佳酒店	华住酒店集团	19 748	214
20	佳驿酒店	银座旅游集团	19 579	230
21	派酒店	锦江国际集团	19 090	308
22	IU酒店	锦江国际集团	16 985	225
23	易佰连锁	逸柏酒店集团	16 272	329
24	驿家365	石家庄国大酒店	11 180	193
25	A&A连锁	尚美生活集团	9 682	279
26	城市之家	瑞景商旅集团	9 155	137
27	清沐酒店	清沐酒店集团	8 914	160
28	精途	东呈国际集团	8 908	131
29	青皮树	格林酒店集团	8 907	121
30	南苑e家	青藤酒店集团	8 869	116

资料来源:盈蝶咨询经济型酒店官网

最新的一批经济型饭店或汽车旅馆，通过标准化的建筑设计，降低了建造成本；为客人提供淋浴器而不是浴缸，能提高客房部员工的劳动效率；取消餐厅是减少劳动成本的一种方法；精心选择饭店的地段，适当降低客房面积标准。这一切都给经济型饭店带来良好的效益。

（二）设计型饭店（Design Hotel）

设计型饭店是指采用专业、系统、创新的设计手法和理念进行前卫设计的饭店。具有独一无二的原创性主题，具有与众不同的系统识别，且不局限于饭店项目的类型、规模和档次。

设计型酒店的形式始于20世纪80年代中期，源于世界著名设计师Phillippe Starck，他可以将牙刷变成艺术品，将电视变成玩具。1990年，酒店业怪杰Ian Schrager请Phillippe Starck为纽约的派拉蒙酒店（Paramount Hotel）进行全面设计，由大堂的桌椅到房间的床柜到浴室的牙刷，里里外外，全都出自Starck的手笔。客人住在派拉蒙酒店，就像住在Starck的设计产品陈列室一样。Starck的名气加上其风格独特的设计使派拉蒙酒店成为世界顶级的经典设计型酒店。从此，"设计型酒店"成为酒店业的一个前沿概念。

设计型酒店追求时尚（Boutique）、前卫（Edging）、精致（Sophisticated）和创造性（Creativity），这也给设计师们提供了发挥天才的舞台。例如，美国新奥尔良的阁楼523酒店（Loft 523 Hotel）体现着著名建筑师Frank Lloyd Wright的"有机建筑"的理念；纽约的Mercer Hotel具有强烈的波希米亚风格，以吸引SOHO（Small Office，Home Office）一族的光顾。一些历史悠久的酒店，如建于1911年的英国艺术之家酒店（Art House Hotel）也请名家设计，改建成博物馆型的设计型酒店。国际酒店连锁集团也意识到设计型酒店的重要性，纷纷斥巨资专门请名建筑师设计，如Ritz-Carlton酒店在西班牙的巴塞罗那艺术酒店（Hotel Arts Barcelona），由建筑师Frank Gehry将酒店的外观设计成泛着金属光泽的鱼形，矗立在蔚蓝的海滨，使其成为酒店业和建筑业的经典。

国际酒店订房公司也注意到设计型酒店的价值和独特吸引力。五大国际性订房网站之一的Travel Intelligence在订房的分类中专门有一项Design Hotels，包含全世界的设计型酒店信息，以吸引那些重视独特体验的住客。1993年，美国国际网络订房巨头Syn Xis公司成立设计型酒店公司（Design Hotel Inc.），创建了Design Hotel（r）网站，第一个月的总订房量就增加了30%，这充分说明了设计型酒店的市场潜力。

小资料

福克斯旅馆（Hotel Fox）

在丹麦首都哥本哈根，有一个被誉为最有生命力酒店的地方。它拥有由21个艺术家设计的61间客房，每个房间都是一个个人艺术展。房间风格从怪诞、滑稽到严谨的平面设计，从街头艺术到日本漫画——童话、友好的怪物、幻想的生物、神秘的拱顶……体验Hotel Fox，也成了很多人来哥本哈根旅行的目的。近几年，代表着全新生活方式的艺术设计酒店已经成为一种时尚潮流。Hotel Fox无疑是其中最成功的一例。

(三)精品饭店(Boutique Hotel)

精品饭店源于法语 Boutique 一词,原指专卖时髦服饰的小店。这类饭店在装饰环境上强调小而精致。它的客房数量不多,但其内部装修极其豪华,别具特色。在服务方面,精品饭店采用的是管家式服务,服务人员与客房的比例是 3∶1,甚至是 4∶1。而在星级饭店,这个数字通常是 1∶1,最多是 2∶1。这类饭店面向的客户群体是高收入、高品位的极少数人群。

在精品饭店里,顾客能得到特别的关注。顾客的名字无人不知,饭店的员工了解顾客的口味和偏好,真正做到了"了解顾客之需,了解顾客需要的时机,了解顾客需要的程度"。

精品饭店自诞生以来,以其良好的市场表现和消费发展趋势,赢得了众多投资者和管理者的青睐。如万豪集团(Marriott)等酒店集团都创立了自己的精品酒店品牌。

一些为商务客人服务的精品商务酒店,整合了各种商务科技用品:便携式计算机、MP3、CD 音乐播放器、打印输出、网线及客房手机充电器等都能立即连接;可升降调整的人体多功能座椅体贴工作辛劳的商务客人;大屏幕数码液晶电视搭配 DVD 家庭影院,便携式计算机画面可切换到液晶电视上,随身携带的音乐播放器可连接到 5.1 声道环绕音响,享受绝佳的影音效果;具备打印、复印、扫描功能的多功能事务机 24 小时待命。

小资料

上海璞邸酒店

2007 年 6 月开业的上海璞邸酒店位于最具上海特色、最具品位的地区(旧法租界,首批上海风貌保护区)——卢湾区。坐落在雁荡路步行街与南昌路交界的街角,毗邻有着近百年历史的法式公园——复兴公园。距离复兴公园内的官邸、PARK97 等新潮酒吧,繁华的淮海中路商业街,上海新天地等上海最时尚的休闲购物场所,以及淮海路上的顶级写字楼区域,步行仅 5~10 分钟。闹中取静,地理位置相当骄人。整个街区笼罩着悠然自在的气氛和老上海生活的影子,是讲求生活品质和品位,期待感受老上海情调,同时又不愿放弃新上海活力的人们,尤其是高级知识分子,如科学家、教授、学者以及广告、设计、创意工作者等人士,商旅居停的不二之选,也是对私密性有最大要求的大明星们的满意的居所。

酒店共 8 层,共有 52 间欧式客房。酒店入口隐秘,不设大堂,一切皆从保护客人的隐私,让客户不受到任何打扰的角度考虑。非酒店客人是禁止进入酒店的,而酒店会员则有一份访客名单以便会客。酒店的服务宗旨,是对入住的客人提供接近于管家式的服务,这一极富原创性的服务特色,有一个温馨的别名,叫"心语馨苑",意思是经过专门培训的酒店人员,会用一种自豪感和热情,为客人提供一份灵动、周全、温馨且融汇了东西方待客之道的殷勤服务。

酒店客房的设计和装饰都极具品位和东方意韵。酒店独家将 SPA 理念引入客房沐浴中,为客户提供"沐浴管家"服务。特别定制的按摩浴缸、五种芳香疗法沐浴露,让客人能够在自己房间内一洗旅途和工作的疲累,使身心得到全然的放松。

酒店针对高端商务人士旅途办公的私密特点，在每一个房间里都设有独立的办公区域，各类文具井然有序，细致到连三角尺都备齐，不管是影印、打印等文书工作，还是通信、传真等外联沟通事务，都可以在房间内完成；酒店的92平方米的璞邸套房与八楼会员廊，也是适合少数人会议或机密商务会谈的地方。无论是在房间还是在会员廊，上网都是免费的。

在璞邸，每位入住客人都会得到入室登记（In-Room Check-in）的礼遇。房间里有诸多可以细数的舒适：人体力学的办公椅，靠窗的鸵鸟皮贵妃榻，可以随心选择的睡枕菜单，入浴前Bath Master配好钟爱的芳香配方，240支棉的特制浴袍……多数服务费用已经包含在房费里。对多数客人来说，这些都是意料之外的舒适。

优雅的艺术感也是酒店的特色之一，每间客房内有6~7件可出售的由中国当代青年画家绘制的原创作品。另外，酒店会安排携带宠物的客人入住专门设计的宠物客房。

海外商务客或是精英旅行者通常对酒店的服务设施与入住体验都有很高的舒适度要求。上海璞邸酒店在设施与服务上对细节有很高的追求。

（四）主题饭店（Theme Hotel）

主题饭店是将某一特定的元素或风格，融进酒店的建筑、形象、服务和文化中。它与一般酒店的最大区别就是具备了一个主题，这个主题可以是人文的，也可以是自然的，只要特色鲜明，就可以归入"主题饭店"。独特性、新颖性、文化性是主题饭店生存与发展的基础。主题饭店是市场竞争的产物，最早出现在美国。1958年，加利福尼亚州的Madonna Inn首先推出了12个主题房间，随后发展到109间，成为最具代表性的主题饭店，比如以"美国丽人"为主题的美国丽人玫瑰房，就赢得了不少女性的青睐。主题饭店可分为以下几种类型。

1. 人文景观主题酒店

这类酒店通常以历史悠久、具有浓郁地方特色的城市为蓝本，截取具有代表性的局部，用微缩仿造的方法再现城市风采。

2. 自然景观主题酒店

这类酒店依托独有的自然景观，用放大、夸张的手法，让人在慨叹自然界的伟大的同时，产生难以磨灭的记忆，或把富有特色的自然景观搬进酒店，营造一个让人感到身临其境的场景。

3. 历史文化主题酒店

设计者在这类酒店构建了一个古代世界，以时光倒流般的心理感受作为吸引游客的主要卖点。顾客一走进酒店，就能切身感受到历史文化的浓郁氛围。

4. 名人文化主题酒店

以人们熟悉的政治或文艺界名人的经历为主题是名人文化主题酒店的主要特色，这些酒店很多是由名人工作、生活过的地方改造的。

5. 艺术特色主题酒店

凡属艺术领域的音乐、电影、美术、建筑特色等都可成为这类酒店的主题所在。

6. 移植主题酒店

这类酒店本身缺乏自然景观,又没有合适的人文卖点,因而就根据市场需求创造、培育、移植一个主题,比如海南三亚的仙人掌酒店,就以仙人掌为主题。

 小资料

拉斯维加斯的主题酒店

拉斯维加斯曾以博彩业闻名天下,而今天,酒店住宿、休闲娱乐、零售观光以及会议展览等非博彩业收入已经占到了总收入的一半以上。

目前全世界主题酒店最集中的应数拉斯维加斯,林林总总的酒店,都各有自己的主题,每个酒店都在演绎着一个独特的故事,吸引着万千游客纷至沓来。

威尼斯人大酒店,号称是世界上客房数量最大的酒店,有6 000多间客房。在拉斯维加斯的时候听到一个故事,说某个酒店可以让客人免费住,条件是要把客房全部住过,而这家酒店有5 000间以上的房间,至少要十三年才能住完。威尼斯人大酒店就是以威尼斯为背景建设的。宾馆内有人造小河,河里有船工在摇 Gondola。那些船工,不但长得像意大利人,而且会高水准地唱咏叹调或意大利民歌。

第二节 中外饭店业的发展历史

饭店是伴随着人类旅行活动的开展而出现的。饭店最初的基本功能是为旅途中的人们提供过夜的住宿服务。随着人类社会的发展,饭店的服务功能及服务范围大大拓展,其设施设备的装备水平及服务手段也日趋现代化、专业化。由各种不同等级、类型、规模、经营方式的饭店所组成的饭店业,已成为现代社会中一个令人瞩目、具有发展潜力的新型产业。

一、西方饭店业的发展历史

西方饭店业大体经历了客栈时期、大饭店时期、商业饭店时期和饭店联号时期四个发展阶段。

(一)客栈时期

在西方,客栈时期一般是指12—18世纪这一历史时期。客栈是指乡间或路边的小客栈、小旅店,供过往旅行者寄宿之用。早期的客栈规模小、设备简陋,除提供食宿之外,无其他服务。客栈的房舍是家庭住宅的一部分,家庭就是客栈的拥有者和经营者。到了15世纪,客栈开始盛行。有些客栈已拥有20~30间客房,条件好的客栈设有酒窖、食品室和厨房。到了客栈盛行的18世纪,英国等地的客栈除了为过往旅客提供食宿之外,还成为人们

视频:西方饭店业的发展历史

聚会和交流信息的场所。当时的客栈往往坐落在乡镇人群活动的中心区域或公共马车站旁,成为当地社会政治与商业活动的中心。

(二) 大饭店时期

18世纪后叶,随着欧美等国进入工业化时代,世界饭店业也进入了大饭店时期。大饭店时期一般是指19世纪初到20世纪初这一历史时期。当时在欧洲的许多大城市里,大兴土木,争相建造豪华饭店。具有代表性的饭店有法国的巴黎大饭店和卢浮宫大饭店、德国的恺撒大饭店、英国的萨依伏大饭店等。大饭店一般都建在繁华的大都市,建筑规模宏大,装饰华丽,服务一流,讲究礼仪,主要接待王公贵族、官宦和社会名流。饭店投资者、经营者的根本兴趣是取悦于社会上流,求得社会声誉,往往不太注重经营成本。

大饭店时期,服务有了创新。作为本时期饭店经营者的代表人物,瑞士人恺撒·里兹(Caeser Ritz)提出了"客人永远是对的"这一著名的饭店经营格言。大饭店时期的许多经营、服务的哲学和信条,至今仍在世界饭店业中被奉为圭臬,恪守不渝。

(三) 商业饭店时期

商业饭店时期是指从20世纪初到20世纪50年代的这一历史时期。美国的饭店大王埃尔斯沃思·斯塔特勒(Ellsoorth Statler)被公认为商业饭店的创始人。斯塔特勒凭着自己多年从事饭店经营的经验及对市场需求的了解,立志要建造一种"在一般公众能负担的价格之内提供必要的舒适与方便、优质服务与清洁卫生"的饭店,亮出了"平民化、大众化"的旗号。1908年,他在美国纽约州水牛城(Buffalo)建造了第一家由他亲自设计并用自己名字命名的斯塔特勒饭店,一个带卫生间的客房房价仅为1美元50美分。斯塔特勒不仅强调了位置是饭店经营成功的根本要素,还提出了"饭店所销售的唯一商品是服务"等至理名言。

斯塔特勒所创建的饭店被誉为现代商业饭店的里程碑。商业饭店的特点是:服务对象主要是商务旅行者;服务设施讲求舒适、方便、清洁、安全与实用,而不是刻意追求豪华与奢侈;价格合理,使客人感到物有所值;在经营管理上讲究经营艺术,注重质量标准化,通过降低成本以获取最佳利润。

商业饭店时期是世界饭店史上最重要的阶段,也是世界各国饭店业最活跃的时期,从各方面奠定了现代饭店业的基础。

(四) 饭店联号时期

饭店联号时期(Hotel Chain Operation)也称饭店连锁经营时期,是从20世纪50年代开始至今。20世纪50年代,随着欧美国家战后的经济复苏,人们在国内、国际上的旅游活动日益频繁,空中交通及高速公路日益普及。在大中城市里,大型高层的饭店数量倍增,公路两旁的汽车旅馆更是星罗棋布。一些有实力的饭店公司,以签订管理合同、授让特许经营权等形式,进行国内甚至跨国的连锁经营,逐渐形成了一大批使用统一名称、统一标志,在饭店建造、设备设施、服务程序、物资采购与人才培训等方面统一标准的饭店集团。进入21世纪,国际性连锁经营的饭店集团数量日渐增多,规模日益扩大,实力不断增强,在国际旅游市场中占有越来越大的客源份额(见表1-4)。

表1-4 全球前十名饭店集团排名(2019)

排名	饭店集团名称	总部所在地	饭店数	客房数
1	万豪国际集团(Marriott International)	美国	6 906	1 317 368
2	锦江国际(Jinjiang International)	中国	8 715	941 794
3	希尔顿酒店集团(Hilton Hotels Corp.)	美国	5 685	912 960
4	洲际酒店集团(IHG InterContinental Hotels Group))	英国	5 603	836 541
5	温德姆酒店集团(Wyndham Hotel Group)	美国	9 200	809 900
6	雅高集团(Accor)	法国	4 780	703 806
7	精选国际饭店公司(Choice Hotels International)	美国	7 021	569 108
8	OYO酒店(OYO Hotel)	印度	17 344	515 144
9	华住酒店集团(Huazhu Hotels Group LTD)	中国	4 230	422 747
10	首旅如家酒店集团(AIR Hotel Group)	中国	4 049	397 561

现代饭店连锁经营的优势主要体现在以下几方面。

1. 管理优势

饭店集团一般多具有较先进、完善的管理系统，因而能为所属的连锁饭店制定统一的经营管理方法和程序，为饭店的建筑设计、内部装饰和硬件设施规定严格的标准，为饭店的服务订立统一的操作规程。这些标准和规范被编写成经营手册分发给各所属饭店，以使各连锁饭店的经营管理达到所要求的水平。同时，根据经营环境的变化，及时改进饭店的经营管理方法和操作程序，确保饭店集团经营管理的先进性。

饭店集团定期派遣巡视人员到所属饭店中去检查，及时对饭店经营与服务中的问题提出建议和指导。饭店集团内部还设有培训部门，负责拟订培训计划并提供饭店经营专家，如工程技术、内部装饰、财务会计、市场营销、计算机等方面的专业人员，对所属饭店员工进行在职培训。

2. 技术优势

饭店集团有能力向所属饭店提供各种技术上的服务和帮助，这些服务和帮助通常是根据所属饭店的需要有偿提供的。例如，集团性经营的饭店公司能为所属饭店提供集中采购服务。由于饭店集团要求所属饭店实现设备、设施和经营用品标准化、规格化，因而一些大饭店集团专门设立负责饭店物资供应的分公司或总部采购部，向各所属饭店提供统一规格的、标准化的设备和用品，从而形成比较完善的集团物资供应系统。而集中大批量购买又能获得较大的价格折扣，使饭店经营成本降低。

饭店集团化经营也为生产和技术的专业化、部门化提供了条件。例如，在生产上，对食品生产加工、设备维修改造、棉织品洗涤等方面进行集中管理，以达到降低饭店经营成本的目的；在技术上，提供饭店开发阶段或更新改造时所需的可行性研究等服务。

3. 财务优势

一般来说，独立的饭店企业不易得到金融机构的信任，在筹措资金时有可能遇到困难。参加饭店集团则可使金融机构对其经营成功的信任度增加，从而愿意提供贷款，因为饭店集团以其庞大的规模、雄厚的资本和可靠的信誉提高了所属饭店的可信度。同时，饭店集团还能为所属饭店提供金融机构的信息并帮助推荐贷款机构。

4. 营销优势

饭店集团一般规模宏大，经营较为成功，因而在国际上享有较高的声誉，在公众中产生深刻的印象。参加了饭店集团就可以使用集团的名称和店标，这对广告宣传极为有利。特别是在拓展国际市场时，一个为公众所熟悉的国际饭店集团名称，往往更容易使宾客对饭店产品产生信赖感，更能吸引宾客。

单一经营的饭店通常缺乏足够的资金大力进行广告宣传，尤其是国际性广告宣传。而饭店集团则可以集合各饭店的资金进行世界范围的大规模广告宣传，有能力每年派代表到世界各地参加旅游交易会、展览会，并与旅游经营商直接交易，推销各所属饭店的产品。这种联合广告可使集团中每一饭店的知名度大大提高。

同时，饭店集团都有较先进的客房预订系统，配备高效率的计算机中心和直通订房电话，为集团成员饭店处理客房预订业务，并在各饭店间互荐客源。饭店集团在各地区的销售队伍，不仅向各饭店及时提供市场信息，而且在各大市场为各所属饭店招徕团队和会议业务，有利于饭店开发国际市场。

在饭店连锁经营时期，饭店业发达的地区并不局限于欧美地区，而是遍布全世界。值得一提的是，亚洲地区的饭店业从 20 世纪 60 年代起步发展到如今，其规模、等级、服务水准、管理水平等方面毫不逊色于欧美的饭店业。在美国《机构投资者》(*Institutional Investor*)杂志每年组织的颇具权威性的世界十大最佳饭店评选中，亚洲地区的饭店往往占有半数以上，名列前茅。由中国香港东方文华酒店集团管理的泰国曼谷东方大酒店，10 多年来一直在世界十大最佳饭店排行榜上名列榜首。亚洲地区的饭店业中，已涌现出较大规模的饭店集团公司，如日本的大仓饭店集团(Okura Hotels)、日本的新大谷饭店集团(New Otani Hotels)、中国香港东方文华酒店集团(Oriental Mandarin)、中国香港丽晶饭店集团(Regent Hotels)、新加坡香格里拉酒店集团(Shangrila Hotels)、新加坡文华酒店集团(Mandarin Singapore)等。这些饭店集团公司不仅在亚洲地区投资或管理饭店，而且已扩展到欧美地区。近几年，中国酒店集团得到迅猛发展，锦江国际、华住和首旅如家都位于全球排名前十的酒店集团中。特别是锦江国际位列全球酒店集团第二，仅次于万豪国际集团。

法国雅高酒店管理集团

法国雅高酒店管理集团总部设在巴黎，成立于 1967 年，是欧洲最大的酒店集团。截至 2013 年年底，雅高集团拥有 15.8 万名员工，饭店业务涉及 140 个国家和地区，是欧洲饭店、餐饮行业的领导企业,也是世界最大的饭店和服务集团之一。雅高在世界范围内约有4 000家饭店,从经济型酒店到豪华饭店,雅高提供了全系列不同档次的饭店服务,满足了不同需求层次顾客的需要。

雅高的成就:

雅高集团从一个只有62个客房的诺富特酒店起步,在短短数年内,成为法国及至欧洲中档和经济型等领域酒店业的领导企业。1967年雅高公司创立,成立了第一家诺富特酒店,在雅高创立后的10年内,雅高实现了从1家酒店到146家酒店的飞跃。雅高饭店数量超过200家,只用了13年时间。到2013年年底,雅高集团已经拥有了4 065家饭店。

雅高的借鉴:

(1) 雅高创业期正是法国酒店业发展的高速成长期,这个有利的外部环境使雅高能快速成长。同样,法国为了推动饭店业发展,在20世纪50年代成立了饭店业信贷署,成为雅高快速发展的金融动力。

(2) 雅高创业时的诺富特酒店是一个三星级酒店,相对于四星及更高档次酒店市场,具有更大的市场容量,也是成长市场中属于品位、档次较高的细分市场,这使雅高的快速成长具备了市场空间。

(3) 连锁发展是雅高企业创业前就制定了的战略目标。雅高学习的标杆企业是假日饭店,雅高吸取了假日饭店成功的精髓——饭店产业化、标准化,通过标准化实施饭店的特许经营和连锁发展(产业化)。

(4) 雅高饭店建设时,从选址到饭店容量设计、建筑成本的控制和运营管理,都有一套标准化体系,具有强大的可复制能力,这是雅高酒店业务快速发展的内在动力。

(5) 雅高适时推出了宜必思、一级方程式等饭店品牌,形成了一个从低档到高档饭店的品牌系列,并在地域上组成了一个不同档次的饭店群落,成为区域饭店业务的垄断者,具备了很强的竞争优势。

雅高的成功总结:

雅高集团的成功给其他国际酒店管理集团的冲击和影响较为深远。雅高的成功速度太快了,让世人惊讶。

(1) 抓住一个战略机遇。从一个区域的某个行业发展的角度来看,任何一个行业都会出现一个高速增长期,如何在这个增长期获得快速成长,不同的投资者具有不同的看法和认识。

由于市场容量快速扩张,容易满足顾客的需求,诺富特通过100%的浴室设置,就能获得一定市场的成功。而当市场容量逐渐饱和时,在竞争中获得成功的难度,要远远大于在市场快速扩张期的难度。饭店业的空白市场,缺乏有效的竞争,这一时期是雅高发展的战略机遇期。

(2) 学习一个标杆企业。假日饭店在美国市场的成功,使得雅高有了一个学习的标杆企业,雅高成功地通过复制假日饭店的扩张模式,在法国获得了成功,而假日饭店也就失去了在欧洲发展类似连锁饭店的最佳机会。同样,雅高在国际化拓展过程中,在巴西创立"巴帝农"(Partthenon)品牌,出租公寓并提供与饭店服务类似的服务。该创意一经推出,在2

年内就推出了近50家Partthenon公寓。但是,该创意被竞争对手提前复制,并应用到了欧洲市场,从此雅高也失去了将该公寓扩张到欧洲市场的机会。一个标杆企业的成功模式,将影响后续者的成功模式。

(3) 建造一个连锁饭店。雅高的发展战略的独特处在于"品牌连锁"的最终目标,在确定了以诺富特品牌在3星级市场进行扩张的战略后,实施了在法国乃至欧洲的地域拓展。实现规模上的拓展,并不是采取进入高端市场的方式,雅高在发展过程中,始终坚定地执行了"规模制胜"的竞争原则,迅速扩大规模,占领行业性战略资源(地段和客源),以压迫竞争者的生存空间。

(4) 构建一个竞争优势。雅高通过获得饭店行业的战略性资源,如地段和客源,构建了一个竞争优势。地段与交通、客源、景点等资源密切联系。雅高在发展过程中,选择了一些具有发展潜力的地段,随着法国城市化进程的推进,许多地段成为交通便利的地段。另外,在选址上,选择高速公路出口一侧,也带来了很多便利。在获得一定的知名度后,即可以较廉价的方法,既获得了新的较佳地段,又获得了税收等方面的优惠。

如果用一句话来总结雅高的成长过程,就是雅高抓住了行业兴旺的成长机会,利用借贷、连锁、合同管理等多种方式扩大酒店规模,利用规模优势提升企业竞争力。

二、中国饭店业的发展历史

视频:中国饭店业的发展历史

中国饭店业是一个古老而又新兴的行业。在中国,饭店业已有3 000多年的历史,曾经历了驿站、客栈时期。19世纪末,随着资本主义生产方式的输入,又出现了一大批大型西式饭店。中华人民共和国成立后,特别是随着改革开放政策的实行,中国饭店业进入了迅速发展的现代饭店时期。

(一) 中国古代饭店业

在中国,最早的饭店设施可追溯到春秋战国或更远古的时期。数千年来,中国的唐、宋、明、清被认为是饭店业发展较快的时期。在中国古代,住宿设施大体可分为官办设施和民间旅店两类。

古代官方开办的住宿设施主要有驿站和迎宾馆两种。驿站是中国历史上最古老的一种官办住宿设施,专门接待往来信使和公差人员。到了唐代,驿站广泛接待过往官员及文人雅士。元代时,驿站除接待信使、公差外,还接待过往商旅及达官贵人。迎宾馆是古代官方用来款待外国使者、外民族代表及商客的住宿设施。在古代,曾有"四夷馆""四方馆""会同馆"等各种称谓,称之为"迎宾馆"则始于清末。中国古代迎宾馆作为一种官办接待设施,适应了古代民族交往和中外往来的需要,它对中国古代的政治、经济和文化交流起了不可忽视的作用。

古代的民间旅店在3 000多年前的周朝时期就出现了。它的产生和发展与商贸活动的兴衰及交通运输条件密切相关。秦、汉两代是中国古代商业较兴旺发达的时期,民间旅店业也因此有了发展。在唐代盛世,经济繁荣、社会安定,旅店业也得到了大发展,民间旅店进入商业都市,遍布繁华街道。明清时期,由于封建科举制度的进一步发展,在各省城和京城出现了许多各地的赴考学子,民间旅店业更加兴旺。

(二)中国近代饭店业

中国近代由于受到帝国主义的侵入,沦为半殖民地半封建社会。当时的饭店业除了传统的旅馆之外,还出现了西式饭店和中西式饭店。

西式饭店是对19世纪初外国列强侵入中国后由外国资本建造并由外国人经营的饭店的统称。这类饭店在建筑式样、设施设备、内部装修、服务对象及经营方式等方面都与中国的传统旅馆不同。西式饭店规模宏大,装饰华丽,设备先进,经营人员皆来自英、法、德等西方国家,接待对象以来华外国人为主,也包括当时中国上层社会人物及达官贵人。一方面,西式饭店是帝国主义列强入侵中国的产物,为帝国主义的政治、经济、文化服务。另一方面,西式饭店的出现对中国近代饭店业的发展起了一定的促进作用。当时,西式饭店经营者中有不少人受过饭店经营的专业教育和训练,他们把当时西式饭店的服务方式、经营管理的理念和方法带到了中国。

中西式饭店是在西式饭店带动下,由中国的民族资本投资兴建的一大批中西风格结合的新式饭店。这类饭店在建筑式样、店内设备、服务项目和经营方式上都受到了西式饭店的影响,而且在经营体制方面效仿西式饭店的模式,实行饭店与银行、交通等行业联营。至20世纪30年代,中西式饭店的发展达到了鼎盛时期,在当时的各大城市中均可看到这类饭店。中西式饭店将输入中国的欧美饭店业经营观念和方法与中国饭店经营环境的实际相融合,成为中国近代饭店业中引人注目的部分,为中国饭店业进入现代饭店时期奠定了良好的基础。

(三)中国现代饭店业

中国现代饭店业的发展历史不长,但速度惊人。自1978年中国开始实行对外开放政策以来,大力发展旅游业,为中国现代饭店业的兴起和发展创造了前所未有的良好机遇。从1978年至今,大体经历了四个发展阶段。

1. 第一阶段(1978—1983年),旅游饭店业的初创阶段

这一时期的饭店,很大部分是从以前政府的高级招待所转变而来的,处于从原来的接待型事业单位向经营型企业单位转化的时期。

2. 第二阶段(1983—1988年),旅游饭店业的稳步发展阶段

这一时期,饭店业基本完成了由事业单位向企业的转变,迅速走上了科学管理的轨道。它的标志是1984年在全行业推广北京建国饭店的管理经验。北京建国饭店是北京第一家中外合资饭店,也是全国第一家聘请海外饭店管理集团管理的饭店。1984年3月,中央和国务院领导批示国有饭店也应按照北京建国饭店的科学方法进行管理,并在全国102家饭店进行了试点。通过推行这套管理方法,饭店业在管理、经营、服务等方面都发生了深刻的变化,迈上了科学管理之路。

3. 第三阶段(1988—1994年),饭店业推行星级评定制度,与国际饭店业接轨的阶段

1988年,中国饭店业已拥有旅游涉外饭店1 496座,客房22万间。为使中国迅速发展的饭店业能规范、有序地发展,1988年,国家旅游局颁布了饭店星级标准,开始对旅游涉外

饭店进行星级评定。中国的饭店星级标准,是在世界旅游组织的专家指导下,参照国际通行标准并结合中国实际情况制定出来的。中国饭店业实行星级制度,可以促使饭店的服务和管理符合国际惯例。

4. 第四阶段(1994年至今),中国饭店业进入专业化、集团化经营管理的新阶段

20世纪80年代以来,国际上许多知名饭店管理集团纷纷进入中国饭店市场,向中国饭店业界展示了专业化、集团化管理的优越性。中国饭店业通过资产重组和体制创新,也逐步向专业化、集团化经营管理迈进。

1978年,全国只有137家带卫生间的适合接待境外客人的饭店;2019年年底,中国星级饭店达14 099家,是1978年全国饭店数的100多倍。

目前,已有40多个国际饭店管理集团的60多个饭店品牌进入中国,管理着500多家饭店。世界排名前十的国际饭店管理集团均已进入中国。洲际(InterContinental)、里兹－卡尔顿(Ritz Carlton)、圣瑞吉斯(St.Regis)、丽晶(Regent)、柏悦(Park Hyatt)、四季(Four Season)等国际饭店集团的顶级品牌也已进入中国。由于中国经济的高速发展,中国在国际上的影响力日益增强,在世界经济中所处的地位日益提高,在未来几年,由国际饭店管理集团管理的饭店数量还将迅速增加。它们在中国的发展有以下新趋势。

第一,从一线城市向二线城市扩展。国际饭店集团进入中国市场时,选择经济发达的中心城市或旅游资源丰富的城市立足,目前众多国际饭店集团加紧向二线城市扩张。

第二,从单一品牌向多品牌发展。洲际集团已陆续推出皇冠假日、洲际、Holiday Inn等品牌;万豪集团由主推万豪品牌到目前推出全品牌发展战略,既有高档的丽思卡尔顿、万豪、万丽,又有中高档的万怡等。

第三,从个别超豪华品牌饭店向批量超豪华品牌饭店发展。著名饭店集团纷纷推出超豪华品牌饭店,在中国打造自己的旗舰,如上海瑞吉红塔大酒店是当时喜达屋集团在中国开业的第二个圣瑞吉斯品牌饭店,北京东方君悦大酒店是凯悦集团在中国继上海金茂君悦大酒店之后管理的第二家君悦品牌饭店,上海四季饭店成为国际著名的四季饭店集团在中国开业的第一家饭店。

第四,从中高档饭店向经济型饭店发展。在国际饭店集团积极扩大在中国的中高档饭店市场份额的时候,一些国际饭店集团已开始关注经济型饭店。如希尔顿、洲际等集团的高层纷纷调研中国市场,希望在拓展豪华品牌饭店的同时,也以经济型饭店品牌进入中国市场。

三、现代饭店业的发展趋势

在21世纪,饭店业面临着新的经营环境:在市场方面,消费者的需求不断增加并日益个性化;在行业内部,企业间的竞争更加激烈,并向深层次发展;在技术环境方面,网络科技的应用正对消费市场和企业都产生着深刻的影响。

(一)中国饭店产业的发展环境

饭店产业的发展,与其依存的社会经济环境、经营制度环境和科学技术环境密切相关。

1. 产业发展的社会经济环境

中国经济的持续发展,居民可支配收入的提高、闲暇时间的增多,以及社会的稳定、人民的安居乐业,推动旅游消费需求高速增长。而作为旅游链条中相当重要的一环,饭店业也伴随着旅游发展而快速成长起来。全球一体化、全国工业化、全面城市化和全方位的市场化趋势为中国饭店业的发展提供了坚实的基础。以前,饭店主要建在城市中心和度假地。随着商业和工业从城市中心向郊区、农村地区转移,投资者开始在这些新兴地区开发饭店。城镇化进程的加快,交通基础设施的大力建设,投资融资环境的极大改善,都有效促进了中国饭店产业的发展。

人口数量的增长和人口结构的变动,也是饭店业发展和业态创新的重要动力。随着国家经济的发展、人均收入水平的提高,旅游休闲度假活动开始成为人们生活的一部分,从而推动着中国饭店业繁荣发展,饭店新业态也层出不穷。随着中国进入老龄化时代,医疗养生和休闲度假等类型的饭店潜力逐渐显露。

加入世贸组织对中国饭店产业发展也起到了催化剂的作用。大量的国际商务客人蜂拥而至,也带动了国内的商务活动,形成了两个方面的拉动作用和两个层次的带动现象。商务会展业尽管是近年来才发展起来的新兴行业,但已显现出蓬勃的增长潜力。

中国在很长一段时间内是以入境游客为主。但在金融危机的影响下,中国三大旅游市场的格局已经发生了变化。在入境旅游持续下降,出境旅游基本持平,国内旅游大幅度增长的形势下,以国民需求为主的市场环境为饭店业的发展提供了内生性需求,国民旅游已成为推动中国饭店产业发展的主导力量。

2. 产业发展的经营制度环境

在中国饭店产业高速发展的 30 年里,政府出台了很多扶持行业发展的政策措施。如为解决饭店建设的资金问题,国务院发布了《国务院关于使用国际商业贷款自建旅游饭店有关问题的通知》;为扶持中国饭店管理公司的发展,国务院办公厅转发了《国家旅游局关于建立饭店管理公司及有关政策问题请示的通知》;为了调控饭店建设投资,国务院发布《楼堂馆所建设暂行条例》;为规范和引导饭店产业的发展,中国从 1988 年起实施旅游饭店星级评定制度;全国人大又于 2013 年正式通过了《中华人民共和国旅游法》,对促进中国饭店产业进一步发展,起到了极为重要的作用。

在饭店业经营制度环境不断改善的同时,行业也面临很多亟待改善的方面。如饭店行业的法律法规还不健全,不能很好地依法保障饭店企业和顾客的权益;饭店知识产权保护、道德风险、诚信体系建设等方面的不足,制约行业的健康发展。

3. 产业发展的科学技术环境

近年来,新技术被不断引入饭店行业。以互联网技术、移动通信、数字电视等为代表的信息技术、环保节能技术,为饭店所积极采用。饭店业已经开始了博客营销和内网知识管理,不仅可以提高营运效率,还可以为饭店节约开支。

低碳经济时代的来临,饭店业开始采用太阳能系统、生态能源装置、绿色能源以及生态加热系统和热水循环系统。这些技术设备将减少饭店能源消耗,减少由二氧化碳产生的残留物,改善空气质量。

(二) 中国饭店产业的发展态势

在饭店产业的运行过程中，逐渐形成了集群化、集团化和"低碳化"的发展态势。

1. 饭店的集群化发展态势

饭店的集群化发展目前大致有三种趋势：首先，是在城市商业区的饭店集群化发展。例如，北京的国贸CBD区、上海的陆家嘴金融区、广州的天河商业区等，饭店密度很大，逐渐形成了规模庞大的饭店群。其次，是在著名的旅游目的地聚集大量饭店。例如，三亚度假饭店已经初具规模，形成亚龙湾、大东海、三亚湾三个度假群落；海棠湾正在大规模建设，将会形成一个高端度假饭店群落；丽江的饭店也在一定区域内大量集聚。最后，就是旅游综合体内的饭店集群，如万达集团在长白山开发的旅游综合体和西溪湿地的饭店集群。

2. 饭店的集团化发展态势

中国目前已经出现一批以饭店经营为核心业务的大型国有饭店集团，例如，锦江集团、首旅集团、金陵饭店集团和华天集团等。一批新兴的饭店集团也正在成长，如杭州旅游集团、四川旅游集团等。以民营资本为主体的饭店集团实力也不断壮大，如浙江开元饭店集团、城市名人饭店集团、南苑饭店集团、金茂君澜饭店集团、大连万达饭店建设有限公司等。同时，也出现了一批经营经济型饭店的连锁饭店集团，如如家、七天、汉庭、格林豪泰、莫泰等。这些饭店集团资产规模庞大，实力较为雄厚，管理也越来越规范化，在饭店业内或某一领域具有较大的影响力，对行业发展具有一定的导向性。

3. 饭店的"低碳化"发展态势

随着世人对全球气候的广泛关注，低碳经济的发展必将对世界各个产业发展产生重要影响。饭店业近些年来十分注重环保节能和绿色化，已经走在了低碳化经济时代的前列。《绿色旅游饭店》评定标准，对全国饭店业关注环保节能问题起到了极大的促进作用。2010年版饭店星级评定标准，也强化了对饭店绿色化的要求。国务院《关于加快发展旅游业的意见》明确提出，要推进节能环保，支持饭店积极利用新能源、新材料，广泛运用节能节水减排技术，实行合同能源管理，实施高效照明改造，减少温室气体排放，积极发展循环经济，创建绿色环保企业。可以预期，低碳化发展将成为未来一段时间中国饭店业的主旋律。

第三节　饭店管理的内容与原理

同其他各类企业一样，饭店也是一个利用多种生产要素（土地、资金、设备、劳动力等），以创造利润为动机，在承担风险的情况下，运用现代技术和管理手段从事经营管理活动，以取得良好社会效益和经济效益的基本经济组织。

一、饭店管理的基本内容

饭店管理的目标是实现利润最大化。为此，饭店必须面向市场，积极参与市场竞争，最大限度地使用饭店各种资源,在不断提高饭店服务质量的基础上使饭店获得健康稳定的发展。因而,饭店管理的基本内容至少应涉及以下几个方面。

(一)饭店经营战略的选择

任何饭店经营战略都包括饭店经营目标以及实现该目标的重要措施。作为饭店管理者,应该以环境分析与饭店内部条件分析得到的结论为依据,确定企业经营的短期与长期经营目标,本着扬长避短的原则,拟订企业经营计划与实施步骤。

(二)饭店组织与制度的创新

饭店管理的基础是组织和制度的建设,它是保证饭店正常运行的基本条件。由于饭店经营环境的改变,相应的企业经营目标与策略也会出现变化,饭店的组织结构与管理制度绝不能一成不变。为此,饭店管理者必须在现代管理思想指导下,科学地设计饭店组织结构,合理确定饭店部门的机构设置与管理层次的划分。

(三)合理配置经济资源

在社会主义市场经济条件下,饭店的各种经济资源,包括资金、劳动力、土地、管理者,都只能通过市场获得。在饭店经营战略确定后,摆在经营者面前的首要任务就是根据要素市场的供求,合理配置各种经济资源,使其发挥最充分的作用。饭店资金筹措不当、投资决策失误等,都会严重影响饭店的经济效益。

(四)市场营销与收益管理

饭店市场营销活动包括饭店产品设计、价格制定、营销渠道设计、饭店促销等过程。饭店市场营销活动的核心是引导和创造需求。它要求饭店管理者在市场营销分析与策划的基础上,开展市场营销的组织与执行活动,并做好饭店的收益管理。

(五)饭店服务质量控制

饭店服务质量管理的核心是在市场营销的基础上留住顾客,营造一大批企业的忠诚客人。它要求饭店管理者树立顾客导向的质量观念,开展整体质量管理活动,并进行持续的质量改进工作,包括:依据顾客需求与饭店质量管理目标,建立饭店服务质量标准体系,通过对顾客满意度的测评来不断提高饭店的服务质量。

(六)饭店人力资源的开发与利用

人力资源管理在饭店管理中有着特殊的意义和作用。饭店管理从某种意义上可以说就是对人的管理。饭店必须将人力资源的开发和利用放在重要的位置上,不断提高员工的满意度。饭店人力资源管理包括:通过考核和选择,对饭店人员进行科学的配备;根据饭店管理的要求,进行严格的劳动成本控制;运用各种科学的激励方法和手段合理挖掘人才的潜力,并不断开展员工的培训工作。

(七)饭店绩效评估

如何获得最佳经济效益是饭店全部经营管理活动的目的所在,饭店的投入与产出最终都应通过货币形式在企业财务中反映出来。绩效分析不仅仅是饭店财务部门的任务,任何一个饭店管理者都应该懂得企业绩效分析的基本原理,从而实现管理者对经营成果及时、准确的了解,有效地控制与监督企业的经营活动过程,并通过饭店的绩效分析及时发现问题,进一步提高经营管理的水平。

二、饭店管理的基本职能

饭店管理,就是在特定环境下,对饭店所拥有的资源进行有效的计划、组织、领导和控制,以便达到既定的企业目标的过程。在这一过程中,计划、组织、领导和控制构成了饭店管理的四大基本管理职能。

(一) 计划

计划是指工作或行动之前预先拟订的具体内容和步骤。企业的存在是为了实现某种特定的目的(这个目的一般以一个或一组目标来表示),因此,就得有人来规定企业要实现的目标和实现目标的行动方案,这就是管理的计划职能。

(二) 组织

管理的组织职能决定企业要开展的活动是什么,这些活动如何分类组合,由哪些职位和部门来承担这些工作活动,谁向谁汇报工作,以及各种决策应放在哪一层次上制定或执行,等等。组织职能或组织工作的结果就形成了各种正式组织文件,如饭店组织图、职务说明书等。

(三) 领导

每一个企业都是由人力资源同其他资源有机结合而成的,人是企业组织活动中唯一具有能动性的因素。管理的领导职能包括激励下属,指导和指挥他们的活动,选择最有效的沟通渠道,以及营造良好的组织氛围等。

(四) 控制

为了确保企业目标以及为此制定的行动方案的顺利实现,管理者必须自始至终地根据计划目标派生出来的控制标准,对企业各项活动的进展情况进行检查,发现或预见偏差后及时采取措施予以纠正,这是管理工作中的狭义的控制职能。广义的控制职能还包括根据企业内外环境的变化,对计划目标和控制标准进行修改或重新制定。

以上饭店管理的各项职能,构成了饭店管理者要发挥管理职能的四项基本工作。这些工作或职能,从理论上说,是按一定的顺序发生的。也就是说,对管理者来说,合乎常理的第一步工作是制定计划,然后是建立组织结构、配备人员,接着是指导和指挥员工们付诸行动,最后是控制整个局面,使之朝着既定目标前进。这几个步骤构成了饭店管理工作的一个不断循环的过程,如图1-1所示。

在饭店管理的计划、组织、领导和控制工作循环中,贯穿全过程的有决策和创新这两项新近得到重视的职能。这两项职能严格地说并不是独立的管理职能,而是从原有四个基本管理职能中分离出来的,是对原有四个职能的某些方面的共同内容的专门强调。如图1-1外围的圆框所示,决策和创新各自都渗透于管理的四个基本职能中,而且彼此之间相互渗透。如决策方案的拟订需要有创新的思想,而创新方案的选择就是一种决策。饭店管理者从某种意义上可以被看作

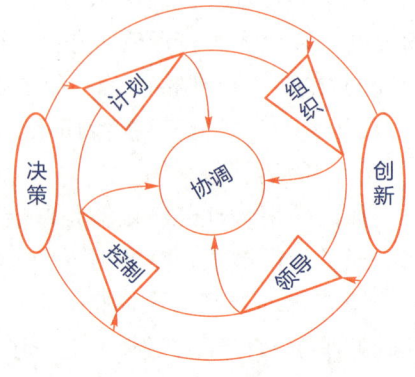

图1-1 管理职能关系示意图

决策者,从另一种意义上也可被看作创新者,或者说是具有企业家精神的管理者。

另外,企业的管理者,无论从事广泛意义上的决策和创新活动,还是开展计划、组织、领导和控制等各项基本职能活动,其目的都是更好地取得协调。所谓协调,就是指企业的一切要素、工作或活动都要和谐地配合,以便于企业整体目标得到顺利实现。协调是管理活动力图实现的根本要旨。饭店管理者的任务,说到底就是协调企业的各个部分以及企业与环境的关系,以便更好地实现企业的目标。协调包括企业内部各方面的协调,企业与外部环境的协调,以及现时需要与未来需要之间的协调等。因此,协调被称为"管理中的管理"。

三、饭店管理的理论基础

饭店管理是从饭店本身的经营管理特点出发而形成的一门管理学科。作为一门独立的学科,它是以管理学的一般原理为基础的。把管理学的一般原理及其方法运用于饭店管理实践,形成了饭店管理的理论。饭店管理者要进行有效的管理,就必须了解人类管理思想的发展过程,了解饭店管理的理论来源。

(一)古典管理理论

19世纪末20世纪初产生的科学管理思想,使管理实践活动从经验管理跃升到一个崭新的阶段。对科学管理思想的产生和发展做出突出贡献的人物主要有泰勒、法约尔、韦伯,他们分别对生产作业活动的管理、组织的一般管理、行政性组织的设计,提出了成体系的管理理论。

1. 科学管理理论

美国的弗雷德里克·泰勒是最先突破传统经验管理格局的先锋人物,被称为"科学管理之父"。泰勒出生于美国费城一个富裕的律师家庭,从小醉心于科学研究和科学试验。他18岁进入钢铁厂当工人,担任过技工、工头、车间主任、总工程师等职。长期、亲身的对生产现场活动的观察,使泰勒认识到:落后的管理是造成生产率低下、工人"磨洋工"和劳资冲突的主要原因。他在1911年出版的《科学管理原理》一书中,提出了通过对工作方法的科学研究改善生产效率的基本理论和方法。在这本书中,泰勒总结出了四条基本的科学管理原理。

(1)通过动作和时间研究法对工人工作过程的每一个环节进行科学的观察分析,制定出标准的操作方法,用以规范工人的工作活动和工作定额。

(2)细致地挑选工人,并对他们进行专门的培训,使他们能按照规定的标准工作法进行操作,以提高生产效率。

(3)真诚地与工人们合作,以确保劳资双方都能从生产效率的提高中得到好处。为此,泰勒建议实行差别工资制,对完成工作定额的工人按较高的计件工资率水平计算和发放工资,对完不成工作定额的工人则按较低的计件工资率计算和发放工资。通过金钱激励,促使工人最大限度地提高生产效率。而在生产效率提高幅度超过工资增加幅度的情况下,雇主也就从"做大的馅饼"中得到了更多的效益。

(4)明确管理者和工人各自的工作和责任,实现管理工作与操作工作的分工,进而对管理工作也按具体的职能不同而进行细分,实行职能制组织设计,并贯彻例外管理原则。

泰勒提出科学管理思想,目的是改变传统的一切凭经验办事(工人凭经验操作机器,管理人员也凭借经验进行管理)的落后状态,使经验管理转变成为一种科学的管理。泰勒的主张被认为是管理思想史上的一次革命。它使劳资双方关注的焦点从盈余的分配比例转到了如何设法通过共同努力把盈余的绝对量做大,从而使盈余分配比例的争论成为不必要。同时,泰勒还提出了关于如何提高劳动生产率的一系列科学的作业管理方法。

2．一般管理理论

当泰勒及其追随者正在美国研究和倡导生产作业现场的科学管理原理和方法时,在大西洋彼岸的法国诞生了关于整个组织的科学管理的理论,被后人称为"一般管理理论"或"组织管理理论"。与泰勒等人主要侧重研究基层的作业管理不同,一般管理理论是站在高层管理者角度研究整个组织的管理问题。该理论的创始人是亨利·法约尔,他是法国一家大矿业公司的总经理。法约尔以自己在工业领域的管理经验为基础,于1916年出版了《工业管理与一般管理》一书,提出了适用于各类组织的管理五大职能和有效管理的十四条原则。

法约尔将工业企业中的各种活动划分成六类:技术活动、商业活动、财务活动、安全活动、会计活动和管理活动。管理活动是企业运营中的一项主要活动。法约尔认为,管理活动本身又包括计划、组织、指挥、协调、控制五个要素。管理不仅是工业企业的有效运营所不可缺少的,它也存在于一切有组织的人类活动之中,是一种具有普遍性的活动。法约尔认为,管理的成功不完全取决于个人的管理能力,更重要的是管理者要能灵活地贯彻管理的一系列原则。

(1) 劳动分工。法约尔认为,实行劳动的专业化分工可提高雇员的工作效率,从而增加产出。

(2) 权责对等。即管理者必须拥有命令下级的权力,但这种权力又必须与责任相匹配,不能责大于权或者权大于责。

(3) 纪律严明。雇员必须服从和尊重组织的规定,领导者以身作则,使管理者和员工都对组织规章制度有明确的理解并实行公平的奖惩,这些对于保证纪律的有效性都非常重要。

(4) 统一指挥。指组织中的每一个人都应该只接受一个上级的指挥,并向这个上级汇报自己的工作。

(5) 统一领导。每一项具有共同目标的活动,都应当在一位管理者和一个计划的指导下进行。

(6) 个人利益服从整体利益。任何雇员个人或雇员群体的利益,不能够超越组织整体的利益。

(7) 报酬。对雇员的劳动必须付以公平合理的报酬。

(8) 集权。集权反映下级参与决策的程度。决策制定权是集中于管理当局还是分散给下属,只是一个适度的问题,管理当局的任务是找到在每一种情况下最合适的集权程度。

(9) 等级链。从组织的基层到高层,应建立一个关系明确的等级链系统,使信息的传递按等级链进行。不过,如果顺着这条等级链沟通会造成信息的延误,则应允许越级报告和横向沟通,以保证重要信息畅通无阻。

(10) 秩序。无论是物品还是人员,都应该在恰当的时候处在恰当的位置上。

(11) 公平。管理者应当友善和公正地对待下属。

(12) 人员稳定。每个人适应自己的工作都需要一定的时间,高级雇员不要轻易流动,以免影响工作的连续性和稳定性。管理者应制定出规范的人事计划,以保证组织所需人员的供应。

(13) 首创性。应鼓励员工发表意见和主动地开展工作。

(14) 团结精神。强调团结精神将会促进组织内部的和谐与统一。

法约尔提出的一般管理的要素和原则,实际上奠定了后来在20世纪50年代兴盛起来的管理过程研究的基本理论基础。

3. 行政组织理论

行政组织理论是科学管理思想的一个重要组成部分,它强调组织活动要通过职务或职位而不是个人或世袭地位来设计和运作。这一理论的创立者是德国社会学家马克斯·韦伯,他从社会学研究中提出了"理想的"行政性组织,为20世纪初的欧洲企业从不正规的业主式管理向正规化的职业性管理过渡提供了一种纯理性化的组织模型,对当时新兴资本主义企业制度的完善起了划时代的作用。所以,后人称韦伯为"组织理论之父"。

韦伯是德国柏林大学的一位教授。他认为,理想的行政性组织应当以"合理—合法权力"作为组织的基础,而传统组织则以世袭的权力或个人的超凡权力为基础。所谓"合理—合法权力",就是一种按职位等级合理地分配、经规章制度明确规定并由能胜任其职责的人依靠合法手段而行使的权力,通称职权。以这种权力为基础,韦伯设计出了具有明确的分工、清晰的等级关系、详尽的规章制度和非人格化的相互关系、人员的正规选拔及职业定向等特征的组织系统,他称之为"行政性组织"。

韦伯甚至以工业生产的机械化过程来比喻组织机构的行政组织化过程,认为一个组织越是能完全地消除个人的、非理性的、不易预见的感情因素或其他因素的影响,那么它的行政组织特征也就发展得越完善,从而越趋于一种理想的、纯粹的状态。而这种状态的组织和其他形式的组织相比,犹如机械化生产与非机械化生产之比,在精确性、稳定性、纪律性和可靠性方面具有绝对的优势。正因为如此,行政组织被后来人通称为"机械式组织"。

以上介绍的三种管理理论,虽然研究各有不同的侧重,但它们有两个共同的特点:一是都把组织中的人当作机器来看待,忽视人的因素及人的需要和行为,所以有人称此种管理思想下的组织是"无人的组织";二是都没有看到组织与外部的联系,关注的只是组织内部的问题,因此,是处于一种封闭系统的管理时代中。由于这些共同的局限性,20世纪初在西方建立起来的这三大管理理论,被统称为"古典管理理论"。

(二) 现代管理理论

现代管理理论是相对于古典管理理论而言的。古典管理理论把人看作简单的生产要素,即像机器一样的"工具人",只考虑如何利用人来达成组织的目标,忽视了人性的特点。现代管理理论在延续古典管理理论精髓的同时,试图克服它忽视了人性特点的不足。

1. 行为管理思想

20世纪20年代中期以后产生的人际关系学说和行为管理理论开始注意到"人"具有不同于"物"的因素的许多特殊方面,需要管理当局采取一种不同的方式加以管理。对"人"的因素的重视,首先应该归功于梅奥和他在霍桑工厂所进行的试验。

(1) 霍桑试验与人际关系学说。霍桑试验是在美国西方电气公司的霍桑电话机厂进行的。试验最初开始于1924年。当时试验的目的,是根据科学管理理论中关于工作环境影响工人的劳动生产率的假设,进行照明与生产效率关系的研究,试图通过照明强弱变化与产量变化之间关系的研究为合理设定工作条件提供依据。结果却发现,工作环境条件的好坏与劳动生产率的提高并没有必然的联系,因为无论照明度是升是降,还是维持不变,参与试验的人员的劳动生产率都获得明显提高,这是已有的管理理论所无法解释的。梅奥基于这种结果,进行了一系列的后续的调查、试验和采访,结果表明人的心理因素和社会因素对生产效率有极大的影响。梅奥在1933年出版的《工业文明中的人的问题》一书中,对霍桑试验的结果进行了系统总结。其主要观点是:

员工是"社会人",具有社会心理方面的需要,而不只是单纯地追求金钱收入和物质条件的满足。比如照明度试验中,参加试验的人员就是因为感到自己受到了特别的关注,所以表现出了更高的生产效率。因此,企业管理者不能仅着眼于技术经济因素的管理,而要从社会心理方面去鼓励工人提高劳动生产率。

企业中除了正式组织外还存在非正式组织。正式组织是管理当局根据实现组织目标的需要而设立的,非正式组织则是人们在自然接触过程中自发形成的。正式组织中人的行为遵循效率的逻辑,而非正式组织中人的行为往往遵循感情的逻辑,合得来的聚在一起,合不来的或不愿与之合的就被排除在组织外。哪些人是同一非正式组织的成员,不取决于工种或工作地点的相近,而完全取决于人与人之间的关系。非正式组织是企业中必然会出现的,它对正式组织可能产生一种冲击,但也可能发挥积极的作用。非正式组织的存在,进一步证实了企业是一个社会系统,受人的社会心理因素的影响。

新的企业领导能力在于通过提高员工的满意度来激发士气,从而达到提高生产率的目的。

梅奥的这些结论引起了人们对组织中的"人"的一种全新认识。在此之后,人际关系运动在企业界蓬勃开展起来,致力于人的因素研究的行为科学家也不断涌现。其中有影响的代表人物及其主张包括马斯洛的需要层次论、赫茨伯格的双因素理论、麦格雷戈的X理论和Y理论等。

(2) 亚当斯的公平理论。公平理论是由美国的斯达西·亚当斯于1965年提出的一种激励理论。这一理论从工资报酬分配的合理性、公平性对职工积极性的影响方面,说明了激励必须以公平为前提。亚当斯的公平理论认为,人能否获得激励,不仅取决于他们得到了什么,而且取决于他们看见或以为别人得到了什么。人们在得到报酬之后会做一次"社会比较",不仅比较自己的劳动付出与所得报偿,而且要将自己的劳动付出与所得到报偿之比与他人的劳动付出与所得报偿之比相比较,如果二者比例相等,感到公平,会具有激励作用;如果自己的劳动付出与所得报偿之比低于他人,就会感到不公平,从而产生不满,形成负激励。亚当斯提出的社会比较公平关系模式是：

$$\frac{自己所得报偿}{自己劳动付出}=\frac{他人所得报偿}{他人劳动付出}$$

心理学的研究表明，不公平感会使人的心理产生紧张不安状况，从而影响人们的行为动机，导致生产积极性的下降和生产效率的降低，旷工率、离职率会相应增加。根据公平理论，在管理中必须充分注意不公平因素对人心理状态及行为动机的消极影响，在工作任务、工资、奖励的分配以及对工作成绩的评价中，应力求公平合理，努力消除不公平、不合理的现象，以有效地调动职工的积极性。

（3）马斯洛的需要层次论。马斯洛认为对人的鼓励可以通过满足需要的方法来达到。他把人的需要分为五种：生理的需要、安全的需要、社交的需要、尊重的需要和自我实现的需要。上述这五种需要是分层次的，对一般人来说，在较低层次需要未得到满足以前，较低层次的需要就是支配他们行为的主要激励因素，一旦较低层次的需要得到了满足，下一层次的需要就成为他们新的主要激励因素了。根据这种理论，管理者应当了解下属人员的主要激励因素（未被满足的需要）是什么，并设法把实现企业的目标和满足职工个人的需要结合起来，以激发职工完成企业目标的积极性。

（4）赫茨伯格的双因素理论。赫茨伯格通过对200名工程师、会计师询问调查，研究出在工作环境中有两类因素起着不同的作用。一类是保健因素，诸如公司的政策，与上级、同级和下级的关系，工资、工作条件以及工作安全等。在工作中如果缺乏这些因素，工人就会不满意，就会缺勤、离职。但这些因素的存在本身，并不起很大激励作用。另一类是激励因素，他们主要是：工作本身有意义，工作能得到赏识，有提升机会，有利于个人的成长和发展等。保健因素涉及的主要是工作的外部环境，激励因素涉及的主要是工作本身。赫茨伯格双因素理论把激励理论与人们的工作和工作环境直接联系起来了，这就更便于管理者在工作中对职工进行激励。

（5）弗鲁姆的期望值理论。弗鲁姆认为，人们从事某项活动、进行某种行为的积极性的大小、动机的强烈程度是与期望值和效价成正比的。这个理论可用下列公式来表示：

$$激发力量 = 期望值 \times 效价$$

在这里，激发力量是指对员工为了达到某个目标（如涨工资、升职、工作上的成就）而进行的行为的激励程度。期望值是该员工根据个人经验判断能够成功地达到该目标的可能性，即概率。效价是指达到该目标对于满足该员工个人需要的价值。根据这个理论，管理者为了增强员工对做好工作的激励力量，就应当创造条件，使员工有可能选择对他来说效价最高的目标，同时设法提高员工对实现目标的信心。

（6）斯金纳的强化理论。斯金纳认为强化可分为正强化和负强化两种。如果对某个人的行为给予肯定和奖酬（如表扬、提升或发奖金等），就可以使这种行为巩固下来，保持下去，这就是正强化。相反，如果对某个人的行为给予否定或惩罚（如批评、罚款或处分等），就可以使这种行为减弱、消退，这就是负强化。这种理论认为通过正、负强化可以达到控制人们的行为按一定方向进行的目的。

（7）麦格雷戈的X理论和Y理论。麦格雷戈认为管理者在如何管理下属的问题上基本上有两种做法：一种是专制的办法，另一种是民主的办法。他认为这两种不同的做法是建立在对人的两种不同假设的基础上的。前者假设人先天就是懒惰的，他们生来就不喜欢工作，只有用强迫的办法才能驱使他们工作。后者假设人的本性是愿意把工作做好，是愿意负责的，问题在于管理者怎样创造必要的环境和条件，使工人的积极性能真正发挥出来。麦格雷戈把前一种假设称为 X 理论，把后一种假设称为 Y 理论。

总而言之，行为管理思想的产生改变了人们对管理的思考方法，它使管理者把员工视为需要予以保护和开发的宝贵资源，而不是简单的生产要素，从而强调从人的需求、动机、相互关系和社会环境等方面研究管理活动执行结果对组织目标和个人成长的双重影响。

行为管理思想之所以会产生，是因为前期的科学管理思想尽管在提高劳动生产率方面取得了显著的成绩，但由于它片面强调对工人进行严格的控制和动作的规范化，忽视了工人的情感和成长的需要，从而引起工人的不满和社会的责难。在这种情况下，科学管理已不能适应新的形势，需要有新的管理理论和方法来进一步调动员工的积极性，从而提高劳动生产率。毕竟组织是由一群人所组成的，管理者是通过他人的工作来达成组织的目标的，因此需要对人类工作的行为进行研究，由此说明了行为管理思想提出后为什么很快会在实践中得到广泛的重视和应用。但现实中人的行为的复杂性，使得在实际中对行为进行准确的分析和预测非常困难，因此，行为科学的研究结论在某种程度上说与现实还是有一定的距离的。再一点是，行为科学的研究更多是围绕个体或群体进行的，对个体或群体的过度重视有时使人不免感到：行为管理思想虽然是在强调"组织中的人"，但在实际中往往容易出现"无组织的人"的片面做法。

2. 定量管理思想

定量管理思想是在第二次世界大战中产生和发展起来的。当时，英美军队为了解决战争中的一些问题，建立了由各种专家组成的运筹研究小组。这一做法取得了巨大的成效。例如，英国通过数学家建立的资源最优分配模型，有效地解决了如何以有限的皇家空军力量来抵抗庞大的德国空军的问题。定量研究所取得的成效，在战后引起了企业界的关注，特别是当运筹研究专家在战后纷纷到公司就业以后，定量研究方法便日益在企业管理中得到推广应用。

定量管理思想的核心，是把运筹学、统计学和电子计算机用于管理决策和提高组织效率。通过将科学的知识和方法用于研究复杂的管理问题，可以帮助组织确定正确的目标和合理的行动方案。因此，有不少人就直接将数量方法在管理中的应用称作"管理科学"。但这种定量管理思想只是管理学的一大组成部分，并不代表作为整门学科的"管理（科）学"。可以认为，定量管理思想与其说是在探求管理本身的科学，不如说是努力把科学应用于管理。正是在这一意义上，我们这里就称之为定量（数量）管理思想。

时代的发展要求管理人员改进他们的决策和管理方法，以求更合理地分配资源，取得更大的积极效果。因此，定量管理思想在管理决策中得到了广泛的运用，特别是辅助管理者作出有关计划和控制方面的决策。定量管理思想的特点是：力求减少决策中的个人主观成分，依靠建立一套决策程序和数学模型来寻求决策工作的科学化；各种可行方案均以效益高低作为评判的依据，有利于实现决策方案的最优化；广泛使用电子计算机作为辅助决策的手段,使复杂问题能在较短时间内得到优化的解决方案。但定量管理思想并不能很好地解释和预测组织中成员的行为,有时还受到实际情境难以定量化的限制。

(三)管理理论的综合趋势

在前述几种管理思想进一步发展的同时,随着社会经济的迅速发展和科学技术的进步,许多新的管理思想不断地涌现出来,从而在20世纪60年代后出现了"管理理论丛林"。在观点纷呈、百花齐放的局面中,有两朵最引人注目的"花",那就是系统管理思想和权变管理思想,它们被认为是"管理理论丛林"中占主导地位的现代管理思想。

系统和权变管理思想的最大特点是,强调管理者要把其所在的组织看作一个开放的系统,因此,要研究组织内外对管理活动有重大影响的环境或情境因素,希望通过对这些影响因素的研究找到各种管理原则和理论的具体适用场合。这两种管理思想实际上是相互关联、相互促进的。

1. 系统管理思想

20世纪60年代中期到70年代中期,从系统角度分析组织与管理问题的思想、理论和方法得到了迅速的发展。系统,就是由若干相互依存的部分以一定的形式组合而成的一个整体。如图1-2所示,每一个系统都包括四个基本方面。

(1)投入:从周围环境中获得这个系统所需要的输入物——资源。
(2)转换:通过技术和管理等过程促进输入物向输出物的转化。
(3)产出:向环境提供其转换处理后的输出物——产品或劳务。
(4)反馈:环境对组织所提供的产品或劳务作出反馈。

图1-2 系统的一般模型

系统管理思想认为,组织作为一个转换系统,是由相互依存的众多要素所组成的。例如,一个企业由生产部门、市场营销部门、采购部门、财务和人事部门等组成。生产部门生产产品质量的好坏会直接影响产品在市场上销售的情况,而采购部门所采购来的原辅材料的质量的好坏与成本的高低,会影响生产部门的产品质量和产品成本,进而影响销售和利润等。局部最优不等于整体最优,管理人员的作用就是确保组织中各部分能得到相互的协调和有机的整合,以实现组织的整体目标。

系统管理思想还认为,组织是一个开放的系统。按照系统理论的观点,系统有两种基本类型:一种是封闭性系统,一种是开放性系统。封闭性系统不受环境的影响,也不与环境发生关系。前期的科学管理思想和行为管理思想都倾向于把组织作为封闭性系统,没有注意到环境的影响作用。而系统管理思想则认为,现代管理者必须把组织视为一个开放性系统,也即与周围环境产生相互影响、相互作用的系统。现实中,企业是不可能作为封闭性系统来运作的,像劳动力市场中供应的劳动力的素质和工资水平、外部资金的宽裕程度、政府的政策、用户的需求变化等,都会影响企业的经营状况。正因为如此,一个组织的成败,就往往取决于其管理者能否及时察觉环境的变化,并及时地做出正确的反应。

2. 权变管理思想

权变管理思想可以看作系统管理思想向具体管理行动的延伸与应用。权变,就是相机而变、随机制宜、随机应变的意思。权变管理思想强调,管理者在采取管理行动时,需要根据具体环境条件不同而采取相应不同的管理方式。早期的管理研究由于持封闭性系统观点,看不到其所面临的特定环境因素对管理工作的影响,从而倾向于寻找普遍适用的最佳管理方法。然而,现代环境的日益复杂多变,导致封闭式的管理在实际中越来越行不通。于是,20世纪60年代后期开始流行权变管理思想。这种思想认为,组织的管理应根据其所处的内外部环境条件的变化而变化,世界上没有一成不变的、普遍适用的最佳的管理理论与方法。

例如,古典管理思想主张,要提高劳动生产率就必须进行分工,但在许多情况下,分工有可能造成协调成本的上升,导致组织总生产效率的降低;机械式的行政组织虽然在20世纪初可能是一种理想的组织结构形式,但在现代高新技术企业的管理中,其他更有机的组织结构形式或许就有更好的效果;行为管理思想由于是基于对人性的另一种认识,所以提出的管理方法、主张就往往与古典管理思想相悖。孰是孰非,孰优孰劣,没有必要(实际也很难)强行做出区分。"对X问题,一定要采取Y行动"的思考方式未免过于片面和绝对化。权变管理思想提倡管理者要将这种单线的思考方式转变为多线的思考方式,也即"对X问题,假如是在f情况之下,就采取Y行动;假如是在g情况之下,则采取Z行动",其中f、g就是影响管理行动的环境变量,亦称情境因素或权变因素。

可以看出,权变管理思想在继承以前的各种管理思想的基础上,把管理研究的重点转移到了对管理行动有重大影响的环境因素上,希望通过对环境因素的研究找到各种管理原则和理论的具体适用场合。权变管理思想的产生实际上是适应了当代经济活动的国际化、组织的大规模化和组织环境的复杂多变等新形势而提出的对管理方式多样性和灵活性的要求。它告诉管理者,不仅需要掌握处理问题的多种模式和方法,还必须清楚各种模式和方法究竟要在什么样的条件下使用才会取得最好的效果。任何管理模式和方法都不可能是普遍最佳的,而只可能是最合适、最适用的。适合的,才会是有效的。因此,管理者不但要注重学习和开发管理的新模式、新方法,还应该通过实践和自身的体会领悟各种模式或方法适用的场合,以便能将管理的学问变成其卓越的管理业绩。

本 章 小 结

- 现代饭店是以间(套)夜为时间单位出租客房,以住宿服务为主,并提供商务、会议、休闲、度假等相应服务的住宿设施。对饭店定义的分析、饭店分类方法的了解以及现代饭店业态变化的研究,有助于对现代饭店进行全面了解。
- 随着人类社会的发展,饭店的服务功能及范围大大拓展,其设施设备的装备水平及服务手段也日趋现代化、专业化,已成为现代社会中极具发展潜力的产业。通过对中外饭店业发展历史的回顾及饭店业发展趋势的展望,有助于人们把握饭店业发展的新动向。
- 理论源于实践又指导实践。现代饭店管理理论是以管理学的一般原理为基础的,把管理学的一般原理及其方法运用于饭店管理实践,形成了饭店管理理论。饭店管理者要进行有效的饭店管理,就必须了解人类管理理论的发展脉络,掌握饭店管理的原理与方法,熟悉饭店管理的基本内容。

同步练习

一、问题思考

1. 饭店的定义包括哪些要素?
2. 有哪四种传统饭店分类方法?其分类的依据各是什么?
3. 现代饭店的业态有哪些新变化?
4. 西方饭店业经历了哪几个发展阶段?
5. 中国现代饭店业经历了哪几个发展阶段?
6. 管理理论的演变经历了哪几个主要阶段?管理理论的发展给现代饭店管理带来了哪些启示?

二、讨论交流

以 3~4 人组成的小组为研究单位,通过互联网查找资料或实地考察饭店,进行以下问题的研究,撰写调研报告,编制 PPT 文件,在课堂上进行交流分享。

1. 找一家饭店的网站,列出该饭店提供的服务。
2. 提供一个有关饭店类型(如商务型饭店、度假型饭店、经济型酒店、精品酒店、主题酒店等)的案例。

三、在线自测

扫描二维码,完成在线练习。

在线自测 1

实例参考

锦江集团的经营管理特色

上海锦江集团成立于 1984 年,是以饭店业为主,并从事物业管理、游乐、客运、商贸、房地产、金融等各种经营的大型第三产业企业集团。在国际权威专业杂志 HOTELS 评出的 1996 年 200 家世界著名饭店管理集团中,锦江集团排名第 64 位,并被《亚洲周刊》列为全球 500 家华资大企业之一。

1. 多元化经营

锦江集团结合中国国情特点,摈弃了许多国外饭店集团单纯经营饭店的做法,而开拓了一条以经营饭店、公寓、办公楼为主体的多种经营、配套成龙的综合性经济实体的道路,使集团得以迅速发展。

在发展饭店业和物业管理的同时,锦江集团立足于多行业、多方位、多角度的发展,形成了多元化经营的格局,通过融资、集资和利用逐步积累起来的自有资金,先后投资发展了五大行业。

一是游乐业。集团下设锦江旅游有限公司及香港锦江旅游有限公司,其中锦江旅游有限公司是国际旅行社,主要经营特色是高档次、专业性旅游,其所属的锦江假日旅游公司、锦江会议服务公司经营的国内旅游也有一定的影响。锦江乐园和佘山锦江水上漂流世界是上海极具影响的大型娱乐中心。

二是客运业。集团拥有3 000辆营业车辆、7家汽车维修厂、2个大型驾驶员培训基地,是上海外事接待工作和出租行业的骨干力量。此外,集团还参与投资建立了国内首家地方性航运公司——锦江航运有限公司和首家地方性航空公司——上海航空公司。

三是商贸业。集团与国际上的著名商业集团合资,先后组建了锦江迪声商厦有限公司、锦江麦德龙购物中心有限公司等中外合资商业企业。锦江超市公司目前已发展连锁超市网点20多家。锦江国际贸易有限公司的进出口贸易已涉及美国、日本等10多个国家及地区。

四是房地产业。集团近年来开发各类建筑80多幢,约30万平方米的地产,并有一些待建开发基地。

五是金融业。集团参股投资了交通银行、浦东发展银行、上海国际投资信托公司、太平洋保险公司和上海银行等金融企业。并且经由中国人民银行批准成立了集团内的金融机构——锦江集团财务有限责任公司,是中国500家最大服务业企业之一,其金融业务已涉及资金拆借市场、证券市场、外汇市场、保险市场。此外,集团还相继合资经营了锦江微微饮料食品有限公司、锦达电子有限公司等工业加工业,从事仓储运输的上海国联有限公司、锦海捷亚国际货运有限公司,以及锦江集团高科技公司、锦江广告装饰公司、锦江物业工程有限公司和其他相关联的配套企业。

由于锦江集团是以经营饭店、办公楼、公寓为主体的企业集团,因此在经营决策上以发展客人需要的、饭店必需的、在上海还没有的而又有发展前途的项目为基本点,在开拓新的项目时目标明确,抢占制高点。因此,锦江集团开发的多个项目几乎都受到国内外市场的欢迎。

2. 敏锐的市场意识——锦江与资本市场

为充分利用各种资源,锦江集团采取了中外合资、合作内联、出租土地等灵活多样的融资方式,深受中外各界商业人士的欢迎。锦江集团先后与日本、法国、美国、新加坡等国家和地区的外商、侨商洽谈进行技术合作,开发了大小项目近30个。同时,集团在内联方面也十分积极,无论外联还是内联,锦江集团始终坚持互惠互利、自愿合作的原则,因此,深受合作者的信任,合作伙伴越来越多,有的还主动上门要求合作或代管。不管对方企业大小,只要对双方合作都有利,锦江集团总会给予积极的支持与合作。

锦江集团还在民间筹款上做了尝试,1987年发行了为期一年的金融债券,受到了上海市民的热烈响应,发行了三天就销售一空。1998年又发行第二期金融债券。这方面也反映了上海市民对锦江集团经济实力的信赖。集团还利用在菜肴烹饪上的优势,努力开拓国际市场,已在澳大利亚悉尼、美国旧金山等地与外商、侨商联合开设了餐馆、风味小吃店等。

3. 构思独到的服务特色

锦江集团以推出一大批名优饭店而闻名。例如,北京昆仑饭店、亚洲锦江大酒店、唐山锦江贵宾楼饭店等均被评为全国百优星级饭店。

(1) 五星钻石耀"昆仑"。北京昆仑饭店成立于1988年11月26日,处于各国驻华领事馆、商社、国际展览中心的包围之中。1994年、1995年、1996年连续被国家旅游局授予"最佳五星级饭店"和"全国优秀星级饭店十佳"称号,1995年、1996年、1997年三度荣获美国优质服务科技协会颁发的"五星钻石奖"。饭店拥有各类豪华客房、写字间共904间,其中高档商务套房34间,餐饮经营上海、广东、越南、韩国、意大利等风味佳肴。从1997年8月6日开始,北京昆仑饭店和中国国际航空公司联合推出了"饭店登机服务"(HOTEL AIRLINE CHECK-IN)。从那天开始,任何持有国内航班机票的客人可以直接在饭店入住时得到登机牌,这大大节省了客人的时间。昆仑饭店是国内最早提供此项服务的饭店。日语热线(JANPANESE HOTLINE)是专为日本客人设计的。两个接线生可以用流利日语回答客人所提出的任何问题。他们将竭尽全力为在昆仑的客人提供最好的服务。网上服务中心24小时恭候客人的光临。在这里,客人可以通过计算机与世界各地取得联系。为及时通知客人航班信息,昆仑饭店引入了北京机场航班系统。客人只要选择电视30频道就可以知道当日飞机起落的时间。

(2) "老船坞"展现锦江诗意。亚洲锦江大酒店的"老船坞"潮粤海鲜餐厅以其独特和古朴雅致的情趣给繁华的大都市带来一股宜人的山野之风。"篷船渔火水清浅,小灶泥炉煮河鲜",篷船荡漾碧水中,灯光淡然,在小船上感受水波的激荡,在岸上观看桨影波光,令人思绪翩飞,怡然自得。整个餐厅弥漫着原始古朴的氛围,令人有返璞归真的感觉。

除了中国的"江南馆"雅宅,高丽和日本风格的"山阳驿""渔太郎"与欧洲皇室风范的"西洋观"也让人回味无穷。

锦江独到的设计构思展现了厚重的文化底蕴,营造出自然古朴的诗境,是"老船坞"在餐饮业竞争中取胜的关键。

(3) "倚老卖老",尽在"和平"。锦江集团在上海和平饭店的经营上则采用了"倚老卖老"的策略,使老饭店重现青春,展现了上海独特的永恒魅力。

与上海东方明珠电视塔遥相呼应的和平饭店建于20世纪20年代,50年代中期得其名。其南楼更是早在1906年便矗立于黄浦江畔。南北两楼建筑风格迥异。南楼是仿文艺复兴时期的均衡式建筑,而北楼则属美国芝加哥学派哥特式建筑,两楼为驰名中外的南京路所隔,交相辉映。和平饭店在近一个世纪的时间里,铸就了辉煌的历史,许多国内外政要、名流、显贵都曾在那儿留下过足迹,许多国内外重大活动也曾在那儿举行。其绿色的金字塔楼顶始终是上海最重要的城市标志之一。

名震中外的老年爵士乐队堪称上海夜生活一景。乐队演奏20世纪二三十年代流行歌曲,吸引了众多的中外客人。乐队曾应邀出访世界数十个国家,受到热烈的好评。有人称,如要在晚上找外国人,只要去和平饭店爵士吧即可。

在经营策略上,"和平"的方针是"倚老卖老"。充分发挥"老"的优势,适时进行更新改造,推出适销产品,最大限度地实现老饭店的自身价值,很快步入市场经济的轨道。和平饭店在软件上完全跟上时代的步伐,连续派出数十名管理人员去香港学习,邀请大专院校教师前去做培训,提拔年轻干部,坚持锦江模式等。这一系列举措换来了维也纳最著名饭店组织授予的"世界最著名饭店"以及"全国最佳星级饭店"等称号。

(4) 小项服务尽显温情。小项服务是中国饭店的典型特色,国外不多。如有经验的服务员,可从昨晚客人的枕头上有无折纹和松软程度来判断客人喜欢睡高枕头还是低枕头,第二天及时调整,使客人感到满意。人工服务,给客人送去了方便,也送去了感情。如擦皮鞋,国外有擦鞋机,但不尽如人意,而人工擦鞋则十分周到,可充分满足客人要求。此外,如客到送毛巾,代客送信,购物,查询亲友,洗刷小物件,帮客人钉扣、缝带、补衣等,都体现了中国人的人性与温暖,锦江饭店的这些小服务很受客人欢迎。

4. 全面质量管理模式

上海锦江饭店是国内最早实行全面质量管理的饭店之一。他们把全面质量管理的指导思想、以无形服务来体现质量的特殊性、饭店的传统风格三者融为一体,形成了具有锦江特色的饭店全面质量管理体系 JJSS(Jinjiang Service System)。JJSS 全面质量管理体系包括四个部分:

(1) 全店建立完整的服务质量管理网络系统,使质量管理制度化、程序化与日常化,饭店总部设有 JJSS 领导团组。

(2) 建立统一的质量标准和服务规范,注重"以数据说话"。饭店推行"一卡三表",即考勤卡、岗位服务表、服务日程表和月中服务报告表,定量反映工作质量和数量。

(3) 一次到位,预防为主。心对心、面对面的服务是"一次定型",不能返工重来,强调服务要求是"一次到位"。首先,为实现预防为主,饭店注重提高员工素质,强化培训与考评,凡不达标的不许上岗;其次,建立了自检、互检、考检、抽检和暗检五级检查制度,把客人来到之前可能出现的差错降至最低;最后,建立接待客人前的观测分析制度,根据来宾的不同生活习惯、情趣爱好与宗教信仰,采取因人而异的接待方式。

(4) 建立全员工、全方位、全过程的"三全"服务。锦江集团认为,服务行业想获得成功,达到最佳水平,不能盲目地选择方法,否则只会导致失败。其他饭店的思想、成功经营的经验,并不是唯一达到质量标准的途径,企业只有靠自身特点,进行选择、执行,才能成功。

5. "锦江之星"——连锁经营新举措

"锦江之星"旅馆是锦江集团所属锦江旅馆投资管理有限公司经营的一种经济型旅馆。它借鉴国外发达国家的大众旅馆特点,强调简洁、方便、舒适、安全、价廉。内设单人间、双人间、家庭房和套房。房内空调、卫浴、电视、电话等设施齐全。旅馆内附设餐厅,供应价廉物美的风味小吃和家常饭菜,兼办各档酒席。商务中心提供打字、传真、复印等服务。

目前,国内饭店的档次结构不够理想,高星级饭店过多,效益普遍差,入住率低,供大于求。但价格低廉、容易被大众消费层接受的经济型连锁饭店是一个缺口,形成一种市场空当。锦江本着清洁、安全、便捷的原则,兴建这批管理水平高、经济方便的大众型饭店,确实是一个良好的投资项目。"锦江之星"开业以来,入住率爆满,获得了良好的社会反应和丰厚的收入。

由上海锦江旅馆投资管理有限公司推出的锦江之星会员卡,是"锦江之星"真诚回报顾客的一种形式。顾客持有会员卡,将享受到贵宾待遇,使食宿更加方便与优惠:凡持有锦江之星会员卡者,在锦江之星各连锁店内均可使用,房费享受门市九折、餐饮消费八八折优惠;各连锁店每天17:00前,保证对持会员卡的会员优先接待,退房时间允许延长至下午2时;每年年底将评选会员中的荣誉消费者,次年荣誉消费者将得到一份来自锦江旅馆投资管理有限公司的珍贵礼物。

当年度会员卡到期更换时,老会员将享受优惠卡转卡的待遇。锦江旅馆投资管理有限公司定期用书面形式向会员汇报公司发展情况,会员将最快得到连锁店新店开业的信息。

锦江之星会员卡有世纪金卡和年度卡两种。

世纪金卡可永久性使用。凡购世纪金卡者,公司将赠送免费住宿券6张(祝六六大顺之意),每券一晚。

年度卡设有使用有效期,老会员只需付20元工本费,就能得到一张新年度会员卡。

"锦江之星"连锁店在中国是一个创举,该连锁店有四统一:建筑物规格统一、品牌统一、管理系统统一和形象标志统一。在经营管理上对服务标准、培训等方面都实行一个模式。"锦江之星"旅馆分布在国内多个城市,在上海地区,已有乐园店、浦东南路店、浦东机场店、长宁路店、辛庄店、铁路西站店等。在宁波、苏州等地,已形成了几十家加盟店,入住率均保持在85%以上,上海本地的出租率保持在95%以上。

为方便顾客,"锦江之星"旅馆实行连锁经营和异地订房,并设有飞机、火车、轮船票代理以及市内观光巴士票代售等服务。

"锦江之星"未来进一步发展的一个重要策略是吸收加盟店,对业主提供的建筑物按照"锦江之星"旅馆的统一格局进行改建,然后打"锦江之星"的品牌,纳入统一管理系统。这样,既大大缩短了建设周期,又通过收取牌誉费、管理费等迅速回笼资金,用于开发新的项目。在经营管理上,"锦江之星"坚持做到四个统一,对所有连锁店的服务标准、培训等都按一个模式执行,对加盟店更是加强全过程监控管理。

(资料来源:谷慧敏.世界著名饭店集团管理精要.沈阳:辽宁科学技术出版社,2001)

第二章 饭店的经营理念与实践

学习目标

知识目标：

了解现代饭店经营理念变革与发展的轨迹，理解CI、CS、CL和ES经营理念的基本含义。

能力目标：

能解释CI与CS理念的差异，能说明CL和ES理念在饭店实践中的意义，能运用"让客价值"理论、"消费者非常满意"理论和"内部营销"理论的相关概念研究饭店经营的实例。

第一节　从 CI 到 CS 的演变

视频：从 CI 到 CS 的演变

现代饭店企业销售的最基本的要素是什么？不是那些看得见的产品，而是那些看不见的企业经营者的理念和思想。

综观世界著名的企业家，无不是以一种独创及全新的理念来引导企业，适应市场发展，从而使企业迈上一个个更高的台阶。在世界饭店业发展史上，正是希尔顿的"七大信条"、里兹·卡尔顿的"黄金标准"、马里奥特的"经营哲学"、喜来登的"十诫"等全新的经营思想和理念，引导这些企业进入了世界著名饭店的行列。

一、从注重企业形象到关注顾客的满意度

一位现代饭店企业的经营者，会经常思考这样一些问题：
- 谁是我们的顾客？
- 我们了解顾客的需求吗？
- 顾客为什么会表现出满意或不满意？
- 顾客满意或不满意对企业意味着什么？
- 如何才能使顾客满意？

如今，几乎所有饭店经营者都认识到，只有使顾客满意，企业才能生存和发展。但这种使顾客满意的理念，是在企业生存发展环境、社会消费习惯、产品概念以及企业经营战略等发生深刻变化的背景下逐步确立起来的。

（一）从 CI 到 CS

CI（Corporate Identity）即为企业形象，是一种以塑造和传播企业形象为宗旨的经营战略，成型于 20 世纪 50 年代，风靡于 70 年代，80 年代中后期导入中国企业界，并被国内饭店业接受。

CI 也是指企业为了使自己的形象在众多的竞争对手中让顾客容易识别并留下良好的印象，通过对企业形象的设计，有计划地将本企业的各种鲜明特征向社会公众展示和传播，从而在市场环境中形成本企业标准化、差异化形象的一种营销活动。

例分析

上海宾馆的 CI 战略

CI 战略风靡全球，国际著名的饭店集团都不同程度地应用了 CI 战略，受益良多。上海宾馆也制定了 CI 战略，并取得了成功。上海宾馆建于 20 世纪 80 年代，但在其周围相继建成的一批现代化的大饭店中，呈"鸡立鹤群"之势。

为重振上海宾馆的形象，决策层于 1995 年借宾馆硬件改造之机，果断导入 CI 战略，以

此重塑形象，增加宾馆的市场竞争力。

上海宾馆设立了三大理念要素：服务(Service)、诚恳(Sincerity)、满意(Satisfaction)，以诚恳态度和顾客满意度来保持宾馆的服务品质。

宾馆以三大理念要素的英文字首"S"为创意原点，塑造图形标志"S"，首尾相连，不可分割，既蕴含其服务理念，又象征上海、上海人、上海宾馆的特定意义，并采用统一的"上宾红"暖色调，非常醒目。

上海宾馆的具体做法是采用系统分支法，将宾馆内部分成十大系统，赋予其装饰个性，令其既相对独立，又严格统一于 CI 之中。如巧妙地利用标志的外形变异，构成分支系统的装饰纹样；利用标准"上宾红"的色彩，搭配成分支上的独立色彩。另外，采用辅助色彩，作为各系统的分隔，让各个具有各自特点的部门，显示独特风格，如餐饮、咖啡厅均具有饮食特征，前者设计注重中国文化气氛，而后者则显得西洋化。

实践证明，CI 对饭店企业加强市场营销及公共关系发挥了非常直接的作用。随着市场竞争日益激烈和人们对市场经济规律认识的深化，CI 也逐渐暴露出它的局限性。CI 的整个运作过程完全是按照企业的意志加以自我设计(包装)，通过无数次重复性地向社会公众展示，"强迫"顾客去加以识别并接受企业自己的形象。因此，CI 的经营战略依旧停留在"企业生产什么，顾客接受什么"的传统的经营理念上。

随着市场从推销时代进入营销时代，在 CI 的基础上产生了 CS。CS(Customer Satisfaction)即顾客满意理念，是指企业为了不断地满足顾客的要求，通过客观地、系统地测量顾客满意程度，了解顾客的需求和期望，并针对测量结果采取措施，一体化地改进产品和服务质量，从而获得持续改进业绩的一种企业经营理念。

CS 理念及其在此基础上形成的 CS 战略，在 20 世纪 80 年代末超越了 CI 战略，在世界发达国家盛行。90 年代中期，CS 理念被中国企业界认识和接受。尽管构成顾客满意的主要思想和观念方法很早就有企业实践过，但是作为一种潮流，则出现于 20 世纪 90 年代。CS 经营战略关注的焦点是顾客，核心是顾客满意。其主要方法是通过顾客满意度指数的测定来推进产品和服务，满足顾客的需求；目标是赢得顾客，从而赢得市场，赢得利润。实现了从"企业生产什么，顾客接受什么"转向"顾客需要什么，企业生产什么"的变革。

(二) CI 与 CS 的比较

CS 战略比 CI 战略具有更多优势，主要体现在以下几点。

1. 在企业理念方面

CI 的目标是通过建立独特的企业识别系统来塑造和传播良好的企业形象，进而获取更多的利润，并未跳出以企业为中心的理念范畴；CS 则通过建立完善的顾客满意系统，来更好地为顾客服务，获得顾客的满意感，体现了以顾客为中心的更高层次的企业理念。

2. 在操作和实施方面

CI 是围绕着"识别"和"形象"来进行的，而 CS 则是以"服务"和"满意"为宗旨而运作的。

3. 在理论的涵盖面与价值层次方面

CI 所提出的"识别"与"形象"概念,其着眼点在于现有顾客和潜在顾客,它所突出的是企业的自身价值;CS 所提出的"服务"与"满意"概念,超出了前者的范畴,它将"社会满意度"作为最高目标,将"顾客满意"扩大到社会和全体公众的层面,更加突出企业的社会价值,要求企业经营活动朝着有助于维护社会稳定、推动道德进步和保持生态平衡等诸多方面协调发展。

4. 在评价与度量标准方面

CS 引入了顾客满意度指标,与 CI 的企业形象评估方法相比,可使企业更加具体而准确地把握顾客的需要与追求的脉搏。

5. 在与市场经济发展机制的关系方面

CI 理论体现了企业由生产导向转变为市场导向的需要与水平,而 CS 理论则标志着企业由市场导向转变为顾客导向的需要和水平。

(三)顾客满意的内涵

在 CS 理念中,顾客满意具有某种特定的意义,主要包括以下几个方面。

1. 在横向层面上,包括五个方面

(1) 理念满意。即企业经营理念带给顾客的满足状态,包括经营宗旨满意、经营哲学满意和经营价值观满意等。

(2) 行为满意。即企业全部的运行状况带给顾客的满足状态,包括行为机制满意、行为规则满意和行为模式满意等。

(3) 视听满意。即企业以其具有可视性和可听性的外在形象给顾客的满足状态,包括企业标志(名称和图案)满意、标准字满意、标准色满意以及上述三个基本要素的应用系统满意等。

(4) 产品满意。即企业产品带给顾客的满足状态,包括产品质量满意、产品功能满意、产品设计满意、产品包装满意、产品品位满意和产品价格满意等。

(5) 服务满意。即企业服务带给顾客的满足状态,包括绩效满意、保证体系满意、服务的完整性和方便性满意,以及情绪和环境满意等。

2. 在纵向层次上,包括三个逐次递进的满意层次

(1) 物质满意层次。即顾客对企业产品的核心层,如产品的功能、质量、设计和品种等所产生的满意感。

(2) 精神满意层次。即顾客对企业产品的形式层和外延层,如产品的外观、色彩、装潢、品位和服务等所产生的满意感。

(3) 社会满意层次。主要指顾客整体(全体公众)的社会满意程度。它要求企业在产品提供和顾客消费的过程中,要维护符合社会整体利益的道德、政治和生态价值观。

二、CS 理念在饭店中的运用

CS 经营理念强调从顾客视角出发来开展企业的一切经营活动,以实现顾客满意和企业目标实现的目的。那么,现代饭店企业如何吸引顾客呢?

(一)"让客价值"理论的提出

美国市场营销学家菲利普·科特勒提出了"让客价值"(Customer Delivered Value,CDV)的概念。它的主要含义是:顾客购买一种商品或服务,要付出的是一笔"顾客总成本",而获得的是一笔"顾客总价值"。顾客总价值与顾客总成本的差值,就是让客价值。即:

$$让客价值 = 顾客总价值 - 顾客总成本$$

让客价值的构成要素如图2-1所示。

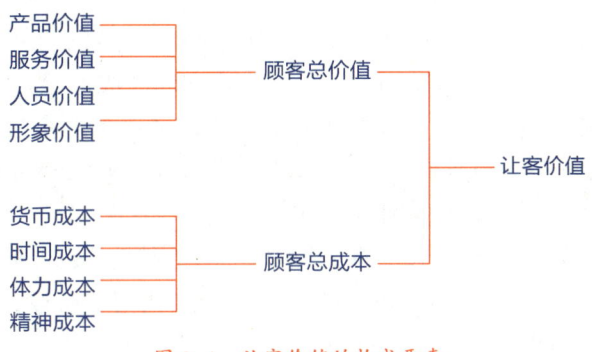

图2-1 让客价值的构成要素

1. 顾客总价值

顾客总价值是指顾客购买和消费产品或服务时所获得的一组利益,它主要由产品价值、服务价值、人员价值和形象价值构成。

(1)产品价值。产品价值是指由产品的功能、特性、品质、种类与款式等所产生的价值。产品价值是顾客选购产品或服务的首要因素,因而在一般情况下,它是决定顾客总价值大小的关键因素。产品价值是由顾客需求来决定的,不同的顾客对产品价值的要求不同;在不同时间,顾客对产品价值的要求不同。比如,随着生活水平的提高和商品的丰富,顾客更看重产品的特色,要求产品能体现品位和时尚等。

(2)服务价值。服务价值是指企业伴随产品或服务实体向顾客提供的各种附加服务,即为满足顾客对产品或服务的外延需求所提供的服务,包括产品介绍、售后服务以及其他各种承诺等所产生的价值。如今,服务价值是构成顾客总价值的重要因素之一,在提供传统意义上的产品或服务的同时,向顾客提供不断延伸的、额外的、更完善的服务,已成为现代企业提高竞争力的重要途径。正如美国市场学家所提出的:"现代竞争的关键不完全在于各家公司生产什么产品,而在于它们能为产品增加些什么内容——诸如包装、服务、广告、顾客咨询、融资、送货、仓储以及人们所重视的其他内容。"

(3)人员价值。人员价值是指企业员工的价值观念、职业道德、质量意识、知识水平、业务能力、工作效率,以及对顾客需求的应变能力和服务水平等所产生的价值。如果企业的人员价值能使产品或服务"增值",就会使顾客顺利完成其购买行为,并在使用过程中能继续得到满意的服务,从而产生满意的感知;如果企业的人员价值使产品或服务的价值"贬值",就会令消费者的购买决策过程受挫、受阻,甚至取消,或在使用过程中产生不满和抱怨。人员价值的这种作用往往是潜移默化的、不易度量的。

（4）形象价值。形象价值是指企业及其产品或服务在社会公众中形成的总体形象所产生的价值。良好的形象，是饭店的一种战略资源，是饭店的无形资产。如果一家饭店及其产品或服务能以良好的形象出现在社会公众面前，那么，就会在顾客心中不断地提高它的知名度和美誉度，就会大大提高社会公众对饭店的信任度和认同度。良好的形象会对饭店的产品或服务产生巨大的支持作用，赋予它较高的附加价值，从而会使顾客获得精神上和心理上的深层次的满足感、信任感。

2. 顾客总成本

顾客总成本是指顾客为购买和消费产品或服务时所耗费的时间、精神、体力以及所支付的货币资金等，包括货币成本、时间成本、精神成本和体力成本等。

（1）货币成本。货币成本是指顾客购买和消费产品或服务的全过程中所支付的全部货币。顾客在购买产品或接受服务时首先考虑的是货币成本的大小，因此，货币成本是构成顾客总成本大小的最主要、最基本的因素。

（2）时间成本。时间成本是指顾客在购买和消费产品或服务时所花费的时间。如顾客在饭店餐厅就餐时，常常需要等候一段时间才能进入正式消费阶段，顾客的这种等候就产生了时间成本。等候时间越长，顾客的时间成本就越高。在服务质量相同的情况下，顾客等候消费的时间越短，购买该项服务所花费的时间成本也就越少，购买的总成本亦越小，由此带来顾客购买的满意感则越强。随着人们工作和生活节奏逐步加快，尽可能减少时间成本越来越成为普遍的要求。

（3）精神成本。精神成本是指顾客购买和消费产品或服务时，在精神方面的耗费与支出。如顾客在购买和使用产品或接受服务时，因为购物环境、服务态度、产品和服务功能等方面原因，产生了忧虑、紧张、不安全、不舒服、不方便的感觉，造成了精神负担，这时顾客就会产生精神成本。对于无经历的陌生性购买和需要反复谨慎比较的选择性购买行为，顾客一般需要广泛、全面地收集商品信息，因此需要付出较多的精神成本。

（4）体力成本。体力成本是指顾客购买和消费产品或服务的过程中，在体力方面的耗费与支出。凡是需要顾客付诸体力的活动，就会使顾客支付体力成本。

顾客在购买商品时，总希望把相关成本降到最低限度，而同时希望从中获得更多的实际利益，以使自己的需要得到最大限度的满足。因此，顾客在选购商品时，往往会在价值与成本两个方面进行比较分析，从中选择价值最高、成本最低，即"让客价值"最大的商品作为优先选购的对象。

饭店要在竞争中战胜竞争对手，吸引更多的顾客，就必须向顾客提供比竞争对手具有更多"让客价值"的产品，这样，才能使自己的产品进入消费者的选择组合之中，最终使顾客购买本企业的产品。为此，饭店可从两方面改进自己的工作：一是通过提高饭店的产品、服务、人员及形象的价值从而提高产品的总价值；二是通过降低生产和销售成本，减少顾客购买产品或服务的时间、精神和体力的耗费，从而降低货币与非货币成本。

（二）提高让客价值的途径

饭店企业可从以下四个方面设法提高让客价值。

1. 降低顾客成本

顾客成本是指顾客在交易中的费用和付出,表现为金钱、时间、精力和其他方面的损耗。企业经常忘记顾客在交易过程中同样有成本。饭店对降低自己的交易成本有一整套的方法与规程,却很少考虑如何降低顾客的成本。饭店要吸引顾客,首先要评估顾客的关键要求,然后,设法降低顾客总成本,提高让客价值。因此,分析和控制成本,不能只站在饭店的立场上,还要从顾客的角度,进行全面、系统、综合的评价,才能得到正确的答案。为此,饭店应鼓励从事顾客服务工作的员工,树立顾客总成本的概念和意识,不要把眼光只盯在饭店的成本上。

2. 理顺服务流程

饭店要提高顾客总价值、降低顾客总成本而实现更多的让客价值,使自己的产品和服务满足并超出顾客的预期,就必须对饭店的组织和业务流程进行重新设计。认真分析饭店的业务流程,进行重新规划和整理,加强内部协作,建立一个保证顾客满意的企业经营团队。要实现这种业务流程重组,必须首先以顾客需求为出发点,确定服务规范和工作流程。让饭店所有经营活动都指向一个目标,就能使顾客获得更多的让客价值。

3. 重视内部顾客

顾客的购买行为是一个在消费中寻求尊重的过程,而员工对顾客服务的积极性,很大程度上影响着顾客满意度。据研究,当企业内部顾客的满意度提高到85%时,企业外部顾客满意度高达95%。一些跨国企业在对顾客服务的研究中,清楚地发现员工满意度与企业利润之间是一个"价值链"关系:利润增长主要是由顾客忠诚度刺激的;忠诚是顾客满意的直接结果;满意在很大程度上受到提供给顾客的服务价值的影响;服务价值是由满意、忠诚和有效率的员工创造的;员工满意主要来自企业高质量的支持和激励。

提高内部顾客满意度绝不能仅仅依靠金钱,开放式交流、充分授权及员工的教育和培训也是好办法。应特别注意要赋予一线员工现场决策权。对许多企业来说,控制权掌握在中层管理人员手中,但直接面对顾客的是一线员工,为使顾客满意,应当赋予一线员工在现场采取行动的决策权。因此,高层管理人员应让中层管理人员承担新的角色,他们必须由原来的政策控制者和严格执行者变成政策执行的疏通者,使一线的行动更加便捷,冲破束缚,使顾客满意。

4. 改进绩效考核

成功和领先的饭店都把顾客满意度作为最重要的竞争要素,经营的唯一宗旨是让顾客满意。因此,它们评价各部门的绩效指标和对管理人员、营销人员的考核指标,都是顾客满意度以及与顾客满意度有关的指标。如果管理人员和营销人员的目的只在于成交,成交又意味着顾客的付出,这使买卖双方站在了对立的立场。以顾客满意度作为考核的绩效指标,便使双方的关系发生了微妙的变化。他们的共同点都在于"满意"。利益的一致性使双方变得亲近,员工服务也更发自内心,饭店的销售量自然会不断提升。

第二节　从 CS 到 CL 的拓展

视频：从 CS 到 CL 的拓展

随着商品经济的不断发育完善，市场竞争逐渐加剧升级，饭店企业的经营理念和管理理论也发生变化和升华。

一、从顾客满意到顾客忠诚的延伸

20 世纪 90 年代末，正当中国企业界在强调 CS 理念的时候，CS 经营理念又开始向更高的境界延伸，这就是 CL（Customer Loyal），即"顾客忠诚"理念。企业开始从追求市场份额的数量，转向追求市场份额的质量。

（一）培育忠诚顾客的意义

忠诚顾客是成功企业最宝贵的财富。美国商业研究报告指出：多次光顾的顾客比初次登门者，可为企业多带来 20%~85% 的利润；固定客户数目每增长 5%，企业的利润则增加 25%。对饭店企业来讲，培育忠诚顾客的意义可以归纳为以下几方面。

1. 有利于降低市场开发费用

任何企业的产品和服务都必须被市场接受，否则这个企业就不可能生存下去，而市场开发的费用一般是很高昂的。由于饭店产品与服务的相对固定性，建立顾客忠诚更有特殊意义。如能达到引导顾客多次反复购买，可大大降低市场开发费用。据美国管理协会（AMA）估计，保住一个老顾客的费用只相当于吸引一个新顾客的费用的 1/6，而且老顾客由于对企业的忠诚、对该企业产品与服务高度的信任和崇尚，还会吸引和带来更多的新顾客。在企业推广新产品时，也由于忠诚顾客的存在，可以很快打入市场、打开销路，从而节省新产品的市场开发费用。

2. 有利于增加饭店经营利润

越来越多的饭店企业认识到所建立的一批忠诚顾客是企业的依靠力量和宝贵财富。正如美国商业报告的调查结论指出的那样，多次惠顾的顾客比初次登门者可为企业带来更多利润；随着企业忠诚顾客的增加，企业利润大幅增加。

3. 有利于增加饭店竞争力

饭店企业之间的竞争，主要在于争夺顾客。实施 CL 战略，不仅可以有效地防止原有顾客转移，而且有助于饭店赢取正面口碑，树立良好形象。借助忠诚顾客的影响，还有助于化解不满意顾客的抱怨，扩大忠诚顾客队伍，使饭店企业走上良性循环发展之路。

饭店要培育忠诚顾客，首先应区分哪些是对本饭店有重要影响的目标顾客。要将有限的资金和精力用在刀刃上，到处撒网只能浪费资源。大多数企业面对顾客都是尽量拉拢，不敢得罪，然而美国的一家市场研究公司（CRI 公司）却将原有顾客砍掉了一半。美国市场研究公司发展到第 14 个年头时，生意越来越好，不少商界巨头也进入了不断增长的顾客名单之中，但令人奇怪的是该公司却首次出现了利润大幅下降的情况，着实让该公司的决策者纳闷。在根据顾客对公司贡献重要程度进行分析后，情况一下子明朗了，原来该公司将太多的精力及人力投入了一些对自己根本没有利润的顾客上了。这种无谓的消耗将公司的业务带入不景气的阶段。一些名气大但贡献微薄的公司,让人难以拒绝。但为重新获得发展,该公司必须无情地放弃很大一部分现有顾客,同时再去争取有利可图的新顾客。这种决定是戏剧性的,因为这意味着公司一方面要砍掉收入的一部分来源,另一方面得积极地寻找增加收入的途径。这种策略很独特,而且效果不错。不过,这种做法在有些情况下让人感到痛苦。该公司的财务经理在对一个顾客进行分析后,发现这个顾客应被列入"拒绝服务"清单,便对上级抱怨:"拒绝这样的客户真是太令人难过了!"但他得到的回答是:"当你在努力开拓市场的时候,你一定不希望新的生意会给以后更多的生意带来阻碍吧?放弃有时也是一种积极的策略。"

(二)顾客忠诚度的衡量标准

顾客忠诚度的高低,一般可以从下面六个方面进行衡量。

1. 顾客重复购买的次数

在一定时期内,顾客对某一品牌产品重复购买的次数越多,说明顾客对这一品牌的忠诚度越高;反之则越低。由于饭店企业产品的特性等因素会影响顾客重复购买的次数,因此在确定这一指标的合理界限时,需根据不同产品的性质区别对待,不可一概而论。

2. 顾客购买挑选的时间

消费心理研究者认为,顾客购买商品都要经过挑选这一过程。但由于依赖程度的差异,顾客购买不同产品时的挑选时间也不尽相同。因此,从购买挑选时间的长短上,也可以鉴别其对某一品牌的忠诚度。一般来说,顾客挑选时间越短,说明他对这一品牌的忠诚度越高;反之,则说明他对这一品牌的忠诚度就越低。

3. 顾客对价格的敏感程度

顾客对企业的产品价格都非常重视,但这并不意味着顾客对各种产品价格的敏感程度都相同。事实表明,对于顾客喜爱和信赖的产品,顾客对其价格变动的承受能力较强,即敏感度较低。而对于他所不喜爱和不信赖的产品,顾客对其价格变动的承受能力较弱,即敏感度较高。所以,我们可以根据这一标准来衡量顾客对某一品牌的忠诚度。

在运用这一标准时,要注意产品对于顾客的必需程度。产品的必需程度越高,人们对价格的敏感度越低;必需程度越低,则对价格的敏感度越高。当某种产品供不应求时,人们对价格不敏感,价格的上涨往往不会导致需求的大幅度减少;当供过于求时,人们对价格变动就非常敏感,价格稍有上涨,就可能滞销。

产品的市场竞争程度也会影响人们对产品价格的敏感度。当市场上某种产品的替代品种多了,竞争会激烈,人们对其价格的敏感度会高;如果某种产品在市场上还处于垄断地位,没有竞争对手,那么,人们对它的价格敏感度就会低。在实际工作中,只有排除上面几个因素的干扰,才能通过价格敏感指标科学地评价消费者对某一品牌的忠诚度。

4. 顾客对竞争产品的态度

人们对某一品牌的态度变化,在大多数情况下是通过与竞争产品的比较而产生的。所以根据顾客对竞争产品的态度,能够从反面判断其对某一品牌的忠诚度。如果顾客对某一品牌的竞争产品有好感,兴趣浓,那么就说明顾客对某一品牌的忠诚度低;如果顾客对竞争产品没有好感,兴趣不大,则说明其对某一品牌的忠诚度高,购买指向比较稳定。

5. 顾客对产品质量问题的承受能力

任何一种产品都可能因某种原因出现质量问题,即使是品牌产品也很难幸免。若顾客对某一品牌的忠诚度高,则对出现的质量问题会以宽容和同情的态度对待,不会因此而拒绝购买这一产品。若顾客对某一品牌的忠诚度不高,产品出现质量问题(即使是偶然的质量问题),顾客也会非常反感,很有可能从此不买该产品。当然,运用这一标准衡量顾客对某一品牌的忠诚度时,要注意区别产品质量问题的性质,分清是严重问题还是一般问题,是经常发生的问题还是偶然发生的问题。

6. 购买周期

我们用"购买周期"来描述两次购买产品间隔的时间。购买周期是一个非常关键的因素,因为如果购买周期较长,顾客就可能淡忘原有的消费经历,竞争对手就会乘虚而入。企业可以通过有效的方式,保持与老顾客的联系。

显然,顾客忠诚度的高低是由许多因素决定的,而且每一因素的重要性以及影响程度也都不同。因此,衡量顾客忠诚度必须综合考虑各种因素指标。

(三) CL 与 CS 的关系

CL 侧重于企业的长远利益,注重于将近期利益与长远利益相结合,着眼于营造一批忠诚顾客,并通过这个基本消费群去带动和影响更多的潜在消费者接受企业的产品与服务。以顾客忠诚度为标志的市场份额的质量取代了市场份额的规模,成为企业的首要目标。"顾客永远是对的"这一哲学被"顾客不全是忠诚的"思想所取代。

需要说明的是,企业经营理念的几次跨越相互间是一种包容而非排斥的关系,前者是后者的基础,即顾客满意需要良好的企业形象,顾客忠诚必须建立在顾客满意的基础之上,缺一不可。图 2-2 描绘了半个世纪来企业经营理念变革发展的轨迹。

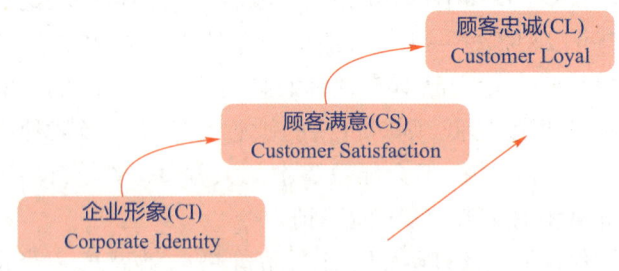

图 2-2　饭店经营理念变革发展的轨迹

从 CI 到 CS,从 CS 到 CL,这是人类经济发展和社会进步的一种反映,是市场经济发展规律的体现。每一家饭店企业,都需要遵循这个规律,不断提高顾客满意度,培育一大批忠诚的顾客。

二、CL 理念在饭店中的运用

CL 理念侧重于企业的长远利益,注重于营造一批忠诚顾客。强调企业以满足顾客的需求和期望为目标,有效地消除和预防顾客的抱怨和投诉,不断提高顾客满意度,在企业与顾客之间建立起一种相互信任、相互依赖的"质量价值链"。那么,现代饭店经营者如何营造忠诚顾客队伍呢?

(一)"消费者非常满意"理论的提出

美国营销大师菲利普·科特勒曾提出了"消费者非常满意"(Customer Delight)的理论。该理论认为:顾客在购买一家企业的产品以后是否再次购买,取决于顾客对所购产品消费结果是否满意的判断。如果产品提供的实际利益低于顾客的期望,顾客就会不满意,就会不再购买这一产品;如果产品提供的实际利益等于顾客的期望,顾客就会感到满意,但是否继续购买这一产品,仍然具有很大的不确定性;如果产品提供的实际利益超过了顾客的期望,顾客就会非常满意,就会产生继续购买的行为。因此,顾客的购后行为取决于他的购买评价,而购买评价又源自购买结果。企业要创造出重复购买企业产品的忠诚顾客,就要使顾客感到非常满意(如图2-3所示)。

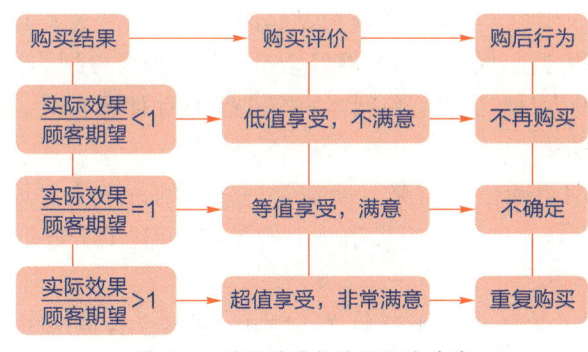

图2-3 购买结果与购后行为关系

一般来说,顾客对产品的期望来源于他们过去的购买经历、朋友和同事的介绍及企业的广告承诺等。因此,要超越顾客期望值,关键在于饭店企业首先要将顾客的期望值调节到适当的水平,在调整好顾客期望值的同时,设法超越顾客期望值,给客人一份意外的惊喜。

1. 做好顾客期望管理

饭店可以通过可靠地执行所承诺的服务,并与顾客进行有效的沟通,对顾客期望进行有效的管理。

(1)保证承诺反映现实。明确的服务承诺和暗示的服务承诺这两项都完全处在饭店的控制中,对这些承诺进行管理是一种直接的、可靠的管理期望的方法。但仍有许多饭店企业避开了这种方法,而喜欢进行过分的承诺以吸引顾客。通过切实可行的努力确保对顾客所作的承诺能够反映真实的服务情况,将使饭店从中获益。而过分地进行承诺,则将会损害顾客的信任,破坏顾客的容忍度。顾客对服务的期望是相当关键的。很明显,饭店应该将精力集中在他们的基本服务项目上,并用明确的描述(例如广告和人员推销)和暗示性的方法(例如服务设施的外观和服务价格)为服务提供反映客观现实的说明。

顾客为什么不满意

顾客到饭店等候就餐,服务人员许诺说一刻钟可以送上饭菜。可是到了一刻钟却不见饭菜,也不见服务员来解释。直到半个小时后,服务员才送来饭菜,饭菜质量和数量是顾客期望的。在这个事件中,尽管饭店并没有节省什么,给顾客提供的饭菜和人工服务量没有减少,但顾客却不满意,因为饭店没有按承诺的时间兑现服务,没有满足顾客的期望。很显然这种顾客服务对饭店来说是一种损失。损失是由不恰当的顾客期望管理造成的。

(2) 与顾客进行沟通。经常与顾客进行沟通(理解他们的期望和所关心的事情,对他们所接受的服务进行说明,或者只简单地对顾客与你做生意表示感激),会鼓励顾客的容忍,是一种管理顾客期望的有效方式。饭店通过与顾客进行经常的对话,加强与他们的联系,就可以在问题发生时处于一个有利的地位。饭店积极地发起沟通以及对顾客发起的沟通迅速地表示关心,都传达了一种合作的感情,而这又是顾客经常希望却又很少得到的。与顾客进行有效的沟通,有助于在服务问题发生时减少或避免顾客的挫折感,从而使顾客树立对企业的信任和容忍。

2. 设法超越顾客期望

期望管理为超出期望铺垫了道路。期望管理失败的一个主要原因是无法超出期望。受到管理的期望为超出顾客的期望提供了坚实的基础,可利用服务传送和服务重现所提供的机会来超出顾客的期望。

(1) 进行优质的服务传送。在服务传送过程中,顾客亲身经历了提供的服务技能和服务态度,有助于保持更低的期望和更大的容忍,从而使超出这些期望成为可能。每一次与顾客的接触都是一次潜在的机会,可使顾客感到自己得到了比经验期望更好的服务。而那些只是机械地执行服务,对顾客十分冷淡的员工就会浪费这些机会。

(2) 利用服务重现。服务重现工作是一个绝好的超出顾客期望的机会。在处理这些服务问题时,过程方面尤其重要。虽然在服务重现期间顾客对结果和过程方面的期望都会比平时更高一些,但过程方面提供了更大的超出期望的机会。同样,顾客在服务重现期间将比在日常服务期间更加注意服务的传送过程。以全身心的投入来对待顾客并且反应灵敏,能使顾客安心。企业可利用服务重现,使顾客感到惊奇并通过特别的服务超出他们的期望。

房价涨了,为什么客人还选择丽晶饭店

香港丽晶饭店原总经理若第·格雷与作家皮特·波维什曾经一起进餐,发现皮特喜欢饮用胡萝卜汁。以后,无论皮特何时入住丽晶饭店,总会有鲜美的胡萝卜汁在等他。皮特深有感触地说:"尽管10年间房间价格涨了3倍,我还是一直住丽晶饭店。"

(二)顾客关系管理的推行

在现代市场竞争中,饭店企业的生存不再是靠一成不变的产品来维持,而是要靠为顾客创造全新服务、全新价值,换取长期的顾客忠诚,形成竞争者难以取代的竞争力,并与顾客建立长期的互惠互存的关系,才能得以生存。在当今竞争激烈的市场环境中,越来越多的饭店企业开始通过"顾客关系管理"(Customer Relationship Management,CRM)来赢得更多的顾客,并且提高顾客忠诚度。

1. 顾客关系管理的概念

顾客关系管理是一个通过详细掌握顾客有关资料,对饭店企业与顾客之间关系实施有效的控制并不断加以改进,以实现顾客价值最大化的协调活动。顾客关系管理源于"以顾客为中心"的新型经营模式,是一个不断加强与顾客交流,不断了解顾客需求,不断对产品及服务进行改进和提高,以满足顾客需求的持续过程。它要求向饭店的销售、服务等部门和人员提供全面的、个性化的顾客资料,并强化跟踪服务和信息分析能力,与顾客协同建立起一系列卓有成效的"一对一关系",以使饭店企业得以提供更快捷和更周到的优质服务,提高顾客满意度,吸引和保持更多的顾客。

2. 顾客关系管理的运作流程

要做好顾客关系管理,首先要形成完整的运作流程。其流程主要包括以下几点。

(1) 收集资料。利用新技术与多种渠道,将收集到的顾客个人情况、消费偏好、交易历史资料等储存到顾客资料库中,并且将不同部门的顾客资料库整合到单一顾客资料库内。整合各部门的顾客资料库,有助于将不同部门产品销售给顾客,也就是交叉销售。这样,不但可以扩大企业利润,减少重复行动和营销成本,还可以巩固与顾客的长期关系。

(2) 对顾客进行分类。凭借分析工具与程序,将顾客按消费特征进行分类,这样可以预测在各种营销活动情况下各类顾客的反应。例如,凭借分析可以知道,哪些顾客对哪一类的促销活动有所偏好,哪些潜在顾客已经不存在了。这些前期工作,能够有效地找到适当的营销目标,降低营销活动成本,提高营销效率。

(3) 规划与设计营销活动。根据对顾客的分类,为各类顾客设计相应的服务与促销活动方式。传统上企业对于顾客通常是一视同仁,而且定期与顾客进行交流,但在顾客关系管理实务中,这是不经济的。钱要花在刀刃上,以产生更大的效益。

(4) 例行活动的管理。由于饭店与顾客之间建立并保持着长期关系,双方越相互了解和信任,交易越容易实现,并可节约交易成本和时间,由过去逐次逐项的谈判交易发展成为例行的程序化交易。这样,饭店与顾客间的交易活动便是例行活动。要利用过去营销活动资料的分析结果,结合电话与网络服务中心的服务,及时进行活动调整。例如,在执行一项营销活动后,通过打进来的电话频率、网站拜访人次或各种反应的统计,营销部门可以随时调整人力和资源的配置,以免顾客产生抱怨和资源的浪费。而通过电话或网络系统与资料库的整合,便可及时进行交叉营销。

(5) 建立标准化分析与评价模型。通过对顾客资料的综合分析,建立一套标准化的模型,对经营状况和绩效实施分析和评价。目前顾客关系管理的技术,已经可以对顾客关系的每一项活动或过程作出评价,而在出现差错时,标准化模型可自动、实时地显示出问题发生在哪个部门、哪个人员、哪个环节,以便迅速采取措施加以解决。

以上的各个环节必须环环相扣,形成一个不断循环的运作流程,从而以最适当的途径,在正确的时点上,将最适当的产品和服务传递给真正有需求的顾客,创造企业与顾客双赢的局面。

3. 顾客关系管理的重点

现代饭店企业要提高顾客关系管理的水平,应重点抓好以下四个方面工作。

(1) 不断识别顾客,分析顾客的变化情况。

具体做法可有:① 将更多的顾客资料输入数据库;② 采集顾客的有关信息;③ 验证并更新顾客信息,删除过时信息;④ 分析顾客发生变化的状况和趋势;⑤ 研究顾客消费行为有何变化,有没有规律性。

(2) 识别不同顾客对饭店的影响,抓住重点顾客或金牌顾客。

不同顾客对饭店有不同影响,饭店必须识别这些顾客对企业的影响。例如:① 哪些顾客是饭店的"金牌"顾客(对饭店的贡献和影响较大的顾客)? ② 哪些顾客导致了饭店成本的较大变化? ③ 饭店本年度最想和哪些顾客建立业务关系?选择出几个这样的顾客。 ④ 上年度有哪些大客户对饭店的产品或服务多次提出了抱怨?列出这些大客户名单。⑤ 去年最大的客户是否今年也作了许多预订?找出这个客户。 ⑥ 是否有些顾客从你的饭店只预订一两次,却会从其他地方多次预订?找出这些顾客。 ⑦ 客户对本饭店的效益影响如何?根据客户对于本饭店的价值(如市场花费、销售收入、与本饭店有业务交往的年限等),按重要程度分为 A、B、C 三类,以进行分类管理。

(3) 加强与顾客接触,分析联系渠道的质量和接触效果。

以下做法均可有选择地采用:① 给自己的顾客联系部门打电话,看得到问题答案的难易程度如何;② 给竞争对手的顾客联系部门打电话,比较服务水平的不同;③ 把顾客打来的电话看作一次销售机会;④ 测试顾客服务中心的自动语音系统的质量;⑤ 对饭店内记录顾客信息的文本或纸张进行跟踪;⑥ 分析哪些顾客给饭店带来了更高的价值,与他们更主动地对话;⑦ 通过信息技术的应用,使得顾客与饭店做生意更加方便;⑧ 了解对顾客抱怨的处理效果。

(4) 根据分析的结果,提出改善顾客关系的对策。

这些对策通常可从以下几个方面考虑:① 改进顾客服务过程中的纸面工作,节省顾客时间,节约企业资金;② 使发给顾客的邮件更加个性化;③ 替顾客填写各种表格;④ 询问顾客,他们希望以怎样的方式、频率获得饭店的信息;⑤ 找出顾客真正需要的是什么;⑥ 征求名列前 10 位的顾客的意见,看饭店究竟还可以向这些顾客提供哪些特殊的产品或服务;⑦ 争取企业高层对顾客关系管理工作的参与。

推行顾客关系管理,可以使现代饭店企业在培育顾客忠诚的同时,促进企业组织变革,适应新时代企业管理的需要。

小资料

赢得顾客忠诚的10种方法

保持与老顾客的经常联系；
特别为顾客举办促销活动；
通常酌收服务费的项目，免费提供给老顾客；
赠送其他非竞争性企业所提供的赠品券给顾客；
不预先通知地赠送顾客免费的礼品；
让顾客得到想要的东西；
当顾客需要时，必须随时为他服务；
"额外"服务使企业与众不同；
记住顾客的名字；
设立"顾客"俱乐部。

第三节　从CS到ES的升华

20世纪末，随着"服务利润链"理论研究的深入，企业的经营理念又开始向更深的层次演变，那就是ES（Employee Satisfaction，员工满意）战略的实施。

视频：从CS到ES的升华

一、从强调顾客满意到关注员工满意

赢得顾客，最终赢得企业利润，是现代企业的经营目的。越来越多的研究表明，员工满意与顾客满意有着不可分割的联系，满意的顾客源于满意的员工，企业只有赢得员工的满意，才能赢得顾客的满意，因此，企业从CS理念又向ES理念升华。

（一）ES理念的基本含义

ES理念的基本含义是：现代企业只有赢得员工满意，才会赢得顾客满意。因为面向服务的员工是联系企业与顾客的纽带，他们的行为及行为结果是顾客评估服务质量的直接依据。企业必须有效地选择、培训和激励与顾客接触的员工，在他们满意的同时营造顾客的满意。

ES战略注重企业文化建设和员工忠诚感的培育，把人力资源管理作为企业竞争优势的源泉，把员工满意作为达到顾客满意这一企业目标的出发点。图2-4表示了CI、CS、CL及ES之间的联系。

（二）员工满意的意义

员工满意理念的强化，源之于"服务利润

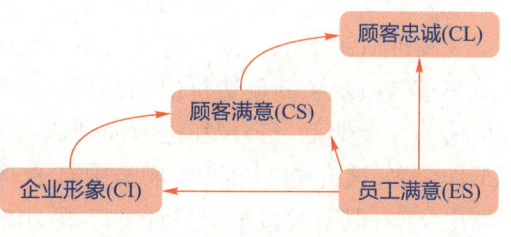

图2-4　CI、CS、CL与ES的关系

链"理论研究的结果。"服务利润链"理论认为,在企业利润、成长性、顾客忠诚、顾客满意、提供给顾客的产品与服务的价值、员工能力、员工满意、员工忠诚及效率之间存在直接相关的联系,如图2-5所示。

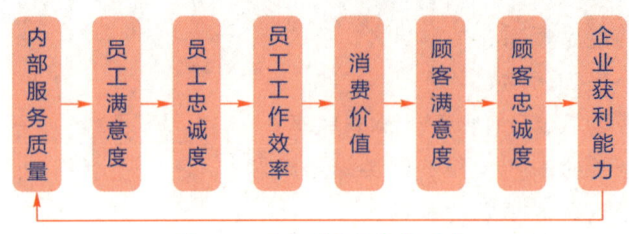

图 2-5　服务利润链构成因素

1. 顾客忠诚度决定企业获利能力

顾客忠诚度的提高能促进企业获利能力的增强。忠诚顾客所提供的销售收入和利润往往在企业的销售额和利润总额中占有很高的比例。这些收入不仅是企业所有利润的主要来源,同时还弥补了企业在与非忠诚顾客交易时所发生的损失。因此,忠诚顾客的多少在很大程度上决定了市场份额的质量,这比用实际顾客的多少来衡量市场份额的规模更有意义。

2. 顾客满意度决定顾客忠诚度

顾客忠诚度是由顾客的满意度决定的。顾客之所以对某企业的产品或服务表现出忠诚,视其为最佳和唯一的选择,首先是因为他对于企业提供的产品和服务满意。在经历了几次满意的购买和使用后,顾客忠诚度就会提高。施乐公司曾对全球48万个用户进行调查,要求他们对公司的产品和服务给予评价。评分标准从1分到5分,分别表示其满意程度。结果发现,给4分(满意)和5分(非常满意)的顾客,其忠诚度相差很大——给5分的顾客购买施乐设备的倾向性高出给4分顾客的6倍!

3. 消费价值决定顾客满意度

顾客满意度由其所获得的价值大小决定。顾客获得的总价值是指顾客购买某一产品或服务所获得的全部利益,它包括产品价值、服务价值、人员价值和形象价值等。顾客总成本是指顾客为购买某一产品所耗费的时间、精力、体力以及交付的货币资金等。顾客获得的价值是指顾客获得的总价值与顾客付出的总成本之间的差距。顾客在购买商品时,总希望成本越低,利益越大,以使自己的需要得到最大限度的满足。因此顾客所获得的价值越大,其满意度越高。

4. 员工工作效率决定消费价值

高价值源于企业员工的高效率。企业员工的工作是价值产生的必然途径,员工的工作效率直接决定了其创造价值的高低。美国西北航空公司便是以高工作效率创造出高服务价值的一个典范。公司在进行岗位设计时尽可能使每个员工独立负责更多的工作以提高工作效率,该公司14 000位职员中有80%是独立工作,而飞机利用率则比其主要竞争对手高出40%;其驾驶员平均每月飞行70小时,而其他航空公司只有50小时;每天承运量比竞争对手高出3~4倍。事实证明,顾客因员工的高效率而获得更高的价值。

5. 员工忠诚度决定员工工作效率

员工忠诚度的提高能促进其工作效率的提高。员工忠诚意味着员工对企业的未来发展有信心,为成为企业的一员而感到骄傲,关心企业的经营发展状况,并愿意为之效力。因此,忠诚度高的员工自觉担当起一定的工作责任,为企业努力地工作,工作效率自然提高。

6. 员工满意度决定员工忠诚度

正如顾客忠诚度取决于对企业产品和服务的满意度一样,员工忠诚度同样取决于员工对企业的满意度。美国一家公司曾对其员工做了调查,在所有对公司不满意的员工中,30%的人有意离开公司,其潜在的离职率比满意的员工高出3倍。这一结果显示出员工忠诚度与其满意度之间的内在联系。

7. 内部服务质量决定员工满意度

企业的内在服务质量是决定员工满意度的重要因素。员工对企业的满意主要取决于两个方面:一是企业提供的外在服务质量,如薪金、红包、福利和舒适的工作环境等;二是内在的服务质量,即员工对工作及对同事持有的态度和感情,若员工对工作本身满意,同事之间关系融洽,那么内在服务质量是较高的。

服务利润链所揭示的一系列因素相互之间的关系表明,一个企业要获得顾客满意,首先必须赢得员工满意。

(三)员工满意的内涵

世界最豪华饭店之一的四季集团主席夏奕斯有一句名言:"我们怎样地尊重自己的员工,他们就会以同样的尊重回报我们的客人。这始终是四季成功的驱动力!"现代饭店重视员工满意的理念,主要体现如下。

(1) 两个第一。即:对内,员工第一;对外,顾客第一。只有做到对内员工第一,才有可能做到对外顾客第一。

(2) 两个"之家"。即:饭店是"宾客之家"和"员工之家"。只有使饭店成为"员工之家",才有可能使饭店成为"宾客之家"。

(3) 两个理解。即:员工理解顾客;管理者理解员工。只有做到管理者理解员工,才有可能使员工理解顾客。

(4) 两个微笑。即:员工对顾客露出真诚微笑;管理者对员工露出真诚微笑。只有管理者对员工露出真诚微笑,才会有员工对顾客真诚微笑。

(5) 两个服务。即:员工服务于顾客;管理者服务于员工。要让员工对顾客提供好的服务,管理者首先要对员工提供好的服务。

(6) 两个满意。即:顾客满意;员工满意。只有赢得员工满意,才能最终赢得顾客满意。

二、ES 理念在饭店中的运用

ES 理念关注员工忠诚感的培育,把员工满意作为达到顾客满意目标的出发点。那么,现代饭店经营者应如何提高员工满意度呢?

(一)内部营销理论的提出

内部营销(Internal Marketing)是指成功地选择、培训和尽可能激励员工很好地为顾客服务的管理工作。它包括两个要点：一是服务企业的员工是内部顾客，企业的部门是内部供应商。当企业员工在内部受到最好服务而向外部提供最好服务时，企业的运行可以达到最优；二是所有员工一致地认同机构的任务、战略和目标，并在对顾客的服务中成为企业的忠实代理人。

对大多数服务来说，服务人员与服务是不可分的。会计师是财会服务的主要部分，医生是健康服务的主要部分。在现实中顾客购买服务，实际上在"买"人。服务首先是一种行为，这种行为又是劳动密集型的。因此，服务企业，特别是劳动密集型的饭店企业，员工的素质影响服务的质量，进而影响市场营销的效率。为了成功地进行市场营销，现代饭店首先必须进行成功的内部营销，必须向企业的员工和潜在员工推销，对待内部顾客要像对待外部顾客一样，其竞争同样激烈、富于想象力和挑战性。

内部营销是一项管理战略，其核心是增强员工是内部顾客的意识，在把产品和服务通过营销活动推向外部市场之前，应对内部员工进行营销。任何一家企业都应认识到，企业中存在一个内部员工市场，内部营销作为一种管理过程，能以两种方式将企业的各种功能结合起来。首先，内部营销能保证企业所有级别的员工，理解并体验企业的业务及各种活动；其次，它能保证所有员工得到足够的激励并准备以服务导向的方式进行工作。内部营销强调的是企业在成功实现与外部市场有关的目标之前，必须有效地完成组织与其员工之间的内部交换过程。

内部营销颇具吸引力，通过向员工提供让其满意的"工作产品"，吸引、发展、促进和稳定高水平的员工队伍。内部营销的宗旨是把员工当作顾客看待。

内部营销的最终目标是鼓励高效的市场营销行为。建立这样一个营销组织，其成员能够而且愿意为企业创造"真正的顾客"。内部营销的最终策略是把员工培养成"真正的顾客"。

从管理角度看，内部营销功能主要是将目标设定在：争取到自发而又具有顾客意识的员工。从策略层次上看，内部营销的目标是：创造一种内部环境，以促使员工之间维持顾客意识和销售关心度。从战术层次上看，内部营销的目标是：向员工推销服务，宣传并激励营销工作。

内部营销意味着现代饭店管理者必须实施两种类型的管理：态度管理和沟通管理。

1. 态度管理

态度管理，就是确立员工的正确态度，使员工树立顾客意识和服务观念。什么是顾客？我们应该为顾客提供怎样的服务？这些员工为顾客服务的意识和态度将决定员工为顾客服务的行为。态度管理经常支配着饭店企业内部营销中为取得竞争优势而推行的服务战略。

2. 沟通管理

沟通管理，就是在管理工作中，向员工提供大量的信息，这些信息可能包括工作计划、产品和服务的特征、对顾客的承诺（例如，饭店营销人员所做出的承诺）等。员工也需要向上沟通，如他们的要求、改进工作的意见以及他们发现的顾客的需要等，这些就是内部营销的沟通管理。

饭店要想获得成功,这两种类型的管理都是必要的。但人们往往只认识了沟通管理,并且通常在沟通中信息都是单向的。在这种情况下,内部营销通常以活动或行动的形式出现。向员工分发内部手册,在员工会议上向参加者提供书面的和口头的信息,而真正的相互沟通则很少。经理和主管对他们的下属不感兴趣,也没有认识到他们需要反馈的信息、双向的沟通和鼓励。员工只是接到大量的信息却没有精神上的鼓励,这当然会限制信息对接收者的影响。

马里奥特饭店的内部营销观念

奥地利马里奥特饭店的总裁比尔·马里奥特认为,连锁饭店要使三个顾客群满意:顾客、员工和股东,而其中首先必须使员工满意。如果员工热爱饭店的工作和有自豪感,他们将会很好地为顾客服务,而满足的顾客会反过来满足马里奥特饭店。如此循环,其结果将会满足马里奥特股东对利润的要求。比尔·马里奥特还说,顾客是最终取得利润的关键。他和其他人认为典型的组织机构图——总经理在顶端,管理人员在中间,最前线的人们(销售和服务人员、电话接线员、招待员)在底下的金字塔形——已经过时。精通营销的公司更加明白,它们把图颠倒过来:在机构顶部的是顾客,其次重要的是最前线的人员,他们会见顾客、服务顾客和满足顾客。在他们之下的是中层管理人员,他们的工作是支持最前线的人员,使他们能更好地服务顾客。最底下的是高级管理人员,他们的工作是支持中层管理人员,使他们能支持为使各种不同顾客最终对公司感到满意而工作的最前线的人员。另外,公司所有的经理都亲自会见顾客和了解顾客。

(二)企业文化的培育

现代饭店的 ES 战略注重企业文化。所谓企业文化,就是企业员工在长期的生产经营活动中培育形成并共同遵守的最高目标、价值标准、基本信念以及行为规范。主要包括企业的最高目标和宗旨、共同的价值观、作风及传统习惯、行为规范和规章制度、企业环境和公共关系、企业形象识别系统、培育和造就杰出的团队英雄人物。

1. 企业文化的内涵

(1) 企业文化是一种经济文化。首先,企业是通过一定的资源投入获得产出的基本经济单位,因此,企业文化必然反映企业的最高经营目标、经营思想、经营哲学、发展战略以及有关制度等。换句话说,没有企业的经营活动也就没有企业文化的产生。其次,企业文化会伴随着内外环境的变化而动态地运行,有时需要局部的调整,有时则要做较大的变动,根本原因在于企业文化是为经营目标服务的。反之,企业文化也会成为企业变革的障碍。企业文化一经确立,就会有持久的稳定性,从而与环境的动态性发生矛盾,抵制新观念、新思想。最后,企业经营活动中的物质形态也会折射出企业文化的不同层面,产品的特色反映了企业的经营观和顾客观,工作环境折射出企业的审美观和对员工的情感。总之,企业文化会渗透到饭店生产、经营、管理、技术等经济活动的方方面面,影响经济活动的效果。

(2) 企业文化是一种管理文化。管理是通过有效配置企业的资源,以达到组织目标的过程。人是管理中最核心、最复杂的要素,只有人才能调动、利用其他资源,只有人创造性的活动才能使企业的管理有条不紊。因此,管理中的核心内容就是如何发挥人的主动性、积极性、创造性,并与其他资源有机结合起来,提高资源的配置效率,从而为实现企业的目标服务。企业文化对调节管理中人的因素将发挥巨大的作用,通过群体意识的软约束机制,可以在饭店内部形成互相尊重、互相关心、人际关系和谐、团结一致的人文主义氛围,使管理效能有效地发挥。

(3) 企业文化是一种组织文化。为了实现既定的企业目标,经由分工与合作以及不同的权力层次和责任制度构成的组织,必须设置一定的组织原则、组织结构、组织过程以及规章制度作为保障,这是组织的外在保障体系。而内在的约束逻辑则是企业文化,通过它可以形成共同的群体意识及行为标准,使组织内部权力、责任明确,利益均衡,团结互助气氛强烈。双层的约束机制可以有效保证组织目标的实现。另外,企业文化产生于特定的组织,当组织原则、组织结构、组织过程以及组织环境发生变化时,企业文化的动态性就要表现出来,否则企业文化将制约组织目标的实现。

2. 企业文化的特性

(1) 时代性。企业运行于特定的环境条件下,政治、经济和社会文化等因素都会影响企业的经营活动,因此企业文化必然对时代特征和时代精神有所反映,如市场经济意识、竞争与协作意识、顾客至上意识、战略管理意识等。同时,企业文化也反映社会未来发展的趋势,如环保意识、绿色产品、网络经济、电子商务等。

(2) 人文性。组织中的成员希望成员间的关系能像家庭那样,亲密友善、互助互爱、和谐信任,能在工作中赢得自尊、自信和自我发展的空间。企业文化是人们形成的共同价值观,以调节人与人之间最基本的关系为目的,是围绕企业的总目标而建立的。企业文化对人际关系的调节不依自然规律进行,而有自身的运动规律,即文化特有的规律——人文性。

(3) 多样性。每个企业都有不同的经营理念、经营方式、经营范围、经营特色等,这使构建企业文化的基础差别很大,因此,企业文化具有鲜明的个性。企业文化有共同的特征和属性,但每个企业文化的差异性则构成了企业文化的多样性。从企业文化多样性出发,对企业文化的共性和个性的认识才能更深刻。

(4) 可塑性。企业文化的形成是一个复杂的文化演变过程,既有文化传统的继承、历史经验的汲取,又有人的主观能动性,而后者在企业文化形成的过程中显得更为重要,国内外许多企业文化的变迁都说明了这一点。即使在企业文化形成后,由于内外环境的相互作用,人们还是需要对它不断更新,以保持活力。

(5) 系统性。企业文化是一个微观文化系统,是企业的相互联系、相互依赖、相互作用的不同层次、不同部分结合而成的有机整体。第一,企业文化的建设立足于整个社会,而具体表现在企业的各个层面上;第二,企业文化的组成要素以一定的方式排列,按照严密的程序结合在一起,以形成整体大于局部总和的特点;第三,企业有自己的目标体系,这是企业前进的内动力。企业文化把企业目标内化为企业的价值系统,通过价值系统的运动推动企业目标的实现。

(6) 无形性。企业文化内化为共同的理想、价值观念和行为准则,贯穿在员工的思维方式和行为态度中,它对员工的影响是长期的、潜移默化的。它通过无形整合的文化力——信念的力量、道德的力量、心理的力量来约束和激励员工努力工作。企业文化的无形性可以通过有形的载体表现出来,例如,员工的行为、举止、精神风貌等,产品的质量、包装、售后服务等。

(7) 稳定性。企业文化的诞生有一个过程,尤其是塑造企业文化的领导者的个人魅力——包括其价值观、经营思想、管理哲学、工作作风等,都会在一段时间内深刻地影响企业的各个方面,表现为思想和意识的稳定性。当然稳定性是相对的,内外条件的不断变化,要求稳定性与灵活性相结合,及时调整企业文化中过时的部分,充实新鲜的内容,这样才能保持企业的活力。

(8) 软约束性。企业文化以各种形式熏陶、感染、诱导员工,使员工对企业目标、行为规范以及价值观念产生认同,从而自觉遵守组织中共同的价值观、行为准则。这种约束不是强制性的,而是通过群体意识的影响力,使员工在遵守企业文化时,得到群体的认同和赞扬,产生心理的平衡感和满足感;违反时,群体的谴责和压力会使他们产生挫折感和失落感。

(9) 鲜明个性。企业文化是共性和个性的统一体,无论何种企业文化,都会提倡调动员工的积极性和创造性,都会以顾客为核心制定战略。但在不同文化环境中成长的企业会有不同的个性。例如,中国企业以人情味、以感情管理见长;日本企业以理性管理见长;美国企业以制度管理见长。即使在同一片土地上成长的企业,由于行业特点、经营环境、产品特性、历史特点、社区条件等方面的差异性,企业文化也会表现出鲜明的个性。

3. 企业文化的功能

(1) 引导功能。企业文化以各种方式暗示,企业中提倡什么、崇尚什么、员工应追求什么,以此来引导员工为实现企业的目标而自觉努力。一方面是直接引导员工的性格、心理、思维和行为,这是浅层次的导向功能;另一方面是通过整体价值观的认同,引导员工进行自我约束,调整公私之间的平衡,这是深层次的导向功能。良好的企业文化应当引导员工自觉投身到企业的发展和建设中,而使烦琐的硬性规章制度显得不是那么重要。

(2) 整合功能。在社会系统中,凝聚个体的主要力量来自心理的作用。企业文化以微妙的方式来沟通与员工的感情,在无形中将群体的不同信念、理想、作风、情操融合在一起,形成群体的认同感,将组织成员团结在一起。员工通过亲身的感受,产生对企业的归属感,从而自觉地把自己的思维、感情和行为方式与企业的目标联系起来,形成使命感,最大限度地发挥自己的能动性。

(3) 激励作用。激励是通过外部的刺激,使个体的心理状态迸发出进取、向上的力量。在企业中,对员工最好的激励是尊重的气氛和自我发展的空间。企业文化通过创造人文主义的氛围,使员工感受到企业对他们的尊重,从而激发出极大的创造热情。另外,企业文化通过塑造一种和谐、宽松的气氛,为员工创造自由发挥的空间,使他们把自我实现的心理需求与企业的崇高目标有机结合起来,从而产生一种极大的激励作用。激励功能的深层次含义是一种精神的促进作用,其效果是长久的。

(4) 约束功能。企业要正常运转,需要约束机制将不同个性员工的思想和行为统一化,企业文化在这方面发挥着巨大的作用。饭店中有店规店纪、奖惩制度、文件规定等文字形式的管理制度,这是企业文化的表层约束机制。企业文化更注重深层次的约束,即通过社会文化亲和力来实现约束功能。人生活在一定的社会文化环境中,受特定文化的熏陶与感染,会不自觉地向群体靠拢,接受组织文化的约束以期获得组织成员的认同,反之,则会产生心理上的挫折感。

(5) 辐射功能。在企业发展的初始阶段,企业文化的影响力较小,仅限于组织内部。当企业实力逐渐增强之后,企业与外界交往日渐增多,强势企业文化开始向外扩展,通过公共关系、业务关系、企业形象等渠道,将丰富的文化内涵展现在公众面前,这种辐射力作用会传递到周围区域,使某些社区带上企业文化的特征。

(6) 稳定功能。企业文化是一代甚至几代人努力的结果,其精神内容会逐渐渗透到企业的各个层面上,一旦确立就很难在短期内改变,其作用的发挥将持续较长时期,甚至当外界环境发生变化时,都不会轻易改变。稳定功能可以使企业文化中的精华长久地保存下去,促进企业健康发展。但也有不利的一面,即企业文化中保守的东西会排斥新文化,阻碍变革的实施。

4. 企业文化的建设

现代饭店企业文化建设是一项长期的任务,需要广泛而持久的行动计划的支持。其做法包括以下几方面。

(1) 确立服务战略。根据市场竞争的需要确立服务导向战略,战略主要反映在服务理念、工作宗旨、人际关系和用人哲学上,由此引导企业文化的建立。

(2) 优化组织结构模式。主要反映在组织结构的改进上。组织结构设计必须同经营和服务相配合。组织结构越复杂、传递的环节越多,遇到的问题也会越多,不利于饭店的快捷服务和灵活决策。通过组织的扁平化减少管理层次,实现人力资源结构的合理配置,充实直接面向顾客的服务队伍,保证服务组织的有效性,同时进行运作体系、日常规程和工作流程的改进。

(3) 提高领导能力。通过建立服务导向的领导体系可以促进良好服务的实现。领导的作用主要反映在训导、沟通、组织方面。饭店的服务宗旨、制度的实现需要领导以身作则。领导要与员工沟通,关心员工,由此形成融洽的工作氛围,促进企业文化成为所有员工的共同愿景。

(4) 服务培训引导。自上而下的培训是形成企业文化的重要保证,对员工进行必要的知识和态度的培训,可以促进优良服务的实现。如果期望高层管理、中层管理及相关工作人员都以服务导向为动机去思考和行动,就要让他们掌握以下知识:组织如何运作,顾客关系由什么构成,以及个人希望做些什么。如果一个人不了解企业正在进行什么以及为什么这样，他就不可能主动地做好工作。知识的培训和态度的培训应相辅相成。

本 章 小 结

● 观念是先导。现代饭店经营者要达到预期的经营目标，首先要有正确的经营观念。现代饭店从 CI 理念转变为 CS 理念，实现了饭店从"企业生产什么，顾客接受什么"转向"顾客需要什么，企业生产什么"的变革，体现了饭店企业由市场导向转变为顾客导向的需要和水平。

● 随着商品经济的不断发育完善，市场竞争逐渐加剧升级，饭店企业的经营理念和管理理论也得到发展。"顾客永远是对的"这一哲学被"顾客不全是忠诚的"思想取代。以顾客忠诚度为标志的市场份额的质量取代了市场份额的规模，成为企业的首要目标。现代饭店的经营理念从 CS 向 CL 发展，着眼于营造一批忠诚顾客，并通过这个基本消费群去带动和影响更多的潜在消费者光顾企业的产品和服务，从而提高饭店企业的获利能力。

● 随着"服务利润链"理论揭示了企业利润、顾客满意和员工满意之间的内在联系，饭店的经营理念又逐渐从 CS 向 ES 理念升华，注重员工忠诚感的培育和企业文化的建设，把员工满意作为达到顾客满意这一企业目标的出发点。

● 从 CI 到 CS，从 CS 到 CL，从 CL 到 ES，是人类经济发展和社会进步的一种反映，也是现代饭店适应市场经济发展规律的需要。这几次理念的跨越，相互间是一种包容而非排斥的关系。前者是后者的基础，即顾客满意需要良好的企业形象，顾客忠诚必须建立在顾客满意基础之上，而顾客的满意与忠诚，离不开员工的满意。

同步练习

一、问题思考

1. CI 理念与 CS 理念有什么不同？
2. 什么是让客价值？顾客总价值与顾客总成本由哪些要素构成？
3. 什么是 CL？顾客忠诚的衡量标准有哪些？
4. "服务利润链"理论揭示了哪几种关系？
5. "消费者非常满意"理论的主要概念是什么？
6. 什么是企业文化？它有何特点与功能？

二、讨论交流

以 3~4 人组成的小组为研究单位，通过互联网查找资料或实地考察饭店，进行以下问题的研究，撰写调研报告，编制 PPT 文件，在课堂里进行交流分享。

1. 列举若干家饭店的经营理念、服务宗旨或企业口号。
2. 研究下文中的实例参考,能解读其中所体现的企业经营理念。

三、在线自测
扫描二维码,完成在线练习。

在线自测 2

著名饭店企业的经营理念

A. 微笑是永远属于旅客的阳光
——希尔顿饭店的经营信条

著名的希尔顿饭店的成功固然靠希尔顿本人敏锐的经营眼光,更靠他独特的服务艺术。希尔顿的服务是世界上其他任何旅馆都无法比拟的。"微笑"是这种举世无双的服务的核心体现。

自 1919 年希尔顿用他借来的 5 000 美元创办了第一家希尔顿饭店后,到 1976 年时,他的资产已达数十亿美元,在世界五大洲的各大都市拥有用希尔顿命名的饭店共 70 多家,并且吞并了世界许多著名的大饭店,如号称"饭店之王"的纽约奥斯托利亚饭店。

20 世纪 30 年代,美国经济爆发全面危机,全美国的饭店倒闭了 80% 左右,希尔顿的饭店也受到了极大的冲击,一度负债高达 50 万美元。但是,希尔顿仍告诫员工千万不可把愁云摆在脸上,而要让微笑永远属于顾客。他巡视他的每一家饭店,叮嘱员工:"目前正值饭店亏空、靠借债度日的时期,我决心强渡难关。我请各位记住:千万不可把愁云摆在脸上!无论饭店的困难如何大,希尔顿饭店服务员的微笑永远是属于旅客的阳光。"正是这始终如一迎向顾客的微笑,使希尔顿饭店度过了经济萧条期,率先进入了新的繁荣期,跨入了经营的黄金时代。

"你今天对顾客微笑了没有?"成为希尔顿经营的名言。希尔顿每天至少要与一家希尔顿饭店的服务人员接触,经常从一个洲飞往另一个洲,从一个国家飞到另一个国家,视察他在那儿开设的希尔顿饭店,了解情况,解决问题。但是他对各级服务人员问得最多的还是这句:"你今天对顾客微笑了没有?"

希尔顿的母亲玛莉曾在希尔顿开创饭店经营大业时告诫他:"除了对顾客诚实之外,还要想办法使每一个住过希尔顿饭店的人还想再来住,你要想出一种简单、容易、不花本钱而行之有效的办法去吸引顾客。这样你的饭店才有前途。"希尔顿的微笑正是那种"简单、容易、不花本钱而行之有效"的吸引顾客的办法,它使希尔顿饭店前途辉煌。

有一次,希尔顿在飞往日本东京的飞机上遇到了一位女记者。这位女记者问希尔顿:"希尔顿先生,您取得了辉煌的成功,您的经营技巧是什么?我和所有人都想知道。"希尔顿听后笑了笑没有正面回答,他对女记者说:"你到了东京之后,住进我的饭店,临走时把你不满意的地方告诉我,当你下次来住时,我们不会再犯同样的错误。这也许就是我的技巧吧。"希尔顿告诉女记者的"技巧"极富哲理地揭示了"希尔顿的微笑"的实质:"顾客是上帝"，顾客的意见总是对的。这里不仅要求有真诚的微笑，而且体现了使顾客满意的行动。这就是"希尔顿的微笑"。

树立起一个令公众满意的良好形象，以此在激烈的市场竞争中求生存、图发展，这是市场经济铁定的法则。任何企业、任何组织只有适应它，才能在竞争中立于不败之地。希尔顿的微笑体现了这条法则。"微笑是永远属于旅客的阳光"，使希尔顿的饭店在世界五大洲的饭店业市场的竞争中不断兴旺发展。

B. 建立以人为本的企业文化
——丽思·卡尔顿饭店的文化管理法

无论是什么企业，都要在它的企业管理中充分体现以人为本的企业文化，这是因为人是决定一切的主要因素，失去了作为服务主体的人，那么企业本身就无法立足。

丽思·卡尔顿从18世纪仅有20张床的小饭店起家，到如今已成为全球饭店中极少数的顶级品牌之一，这与它的企业文化建设有着直接的关系。21世纪的企业管理，将从制度约束和绩效考核所形成的对员工的手脚管理，逐步转向手脚管理与头脑管理并重的文化管理，其以人为本的企业文化应该是饭店管理在新世纪学习的楷模。

饭店总经理的工作是努力使每位员工心情愉快，这是总经理最主要的工作，也是最值得去做的事。

员工就职后的导向性培训，必须由总经理主持。若总经理没有时间，宁可延后，这是雷打不动的原则。它体现了总经理对培训工作的重视、对员工的尊重。在培训中，总经理一定要与员工共进一次午餐。

招聘员工，由各部门最基层负责人进行，逐级面试，选中的员工再由人力资源部面试，最后由总经理面试。总经理绝对尊重下面决定，从不越俎代庖做出YES或NO的决定，充其量只是提出具体放在哪个岗位上更合适的建议。

从不惩罚员工，也没必要惩罚员工。丽思·卡尔顿以企业价值观和服务理念作为凝聚员工的纽带。如果价值观不合，员工可以辞职，饭店也可以辞退，完全没有必要争执；若理念一致，但工作出现差错，则让他们自己反思，找原因，反复五次，总能找出原因和改进的办法，没有必要由总经理去训斥他们。饭店基层员工自身能控制的错误在15%之内，而85%的错误出在管理系统。从管理上找服务差错的原因是不变的金科玉律。

第三章 饭店的战略模式与选择

学习目标

知识目标：

了解饭店基本战略的内容和特点，熟悉饭店的发展战略模式和竞争战略模式，知晓影响饭店战略选择的环境因素。

能力目标：

能说明饭店基本战略的制定过程，能掌握饭店发展战略的选择方法，能解释饭店三大通用竞争战略的优势和风险。

第一节　饭店基本战略的内容与特点

战略(Strategy)一词源于军事活动的术语,是指军事统帅指导战争全局的谋略。在企业管理中正式使用这一概念则源于20世纪60年代出版的《企业战略论》一书。在70年代,美国企业管理者认识到外部环境对企业生存和发展的重要影响,开始把管理的重心从满足职能领域的有效管理转移到企业的战略管理。

如果说管理的职能是决定如何做,即如何以最佳方式完成一项工作,那么战略管理则是确定做什么,即确定自己的发展目标和决定一个组织应该做些什么。正像战略管理大师乔尔·罗斯所言:"没有战略的企业就像一艘没有舵的船,只会在原地转圈;又像个流浪汉到处游荡,无家可归。"

一、饭店基本战略的内容

视频:饭店基本战略的内容

战略是企业为了求得持续、稳定的发展,在预测和把握企业外部环境和内部条件变化的基础上,对企业发展的总体目标作出的谋划和根本对策。饭店的战略可分为基本战略、发展战略和竞争战略三个层次。

基本战略是饭店企业第一层次的战略,其内容主要包括以下四个方面。

(一) 战略方向

饭店企业的战略方向,是指在饭店管理者经营思想的指导下,决定企业的长远发展方向。它是企业领导者对企业未来的构思和设想。其主要内容包括以下几点。

1. 确定企业未来的发展方向

它要求饭店企业在市场调查和预测的基础上,确定自己的客源市场和经营范围。饭店是一个综合性企业,经营的项目很多,如客房、餐饮、会议设施、酒吧、康乐设施等。不同的经营项目,其经营收入是不同的。但从构成饭店的主体而言,客房和餐饮是饭店的主要经营项目。饭店的资源,应主要集中在这两个方面。但是,随着现代饭店日益成为社会政治、经济等活动的中心,饭店的经营范围也发生了很大的变化。任何饭店企业都应根据市场需求的变化来确定企业未来的发展方向。

2. 确定饭店企业开拓市场的发展方向

饭店的市场开发是饭店经营的重要问题。企业未来的服务对象是谁? 主攻的目标市场在哪里? 这些问题直接关系到企业经营的成败。

确定饭店企业开拓市场的发展方向,目标市场的确定是核心。它要求饭店企业在客源市场需求分析的基础上,结合自己的特点,确定自己的服务对象、服务标准及基本的经营方针。例如,一家商务型饭店,它的客源市场主要是商务旅游者和其他短期暂时住宿的人员,因此,饭店的设施和服务要求会与度假型饭店有许多区别。

3. 确定企业未来的规模和发展水平

任何饭店企业,特别是大型的饭店企业,都要在正确估价自己内部条件和设备的基础上，把握自己企业所具有的一切发展因素，确定企业在相当长的时期内的发展规模和水平。饭店企业的领导者，应当确定企业在一个相当长的时期里主要干些什么，达到什么样的规模，在国内外同行业中应居于什么地位等。

（二）战略目标

企业的战略目标是以一个或两个目标为主导的一组相互联系和相互制约的目标体系，其核心是以销售额和利润额为主导的战略目标体系。它要求饭店在高效率、低成本、不断扩大市场的基础上，以销售额保证利润额，两者同步增长。因此，可以说饭店的战略目标是实现企业战略的一系列经济指标的总和。

确定饭店企业战略目标应当注意的问题有以下几个。

1. 研究、考虑和预测未来的市场发展趋势

利用过去和现在的数据，来推断和预测未来的发展需要。

2. 分析饭店内部所具有的发展因素

其中包括可运用的发展资金、饭店员工的素质，同时也要估计饭店的设备情况，检查本饭店是否已经具备了实现饭店战略目标所应具有的条件。

3. 饭店的战略目标是一组相互联系和制约的目标系统

它是企业总目标体系和部门目标体系的结合，确定战略目标，要使部门目标同总目标系统保持一致，并使部门之间的目标得以协调。

（三）战略方针

企业的战略方针，就是企业围绕战略目标实现所制定的行为规范和政策性的决策。它涉及饭店经营目的和方法，饭店与顾客、员工合作的关系等。战略方针将随着企业内部环境的变化而变化，企业在不同的时期会采取不同的战略方针。

饭店经营的总方针，通常是由饭店的最高领导者来制定的。为了能把总方针落实到各项具体工作中去，饭店各个部门也都有自己的一套方针，称为局部方针。局部方针是以总方针为基础形成的，是对总方针的扩大化和具体化。

按照饭店外部和内部的关系来制定方针是非常有效的方法。如上所述，饭店顾客、员工、合作者和供应者是经常要和饭店发生关系的四个部分。饭店的战略方针可以相对于他们而形成销售方针、服务方针、劳资方针、经营合作方针、采购方针等几个基本的方针。其中，饭店的销售方针是针对顾客而言的，又可称作顾客方针，它是饭店为了吸引顾客所采取的对策，如公平的价格、服务方式、服务态度和支付方式等。中国现在许多饭店企业提出的"多种经营""薄利多销"等方针，基本属于销售方针的范畴。

（四）战略措施

企业的战略措施是企业为实现其战略目标，在战略方针的指导下，就企业发展中的中短期的、局部的经营问题所采取的各种对策与措施的总称。战略措施是企业基本战略的重要组成部分，是企业基本战略的具体体现和实际运用，是确保战略目标实现的有效手段。战略措施的制定，集中体现在一系列饭店的经营计划和经营决策制定上。从这一意义上说，饭店的经营计划和经营决策是以饭店的基本战略为基础的，是战略的具体化。

二、饭店基本战略的特点

视频：饭店基本战略的特点

饭店的基本战略是饭店经营思想的集中体现，反映饭店发展的根本要求，也是饭店制定计划和进行经营决策的基础。饭店的基本战略，应体现以下四个方面的特点。

（一）长期性

基本战略是对企业未来较长时期如何生存和发展通盘筹划的结果。它不是企业对外部环境短期振荡所作出的反应，更不是对日常经营活动所作出的反应，它着眼于未来，关注的是企业的长远利益，要解决的是企业未来的经营方向和目标。企业基本战略的实现，要求从根本上改变企业的面貌，使企业达到一个全新的水平，使企业真正兴旺发达起来。

（二）全局性

基本战略是以企业的全局为对象，根据企业的总体发展的需要而制定的。全局性是战略的最根本的特征，舍此，就不能称为战略。一个企业的基本战略，必须能从总体上制约企业的经营活动，其着眼点不是局部利益的得失，而是全局的发展，如果局部利益与全局利益发生冲突，往往要保证全局利益的发展。

（三）稳定性

企业战略与其他战略一样，要求具有稳定性，不能朝令夕改。企业要实现较长时期的战略目标，企业家在制定战略的时候，就要做深入细致的调查研究，客观地估量企业在发展过程中可能出现的各种利弊条件，做出科学的预测，使企业战略建立在既先进又稳妥可靠的基础上。

当然，稳定性并不排除基本战略的应变性。由于企业的外部环境在不断地发生变化，因而要求企业能适应环境的变化，特别是在经营环境发生重大变化之后，能够做出必要的调整。

（四）竞争性

企业是在激烈的竞争中求得生存和发展的。基本战略是企业在激烈竞争中如何与竞争对手抗衡的行动方案。它与那些单纯以改善企业现状、增强企业效益、提高管理水平为目的的近期方案不同。它所谋求的是改变企业在竞争中的力量对比，在全面分析竞争对手的基础上，扬长避短，发挥优势，不断扩大企业在市场上的占有率，从而使企业在竞争中占据有利地位，不断发展和成长，最终成为胜利者。

三、饭店基本战略的制定过程

视频：饭店基本战略的制定过程

饭店基本战略的制定过程，就是在正确的战略思想的指导下，在对饭店企业所面临的特定环境和内部条件进行分析的基础上，确定饭店的战略目标，明确企业的经营领域，以及饭店对所从事的经营领域确定经营方针和策略的过程。它一般包括以下几个步骤。

（一）确定企业的使命

确定企业的使命实际上是为了回答战略的核心定位问题，即"我们的饭店应该是什么样的饭店"。只有那些能够正确认识到自己使命的饭店，才能制定出行之有效的战略规划。正如威斯汀饭店在《威斯汀饭店公司经营管理宗旨说明书》中所认为的："饭店公司，在某种意义上像人一样,它的经营管理也需要以某种宗旨为指导。"又如希尔顿饭店集团在《希尔顿公司使命书》中所倡导的:"我们的使命是:被确认为是世界上最好的第一流饭店组织,持续不断地改进我们的工作,并使为我们的宾客、员工、股东利益服务的事业繁荣昌盛。"

(二)研究经营环境和经营能力

在明确了现代饭店的企业使命之后,就需要进行经营环境和经营能力的分析,把握其现状和未来发展趋势,以便为确定企业的战略目标收集各种有关的经济信息,为确定基本战略提供必要的资料和依据。

(三)确定战略目标

将企业面临的经营环境和自身的经营能力结合起来,把企业的使命化为一系列具体的经营目标。如击败竞争对手、扩大市场占有率等。饭店使命是内在的、永恒的、原则性的,而饭店目标则是外在的、阶段性的、具体化的。饭店的目标是在饭店使命的指导下设定的。

(四)确定战略行动

当企业的使命、战略目标确定以后,就要考虑如何来实现这些目标,使企业由小到大、由弱到强、不断成长发展。战略行动的确定要依靠企业全体成员的共同努力。首先,要进行广泛讨论,让企业各级人员畅所欲言,提出自己的见解,使战略行动方案具有群众性、民主性。其次,由企业的智囊团运用现代科学方法进行系统的综合和论证,提出可行的战略行动方案。最后,由企业领导抉择,确定企业的战略行动。

(五)战略的总结、评价与修正

饭店的基本战略是主观思维活动的产物,它在实践中会或多或少地与客观现实产生一些差距。因此,在基本战略的实施过程中,企业必须对基本战略进行总结、评价,并加以修正。饭店要密切掌握外部环境和内部条件变化的动向,及时地修正战略中不适应的部分,使基本战略始终保持适宜性,保证基本战略对饭店经营活动的指导作用。

第二节 饭店发展战略的模式与选择

饭店的发展战略,是饭店企业第二层次的战略,包括饭店业务是采取快速发展战略还是采取稳定或紧缩的发展战略,是采取单一业务还是多元化发展战略,等等。现代饭店在实施经营活动时,首先必须明确企业的发展战略,它是饭店发展的路径,也是饭店在复杂多变的环境中求得生存的保证。

一、饭店发展战略的基本模式

根据饭店战略行为的各自特点,可以将饭店发展战略划分为以下四种基本模式。

视频:饭店发展战略的基本模式

(一)发展型战略

发展型战略就是对企业经营范围从广度和深度上进行全面渗透和扩大的一种战略模式。具体来讲,有以下三种类型:

第一,市场渗透战略。它是指企业利用自己在市场上的优势,扩大经营业务,向纵深发展,在竞争中,把更多的顾客吸引到自己这里来,以提高市场占有率。

第二,产品发展战略。它是指企业通过扩大经营品种、保证产品质量,以适应市场变化和消费者需要,不断扩大产品销售。

第三,市场开拓战略。饭店企业经营不断发展,而市场却受到很大的限制,因此,必须选择和发展新市场,如建立连锁经营网点、拓展经营渠道等。

(二)稳定型战略

稳定型战略又可具体分为稳定防御战略和先稳定后发展型战略。稳定防御战略,指企业在现有经营条件下,采取以守为攻,以安全经营为宗旨,不冒大风险的一种战略。先稳定后发展战略则是先采取措施扭转内部劣势,伺机而动,在改善内部经营管理基础上再向外发展。

(三)紧缩型战略

紧缩型战略是指饭店企业采取缩小经营规模,减少企业投入,以谋求摆脱困境的一种战略。饭店企业在经济不景气时期常采用这一战略,但在实行紧缩措施的同时,应加强预测,对经营业务作出调整,积极做好迎接新的增长的准备工作。

(四)多元化战略

多元化战略是指饭店企业利用现有资源和优势,向不同行业的其他业务发展的战略。这种战略的特点是分散经营风险,东方不亮西方亮;把多向开发新产品和多个目标市场有机地结合起来,多方面地、长久地占领市场,提高了企业的应变能力。这种战略的产生是市场扩大化和竞争复杂化的结果,但在给企业创造新机会和提高资源利用率的同时,也给企业带来很大的经营风险。

二、饭店发展战略的选择方法

视频:饭店发展战略的选择方法

饭店经营者可以采用 SWOT 分析法,来确定企业的发展战略。SW 是指企业内部的优势与劣势(Strengths and Weaknesses),OT 是指企业外部的机会与威胁(Opportunities and Threats)。因此,SWOT 分析也称经营环境分析,是在西方广为应用的一种战略分析方法。饭店经营者通过对经营环境进行系统的、有目的的诊断,在明确本饭店的优势(S)、劣势(W)和经营机会(O)、威胁(T)的基础上,确定自身的发展战略。

(一)饭店经营的优势与劣势的分析

饭店的经营管理活动要受到来自饭店内部和外部众多因素的影响。我们把有利于饭店经营活动顺利而有成效开展的饭店内部因素,称为饭店经营的优势(S),如饭店优良的组织机构及现代化经营思想、优秀的饭店文化及雄厚的饭店资源等。反之,把不利于饭店经营活动开展的饭店内部因素,如低劣的员工素质、紊乱的管理制度、不称职的管理人员、低品位的饭店文化等,称为饭店经营的劣势(W)。

(二)饭店经营的机会与威胁的分析

饭店经营的机会(O),是指有利于饭店开拓市场、有效地开展经营活动的饭店外部环境因素,如良好的国家经济政策、高速度增长的市场等。反之,不利于饭店开展经营活动的外部环境因素,我们称之为饭店经营的威胁(T),如竞争对手越来越多、竞争对手实力增强、经营的目标市场萎缩等。

(三) 饭店发展战略的选择

如果饭店企业外部有众多机会,内部又具有强大优势,可采用发展型战略;如果外部有机会,而内部条件不佳,宜采用稳定型战略;如外部有威胁,内部状况又不佳,应设法避开威胁,消除劣势,可采用紧缩型战略;当企业拥有内部优势而外部存在威胁时,宜采用多元化战略,以分散风险,寻求新的机会(见图3-1)。

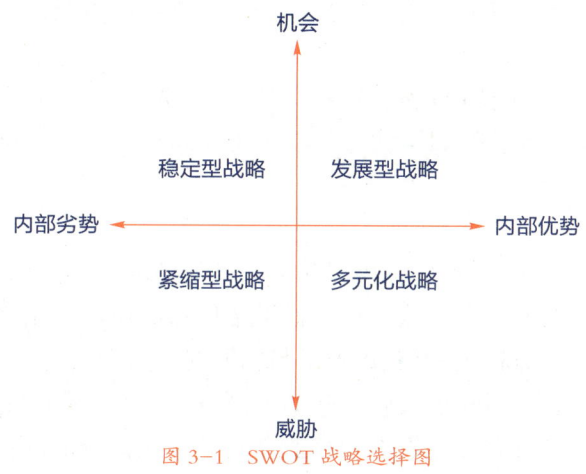

图 3-1 SWOT 战略选择图

三、影响饭店战略选择的环境因素

视频:影响饭店战略选择的环境因素

对饭店企业而言,经营环境可以分为两种:一种是饭店经营的宏观环境,它包括饭店所处的政治、经济、文化、技术、自然环境等。这些环境因素对饭店经营活动的影响是普遍的,饭店作为社会经济活动的一分子,其行为对这类环境的改变几乎不产生影响,因而我们可以视宏观环境为饭店经营活动的外生变量,在一定时期内是一个不变的参数。另一种环境与饭店经营活动休戚相关,并且饭店的经营活动会影响和改变这种环境,这就是饭店经营的微观环境,也称行业竞争环境,它是饭店在作发展战略选择时,必须着重分析的因素。

目前,企业在分析经营环境时,普遍采用哈佛大学教授波特的结构分析法。波特认为,一个行业的激烈竞争不是事物的巧合,其根源在于其内在的行业结构(见图3-2)。

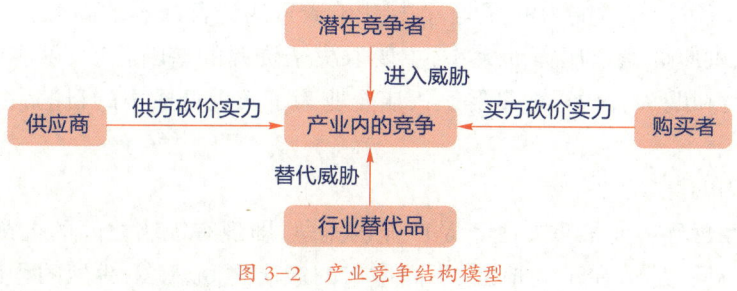

图 3-2 产业竞争结构模型

071

现代饭店企业，面临着五种基本力量的挑战，它们分别是：新建饭店的进入威胁、替代品威胁、购买者压力、供应商压力以及产业内的竞争。这五种基本力量的强弱及其组合决定了饭店业竞争的激烈程度，决定着每一家饭店盈利的最终潜力。其中，强度最大的作用力，将决定饭店企业战略的形成。

(一) 新建饭店的进入威胁

在市场容量与经济资源有限的情况下，新饭店的出现势必加剧原有饭店之间的竞争激烈程度，原有的饭店必定要采取相应的对策阻止新饭店的顺利进入，以保证自己既得利益不受损失。进入威胁大小取决于进入壁垒的高低，如果饭店市场的进入壁垒高，进入的威胁就小。

饭店市场的进入壁垒主要由规模经济、产品差别、资金壁垒、企业转换成本、专业管理经验、政府管制以及市场容量等因素构成。要预见新建饭店的进入威胁程度，就需做好上述因素的分析。

(二) 替代品威胁

替代品是指那些与饭店产品具有相似功能的其他产品。如饭店的餐厅与饭店周围的社会餐馆，后者就可以视为前者的替代品。如果替代品的市场价格降低，被替代的产品或服务的需求就会同步下降，除非被替代的产品价格同时下降。

应该指出，替代品威胁不同于饭店之间的产品替代，后者属于在同一行业中不同饭店提供的产品差别，而替代品通常是指不同行业之间具有相似功能的产品，如饭店的客房与新兴的物业写字楼。替代品可能因为技术进步与创新而出现，也可能因为其他行业的产品功能延伸而产生。因此，替代品的出现通常反映了时代的进步。

(三) 购买者压力

在饭店业竞争结构的要素组合中，唯有购买者愿意支付的价格水平才能形成饭店的收益。因此，购买者的压力直接决定着饭店的盈利水平。购买者的砍价能力主要取决于对市场信息了解的充分程度、购买者的收入水平、购买者的消费偏好以及购买产品的数量。

需要指出的是，在现实生活中，购买者并非就是服务或产品的消费者，购买者还可以是消费者的代理商或产品的中间商。在饭店经营中，中间商作为一类特殊的购买者，他们的购买主要不是为了消费，而是为了转售或组成各种旅游产品向最终消费者出售，因此，他们更关心饭店产品的价格，具有不同于一般购买者的特点。

(四) 供应商压力

供应商向饭店提供经营活动所需的一切资源，如能源、资金、原材料、食品饮料、易耗品等。因此，供应商讨价还价能力的强弱，直接影响着饭店经营成本的高低。

一般而言，供应商竞争压力的大小，主要取决于资源的垄断程度、供应商的生产成本、资源的短缺程度和购买者购买数量等。饭店企业为了实现低成本的目的，也必须做好上述因素的分析。

(五) 产业内的竞争

影响饭店经营环境的最重要因素是产业内竞争，即现有饭店之间的抗衡。由于各地饭店数量与结构不同，那么在不同地区、不同城市的饭店之间，竞争激烈的程度是不一样的。

关于饭店之间的竞争力分析,在本章第三节中将专门论述,它是决定饭店发展战略形成的主要作用力。

总之,在行业竞争结构分析中,饭店经营者的任务,就是通过五种竞争力量的具体分析,明确自身所处的微观环境,寻求有利地位,制定切实可行的发展战略,以较好地防御这五种力量的威胁。

第三节 饭店竞争战略的模式与运用

竞争战略是饭店战略的第三层次。竞争战略关心的是相对于竞争者而言,企业在市场上的竞争地位。

当选择竞争战略时,饭店企业通常从两个方面评估竞争优势:企业经营成本低于竞争对手;产品具有某种特殊性能,并且能够以高价出售而弥补成本。

根据企业参与市场竞争的范围以及企业的竞争优势,战略管理大师迈克尔·波特在《竞争战略》一书中区分了三大通用竞争战略,即成本领先战略、差异化战略和专一化战略(见图3-3),这些也是饭店企业在不同发展时期,面对不同竞争环境所选择与实施的三种竞争战略。

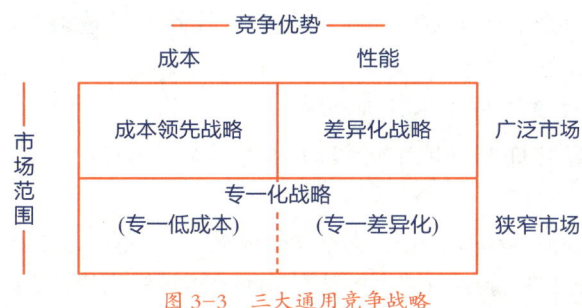

图3-3 三大通用竞争战略

一、饭店的成本领先战略

成本领先战略也称价格竞争战略。由于饭店产品价格的基础是经营成本,因而该战略的核心是努力降低自己产品的成本。要求企业建立起达到有效规模的生产与服务设施,抓紧成本与管理费用的控制,以及最大限度地减少研究开发、服务、推销和广告方面的成本费用。虽然创造性的设计、产品质量、售后服务及其他方面也不容忽视,但是战略的中心是使成本低于竞争对手。

视频:饭店的成本领先战略

(一)成本领先战略的竞争优势

成本领先战略的竞争优势主要表现在:企业的低成本地位有利于在强大的买方威胁中保护自己,抵抗竞争对手的价格压力,并使效率居于其次地位的竞争对手逐渐退出市场,从而使企业处于市场垄断地位;较低的成本与价格水平也可以形成有效的市场进入壁垒,使新进入者举步维艰;在不断致力于将成本降至竞争对手之下的过程中,企业的管理效率也得到了提高。

(二) 成本领先战略的竞争风险

但成本领先战略并不是完美的。其经营风险主要表现在三个方面：对于低成本战略，竞争对手易于模仿，竞争对手有时能够很成功地学会实施这种战略；竞争对手很可能凭借技术革新，获得更低的经营成本；由于企业集中精力研究如何降低成本，很有可能忽视消费者需求发生的变化。

(三) 成本领先战略在饭店的运用

20世纪50—70年代，世界旅游业以大众旅游为典型特征。大众旅游是一种"大量包装标准化产品并以固定的价格卖给大众消费者"的现象。产品标准化、连锁经营是这一时期饭店业最普遍的竞争策略。通过产品标准化，饭店降低了经营成本；在标准化基础上实施的连锁经营，又给饭店带来了规模效益，从而使当时的饭店业进入了良性循环。

目前，饭店降低经营成本、提升竞争力的途径主要有以下几种。

1. 在饭店经营中努力追求规模经济效益

包括各种原材料的采购、饭店产品的营销、饭店内部的管理等各个环节，都存在规模经济效益的潜力。选择饭店最佳规模，是降低饭店经营成本最重要的问题。

2. 在饭店经营中努力实现联合成本优势

饭店服务多为综合性服务，使得某些成本可以被更多服务项目分摊，从而降低单项服务的支出水平。但是，联合成本优势并非就是饭店服务项目越多越明显，这种优势还与相应设施设备的利用率高低有关。

3. 在饭店经营中注意充分积累管理经验

这是一种由经验转化而来的成本优势，专业技能娴熟的员工能够有效地降低饭店服务的成本。

低成本经营战略可以帮助饭店经营进入良性循环。较低的经营成本为有竞争力的价格奠定了基础；有竞争力的价格会扩大饭店的市场份额，提高饭店的客房出租率，从而提高饭店收益；较高的经济效益使得饭店有能力进一步扩大自己的规模，增加自己的服务项目，从而形成新的较低成本，循环往复。

当然，要成功实施这一经营战略，应注意其中隐含的条件：第一，饭店之间的产品是同质无差别的；第二，在客人心目中，价格比产品差别更重要；第三，饭店产品的需求弹性很大，降低价格能够有效刺激需求，从而导致饭店住房率明显提高；第四，销售量的增加能够弥补因价格下降而给饭店带来的利润损失；第五，饭店规模的扩大、服务项目的增加，能够有效提高饭店吸引力，降低产品平均成本。

二、饭店的差异化战略

视频：饭店的差异化战略

差异化战略是指将企业提供的产品或服务与竞争对手区别开来，形成企业在产业范围中具有的独特品质。它主要是利用需求者对各品牌的信任，以及由此产生的对价格敏感度的下降，使企业避开竞争。企业的产品或服务可以在许多方面实现别具一格，如品牌形象、客户服务、技术特点、产品更新、营销网络等。差异化战略实施的关键在于特色的选择必须有别于竞争对手,并且足以使溢价超过企业追求差异化的成本。

(一)差异化战略的竞争优势

差异化战略的竞争优势主要体现在:产品的独特性能够带来较高的效益;顾客的忠诚度使企业避开了竞争;产品特性及顾客忠诚构成了进入壁垒。

产品差别使购买者选择范围缩小,削弱了购买者砍价的能力,能够给企业带来较高的收益;消费者对符合自己偏好的产品会形成一种忠诚心理,这种顾客的忠诚度使得企业避开了竞争;对产品差别的忠诚还会形成坚强的市场进入壁垒,从而有效地阻止新进入者。

(二)差异化战略的竞争风险

差异化战略也会使企业面临下列经营风险:企业提供的产品特性并不符合顾客期望的价值;顾客不认可产品性能与价格之差;竞争者的模仿使差异减少。

如果企业提供的产品或服务的独特性并未给消费者带来期望的价值,消费者将不会为该产品支付高价;如果产品的差别未能降低消费者对价格的敏感度,消费者可能放弃购买具有特性的产品以节省费用;如果产品创新缺乏必要的制度保护,竞争者的模仿也将使差异减少。

(三)差异化战略在饭店的运用

20世纪80—90年代,旅游供给的迅速增长,导致竞争加剧。这种竞争压力迫使饭店经营战略从产品成本转向产品性能。质量管理、品牌营造是这个时期饭店业最普遍的竞争策略。通过质量管理,提升了饭店的竞争力;在质量管理基础上营造的饭店品牌,使企业与竞争对手的产品和服务相区别,培养、造就了一大批对饭店产品具有忠诚心理的消费者,而客人的忠诚心理又为饭店带来了稳定的客源与收益,为饭店不断创新、提高服务质量水平创造了良好的条件。

今天,饭店经营者可以依据饭店产品满足顾客三种利益的原理,营造企业产品区别于竞争对手的特性。

1. 产品的核心利益

这是消费者购买的根本原因,也是消费者需求的中心内容。例如,会议策划人员所要解决的问题,主要是寻找一个有吸引力的地方,同时,他们希望这家饭店的设施、食品是一流的,有足够的客房来接待会议参加者。每个参加会议的人都希望多了解一些有关情况,能有机会与他人交换意见,进行社交活动。因此,接待会议的饭店,就需解决会议策划者以及会议参加者的一系列问题。饭店的任务就是发现人们的需求,创造满足需求的条件,把顾客所需的核心利益提供给客人。比如五星饭店的核心利益是为客人提供豪华、舒适的享受;经济型饭店的核心利益是清洁与合理的价格。

2. 产品的展现利益

产品的展现利益是从物质上展示出产品核心利益的各种因素,如饭店地理位置、建筑特色、周边环境、内部装饰、员工形象等。为了提高饭店产品在市场上的信誉与吸引力,塑造饭店区别于竞争对手的鲜明形象,饭店经营者应设法通过饭店产品的包装,使核心利益具体化。

3. 产品的附加利益

附加利益是指顾客购买产品所得到的额外利益。现代饭店竞争,也是企业在给予顾客额外价值方面的竞争。这种超值服务,构成了现代饭店产品差别化的重要来源,对增加产品的吸引力会产生一定的影响，对培育饭店的忠诚顾客起到很大的作用。

三、饭店的专一化战略

视频：饭店的
专一化战略

虽然，低成本战略与差异化战略各自的出发点不同，前者希望通过以低成本为基础的低价格吸引客人，后者依赖自己产品与他人的差别来赢得消费者青睐。但是，两者有一点则是共同的，这两种战略都是面向整个市场。然而，实践又告诉人们，在通常情况下，任何一家企业不可能也没有必要为所有消费者都提供理想的服务，每家企业只能以其中的一部分人作为自己的接待对象，这些消费者在企业的经营活动中应该占有重要的地位。企业应该正确选择这些特定的消费群体，为他们提供行之有效的各项服务。

专一化战略就是上述经营思想的产物。所谓专一化战略，是指企业将自己的经营目标集中在特定的细分市场，并且在这一细分市场上建立起自己的产品差别与价格优势。采用专一化战略的基础是企业能够以更高的效率、更好的效果为某一狭窄范围内的顾客对象服务，从而超过在更广范围内的竞争对手。即企业选择一个或一组细分市场，实行成本专一化或差别专一化战略，向此细分市场提供与众不同的服务，期望在该市场上有较大的占有率。

（一）专一化战略的竞争优势

企业采用专业化战略的长处是：专一化产品的经营成本低；在目标市场处于领先地位；产品的独特性使替代品的威胁降到最低程度。

专业化服务与专业化分工导致的相对较低成本、较低的价格敏感度，可以给企业带来较高的经营利润；以消费者偏好为基础提供的专业化服务，增加了目标市场顾客的满意度，由忠诚顾客形成的细分市场构成了新进入者的壁垒；针对目标市场设计的专业服务及其经验，使替代品的威胁降到最低水平。

（二）专一化战略的竞争风险

企业实施专一化战略面临的主要风险为：市场范围比较狭窄；有吸引力的细分市场不易确定；目标市场的需求特性不明显。

专一化经营使得企业的市场范围缩小，经营风险增大；在与面向广泛市场的竞争者竞争时，企业选择的细分市场必须是有吸引力的，但这通常是不易确定的；被企业选定的目标市场的消费者需求可能与整个市场上的消费者需求相似，在这种情况下，专一化战略的优势就会丧失。

（三）专一化战略在饭店的运用

21世纪，饭店企业所处的环境发生了巨大的变化，企业产品的生命周期在不断缩短，电子技术得到蓬勃发展，顾客追求个性化的欲望越来越强烈，以顾客为中心的竞争也变得越来越激烈，企业的竞争战略也有了全新的发展。一种把定制的产品和服务进行个别化大规模生产的新模式，出现在21世纪饭店竞争的新前沿。大规模定制（Mass Customization）战略，把大规模生产和定制化生产这两种模式的优势有机地结合起来，在不牺牲企业经济利益的前提下，以几乎每个人都付得起的价格提供差异化的产品，满足顾客个性化的需求。在中国加入世界贸易组织（WTO）的今天，大规模定制模式也给饭店业留下了极大的发展空间。

当大多数饭店很难通过进一步降低成本、提升质量来赢得竞争优势时,个人关注(Individual Attention)成为饭店的核心战略。立基营销、服务定制化策略成为现代饭店业流行的竞争策略。

1. 立基营销(Niche Marketing)

所谓立基营销,就是在把自己的长处与竞争对手短处的比较中,选择企业最有利的市场地位。市场已清楚地表明一种产品不能适应所有顾客,顾客也在寻找最适合自己的产品。立基营销要求饭店在确定自己强项与竞争者弱项的基础上,选择一个或一组细分市场,制定出一套有别于竞争对手的营销组合,集中力量争取在这些细分市场有较大的市场份额。如马里奥特集团,除了拥有以接待商务、娱乐和团队旅游者为主的高档饭店外,还有马里奥特套房、马里奥特公馆、马里奥特庭院饭店、静土客栈等,每个品牌只服务于某个细分市场。用于定位的典型项目有低廉的价格、方便的区位、美味佳肴、颇具吸引力的常客项目、友善与胜任的员工等。找出某一竞争者无法比拟的特征强项作为企业立基,宁可在一个或一组细分市场上享有较大的市场占有率,而不愿在整个市场占有较小的市场份额。正如美国酒店权益集团总裁 Fred Cerrone 所说:"小的是美好的,因为饭店业是一个人际关系产业,你不能满足所有顾客。"

2. 服务定制化

所谓产品或服务定制化策略,就是饭店为迎合消费者日益变化的消费需求,营造出一种"特别的爱给特别的你"的高尚境界,以针对性、差异化、个性化、人性化的产品和服务来感动企业的诸多"上帝"的竞争策略。这种竞争策略的基本特征是:第一,饭店充分理解客人的需求,即以客人的需求作为服务的起点和终点。既要掌握客人共性的、基本的需求,又要分析研究不同客人的个性需求;既要注意客人的静态需求,又要在服务过程中随时注意观察客人的动态需求;既要把握客人的显性需求,又要努力发现客人的隐性需求;既要满足客人的当前需求,又要挖掘客人的潜在需求。第二,个性化,即饭店要强调一对一的针对性服务。第三,人性化,即强调用心服务,真正体现一种真诚的人文关怀精神。第四,极致化,即在服务结果上追求尽善尽美,要求做到尽心和精心。

实施产品或服务定制化策略,就要求饭店企业细分客源,根据自身的经营条件选准客源市场中的一部分作为主攻对象;通过建立科学的客史档案,灵活提供各种恰到好处的服务;强化客源管理;以独特的主题形象深入人心,在充分理解顾客需求、顾客心态的基础上,追求用心、极致的服务,和顾客建立一种稳定的、亲近的关系,在顾客个性需求满足的同时,为饭店企业赢得一大批忠诚顾客。

本 章 小 结

- 饭店战略的第一层次是基本战略,它是饭店经营者对企业发展的总体目标作出的谋划和根本对策,具有长期性、全局性、稳定性、竞争性的特点。基本战略是饭店经营思想的集中表现,规定了企业的发展方向。基本战略主要包括企业战略方向、战略目标、战略方针以及战略措施。战略方向规定了企业的发展方向；战略目标是企业战略的具体化；战略方针是企业为实现战略目标所制定的政策性决策；战略措施是在战略方针指导下就企业发展中的经营问题采取的各种对策的总称。

• 战略的第二层次是发展战略。根据饭店战略行为的各自特点，饭店的发展战略可以划分为发展型、稳定型、紧缩型和多元化四种战略模式。饭店经营者可以通过SWOT分析方法，选择适合本饭店的发展战略。在进行战略选择时，必须研究潜在竞争者、行业替代品、供应商、购买者和产业内竞争五种基本竞争压力的影响。

• 战略的第三层次是竞争战略，它关心的是饭店企业相对于竞争者而言在市场上的竞争地位。在行业内处于有利地位的企业，能够更好地对付五种基本竞争压力的挑战。饭店企业通常可以通过成本或性能与竞争对手的比较，在特定的市场范围内，选择成本领先、差异化或专一化等通用竞争战略。

同步练习

一、问题思考

1. 饭店的基本战略包括哪些内容？具有什么特点？
2. 什么是SWOT分析法？
3. 影响饭店战略选择的环境因素有哪些？
4. 成本领先战略的竞争优势和经营风险有哪些？
5. 差异化战略的竞争优势和经营风险有哪些？
6. 专一化战略的竞争优势和经营风险有哪些？

二、讨论交流

以3~4人组成的小组为研究单位，研究下文中的实例参考，分析、归纳中外成功饭店所实施的企业战略。

三、在线自测

扫描二维码，完成在线练习。

在线自测3

实例参考

香格里拉饭店集团的企业战略

总部设在中国香港的香格里拉国际饭店管理集团，被公认为世界著名饭店集团之一。香格里拉一贯恪守为客人提供优质服务的承诺，并把经营哲学浓缩为一句话：由体贴入微的员工提供的亚洲式接待。香格里拉的标准化管理和个性化服务赢得了国际社会的认同。

为了实现企业发展目标，香格里拉制定了"通向成功之路"战略计划图。整个计划分为五个部分：香格里拉发展远景、员工、客人、进程与技术、领导才能。集团的目标是成为亚洲地区饭店集团的龙头，使命是成为客人、员工和股东的首选。为了达到这一目标，香格里拉把建立客人忠诚感放在核心地位，以改革的进程和先进的技术作为支柱，以领导技能作为推动力，通过建立员工的忠诚感，从而达到赢得客人忠诚感的目的。以此为指导，香格里拉制定了详细的指标体系以衡量其经营状况，主要内容包括客人忠诚感、市场份额、奖励、员工忠诚感以及经营业绩。

香格里拉远景目标指标为以下几项。

*客人忠诚感
- 回头客比率
- 服务质量监测：全集团范围内的为客服务平均分值为8.8
- 竞争对手的服务质量监测
- 金环计划的服务质量监测：极大的满意
- 减少客人不满意率

*市场份额
- 每家饭店占据当地竞争市场的领先地位

*奖励
- 主要的为客服务奖励：在50%的奖励中获得头奖
- 所在国家优质服务奖：争取获得所在国颁发的奖励

*员工忠诚感
- 成为受拥戴雇主的地位（员工意见）

留住优秀员工：85%

员工满意程度：亚洲最佳

领导得分情况：亚洲最佳

- 受拥戴的雇主地位（外部人士的意见）

外部调查：前三名最佳雇主

*经营业绩
- 财务效益极佳：利润和收入在当地竞争市场上是最高的

1. 香格里拉国际饭店管理集团的经营指导原则

香格里拉的经营理念是"由体贴入微的员工提供的亚洲式接待"。顾名思义，就是为客人提供体贴入微的具有浓郁东方文化风格的优质服务。它有五个核心价值：尊重备至，温良谦恭，真诚质朴，乐于助人，彬彬有礼。在此基础上，香格里拉提出了8项指导原则。

(1) 我们将在与所有人相处时表现出真诚，关怀备至。

(2) 我们将在每次与顾客的接触中尽可能多地为其提供服务。

(3) 我们将保持服务的一致性。

(4) 我们确保我们的服务过程能方便客人和员工。

(5) 我们希望每一位高层管理人员都尽可能与顾客接触。

(6) 我们要在为客人服务现场及时作出果断决定。

(7) 我们将为我们的员工创造一个能使他们的个人事业目标都得以实现的环境。

(8) 客人的满意是我们事业的动力。

2. 建立客人忠诚感

伴随日益激烈的竞争与不断变化的经济环境,顾客拥有了更多的选择,他们的期望值也在不断提高。为了达到亚洲第一的目标,香格里拉意识到必须不断地革新与提高。在顾客服务上,他们不再局限于传统的客人满意原则,而是将其引申为由使客人满意到使客人愉悦,直至建立客人忠诚感。因为忠诚的客人不仅会给饭店带来持续的客人(香格里拉曾经做过计算,每增长5%的回头客就能带来20%~25%的利润),而且可在没有任何成本的情况下带来新客人。另外,为老顾客服务的成本较之赢得新客人要小得多。因此,建立客人忠诚感成为香格里拉的第一战略。而要建立客人忠诚感,只使客人满意是远远不够的,只有使客人感到无比愉悦才能创造忠诚感。在香格里拉,主要是通过认知客人的重要性、预见客人的需求、灵活处理客人要求以及积极补救出现的问题四种途径来使客人感到愉悦。

(1) 关注和认知客人。这是通向客人忠诚感的关键路径。它的根本目的在于使客人觉得自己非常重要与特殊。

*对客人提供个性化的关注和感谢

*特别关心客人的个别需要

*显示对客人个人事业的钦佩

(2) 预知客人的需求。在顾客开口之前就提供其需要的服务。

*把自己放在客人的位置

*细心观察

*阅读客人档案,倾听客人诉说

(3) 员工灵活的态度。鼓励员工在与客人的接触中,灵活处理突发事件。

*从不对客人说"不"(不得不说时,提供另外的选择)

*使客人放松

*使客人喜出望外

管理者采取了以下方式以使员工具备更加灵活的工作态度:①给员工更多的权力;②更多的内部交流;③灵活的内部机制;④以例子作为引导。如果员工做出了错误的决策,管理者将首先会对员工做出的决策表示感谢,表示理解其感受,然后了解情况,提出建议,给员工信心,让员工知道管理者的支持。

(4) 解决客人的问题。迅速有效地解决客人的问题对建立客人忠诚感有积极的作用。香格里拉解决问题的过程包括:a.道歉;b.理解客人的感受;c.紧迫感;d.一步到位;e.跟进调查。

(5) 金环计划。为了赢得客人忠诚感,香格里拉制定了一个新的具有战略意义的金环计划。本计划旨在酬谢回头客。金环计划的成员是那些不断光顾香格里拉饭店并被视为最有价值的客人。根据香格里拉的估计,每个成员平均一次住店的花费是600美元,1年光

顾 10 次,可持续 20 年。这意味着平均每一个金环计划成员一生可能创造的价值是 12 万美元。具体计算如下:

平均每位客人终身创造的价值

| 每位回头客住店一次的平均花费为 600 美元 | 每年平均光顾次数为 10 次 | 回头客一生光顾的年限为 20 年 |

120 000 美元
每位客人有可能成为创造 12 万美元的客户

金环计划是在全集团范围开展的一项活动,客人不需要积分就可成为金环计划成员。香格里拉把金环计划成员分成三个等级。

标准级成员:所有第一次住店的客人。

行政级成员:12 个月内在香格里拉饭店住店次数至少 10 次的客人。

豪华级成员:12 个月内在香格里拉饭店住店次数至少 25 次的客人。

对于不同的等级,香格里拉提供不同层次的优惠。其优惠内容主要包括服务项目、价格折扣、特色服务、赠送免费旅行公里数等。例如,住店会员可免费拨打当地电话,在酒店内使用电话卡拨打长途电话免收服务费;会员可凭通用信用卡在酒店提取价值相当于 250 美元现金的当地货币而无须向酒店交纳佣金或服务费;凡属香格里拉飞行里程优惠计划合作伙伴的会员,若每次以合资格的房价入住本集团酒店,可获得标准飞行里程优惠;为方便会员,客房内备有吹发器、冲煮茶和咖啡的器皿;每日免费赠送一份当地报刊,并可免费使用健身房和游泳池的设施;在任何一家香格里拉或国贸饭店,18 岁以下的孩子与父母同住免收房费,6 岁以下儿童有成人陪伴,在咖啡厅可免费享用自助餐。

3. 建立员工忠诚感

香格里拉相信有了忠诚的员工才会有忠诚的客人。因此,在努力提高员工素质的同时,十分关心员工是否满意。在人力资源的管理上,香格里拉努力做到以下几点:创造一种员工感到自身价值受到认可,并且有参与感的工作环境;使员工能看到自己将来事业发展的方向;提供具有竞争力的工作与福利。从长远的观点聘用有潜力的员工,向员工投资,促使他们个人的发展,鼓励每个人实现事业发展目标的积极性。

在物质方面,香格里拉饭店的工资比同行相对要高,这既是招徕人才的吸引力,又降低了员工的流动率。此外,集团还着重在下列方面加强工作,具体包括:

(1) 重视培训。为早日成为亚洲饭店业的龙头,香格里拉国际酒店管理集团一直把培训列为通向企业经营成功的重要一环。集团每年的培训预算在同行企业中都一直名列前茅。培训的性质分为知识培训(如入职教育、香格里拉情、酒店产品知识)和技能培训(如各部门的岗位实际操作)。

从入职的第一天起,新员工就将自己融合到香格里拉这个大家庭之中。整个入职培训将从集团历史开始,使学员了解集团的经营之道、待客原则、企业文化和服务意识,使每名学员都感到成为香格里拉集团的成员所肩负的使命感。

在日常的工作中,各部门的员工平均每月都要参加一次技能培训,旨在提高本部门的待客服务技能。同时还要接受有规律的部门交叉培训,如电话班的成员应熟悉客房和餐饮部的知识,以便更好地了解客人的需求。

香格里拉强调培训的目的是教授(ARMS)学员知识和技能。ARMS详指如下。

A:可见的,即能够观察学员的行为。例如,我们可以观察到学员在笑,但却无法观察到学员对礼仪的觉悟如何。

R:相关的,即对成功地履行其职责必不可少的知识与技能。例如,客房服务员必须会做床,但前台接待员知道如何做床会更好。

M:可衡量的,即可清楚地、毫无疑义地量化。例如,接到传真后30分钟内送到客房。

S:具体的,即说明我们的意思到底是什么,我们所指的是哪个方面的行为。例如,学员将学会使用商务中心设备,这句话是不具体的。我们应该说的是,学员应学会使用松下-FX160传真机。

(2) 中高层干部实行不定期轮岗制。一是防止饭店内的裙带关系和利用职权牟取私利;二是丰富中高层管理人员的经验,使他们熟悉本集团在不同地区的运作和业务,为集团培训高质量的管理人才。

(3) 提高凝聚力,尊重员工。饭店设有总经理热线,员工可随时打电话投诉或提建议,并进行"实话实说"活动。每个香格里拉饭店都有"员工日",各饭店可设定某一日为员工开晚会,由总经理主持,员工可与经理们自由交谈,相互沟通。各饭店每年专为员工举行春节晚会,每月给当月过生日的员工集体过生日,员工自己组织合唱团,每逢圣诞节,为客人唱歌(诗)。

第四章 饭店的投资与决策分析

学习目标

知识目标：

熟悉饭店筹资的方式与原则，了解饭店投资可行性研究的内容，知晓饭店投资决策的分析技术。

能力目标：

能运用确定型决策技术、风险型决策技术和不确定型决策技术，进行饭店经营方案的选择。

第一节　饭店筹资的方式与策略

资金是现代饭店企业开展经营活动的先决条件，没有资金的取得及其运行，饭店企业的经营活动便不能进行，饭店的战略目标就不可能实现。取得资金的过程也就是筹集资金的过程。

一、饭店筹资的主要方式

饭店筹资的方式主要包括：内部筹资，银行贷款，发行股票和债券，对外筹资，租赁筹资等。

（一）内部筹资

利用自有资金这条渠道筹措资金的好处，在于资金完全可以由企业自行安排支配，并且成本最低。但是，利用自有资金也有其缺陷，其中最主要的是筹资数量受到饭店自身实力的限制。饭店自有资金不仅包括闲置的资金、专用资金，也包括饭店内部经济效益较低的占用资金。因此，饭店内部资金又可以分为以下几种形式。

1. 企业留利

这是指饭店上缴税利以后留归自己支配的纯收入。从严格意义上说，企业内部筹资的来源是饭店经营的利润，利润资本化是其实质。

2. 折旧基金

固定资产折旧是饭店内部一项主要资金来源。折旧基金原则上用于保证固定资产简单再生产所需，其中一部分也可以用于扩大再生产。

3. 闲置资产的变卖

这是指饭店将自己一部分多余或低效的资产通过清算拍卖来筹措资金。通过这种办法，饭店不仅可以筹措到自己所需的资金，同时还可以改变饭店的经营结构。

4. 饭店应收账款

应收账款是饭店的债权，属于饭店内部资金。饭店可利用应收账款作为抵押获取银行贷款，或者将其出售以取得饭店所需资金。

5. 低效益资金占用转移

这部分资金一般较难界定，饭店应该根据自身经营状况，在与其他同类饭店比较的基础上进行相应的筹资活动。

（二）银行贷款

银行贷款是饭店筹集资金的重要来源。只要饭店拥有良好的经营业绩与信誉，通过银行贷款都能取得比较满意的效果。从筹资成本来看，对于银行贷款的成本，饭店一般也能接受。通过银行贷款的主要问题在于这种方式的程序比较复杂，对贷款规模与期限也有较强的限制。另外，国家金融政策的变动也会给饭店正常的筹资计划带来冲击。

在选择贷款银行时，饭店应该考虑以下几个方面的问题：① 贷款成本；② 承担风险的程度；③ 对饭店的忠诚程度；④ 贷款专业化程度；⑤ 银行规模；⑥ 贷款附加服务。

饭店在向银行贷款前还应该考虑以下两个问题：其一是分析目标银行是否有发放贷款的能力；其二是分析饭店对于贷款的承受能力、使用贷款的配套能力以及贷款的偿还能力。饭店在贷款前应该对于自身的信誉、经营管理、发展潜力等进行评估，以判断是否符合银行贷款的有关要求。

（三）发行股票和债券

发行股票和债券筹集社会闲散资金，是饭店适应市场经济要求与社会化大生产需要发展起来的一种重要的筹资途径。

1. 发行债券

债券主要是指公司债券，它是饭店为了筹集资金，依照法定的程序，约定在一定期间按票面金额还本付息的一种有价证券。债券代表持券人同饭店之间的债权债务关系，持券人可以按期取得固定利息，到期收回本金，但无权参与饭店经营管理，也不参加分红，持券人对饭店经营亏损不承担责任。发行债券是饭店筹措长期资金的主要方式。

债券的分类标准及种类很多。按发行方式划分，债券分为记名债券和不记名债券；按偿还方式划分，债券分为定期偿还债券和随时偿还债券；按有无抵押担保划分，债券又分为抵押债券和信用债券等。

2. 股票筹资

与债券不同，股票虽然也是饭店为了筹措资金而发行的一种有价证券，但是股票持有人对饭店资产拥有相应的所有权，可以凭股票领取股息或红利，并有权参加饭店股东大会，参与饭店的重大经营决策活动。

（四）对外筹资

对外筹资是指饭店通过各种方式引进吸收国外政府、企业和个人的资金（包括港、澳、台同胞与海外侨胞），以满足饭店经营活动对资金的需要。饭店利用外资的方式可以归纳为直接利用外资与间接利用外资两种。

饭店直接利用外资一般不必对外举债，但是，饭店需要让渡部分资产所有权，并且与外方分享饭店经营利润。直接投资是国际长期资金流动的一种方式，其主要特点是投资者提供包括资金、技术与管理等在内的一揽子援助。外商独资、中外合资、中外合作都属于直接利用外资的形式。

间接利用外资一般不涉及饭店所有权的问题，但需要用外汇还本付息，因而经营风险较大。间接利用外资主要有以下几种形式。

(1) 政府贷款。这是一国政府用其财政预算资金向另一国政府提供的优惠性贷款。这种贷款通常具有利率低、周期长的特点。

(2) 国际金融机构贷款。这些金融机构包括国际货币基金组织、世界银行、亚洲开发银行等。

(3) 发行国际债券。这是通过在国外发行债券来筹措资金的一种方式。

(4) 出口信贷。这是外国政府为了鼓励商品出口，增强在国际市场上的竞争能力，通过本国银行向国外进口商提供的一种贷款。

（五）租赁筹资

租赁是指有偿出让物件使用权的经济行为。从租赁的产生和发展看，其基本思想是"收益源于使用财产而非拥有财产"。这是一种用产品（包括设备）作为信贷的特殊方式，也是一种新型的融通中长期资金的有效手段。在租赁期间，饭店定期向租赁公司缴付租金，由此拥有设备的使用权，而出租人则享有设备最终意义上的所有权。租赁的方式可分为两种：经营租赁和融资租赁。

经营租赁是由租赁公司向饭店提供在短期内使用的设备，并提供设备的维修、保养、人员培训等其他相关服务。按照国家有关规定，短期租入的少量设备所付的租赁费可以计入成本。在这种租赁方式中，饭店可以不必先付款而取得设备的使用权。

融资租赁，又称资本租赁。其特点是：

(1) 由饭店而不是出租公司负责设备的选择、保险、保养和维修。出租公司负责垫付货款购买设备。

(2) 租赁期内设备的使用权和所有权分离，设备的所有权属出租公司，使用权归饭店。

(3) 租赁期满，饭店在付清最后一次租金并加付一定数额的转让费后，即取得这项设备的所有权。

(4) 租赁期内双方无权解除合同。

(5) 租赁期内，设备只租给一家饭店使用，租金大体上等于设备售价（包括运杂费和包装费）减去残值（如果有的话）加上贷款利息和租赁公司管理费。

(6) 租期较长，一般设备为3~5年，大型设备可以在10年以上。

融资租赁事先不必投资，只需预付10%~20%的保证金就可以获得设备，拥有使用权。租赁手续简便，引进设备速度快，并可以在纳税上获得好处。融资租赁不像经营租赁那样借物还物，定期付租。而是借物还钱，分期付款。融资租赁的优点在于饭店在某时急需某种设备，然后由饭店向租赁公司租赁。有人把它比喻为"借鸡生蛋，用蛋还钱，还钱得鸡"。现在，饭店业的任何设备都可以租赁，租赁业已经成为银行业新的竞争者，成为饭店筹集资金、更新设备、扩大经营规模的新手段。

二、饭店筹资的基本原则

饭店企业通过筹资活动，保证了企业经营活动的正常进行。但是，这并不意味着饭店可以无限制地借款举债，因为它同时也增大了饭店的经营风险。

例如，有A、B、C三家饭店，盈利率年均为20%，而银行借款利率为10%，则该饭店企业的经营结果如表4-1所示。

从表4-1可知，在盈利率大于银行借款利率的情况下，借入资金可以为饭店获得更多的盈利。但若假设上述三个饭店的盈利均为10%，而银行借款利率为14%的话，则会得出相反的结论，这个结论可参见表4-2。

由此可见，饭店经营者必须对负债经营的风险有清醒的认识。在一般情况下，只有当饭店盈利率高于借款利率时，通过以股权资本作为基础得到的借入资金，才能为饭店谋取更多的利润。

表 4-1　饭店经营利润表（1）

项目	A 饭店	B 饭店	C 饭店
注册股权资本 / 万元	1 000	1 000	1 000
借入资本 / 万元	0	1 000	2 000
经营资本总额 / 万元	1 000	2 000	3 000
财务杠杆作用 /%	0	50	67
企业盈利率 /%	20	20	20
盈利额 / 万元	200	400	600
减：利息支出 10%/ 万元	0	100	200
年度净利润额 / 万元	200	300	400

表 4-2　饭店经营利润表（2）

项目	A 饭店	B 饭店	C 饭店
注册股权资本 / 万元	1 000	1 000	1 000
借入资本 / 万元	0	1 000	2 000
经营资本总额 / 万元	1 000	2 000	3 000
财务杠杆作用 /%	0	50	67
企业盈利率 /%	10	10	10
盈利额 / 万元	100	200	300
减：利息支出 10%/ 万元	0	140	280
年度净利润额 / 万元	100	60	20

饭店在筹资过程中，应该遵循以下基本原则。

（一）合理确定资金的需要量，控制资金投放时间

饭店的经营活动是在一定的时间范围内进行的。资金运动具有极强的时间性，资金只有在周转中才能创造效益。若是资金不足，会影响经营活动的正常开展，甚至会失去市场；若是资金过剩，会造成资金周转减慢，影响资金使用效果。由此可见，资金筹集、投放的时机是至关重要的。旅游活动是一种季节性很强的活动，因而为游客服务的饭店的经营活动也必然带有季节性，这样便造成资金需要量在不同季节是不同的。因此，要预测不同季节的资金需要量，合理安排资金的投放数量和投放时间，为加速资金周转、提高资金使用效果奠定基础。

（二）考虑资金成本与资金效益的比例关系

资金的稀缺性决定了筹集资金必须付出代价，这一代价就是资金成本。资金来源的渠道不同，资金成本也就高低不等。而资金成本的高低是影响饭店盈利水平高低的重要因素。饭店筹资的目的，是通过运用资金获得经济上的效益。资金成本是对资金的耗费，资金效益是使用资金的所得，所得大于所费，才能有经济上的效益可言；超过的越多，实现的

效益越大。因此饭店在筹资时,一定要比较各种来源的资金成本,选择最有利的筹资方式组合,争取以最低的资金成本获取最佳的资金效益。

(三) 控制负债资金比例,处理好筹资风险

饭店资金来源无外乎是自有资金和负债资金两种。在市场经济条件下,利用较多外借资金来经营,即负债经营,已成为现代企业资金营运的一种普遍形式。饭店作为一种企业,在资金营运中也必然会利用这种形式。使用负债资金虽然能带来经营上及财务上的利益,但如果控制不严或规模过大,就会造成债务危机,严重的会导致破产。因此,饭店在筹资时,必须掌握好负债资金的比例,注意筹资风险的防范,提高筹资及投资效益。

三、饭店筹资策略的选择

一般而言,饭店企业的筹资主要与流动资产状况相联系。在饭店经营活动中,流动资产所占比重约为企业全部资金的30%。由于流动资金周转速度快、变现能力强,往往反映了饭店经营的总体效果。因此,如何筹资以融通流动资产是饭店筹资策略首先应考虑的问题。

由于饭店经营活动具有明显的淡旺季特点,相应的饭店流动资产也会出现类似的变化。一般而言,在旅游旺季,饭店对于资金会产生大量渴求;到旅游淡季,市场需求疲软,饭店对于资金的需求就会大大减少。饭店筹资策略必须根据饭店经营的实际状况灵活选择。

在正常情况下,饭店的流动资产包括两个部分:一部分是永久性流动资产,这部分流动资产即使在旅游淡季也会依然保留;另一部分被称为临时性流动资产,见图4-1。

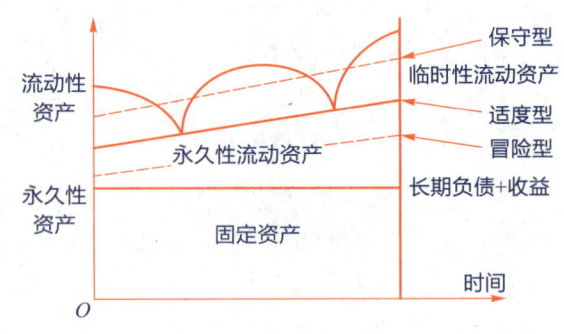

图4-1 饭店筹资策略

饭店筹资策略指的是与永久性流动资产和临时性流动资产有关的策略,也称短期筹资策略。

(一) 冒险型筹资策略

这是一种积极的筹资策略。其特点表现为:饭店以长期负债与权益为条件来筹集永久性资产的一部分;其余的永久性资产与临时性资产则依靠短期资金来融通。采用这种筹资策略,饭店不仅要承担筹资困难的风险,还要面临由于利率上涨而支付更多利息的潜在风险。

此类策略虽然风险较大,但是如果饭店经营有方,其利润是十分可观的。

(二) 保守型筹资策略

这一筹资策略的主要特点在于:饭店不仅以长期资金来筹集永久性资产(包括流动资产与固定资产),而且以长期资金来满足由于淡旺季而产生的全部临时性资产的资金要求,几乎不需要短期资金的筹措,以至于有资金闲置。

饭店通常会将闲置资金投资于短期有价证券来获取报酬,在旺季时出售证券以满足饭店经营资金所需。

(三)适度型筹资策略

这是一种比较普遍的饭店筹资策略,也是一种比较稳妥的饭店筹资策略。其特点为:对于临时性资产以短期资金来筹措解决,而对于永久性资产均采取长期筹资方式来筹集所需的资金,从而使资产和负债的到期期限能相互配合。

选择此种策略,饭店可以降低其无法偿还的风险,避免陷入严重的财务危机。然而,由于饭店资产使用寿命的不确定性,做到完全的相互配合是有一定困难的。

第二节 饭店投资的可行性研究

投资是指通过资金的投入以期在未来获得预期收益的经济行为。饭店是资金密集型企业,饭店的发展始终离不开投资的支持,而投资行为发生后能否在未来获得预期收益,投资决策的正确与否至关重要。饭店投资的可行性研究,就是对投资成功前景所作的投入产出分析,它可以减少企业投资失败的概率,增加项目投资的信心,也有利于企业资金的筹集。

一、饭店投资的分类

饭店的投资行为包括的内容较多,依据不同的目的可以进行不同的分类。下面是饭店投资行为的主要分类方法。

(一)按投资时间的长短分为短期投资和长期投资

短期投资是指能够随时变现的,且投资时间不超过一年的短期性质的投资。在饭店经营活动中,现金流量是经常变动的,当出现现金流入量大于流出量的时候,就会产生现金闲置的状况,这种状况虽然会增大饭店的清偿能力,但却降低了饭店的盈利能力。这时饭店可以利用短期证券投资解决流动性与营利性的矛盾(因为短期证券流动性很强,仅次于现金,同时其盈利水平也高于同期存款利率)。短期投资在西方国家比较发达,短期有价证券投资已成为企业最主要、最基本的短期投资方式。随着中国证券市场的不断发育和完善、商业银行改革的不断深入以及企业财务意识的不断加强,这种短期证券投资也日益发展并成熟起来,成为饭店投资的重要形式。

长期投资是指那些不准备短期内转让出去、持有时间在一年以上的有价证券或时间超过一年的其他投资。从长期投资的目的来看,主要包括积累资金、分散风险、控制其他企业、对重要的供应者提供财政援助等。

(二)按投资发生作用的地点分为对内投资和对外投资

对内投资是指为保证饭店正常的生产经营活动而进行的企业内的生产性投资。如购置新的固定资产,扩大经营规模;对老设备进行更新改造;大修理投资等。

对外投资是指饭店以各种形式,如现金、实物、无形资产、有价证券等方式向其他单位的投资。对外投资的目的具有多样性,但最根本的还是追求更多的收益。随着中国市场经济体制的建立,饭店经营的灵活性及风险性不断增强,企业间的相互渗透、对外联合越来越多,对外投资将日益活跃。对外投资从时间上来讲,包括短期投资和长期投资;从方式上来讲,包括证券投资和其他投资。

(三) 按投资构成的资金性质分为固定资产投资和流动资金投资

固定资产投资指用于新建、扩建、改建或购置房屋建筑及机器设备等方面的投资,包括生产性投资和非生产性投资。这里主要指生产性投资。

流动资金投资主要是指对与饭店经营规模相适应的周转性资金占用所进行的投资。若要饭店经营活动顺利进行,离不开流动资金的周转。

(四) 按投资在再生产过程中的作用分为创始性投资和生产经营性投资

创始性投资是指饭店在筹建时的投资,是从无到有的投资过程,因而称为创始性投资。

生产经营性投资是在饭店营业之后,为了维持简单再生产或实现扩大再生产而进行的各项投资。如更新改造原设备、购置新设备等。

视频:饭店建设投资的可行性研究

二、饭店建设投资的可行性研究

饭店是高固定成本结构的企业,而且使用年限较长,一旦投入往往难以改变,其投资决策成功与否对饭店未来的发展方向、发展速度和获利能力都有重大影响。所以在进行饭店建设投资决策时,一定要做好可行性研究,从地区状况、饭店市场需求、项目建议与成本估算及收入与费用预测方面进行全面、充分的论证。

(一) 地区状况分析

地区状况分析一般包括地区经济状况评价与位置分析两方面。

1. 地区经济状况评价

评价地区经济状况,其目的是掌握这一地区的经济发展水平和消费特点,以确定何种类型的产品在该地区经营最合适。如果该地区收入水平普遍较低,那么经营高档餐馆的成功希望就十分渺茫;如果该地区以商务客人为主,那么经营休闲度假饭店就不是明智之举。地区经济状况评价一般需从以下几方面进行分析。

(1) 人口因素。虽然当地人口数量与饭店客房出租率并没有直接联系,但人口发展趋势往往能反映当地经济发展趋势。而一个地区的人口结构,往往可以表明当地居民对饭店餐饮服务的需求量。

(2) 零售指数。商业零售额与饭店客房需求量也没有直接联系,但可用于估计某一地区的经济发展状况。随着人均收入和商业零售额的提高,当地商业将进一步繁荣,对饭店服务设施的需求量也将进一步增加。

(3) 工商企业发展趋势。当地工商企业类别、数量、就业人数都能表明当地经济状况。金融业、保险业、房地产业、批发业和服务业一般能吸引大批旅行者,而且这些人员往往对饭店的房价不很敏感。

(4) 商务办公楼。某一地区办公楼使用面积的发展趋势,往往能反映商务旅客和会议团队对饭店客房需求量的发展趋势。因为商务办公楼数量的增加,往往意味着对当地商务及会展旅游需求的增加。

(5) 交通客流量。交通客流量是当地经济发展的一个标志,也是饭店市场需求量的一个重要标志。从火车、飞机、轮船、客车等的运输量及各自所占比重,可以判断对饭店服务设施的需求量。

(6) 旅游者人数。某一地区旅游者人数也是当地经济发展和饭店市场需求量的一个重要标志。旅游者的旅游目的、旅游时间选择,可以反映市场对各种饭店服务设施的需求情况。

2. 位置分析

地区状况评价还包括详细的饭店选址分析。通常在可行性研究工作开始之前,投资者已经确定拟建场地。研究人员只需对这块场地是否适于建造某一类饭店提出自己的看法,并详细分析影响场地优劣的各种因素。

(1) 场地描述。一般需要正确介绍场地轮廓和地形,邻近地区土地使用情况,以及需求产生点和旅游点到这块场地的距离和主要交通工具。

(2) 进出难易程度。需考虑拟建饭店与需求产生点的距离以及可利用的交通工具。某些设施齐全的度假饭店和会议饭店远离交通要道,更能吸引顾客。然而,对商业饭店和汽车旅馆的顾客来说,场地进出方便却非常重要。

(3) 能见度。对大多数提前预订客房的顾客来说,场地能见度并不重要。然而,城市商务饭店的能见度对未提前预订客房的顾客却有极大的影响。对汽车旅馆来说,场地能见度很可能是影响需求量的关键因素。

(4) 适宜性。应分析场地是否适于建饭店,适合建什么规模和类别的饭店,并对各类设施提出有关建议。

(二) 饭店市场需求分析

饭店市场需求分析一般包括市场分析和竞争分析两方面。

1. 市场分析

饭店市场是指使用饭店服务设施的顾客人数。市场分析需对今后的市场需求量变化作出估计。为了便于分析市场需求量,可将饭店市场划分为几个细分市场,因为各个细分市场的需求量、需求季节性、价格敏感性、平均住宿期、双人房租用率、对服务设施和服务项目的要求都会有所不同。可根据各个细分市场的特点,对各个细分市场的需求量进行定量分析,从而判断当地饭店市场的总需求量。

对各个细分市场未来需求量可以根据各种增长因素从现有的市场需求量推算出来。这些增长因素对市场分析的结论很重要,它们的主要依据是可预测的趋势、经济状况以及分析人员的判断和经验(见表4-3)。

表4-3 按细分市场种类预测需求量

细分市场	增长系数/%	当前需求量/千人	预测需求量/千人				
			20××年	20××年	20××年	20××年	20××年
商务	3	92	94.75	97.6	100.5	103.5	106.4
会议	3	20	20.6	21.2	21.8	22.5	23.3
度假	5	35	36.75	38.5	40.5	42.5	44.6
观光	3	59	60.7	62.6	64.5	66.4	68.4

2. 竞争分析

在竞争分析过程中,应列出当地所有饭店。然后,研究人员应确定哪些饭店是直接竞争对手,哪些饭店是间接竞争对手;判断近期内当地是否会有新建饭店;确定当地现有饭店和拟建饭店客房数量;分析各个竞争对手饭店目前的房价结构、近年的客房出租率、市场定位、设备和服务设施,竞争对手饭店满足市场需求的程度,竞争对手饭店的优势与劣势。

竞争分析有助于企业确定:拟建饭店的总体概念和设计方案;饭店住宿服务设施和餐饮服务设施需求类别和需求量;拟建饭店应从哪些方面与竞争对手区别开来,以便取得竞争优势;拟建饭店应实施的营销策略。

(三) 项目建议与成本估算

在饭店投资的可行性研究中,一项重要的任务就是根据市场需求,对饭店的投资项目提出具体的建议,并对建造成本进行准确的估算。

1. 项目建议

饭店投资的项目建议,一般涉及饭店的等级与类型、客房数量与类型配置、建筑结构与平面布局、饭店的配套设施等。

(1) 饭店的等级与类型。饭店的等级与类型取决于目标市场客源的需求。首先,应将目标客源市场对饭店的服务要求列出清单,结合饭店星级评定标准决定饭店的类型与星级水平。如以接待旅游观光者为主,则饭店的档次不必太高;如以商务客人为主要目标市场,则饭店档次应相应高些。其次,应了解客人购买服务愿意支付的价格水平,并将支付的价格与饭店的供给成本相比较,避免今后陷入经营上的被动处境。

(2) 客房数量与类型配置。在筹建饭店时必须确定客房数量与类型配置,因为它是相对固定的,不像运输业可用增加车辆的办法增加客运量。饭店的经营规模主要取决于客房数量。

确定客房数量的方法主要有三种。一是根据市场容量确定客房数量。对于一家新建的饭店,其经营规模首先取决于所在市场的容量与发展潜力,在同一市场上,如果同类饭店的平均房价与客房出租率都较高,则表明新建饭店可按较大经营规模投入,如市场情况与此相反,则投入巨资建造规模较大的饭店无疑会冒很大风险。二是确定客房数量还应考虑技术要求。饭店的位置不仅直接影响饭店的市场需求,有时还会影响饭店发展的物理空间。比如,严格的建筑容积率标准常常使得饭店无法建造规模较大的建筑。除了基础上的技术要求外,在饭店服务设施配套上也有许多技术的临界点迫使饭店将自己的经营规模局限于一定的范围,如两台千吨的锅炉供应200间客房左右的饭店最合适,一旦超过200间客房这一临界点,饭店的经营成本将明显上升。三是可参照现有饭店的经营业绩选择最佳规模。可从当地不同规模饭店经营业绩的比较中,确定新建饭店的最佳规模。

饭店的客房类型有很多种,中英文名称如表4-4所示。

确定客房类型配置的基础是市场分析,应研究当地的市场需求以及饭店的经营目的、服务对象,遵循对饭店经营有利的原则。在饭店客房类型中,一般双人标准间占多数。在商务性质的城市饭店中,单人客房的需求量很大。在日本和美国的不少大城市中,商务型饭店的单人房与双人房之比已达1:1。在饭店设置客房套间也是需要的,等级越高的饭店其套间数量也就越多。一星级、二星级饭店的套间可以很少甚至不设,三星级、四星级饭店的套间约占客房总数的 5%,五星级饭店的套间可以有更高的比例。套间的质量也与饭店的等级相关,五星级饭店可设总统套间,一般饭店则不必设置豪华套间,以免造成不必要的浪费。

表 4-4　饭店客房基本类型的中英文名称

中文名称	英文名称	中文名称	英文名称
单人间	Single Room	商务套间	Business Suite
大床间	Double Room	错层套间	Duplex Suite
双床间	Twin Room	连接套间	Connection Rooms
三人间	Triple Room	豪华套间	Deluxe Suite
普通套间	Junior Suite	总统套间	Presidential Suite

(3) 建筑结构与平面布局。客房楼层的建筑结构主要有板式、塔式和内天井式三种(见图 4-2),每一种形式又衍生出多种平面设计。客房楼层的建筑结构不仅要考虑饭店的场地环境,还要考虑楼层结构对饭店的能源消耗、客房服务员行走距离以及对客人活动的影响。

在三种建筑结构中,板式建筑的客房层有效率指标最高。采用塔式建筑结构会使每层楼面的客房数目受到限制,但行走距离较短。虽然内天井式的建筑结构在各种楼层结构形式中属于很不经济的,会造成能源消耗过大,日常开支增加,但由于它提供了过去在室外才能体验到的仰视、俯视等观景条件,给饭店带来了特有的气派,所以越来越受到人们的喜爱。

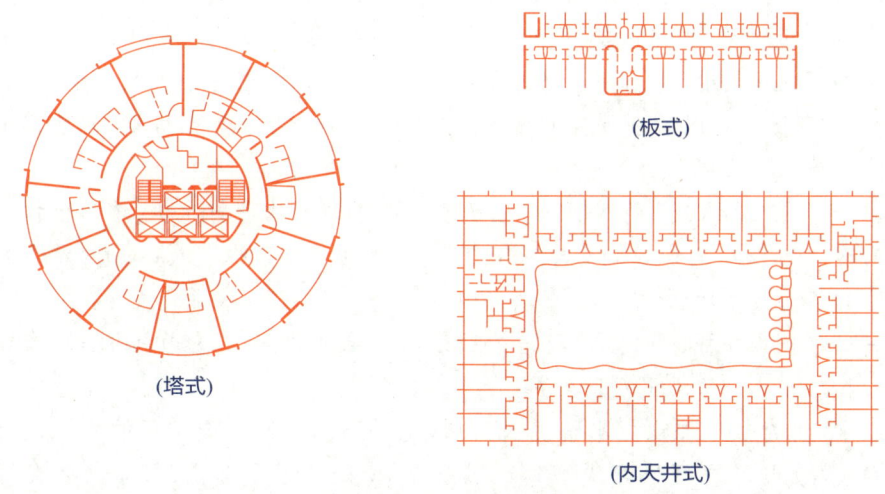

图 4-2　饭店客房楼层建筑结构类型平面布局

饭店的平面布局主要涉及景向与出入口。要尽量使客房获得好的景向十分重要,面向最佳景向的客房出租率高,房价也最高。同时,饭店应尽可能有几个不同功能的出入口,顾客出入口、员工出入口、货物出入口应分开。

(4) 饭店的配套设施。饭店的配套设施主要涉及饭店的大堂、餐饮场所、娱乐设施以及商场等。饭店大堂规划包括入口、总服务台与顾客休息区。入口是饭店的形象标志,应着意加强入口的表现力,以便更能吸引客人;总服务台是饭店对外服务的主要窗口,应设在门厅内十分醒目的位置;顾客休息区要求相对安静,不受干扰。

饭店的餐饮设施包括咖啡厅、中餐厅、法式餐厅(扒房)、多功能厅(宴会厅)、风味特色餐厅、酒吧以及厨房部分。餐饮设施规划的依据是市场需求与饭店的经营意图。可以根据饭店的类别和规模、当地居民对餐饮服务的预计需求量,以及当地的竞争情况,对饭店餐饮服务设施的类别和接待能力提出建议。

再现大文豪笔下的场景

在美国俄勒冈州钮波特海滨有一家不起眼的小饭店,它占地面积极小,整个饭店仅20间客房。店主凯布尔和劳莉合伙经营数年,生意一直兴旺,在海滨一带享有甚佳的口碑。有不少客人从远处赶来此处,就是为了在这家名叫希尔维亚·贝奇的袖珍饭店里住几宿,领略这儿独特的风情。如此一家小饭店,何以能够吸引众多游客前来下榻呢?秘诀便在客房的陈设和布置上。

20间客房每间都有自己的特色,没有两间客房布置得一样。如果要说这些房间有什么共同点的话,倒是有一条,即它们的设计思路都是以著名作家为主题,因此可以说,希尔维亚·贝奇饭店是靠世界大文豪发家生财的。

例如,有一间名叫"福尔摩斯"的客房。凡读过柯南·道尔作品的人都知道,在他的系列著作中有位神机妙算、思路敏捷的侦探,名叫夏洛克·福尔摩斯。书中对他的描述是"头戴半圆桶状的高帽子,身上穿着一件宽大的披风,口里老是衔着一个大型的烟斗"。客人在"福尔摩斯"客房里就可以看到那样的帽子、披风和烟斗。客人坐在房里,面前似乎就是那位享誉全球的神探在推理、分析……

再如被命名为"海明威"的客房,桌上摆着一架老掉牙的旧打字机,墙角上挂着一只羚羊头。住店客人可以在房内找到《老人与海》《战地钟声》等脍炙人口的世界名著中海明威刻意描述的某些典型场面。

还有一间名叫"科丽特"的客房,是按照法国著名女作家的小说中的描写布置的。许多新婚夫妇喜欢在这个房间里欢度蜜月。

希尔维亚·贝奇饭店外观上平常得很,内部也寻不到大饭店里常见的游泳池、酒吧、舞厅或健身房,客房里连电视机都找不到。乍一看,就是一家小客栈,然而只要在饭店内待上一会儿,你马上会觉察出这儿特殊的氛围:在这里,只见客人在静静地阅读、默默地思索,偶尔有人交谈,那也是在交流读书心得和评论。

每年来这个饭店度假的客人成千上万,饭店经常挂上"客满"的招牌。如果你不预订房间,真会扑个空哩!

2. 成本估算

饭店投资需要大量资金,根据投资成本的内容,可以将其分为四大类。

(1) 建筑物成本。建筑物成本一般按每平方米价格计算。这项成本的高低和不同地区、城市的物业价格水平有关。

(2) 非建筑物成本。非建筑物成本的内容包括家具、固定装置、设备、室外娱乐活动设施、停车场、环境美化、管道铺设、路面修筑等。这项成本的高低和饭店投资的档次有关。

(3) 软成本。软成本包括饭店项目整个建设和筹建期的法律咨询费、设计费、筹资成本、保险费、营业准备费用、开业资本金。这项成本的高低和饭店的建设周期等因素有关。

(4) 土地成本。土地成本高低与饭店建造所在城市、选择的具体地段有关。

以上四项成本之和构成饭店的投资总成本。饭店投资一般以每间客房的平均投资水平作为预算与比较的指标,因此,饭店投资总额等于客房数量乘以每间客房的平均造价。根据目前国际饭店业的一般标准,五星级饭店每间客房的平均造价约25万美元;四星级饭店约20万美元;三星级饭店在10万~15万美元;经济型饭店在3万~5万美元。根据不完全数据统计,中国沿海发达城市近几年建造的不同星级饭店,投资总成本要高于国际行业标准。

(四)收入与费用预测

在提出项目建议以后,还需估计拟建饭店的经营成果。它包括饭店营业收入和费用预测两个方面。

1. 饭店营业收入预测

(1) 客房营业收入。

客房营业收入 = 饭店客房数 × 预期客房出租率 × 预期平均房价 ×365(天)

客房营业收入多少取决于客房出租率与平均房价的高低。正确估算饭店在未来若干年的客户出租率与平均房价是十分重要的,因为它们不仅与客房收入与支出有着直接的联系,而且是预测饭店其他收入与支出的基础。

人们可以通过对客房出租间天数的分析来估计一家饭店的客房出租率。间天数是客人对饭店客房需求的计量单位。客房出租率是用需求间天数除以可供出租的客房间天总数计算得出的。

进行精确的客房出租间天数分析,需对饭店所在市场的潜在总需求做定量分析,并确定自己饭店与主要竞争对手在该市场上分别占有的份额。市场总需求可以使用以下两种方法做出估计:

第一种是需求产生点分析法。该方法需首先列出饭店市场的所有需求产生点;然后对主要需求产生点进行抽样调查,确定各个需求产生点每周或每月的需求数量,包括客人的数量、批次停留时间、客人的消费习惯等一系列重要的需求特点;最后对各需求点的需求数量予以加总,据此可以得到某一饭店市场需求总量。

第二种是饭店业务量分析法。该方法要求与饭店管理人员尤其是饭店营销人员及其他熟悉饭店情况的人面谈,了解每家饭店全年平均客房出租率,计算每家饭店客房出租总间天数并予以汇总,再加上饭店未满足的旺季需求(间天数),即可得到饭店市场总需求。

在实际操作过程中,通常采用以上两种方法相结合的形式来确定饭店市场的需求,对饭店市场规模做出切合实际的估计。

(2) 餐饮营业收入。饭店的餐饮营业收入可进一步细分为食品与饮料两大部分,后者通常用食品营业收入的一定百分比表示。对于食品营业收入,由于消费者不仅仅是住店客人,还包括当地居民的消费,故不能简单地用住店客人总数乘以客人消费水平得到。

餐饮营业收入的具体测算如下:

$$餐饮营业收入 = 食品营业收入 + 饮料营业收入$$

$$饮料营业收入 = 食品营业收入 \times 选定的百分比(40\%\sim50\%)$$

$$食品营业收入 = (早餐就餐人数 \times 早餐人均消费) +$$
$$(中餐就餐人数 \times 中餐人均消费) + (晚餐就餐人数 \times 晚餐人均消费) +$$
$$(宴会就餐人数 \times 宴会人均消费)$$

在这里,每餐客人平均消费水平可参照有关数据估计。

$$每餐就餐人数 = 住店客人就餐人数 + 当地居民就餐人数$$

$$当地居民就餐人数 = 住店客人就餐人数 \times 选定的百分比$$

应该指出,每餐的百分比是不同的,一般而言,早餐与晚餐住店客人比例会高些,中餐则以当地居民消费为主,故这一比率多为经验数据。

$$住店客人就餐人数(每餐) = 住店客人总人数 \times 选定的百分比$$

$$住店客人总人数 = 客房数 \times 预期客房出租数 \times$$
$$每间客房加权平均人数 \times 365(天)$$

$$每间客房加权平均人数 = 细分市场所占百分比 \times 每间客房平均人数$$

$$宴会就餐人数 = 每周宴会次数 \times 宴会平均人数 \times 52(周)$$

(3) 其他营业收入。这一收入一般按饭店客房收入的一定百分比计算得到,其他营业收入包括电话营业收入、商场租金收入、洗衣房收入、娱乐部门营业收入等。

(4) 饭店营业收入总额预测。

$$饭店营业收入总额 = \sum 饭店各项营业收入$$

2. 饭店营业费用预测

(1) 客房营业费用。客房营业费用是指与客房出租与保养有关的费用。员工工资和相关费用在客房营业费用中占有相当大的比重。客房部门员工工资和相关费用在一定程度上随客房出租率的变化而变化,佣金和预订费用通常是根据客房营业收入的一定百分比计算的。因此,这些费用的数额与客房出租率和房价有直接联系。

(2) 餐饮营业费用。餐饮营业费用是与餐饮经营活动有关的费用。食品和饮料成本数额随销售收入呈正相关变化,员工工资和相关费用也随销售收入改变。器皿、布件、物料用品等费用和其他营业费用基本上是固定费用。

(3) 管理费用。饭店行政管理人员的工资,以及与饭店行政管理工作相关的费用,都是管理费用。大多数管理费用是固定费用,但是,现金余缺、信用卡佣金、信贷和收款费用、坏账费用等在一定程度上随营业收入总额的变化而变化。

管理费用同样可以按占营业收入一定百分比预测,或参照同类饭店的管理费用水平计算。

(4) 营销费用。营销活动对于饭店经营是十分重要的,它的有效运作有助于饭店开拓市场,增加客源市场占有的份额。一般来说,营销费用可按单位客房计算,包括营销人员工资、广告费用及其他营销活动所需的支出。

(5) 其他费用。饭店经营还需支出其他许多的费用,其中有能源费用、设备维修保养费用以及饭店提取的折旧与缴纳的各种税金。饭店的能源费用很大一部分是固定费用,几乎不随客房出租率的变化而变化。维修保养费用随着饭店经营年限的增加而增加。无论是折旧费用还是税金,均可以按饭店营业收入的一定百分比预测。

(6) 饭店营业支出总额预测。

饭店营业支出总额 = ∑饭店各项营业费用

三、饭店投资的财务评价

追求较高的投资效益是饭店经营者全部投资活动的目的所在。饭店投资的财务评价,就是借助财务评价的指标,对饭店投资活动所作的定量分析。这些指标主要包括返本法、净现值法、内部收益率法和盈利能力指数法。

视频:饭店投资的财务评价

(一) 返本法

返本法是指计算一项饭店投资项目投产后所产生的税后利润总和等于该项目初始投资额时所需年限的方法,又称投资回收期法。这种方法主要是计算投资所需要的返本期长短,如果每年的净现金效益量相等,可用每年净现金效益量除以净现金投资量,即可得到返本期。如果每年的净现金效益量不等,就需要用推算的方法求返本期,一般也可通过计算年均净现金效益量来推算。假设某投资项目有三个方案如表4—5所示。

表4—5 三个投资方案的净现金流量表

年次	投资方案		
	方案A/元	方案B/元	方案C/元
0	-1 000	-1 500	-2 000
1	200	500	1 000
2	200	500	600
3	400	300	400
4	400	200	1 000
5	400	200	
6	500	1 000	

注:表中的负值净现金流量指净现金投资量,正值净现金流量指净现金效益量。

根据表4—5中的有关数据计算,投资项目各方案的返本期如下:

$$方案A = \frac{1\,000}{(200+200+400+400+400+500) \div 6} = 2.86(年)$$

$$方案 B = \frac{1\,500}{(500+500+300+200+200+1\,000) \div 6} = 3.33(年)$$

$$方案 C = \frac{2\,000}{(1\,000+600+400+1\,000) \div 4} = 2.67(年)$$

使用返本法评价投资方案,需要首先确定一个标准返本期,即最低限度的返本期,然后将建议的投资方案的返本期与其进行比较,小于标准返本期的方案均可接受。其中,返本期最短的方案为最优方案。例如,表中三个方案的标准返本期都为3年,那么根据计算,上例中投资方案A和C的返本期都低于3年,因而两个方案都是可以接受的,而其中方案C的返本期最短,因而方案C为最佳方案,方案A是次佳方案。

运用返本法的优点是便捷、简单、易懂。但其不足之处在于:一是未考虑资金的时间价值;二是只考虑了投资回收期,却忽略了投资回收期以后该项目各年的盈利状况,从而准确性不够高。

(二) 净现值法

净现值等于投资方案未来预期收益总现值减去投资费用后的余额。计算公式如下:

$$NPV = \sum_{t=1}^{n} \frac{R_t}{(1+i)^t} - C$$

式中:NPV——净现值;
$\quad\quad$ C——投资费用;
$\quad\quad$ R_t——投资项目在未来 t 年内的收益量(各年收益不等);
$\quad\quad$ i——资金成本率。

在上式中,若企业资金是从银行借贷的,则资金成本率为银行利息率;若资金来源于企业积累,则资金成本率为资金的机会成本;若资金来源于多种渠道,如银行借款、债券、股票或利润留成,那么资金成本率等于各项资金的成本率与各项资金在资金总额中所占百分比乘积之和。根据上述公式计算,若净现值(NPV)为负值,说明该方案不可行;如净现值(NPV)等于零,意味着该方案的预期收益刚够还本付息;只有当净现值(NPV)为正值时,方案才可接受;净现值(NPV)越大,则收益越多,该方案可行性越强。

例如,某饭店企业欲投资建一家餐馆,其投资方案的净现金投资量为6 500万元,第一年末的净现金收益为1 000万元,第二年末的净现金收益为1 150万元,第三年末的净现金收益为1 300万元,第四年末的净现金收益为1 450万元,第五年末的净现金收益为1 700万元,第六年末的净现金收益为1 800万元,第七年末的净现金收益为1 900万元,资金成本率为6%,则该项目的净现值可按公式计算如下:

$$NPV = \frac{1\,000}{1+6\%} + \frac{1\,150}{(1+6\%)^2} + \frac{1\,300}{(1+6\%)^3} + \frac{1\,450}{(1+6\%)^4} + \frac{1\,700}{(1+6\%)^5} + \frac{1\,800}{(1+6\%)^6} + \frac{1\,900}{(1+6\%)^7} - 6\,500$$

$$= 8\,009.3 - 6\,500 = 1\,509.3(万元)$$

净现值等于8 009.3万元减去6 500万元,为正值,说明该方案可行。如果有两个方案,其净现值均为正值,则看这两个方案是否独立。若二者各自独立,就都可采纳。若二者互相排斥,只能取其一,则应该选择净现值较大者。

净现值法的优点是不仅考虑了资金的时间价值,能反映方案的盈亏程度,而且考虑了投资风险对资金成本的影响,鼓励企业从长远和整体利益出发做出决策。缺点是该方法只反映了投资方案经济效益量的方面(盈亏总额),而没有说明投资方案经济效益质的方面,即每单位资金投资的效率。这样容易促使决策者趋向于采取投资大、盈利多的方案,而忽视盈利总额较小,但投资更少,经济效益更好的方案。

(三) 内部收益率法

内部收益率是指投资方案的未来预期净效益与投资费用之差等于零时的利息率或贴现率。如投资方案的内部收益率大于企业或上级主管部门规定的最小的投资收益率,则投资方案可取,否则就应拒绝。内部收益率公式如下:

$$\sum_{t=1}^{n} \frac{R_t}{(1+r)^t} - C = 0$$

式中:C——投资费用;

R_t——投资项目在未来 t 年内的收益量(各年收益不同);

r——投资项目计算的内部收益率。

根据上例饭店投资的例子,计算如下:

$$6\ 500 = \frac{1\ 000}{1+r} + \frac{1\ 150}{(1+r)^2} + \frac{1\ 300}{(1+r)^3} + \frac{1\ 450}{(1+r)^4} + \frac{1\ 700}{(1+r)^5} + \frac{1\ 800}{(1+r)^6} + \frac{1\ 900}{(1+r)^7}$$

先按 $r=10\%$ 进行试算(见表4-6)。当资金成本率为10%时,第一至第七年的现值系数顺序为0.909、0.826、0.751、0.683、0.621、0.564和0.513。根据现值系数可算出按10%计算的贴现率的现值,大于期初的净投资量,说明内部收益率比10%要大。再按12%进行试算,用同样方法,算得净现值小于期初的净投资量,说明内部收益率要比12%小。因此,内部收益率为10%~12%。

表4-6 贴现率试算表

年次	净现金效益/万元	10%贴现率的现值系数	现值/万元	12%贴现率的现值系数	现值/万元
1	1 000	0.909	909	0.893	893
2	1 150	0.826	949.9	0.797	916.55
3	1 300	0.751	976.3	0.712	925.60
4	1 450	0.683	990.35	0.636	922.2
5	1 700	0.621	1 055.7	0.567	963.9
6	1 800	0.564	1 015.2	0.507	912.6
7	1 900	0.513	974.7	0.452	858.8
净效益量的总现值			6 871.15		6 392.65

$$\frac{|6\ 871.15|}{|6\ 392.65|}=\frac{r-10}{12-r}$$

计算得 $r=11.04\%$，即内部收益率为 11.04%。

从经济意义上说，内部收益率实质上是资金成本的加权平均数，因为饭店投资项目资金来源往往是多渠道的。内部收益率法的优点是它为企业主管部门控制企业投资的经济效果提供了一个行业内部统一的、合理的衡量标准，这对加强行业投资管理具有重要的现实意义。该方法的不足之处在于内部收益率只是一个相对值，容易引起投资额很大、内部收益率低但收益总额很大的方案遭到否定。

（四）盈利能力指数法

在饭店投资资金来源不受限制的情况下，只要投资方案的内部收益率大于资金成本，从理论上说这些方案都是可取的。然而，饭店的资金通常总是有限的，在这种情况下，单纯按照内部收益率与资金成本的比较就很难确定饭店的最佳投资方案。在企业资金限制的条件下，可采用盈利能力指数法对投资方案进行选择。

盈利能力指数是饭店投资收益总现值与投资总额之比，这种方法按照不同投资方案的盈利能力指数，在不超过资金限制的条件下从大到小排列与选择投资方案。

盈利能力指数（PI）的计算公式为：

$$PI=PV/C_i$$

式中：PV——投资的收益现值；

　　　C_i——投资与收益。

表 4-7 中 1 000 万元为每年的投资限额，C_0 代表饭店投资额，C_1 代表第一年结束时投资的现金收益，C_2 表示第二年结束时投资的现金收益。

表 4-7　投资的盈利能力指数

项目	C_0/万元	C_1/万元	C_2/万元	收益净现值/万元（贴现率10%）	盈利能力指数
A	−1 000	3 000	500	2 100	3.1
B	−500	500	2 000	1 600	4.2
C	−500	500	1 500	1 200	3.4
D	0	−4 000	6 000	1 300	1.4

从表 4-7 中可以看出，投资项目 B 和 C 是可行的。这不仅是因为 B 和 C 两项投资正好等于投资限额，而且在于这两项投资的盈利能力指数较大，两项投资的收益净现值大于项目 A 的 2 100 万元。

盈利能力指数法也有自己的不足。从表 4-7 中我们不难看出，如果用净现值对以上项目进行选择，投资的项目应该是 A 和 D，这两项投资在满足饭店投资限制的条件下在第二年结束时能带来 6 500 万元的现金收益，超过其他投资组合产生的效益。由此可见，单纯用盈利能力指数法来进行投资选择，也可能出现不正确的决策。

第三节　饭店的决策分析与技术

视频:饭店的决策分析与技术

决策,就是人们为了达到一定目标,在掌握充分的信息和对有关情况进行深刻分析的基础上,用科学的方法拟订并评估各种方案,从中选出合理方案的过程。

饭店企业在进行投资决策时,根据投资决策者所面临的信息状态,可以分为确定型、风险型和不确定型决策三种类型。我们要善于在不同状态下,选用不同的决策方法。

一、饭店确定型决策分析与技术

确定型决策是指各个备选方案都只有一种确定的结果的决策。对于确定型决策问题,决策的关键环节是判断什么样的行动方案能最好地实现既定的决策目标。

举例来说,某饭店决定向银行借贷一笔长期资金,利息自然要越低越好。假定现有五家银行愿意提供此种款项,其利率分别为8%、7.5%、7%、6.9%、6.5%。这是一个简单的确定型决策的例子,它具有五个备选方案,从中选取符合决策目标(即利息最低)的方案非常容易,即这家饭店应该向利率为6.5%的那家银行贷款。

确定型决策问题看来似乎很简单,但实际上拟订方案以及对各种方案的评估(包括建立目标和计算方法)不是那么容易的。如果例子中的还款期不同,而且方案很多,就需要运用投资回收公式进行计算。上例中的五个方案如果改作饭店对外投资的决策,则还要计算风险因素、机会成本等。下面主要介绍确定型决策方法在盈亏平衡分析中的应用。

众所周知,追求营利性目标的企业在决定行动方案时必须考虑利润的实现情况。利润是总收入减去总成本后的余额,而总收入等于销售价格(P)与销量(Q)的乘积,总成本的高低也与销量(Q)有密切关系。因此,为了研究饭店的盈亏状况,必须分析销量、成本和利润之间的变化关系,这种研究就称为量本利分析或盈亏平衡分析。

盈亏平衡分析中的一个重要概念是盈亏平衡点。在这一点上,企业经营活动正好处于不盈不亏的状态,也就是所得的收入恰好等于所费的成本的状态,这种状态亦被称作保本点。

我们将现代饭店经营的成本区分为固定成本和变动成本两部分。固定成本(或称不变成本)是在一定期间内,当企业销量变化对其总额保持不变的成本。它们通常是由一些不易调整、使用期限较长的生产要素引起的费用,如折旧费、租赁费、利息支出和一般管理费等。无论销量多大,这些费用都是稳定不变的,只有当销量跃升到另一个区间时才表现为另一个固定的数额。

与固定成本相反,变动成本是指随销量的增加而同步增加的费用或成本。如直接人工费、原材料消耗等费用,当销量为零时,其数额也等于零;当销量增加时,变动成本额按比例增加,所以称之为变动成本。这里要注意,变动成本是就总成本而言的。若从单位产品成本的角度来考察,固定成本与变动成本的概念则恰好相反。因为固定成本总额(F)在一定的时间内总是不变的,单位产品的固定成本就会随销量的增加而降低,这意味着销量越大,

101

对企业越有利;变动成本总额随销量等价地变化,所以单位产品的变动成本值(C_v)则保持相对不变。据此,可以推算出如下公式:

$$利润 = 销量 \times 单价 - 销量 \times 单位变动成本 - 固定成本$$
$$= QP - QC_v - F$$
$$= Q(P - C_v) - F$$

式中:$P-C_v$为单位边际贡献,即产品销售单价超过单位变动成本的部分。

欲计算保本销量(通称盈亏平衡点销量),只要取利润值等于零(不盈不亏),即可由$Q(P-C_v)-F=0$,推导求得:

$$Q = \frac{F}{P - C_v}$$

也即:

$$盈亏平衡点销量 = \frac{固定成本}{单价 - 单位变动成本}$$

企业的经营规模必须达到保本销量水平,才不至于发生亏损。之后增扩的销量只要能确保产品单位边际贡献值大于零,即可为企业带来利润的增加。

二、饭店风险型决策分析与技术

风险型决策是指决策方案的自然状态有若干种,但每种自然状态发生的概率是可以做出客观估计的决策,所以亦称随机型决策或统计型决策。在这种决策下,方案实施可能出现几种不同的情况(自然状态),但每种情况下的后果(即效益)是可以确定的,所不可确定的是最终将出现哪一种情况(自然状态)。犹如天气有晴、雨、阴等几种状态,哪种状态将最终出现,谁也无法事先做出肯定的判断,所以就面临决策的不确定性。但只要人们基于历史的数据或以前的经验可以推断出各种自然状态出现的可能性(即概率),那么这种决策就只是风险型决策。

根据统计中的大数定律,当经营次数趋于无限时,平均损益以损益的期望值为标准表现形式。所谓期望值,就是方案各不可控状态的概率与其出现时所带来的损益的乘积的总和,而标准差就是各状态损益值相对于期望值的离差程度。标准差与期望值之比,就代表经营的风险度。在风险型决策下,由于人们计算出的各方案在未来的经济效果只能是考虑到各自然状态出现的概率的期望收益,该数值与这一方案在未来的实际收益值并不会刚好相等,因此,据此选定决策方案就不免伴随着一定的风险。风险型决策的基本目标,就是要达到期望值最优(预期平均收益最大或预期平均成本最小),但同时使方案的风险度保持尽可能低。

风险型决策的方案评价方法有很多,我们这里主要介绍决策树和决策表两种计算法。举例如下:

某地为了发展旅游业准备新建一座旅游饭店。经过可行性研究以后,制定出两个方案。第一方案是建一座较大规模的旅游饭店,投资额为3 000万元。第二方案是建一座较小规模的饭店,投资额为1 600万元。建成后饭店的使用期均为10年。根据预测,在最近

10多年,该地区旅游业发展较快(则饭店出租率较高)的概率为0.7;发展较慢(则饭店出租率较低)的概率为0.3。另据测算:若建大饭店,当出租率较高时,每年可获利1 000万元;出租率不高时,将亏损50万元。若建小饭店,当出租率较高时,每年可获利600万元;出租率不高时,可获利200万元。问决策应该采用哪一个方案。

(一)决策树法

这是一种以树形图来辅助进行各方案期望收益的计算和比较的决策方法。决策树的基本形状如图4-3所示。

图4-3中,方框(□)表示决策点,由决策点引出的若干条一级树枝叫作方案枝,它表示该项决策中可供选择的几种备选方案,分别以带有编号的圆形节点①、②等来表示;由各圆形节点进一步向右边引出的枝条称为方案的状态枝,每一状态出现的概率可标在每条直线的上方,直线的右端可标出该状态下方案执行所带来的损益值。

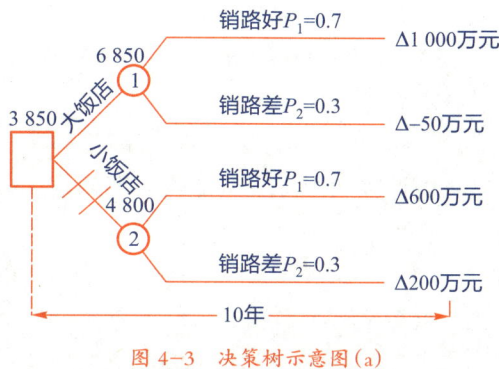

图4-3 决策树示意图(a)

用决策树的方法比较和评价不同方案的经济效果,需要进行以下几个步骤的工作。

(1)根据决策备选方案的数目和对未来环境状态的了解,绘出决策树图形。

(2)计算各个方案的期望收益值。首先,计算方案各状态枝的期望值,即用方案在各种自然状态下的损益值分别乘以各自然状态出现的概率(P_1,P_2),然后将各状态枝的期望收益值累加,求出每个方案的期望收益值(可将该数值标记在相应方案的圆形节点上方)。在上例中:

第一方案的期望收益 = [1 000×0.7+(−50)×0.3]×10
= 6 850(万元)

第二方案的期望收益 = [600×0.7+200×0.3]×10
= 4 800(万元)

(3)将每个方案的期望收益值,减去该方案实施所需要的投资额(该数额可标记在相应的方案枝的下方),比较余值后就可以选出经济效果最佳的方案。

建大饭店:6 850−3 000(投资)=3 850(万元)
建小饭店:4 800−1 600(投资)=3 200(万元)

(4)结论:根据期望值准则,应挑选收益期望值较大的方案,故应采用建大饭店的方案。该方案的净收益期望值为3 850万元。将被淘汰方案从决策树上删除,并将最后优选出来的方案,即建大饭店方案的收益期望值标在决策点上。

同上例的决策问题。但根据专家的市场预测,在饭店的使用期10年中,情况是会发生变化的,必须将10年分成前4年和后6年两期进行考虑。如果在前4年,本地区旅游业发展较快,则后6年可发展得更好,饭店出租率高的概率可上升到0.9(出租率低的概率为0.1);如果前4年发展较慢,则后6年的情况肯定更差,饭店出租率肯定是低的(即后6年出租率低的概率为1)。

解：根据题意画决策树(见图4-4)。

首先，计算后6年的收益期望值。

点3：

[1 000×0.9+(−50)×0.1]×6=5 370(万元)

点4：

(−50)×1×6=−300(万元)

点5：

(600×0.9+200×0.1)×6=3 360(万元)

点6：

200×1×6=1 200(万元)

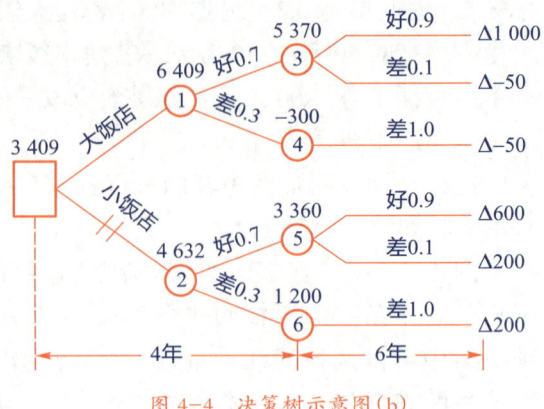

图4-4 决策树示意图(b)

再计算两个方案全部收益期望值。

点1：

[1 000×0.7+(−50)×0.3]×4+5 370×0.7+(−300)×0.3=6 409(万元)

点2：

(600×0.7+200×0.3)×4+3 360×0.7+1 200×0.3=4 632(万元)

全部收益期望值由两部分构成：前一部分是方案的前4年的收益期望值，后一部分是加上后6年的收益期望值。但是，我们必须注意这不是简单的相加，获得后6年收益期望值的可能性是建立在前4年的基础上，即点3的5 370万元必须乘以获得此值的概率0.7，点4的−300万元乘以获得此值的概率0.3，点5和点6也必须乘上各状态的概率。

各方案实际收益期望值如下。

大饭店：

6 409−3 000(投资)=3 409(万元)

小饭店：

4 632−1 600(投资)=3 032(万元)

结论：应采用建造大饭店的方案，净收益期望值为3 409万元。

用决策树法进行决策的优点是：

(1) 它构成一个简单的决策过程，使决策者可以按顺序有步骤地进行。

(2) 决策树法有直观的图形，便于决策者进行科学的分析，周密地思考与决策有关的各种因素。

(3) 在将决策树图形画出后，便于集体讨论和共同分析，有利于进行集体决策。

(4) 决策树法是对较复杂问题进行决策的方法，特别对多级决策问题来说十分方便。通过逐级思考可以走一步看几步，三思而后行。

(二) 决策表法

这种方法实际上与决策树法原理相似，只是表示的方式有所不同。决策表的基本格式如表4-8所示。

表 4-8　决策表的基本格式

状态	状态概率	收益损失					
		方案 S_1	方案 S_2	…	方案 S_i	…	方案 S_m
A_1	$P(A_1)$	α_{11}	α_{21}	…	α_{i1}	…	α_{m1}
A_2	$P(A_2)$	α_{12}	α_{22}	…	α_{i2}	…	α_{m2}
…	…	…	…	…	…	…	…
A_j	$P(A_j)$	α_{13}	α_{23}	…	α_{i3}	…	α_{m3}
A_n	$P(A_n)$	α_{1n}	α_{2n}	…	α_{in}	…	α_{mn}

例如，某饭店餐厅供应快餐，每份售价 15 元，其中成本 6 元，每份可赚取 9 元。如果当天卖不出去，到第二天只能处理掉，即每份将损失 6 元。餐厅面临的问题是：每天该准备多少份快餐？若销售量超过生产量，则餐厅将失去每份可以赚取 9 元的机会；反之，若生产量超过需求量，则餐厅将每份损失 6 元。

餐厅过去 100 天销售量的统计如表 4-9 所示。

表 4-9　餐厅过去 100 天销售量统计

日销售量/份	销售天数	概率
100	15	0.15
110	20	0.2
120	40	0.4
130	25	0.25

根据以上情况，餐厅的生产方案很显然可以有四个，即每天生产 100 份、110 份、120 份、130 份。

上述的决策问题可列出决策表，见表 4-10。

表 4-10　决　策　表

状态	状态概率	收益损失/元			
		生产 100 份	生产 110 份	生产 120 份	生产 130 份
销售 100 份	0.15	900	840	780	720
销售 110 份	0.2	900	990	930	870
销售 120 份	0.4	900	990	1 080	1 020
销售 130 份	0.25	900	990	1 080	1 170

关于收益值计算的说明：

生产 100 份期望值 =900×0.15+900×0.2+900×0.4+900×0.25=900（元）

生产 110 份期望值 =840×0.15+990×0.2+990×0.4+990×0.25=967.5（元）

生产120份期望值 =780×0.15+930×0.2+1 080×0.4+1 080×0.25=1 005(元)
生产130份期望值 =720×0.15+870×0.2+1 020×0.4+1 170×0.25=982.5(元)

生产100份方案的收益值均为300元。即使销售量可达110份，但100份销售完之后，即无货供应。故该方案的收益值只能是900元。

生产110份的方案，当销售量100份时，销售100份获得收益900元。但有10份因供大于求，只好处理掉，损失60元，所以总收益为840元。其余依此推算。

结论：其中1 005元为最大值，故应采用生产120份的方案。

如果决策的问题是成本支出，而不是收益值，则称为损失期望值，则挑选最小值。概率只说明了自然状态发生的可能性，并不是肯定会发生。如上例中，决策采用生产120份的方案，其收益期望值是335元。但是，事实上某一天的获利可能达不到335元，也可能超过335元。所以说决策是要冒一定的风险的。但是，因为我们运用了统计规律，生产连续进行下去，则每天的收益值将趋向335元。所以，采用期望值准则决策比主观想象"拍脑袋"要合理得多。这是一种有效和常用的决策准则。

三、饭店不确定型决策分析与技术

不确定型决策是指方案实施可能出现的自然状态或者所带来的后果不能做出预计的决策。与不但知道未来有多少种后果还知道各种后果出现概率的风险型决策相比，不确定型决策所面临的不确定性通常更大。

在不确定型决策中，最不确定的情况是连方案实施所可能产生的后果都无法估计，这样的决策就相当难决定，甚至可以说，决策时基本毫无把握可言，只能凭决策者的学识、智慧、胆略甚至运气来做决定。稍微有些把握的是介于这类最高不确定型决策与风险型决策中间的状态。这时，决策方案实施的后果可以估计，即可以确定出方案在未来可能出现的各种自然状态及其相应的收益情况，但对各种自然状态在未来发生的概率却无法做出判断，从而无法估算期望收益。处理这类决策问题的办法有二：一是通过一些科学方法来补充信息，将不确定型问题变为风险型问题来处理。在这里，实现转变的关键是设法正确地估计出主观概率，然后据此求得各方案的期望值。二是依经验进行模糊决策，如判断哪个方案可能性大，哪个次之，哪个最小。《三国演义》中诸葛亮使用空城计，实际上面临着司马懿进城攻打和不进城退去两种后果。诸葛亮神机妙算，料定司马懿有很大可能性不会进城，所以大胆地使用了空城计方案。

对于不确定型决策问题，决策者无论是否知道决策方案执行后会产生什么样的后果，他们做决策时都必须预先设定某种适用的决策准则。依此才可能对各种行动方案进行比较和选择。由于不同的决策者的个性和风险偏好不同，其选用的决策准则不可能一样。下面介绍几种主要的不确定型决策准则。

(一) 悲观准则

这是一个"小中取大"的决策准则。其思想基础是对客观情况总是持悲观态度，认为事情的结果总是朝着不利的方向发展。既然万事都不如意，为保险起见，决策时只求在最坏的情况下找一个结果较好的方案。

例如，某饭店的面包房生产花色面包，面包的销售有好、中、差三种可能状态。由于花色面包是新产品，饭店无历史销售记录，也无法估计市场销售状态的概率。经过核算，在好、中、差三种销售状态下，如果采用大批生产，每天可分别获利2 000元、1 000元、200元；中批生产可分别获利1 700元、900元、300元；小批生产则分别获利1 000元、700元、400元。用悲观准则进行决策，应该选用哪个方案？

根据题意列表，见表4—11。

表4—11 用悲观准则进行决策　　　　　　　　　　　　单位：元

方案	收益值			悲观准则收益值
	好	中	差	
大批生产	2 000	1 000	200	200
中批生产	1 700	900	300	300
小批生产	1 000	700	400	400 ←

首先，在各方案的收益值中挑选最小的收益值，大批生产为200元，中批生产为300元，小批生产为400元。然后"小中取大"选择小批生产的方案。

(二) 乐观准则

乐观准则同悲观准则正好相反，是"大中取大"的决策。其思想基础是对客观情况持乐观态度。

同上例决策问题，用乐观准则进行决策。

根据题意列表，见表4—12。

表4—12 用乐观准则进行决策　　　　　　　　　　　　单位：元

方案	收益值			乐观准则收益值
	好	中	差	
大批生产	2 000	1 000	200	2 000 ←
中批生产	1 700	900	300	1 700
小批生产	1 000	700	400	1 000

首先，在各方案中找出最大收益值，然后"大中取大"，采用大批生产的方案。

(三) 最小最大后悔值准则

这个准则的思想基础是，当决策时所选择的方案未能符合实际情况时，决策者必定会产生后悔的感觉。我们把多种状态中的最大收益值与各方案在该状态下的收益值相减所得的差称为后悔值。决策者当然希望决策后的后悔值能够减至最小。

同上例决策问题，用最小最大后悔值准则进行决策，参见表4—13。

首先，将每种状态中的最大收益值减去各方案在该状态下的收益值，得到在各状态下各方案的后悔值。如销售状态好的最大收益为2 000元，减去各方案在销售状态好的收益，得出后悔值分别为0、300、1 000。用同样的方法计算出销售状态中、差的后悔值，然后将各方案的最大后悔值列出。大批生产方案的三个后悔值分别是0、0、200,最大后悔值为200。则中批生产和小批生产方案的最大后悔值分别为300和1 000。因最大后悔值中通常取后悔值最小的一个的方案作为决策方案,所以,应该选定大批生产方案。

表4-13　用最小的最大后悔值准则进行决策　　　　　　　　单位:元

方案	好		中		差		最小最大后悔值准则
	收益值	后悔值	收益值	后悔值	收益值	后悔值	
大批生产	2 000	0	1 000	0	200	200	200 ←
中批生产	1 700	300	900	100	300	100	300
小批生产	1 000	1 000	700	300	400	0	1 000

(四) 等可能性准则

等可能性准则的思想基础是对各自然状态出现的概率一视同仁。然后,按期望值进行决策。

同上例决策问题,用等可能性准则进行决策。

因为有三种自然状态,因此,各状态出现的概率为$\frac{1}{3}$。

大批生产期望值:

$$(2\,000+1\,000+200)元 \times \frac{1}{3} = 1\,066.67 元$$

中批生产期望值:

$$(1\,700+900+300)元 \times \frac{1}{3} = 966.67 元$$

小批生产期望值:

$$(1\,000+700+400)元 \times \frac{1}{3} = 700 元$$

应该采用大批生产方案。

不确定型决策问题,采用不同的决策准则,其结果可能是不同的。很难判断哪一种准则好,因为在它们之间没有一个共同的评价标准。运用哪种准则主要依据决策者的主观态度和经验而定。此外,饭店环境的约束和决策者的心理因素也都有很大的影响。例如,一个饭店总经理与一个管理学家对同一个问题的决策往往是不同的。管理学家作出的决策可能是出人意料的,因为他可能希望一鸣惊人或者考虑的是长远利益。而饭店总经理面临的是当前的现实问题,他所考虑的是实际经营状况,必须力求增加利益,避免风险,绝不能使饭店因决策失误而濒于绝境。因此,他的决策往往是比较稳妥的,甚至是保守的。又如,集体决策与个人决策也有很大区别。集体决策往往趋于保守或走中间道路。这是因为在集体中必然存在保守、中间和开拓型的各种人员和不同的意见,如果充分发扬民主而又希望大家都能通过,最后必然是采用折中的方法。决策者的性格、知识也不可避免地会对决策产生影响。

以上情况说明,对于不确定型决策,决策者本身对决策所依据的准则的选择,将最终影响其对决策方案的选择。因此,在不确定情况之下,决策实际很难达到真正的最优化,理想的决策方案只不过是按照决策者事先选定的准则或原则来选择相对最满意的方案。所以,满意化决策要比最优化决策在现实中更具有代表性。

本章小结

- 投资是指通过资金投入以期在未来获得预期收入的经济行为。投资决策正确与否,是影响饭店企业经营活动成效高低的关键。资金筹集是现代饭店开展投资活动的先决条件。选择正确的筹资方式,降低筹资成本与风险,对饭店的投资活动将产生重要影响。
- 饭店建设投资占用资金大、涉及面广、资金回收周期长,因此,必须做好充分的可行性研究。所谓可行性研究,就是对饭店投资成功前景所做的投入产出分析,它可以减少饭店企业投资失败的概率,增加项目投资的信心,也有利于企业资金的筹集。
- 在进行投资分析时,饭店企业管理者必须掌握投资决策的分析技术。根据投资决策时所面临的不同状况,选用科学的决策方法,评估各种可行方案,从中选出最佳投资方案,以提高饭店企业投资成功的概率。

同步练习

一、问题思考
1. 饭店资金筹集的方式有哪几种?各有哪些特点?
2. 饭店建设投资可行性研究的主要内容有哪些?
3. 饭店投资的财务评价方法有哪几种?各有什么长处与短处?
4. 什么叫确定型决策?
5. 什么叫风险型决策?如何利用决策树或决策表进行风险型决策?
6. 什么叫不确定型决策?有哪几种不确定型的决策方法?

二、讨论交流
以 3~4 人组成的小组为研究单位,通过实地考察饭店,依据下文实例样本,进行以下问题的研究,撰写调研报告,编制 PPT 文件,在课堂里进行交流分享。
1. 选取本地某一家饭店,进行饭店地区状况的分析。
2. 选取本地某一家饭店,进行饭店市场需求的分析。

三、在线自测
扫描二维码,完成在线练习。

在线自测 4

饭店可行性研究报告的内容

A. 饭店投资可行性研究报告基本内容

（一）市场概述

1. 地区的经济状况

(1) 经济状况：繁荣、稳定或衰退。

(2) 潜在的经济增长能力。

(3) 收入水平。

(4) 人口数量与结构。

(5) 需要饭店服务的单位。

(6) 需求潮流与偏好。

2. 市场竞争分析

(1) 当地已有的饭店或相应的服务设施。

① 饭店或服务设施类型；

② 饭店或服务设施数量；

③ 饭店或服务设施规模；

④ 饭店或服务的供给价格；

⑤ 饭店或服务的经营状况。

(2) 正在规划或筹建的饭店与服务设施。

（二）位置分析

1. 地貌特征

(1) 面积与形状。

(2) 地面特性。

(3) 建筑限制。

(4) 扩张与延伸能力。

(5) 区位优势。

① 商业中心分布；

② 旅游景区分布；

③ 企业单位分布；

④ 政府机关分布；

⑤ 市内交通分布；

⑥ 气候条件。

2. 交通状况

(1) 交通流量。

(2) 交通高峰时期。

(3) 车辆进出便利程度。
(4) 停车设施。
3. 商业布局
4. 基础设施
(1) 电力供应。
(2) 自来水供应。
(3) 通信。
(4) 能源。
(5) 卫生。
(6) 安全。
(三) 拟建饭店或服务设施
(1) 饭店或服务设施性质。
(2) 经营规模。
(3) 配套服务设施。
(四) 投资效益评估
(1) 市场需求估计。
(2) 饭店投资估算。
(3) 投资建设周期。
(4) 经济效益评估。
(五) 投资建议
(1) 项目投资的意见与分歧。
(2) 可供选择的投资方案。
(3) 相关优惠政策的利用。
(六) 报告附件

(资料来源：丁力．饭店经营学．上海：上海财经大学出版社，1999)

B. 增建餐厅可行性研究报告基本内容

一、市场概述

(一) 该地区的经济因素
(1) 经济状况：繁荣、稳定或衰退。
(2) 潜在的经济增长能力。
(3) 收入来源：主要企业种类，数量，收入的稳定性以及平均收入额。
(4) 人口因素：家庭数，单身人数，儿童、成年、老年人数量及其比例。
(5) 需要餐饮服务的单位：政府机关，民间组织，工矿企业，公司。
(6) 餐饮爱好：占绝对优势的民族，少数民族或宗教团体。
(二) 竞争分析
(1) 当地已有的餐饮服务设施、类型、规模、数量、价格、盈利情况。

(2) 已规划的餐饮服务设施、类型、规模、数量、地址、目标市场。

（三）拟建设施

(1) 最可行的经营方式。

(2) 菜单类型。

(3) 价格范围。

(4) 规模、容量。

(5) 所需设施：宴会设施、酒吧服务、停车场。

（四）销售收入预测

(1) 每餐、每日、每月平均座位周转率。

(2) 每餐宾客平均消费额。

(3) 饮料、酒吧营业收入。

(4) 宴会及其他收入。

二、位置分析

（一）地点

(1) 面积。

(2) 正面宽度。

(3) 进深。

(4) 地基状况。

（二）交通情况

(1) 交通流量。

(2) 车辆进出方便程度。

(3) 交通高峰时期。

(4) 可能出现的交通情况变化。

(5) 交通目的地。

(6) 连接交通干道的方便程度。

(7) 停车设施。

（三）其他交通

(1) 类型和数量。

(2) 路线、方向。

（四）地点的明显度

(1) 关于设置标牌的规定。

(2) 目前或将来因其他建筑物产生的障碍。

（五）法律因素

(1) 城市规划条例。

(2) 建筑物退离街道的规定。

(3) 地区或国家的有关法律。

(4) 摊派税捐及税收情况。

(六) 公用设施情况

(1) 水、电、气供应情况,废物处理,下水道。

(2) 价格。

(3) 有关限制。

(资料来源:詹姆斯·R.凯萨.旅游饭店管理概论.徐华译.杭州:浙江摄影出版社,1991)

第五章 饭店的组织与机构设置

学习目标

知识目标：

　　了解饭店组织设计的原则与程序，熟悉饭店组织结构的类型与层次，知晓饭店的组织机构与组织制度。

能力目标：

　　能解释直线制、直线职能制和事业部制三种饭店基本组织结构类型的长处与短处，能分析饭店采用扁式和葫芦型组织结构的必要性，能说明饭店职务说明书和员工手册所包括的基本内容。

第一节 饭店组织设计的原则与程序

现代饭店企业已基本上不是个体小作坊,而是由几十人、成百人甚至上千人组成的企业。随着市场竞争的加剧,饭店企业通过合并、兼并等形式,正在形成更大的规模,有的已成为连锁集团。要使这样一个愈来愈庞大的群体能有效地开展经营活动,就必须研究饭店企业的组织设计。

一、饭店组织设计的原则

视频:饭店组织设计的原则

现代饭店的组织,由于其所处的环境、采用的技术、制定的战略、发展的规模不同,其组织的类型和部门的分工也有所不同。但在进行组织设计时,都需遵守一些共同的组织设计原则。

(一)精简有效原则

精简有效指的是饭店企业要精简机构、提高效率。精简与效率是手段与目的的关系,只有精兵简政,才能提高效率。

这里讲的精简有效,有以下含义:一是饭店企业人员要有较高的素质,并配备合理的人才结构;二是人员与职责相称,把人员安排到最合适的岗位上;三是要因事设岗而不是因人设岗;四是饭店企业组织结构设计要合理,有利于形成群体合力。

(二)统一指挥原则

统一指挥是组织理论的一项重要原则。早期的管理学者已明确提出用这一原则处理上下级之间的关系。现代饭店企业虽然由于经营组织结构的多样化而使指挥系统分工复杂化、具体化,但是,统一指挥仍然不失为饭店企业组织设计与管理的重要原则。贯彻统一指挥原则,有以下要求:

(1)统一指挥使上下级之间组成一条等级链,它反映了上下级的权力、责任和联系的渠道。从最上层到最基层,这个等级链是连续的,不能中断。

(2)任何下级只能有一个直接领导,因为多头领导会产生混乱。

(3)上级领导不可越级进行指挥,下级不可越级接受更高一级领导的指令。

(4)饭店企业内部的职能管理系统和参谋系统,同样也要执行统一指挥原则。他们对上有权提出意见和建议,对执行系统则起到指导、监督和控制的作用,但无权直接指挥执行系统的工作。

(三)管理跨度原则

管理跨度是指一个管理者能够直接地、有效地管理下级的人数。管理跨度与组织层次呈反比例关系,由于一个管理者的精力和知识是有限的,所以管理跨度也不是无限的。影响管理跨度的因素主要有:

(1)能力因素。下级管理能力较强,管理素质较好,上级管理者的管理跨度可以大些;反之,管理幅度就应小些。另外,上级管理人员自身能力的强弱,也会影响管理跨度的确定。

(2)工作形式因素。如果下级工作内容比较复杂、作业空间较大,则管理跨度宜小些。反之，下级工作的程序化与标准化程度较高，则管理跨度也可相应增加。

（3）信息沟通因素。如果饭店组织内部信息沟通方式较好，信息传递速度较为迅速和准确，则管理跨度可放宽。否则，管理跨度就应小些。

（4）环境因素。如饭店外部环境的变化比较快，并要求管理人员必须迅速作出反应以适应环境的变化，势必造成管理者需用较多精力关心和研究环境。因此，在这种情况下，管理跨度就应小些。

（四）权责对等原则

现代组织理论认为，管理等级链上的每一个环节、每一个岗位，都应该毫无例外地贯彻权责对等原则。职权和职责是组织理论中两个基本概念。职权是人们在一定职位上拥有的权力，主要是人、财、物方面的决策权和执行权；职责就是承担任务的义务。例如，高层管理者在拥有较大决策权的同时，也承担了相应的义务和责任。

因此，在饭店组织设计中，为了保证"事事有人做""事事都能正确地做好"，则不仅要明确各个部门及人员的任务和责任，还要规定相应的取得和利用人、财、物等工作条件的权力。如果权力的应用范围小于工作的要求，则可能使责任无法履行；如果权力大于职责的要求，会导致权力的滥用，甚至危及整个饭店组织系统的运行。

（五）分工协调原则

凡是社会化的大生产，都需要进行分工与协调，把企业的任务和目标层层分解落实到各个部门和员工。一般来说，饭店企业规模越大，专业化要求越高，分工也就越细。专业分工细分化的结果，造成专业之间的依赖性增强，协调任务必须加重。

饭店的协调包括纵向协调与横向协调。贯彻权责对等原则，提供上下级直接沟通对话等，有利于搞好饭店的纵向协调。而要改善饭店的横向协调，则可以采取这样一些措施：使各项职能业务规范化，明确横向流程，通过工作体系进行协调；把职务相近的部门与岗位加以合并，通过减少工作摩擦进行协调；设立系统管理机构进行横向管理与协调。

二、饭店组织设计的程序

饭店的组织结构，反映了饭店企业内各部门和机构之间从属和并列关系的组织形态。这种组织形态通常可以从两种含义上去理解：一是静态组织形态，即在企业内部按一定目标和原则，形成具有一定环境改造能力的、有秩序的群体；二是动态的组织形态，即把组织看作经营管理的重要职能，围绕一定的目标，设计并建立企业的组织结构，安排好群体成员的职位，确立权责以及相互间的协作关系，从而使群体有较高的工作效率。现代饭店组织设计应达到静态与动态统一的目的。

饭店组织设计，可以本着"市场—战略—结构"的顺序，按下列步骤进行。

（一）围绕饭店的战略目标与市场定位，进行业务流程的总体设计

这是饭店组织设计的出发点与归宿，力求使饭店整个业务流程达到最优化，它是检验饭店组织设计成功与否的根本标准。

（二）按照优化后的业务流程设计服务岗位

服务岗位设计要遵循因事设岗的原则，并根据服务岗位数量和专业化分工情况确定管

理岗位和部门机构,形成饭店组织图。

(三) 对各岗位定责、定员、定编

在对每个岗位进行工作目标与工作任务分析的基础上,规定每个岗位的工作标准、职责、内容、作业程序,并以职务说明书等形式把这些内容固定下来。然后,按岗位工作的需要确定人员编制,明确岗位所需人员的素质要求,因岗择人。

(四) 制定相应的管理制度

管理制度是对管理工作中的基本事项、要素关系、运作规程及其相应的联系方式进行的原则性规定。如果说前面三个步骤已制造了组织结构中单独的"标准件",那么,各项管理制度则是作为一个整体的饭店企业所不可缺少的"连接件"。

(五) 规定各种岗位人员的职务工资和奖励级差

根据各岗位在业务流程中的重要程度、对人员素质与能力的要求、任务量轻重、劳动强度大小、技术繁简程度、工作难易程度、环境条件差异、管理水平高低及风险程度大小等指标,设定各岗位人员的报酬差别。

三、影响组织结构设计的因素

视频:影响组织结构设计的因素

饭店组织结构是内外条件共同作用的产物,具有相对的稳定性。但当内部条件发生变化时,如企业体制变动、经营范围变化、服务产品结构调整等,组织结构的调整就成为必然;外在环境的改变,如竞争加剧、饭店企业市场占有率减少、顾客个性化服务要求加强等,也会促成饭店组织结构的变革。影响饭店组织设计的因素主要有以下几项。

(一) 战略

组织结构必须服从组织所选择的战略的需要。适应战略要求的组织结构,为战略的实施进而为组织目标的实现,提供了必要的前提。

战略选择的不同,在两个层次上影响组织结构:不同的战略要求不同的业务活动,从而影响管理职务的设计;战略重点的改变,会引起工作重点的改变,从而导致各部门与职务在组织中重要程度的改变,因而会要求各管理职务以及部门之间的关系作相应的调整。

(二) 环境

任何组织作为社会的一个单位,都存在于一定的环境中,组织外部的环境必然会对内部的结构形式产生一定程度的影响。这种影响主要表现在三个不同的层次上。

1. 对职务和部门设计的影响

组织是社会经济大系统中的一个子系统。组织与外部存在的其他社会子系统之间也存在分工问题。社会分工方式的不同,决定了组织内部的工作内容和所需完成任务的不同,所需设立的职务和部门也就会不一样。

2. 对各部门关系的影响

环境不同,组织中各项工作完成的难易程度以及对组织目标实现的影响程度亦会不相同。例如,当产品的需求大于供给时,企业关心的是如何增加产量、扩大生产规模,从而生产部门会显得非常重要,相对而言,就会冷落销售部门和销售人员;一旦市场供过于求,从

卖方市场转变为买方市场,则营销职能会得到强化,营销部门会成为组织的中心。

3. 对组织结构总体特征的影响

外部环境是否稳定,对组织结构的要求也是不一样的。稳定环境中的经营,要求设计出被称为"机械式管理系统"的稳固结构,管理部门与人员的职责界限分明,工作内容和程序经过仔细的规定,各部门的权责关系固定,等级结构严密;多变的环境则要求组织结构灵活(称为"有机的管理系统"),各部门的权责关系和工作内容需要经常做适应性的调整,等级关系不甚严密,组织设计中强调的是部门间的横向沟通而不是纵向的等级控制。

(三) 技术

组织的活动需要利用一定的技术和反映一定技术水平的物质手段来进行。技术以及技术设备的水平不仅影响组织活动的效果和效率,而且会作用于组织活动的内容划分、职务的设置和工作人员的素质要求。信息处理的计算机化,必将改变组织中各有关部门的工作形式和性质。

(四) 组织规模与所处的发展阶段

规模是影响组织结构的一个不容忽视的因素。适用于仅在某个区域市场上生产和销售产品的企业组织结构形态,不可能也适用于在国际经济舞台上从事经营活动的巨型跨国公司。

组织的规模往往与组织的发展阶段相联系。伴随着组织的发展,组织活动的内容会日趋复杂,人数会逐渐增多,活动的规模会越来越大,组织的结构也需随之而经常调整。

美国学者 J.Thomas Cannon 提出了组织发展五阶段的理论,认为组织的发展过程中要经历"创业""职能发展""分权""参谋激增"和"再集权"五个阶段,根据发展阶段的不同,要求有与之适应的组织结构形态。

1. 创业阶段

在这个阶段,决策主要由高层管理者个人做出,组织结构相当不正规,对协调只有最低限度的要求,组织内部的信息沟通主要建立在非正式的基础上。

2. 职能发展阶段

这时决策越来越多地由其他管理者做出,而最高管理者亲自决策的数量越来越少。组织结构建立在职能专业化的基础上,各职能间的协调需要增加,信息沟通变得更重要,也更困难。

3. 分权阶段

组织采用分权的方法,来对付职能结构引起的种种问题。组织结构以产品或地区事业部为基础来建立,目的是在企业内建立"小企业",使后者按创业阶段的特点来管理。

4. 参谋激增阶段

分权会导致各"小企业"成了内部的不同利益集团,组织资源用于开发新产品的相关活动减少,总公司与"小企业"的许多重复性劳动使费用增加,高层管理者感到对各"小企业"失去了控制。为了加强对各"小企业"的控制,公司一级的行政主管增加了许多参谋助手。而参谋的增加又会导致他们与直线的矛盾,影响组织中的命令统一。

5. 再集权阶段

分权与参谋激增阶段所产生的问题可能诱使公司高层主管再度高度集中决策权力。同时,信息处理的计算机化也使再集权成为可能。

第二节　饭店组织结构的类型与层次

饭店的组织结构,就是指饭店企业为了达到经营目标,把必须做的各项业务活动进行分类分层,形成职位(或职务)结构,赋予各个职位(或职务)恰当而明确的责任和权限,规定相互之间协调的关系,从而形成的一种人际结构。

视频:饭店组织结构的类型

一、饭店组织结构的类型

通常,饭店企业的组织结构形式,可分为以下三种基本类型。

(一) 直线制

直线制组织结构又叫军队式结构,最早来自军队的组织形式。其特点是:从最高管理层到基层,自上而下建立垂直领导关系,不专门设立职能机构,形同直线(见图5-1)。

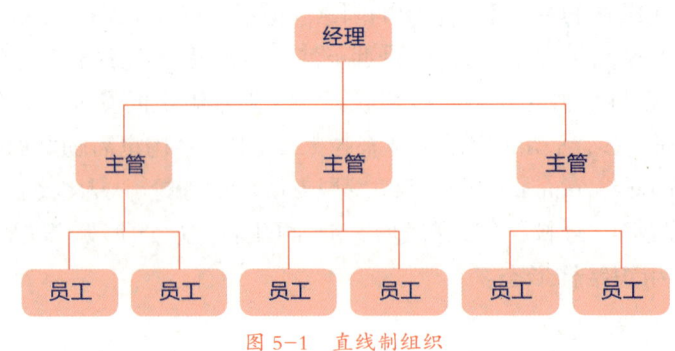

图5-1　直线制组织

直线制组织结构的优点是:指挥统一,责任明确,信息沟通迅速,工作效率高。但由于没有专业分工,要求企业经营管理者是全能型人物,有关经营管理的各项工作都要亲自处理。在企业规模大、业务繁重的情况下,企业经营者从时间、精力到专业知识上,都很难适应提高经营管理效率的要求。因此,这种类型的组织结构只适用于小型饭店。

(二) 直线职能制

直线职能制是将直线统一化原理和职能分工专业化原理有机结合起来的组织形式。这种组织结构的特点是:将经营管理机构和人员分为两大类:一类是直线指挥人员,拥有对下级指挥和命令的权力,并对主管工作全面负责;另一类是参谋和助手,有对业务部门实行指导、控制的权力,但无权直接对下级发布命令进行指挥。这种组织结构既有指挥命令统一化的好处,又具有职能分工专业化的长处,比较适合大中型饭店。

这种组织结构的缺点是:权力高度集中,下级缺乏必要自主权,各直线指挥系统之间沟通较少,协调比较困难,难以从企业内部培养、提拔掌握全面情况的经营管理人员(见图5-2)。

(三) 事业部制

事业部制又称分权结构,是20世纪美国通用汽车公司首先创立的,现为许多大型企业广泛采用。其基本特点是:按产品大类或地区不同设立事业部;各个事业部在公司统一领导下实行独立核算,自负盈亏;统一管理所属产品或地区的业务活动,是有相当自主权的"自治单位"。事业部制组织结构是一种适用于大型饭店和集团化连锁经营的企业组织形式。

事业部制组织结构实行"政策制定与行政分开"的原则,最高管理层主要负责研究和制定各项政策,制定总目标和长期计划,并对事业部的经营、人事、财务实行监督,不管日常的具体行政事务;各个事业部在既定的政策、目标、计划的控制和指导下从事业务活动,并根据需要建立自己的经营管理职能部门。其基本特点是:有利于发挥各个事业部的积极性和主动性;有利于最高经营管理层摆脱日常事务,集中精力于重大问题的研究;有利于将联合化与专业化结合起

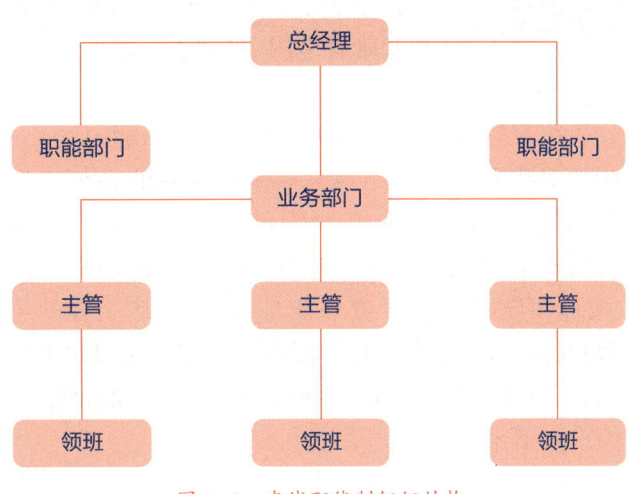

图 5-2 直线职能制组织结构

来。其缺点是:不利于事业部之间的横向联系,容易产生本位主义,影响各部门之间的合作,忽视长远的整体利益;容易造成机构重叠,经营管理人员增多,经营管理费用增高(见图 5-3)。

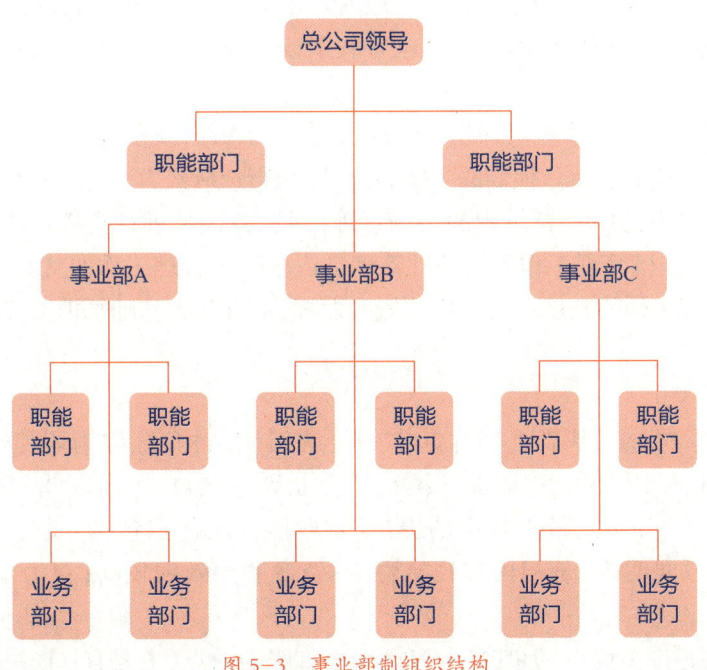

图 5-3 事业部制组织结构

二、饭店组织管理的层次

视频:饭店组织管理的层次

在饭店组织结构中,一般可以分为三个管理层,即决策管理层、职能管理层和基础管理层(见图5-4)。

(一)决策管理层

决策管理层又称最高管理层,成员由饭店企业的总经理及其助手组成。其是站在企业整体立场上,对企业进行全面、综合管理,负责对饭店企业经营管理活动进行全局性策划和组织指挥的管理层(或称领导层)。其主要职能是:确定饭店企业的经营目标和经营方针,决定饭店经营发展规划和组织结构,协调企业与政府、税收、银行以及其他企业之间的关系,确定企业管理制度,协调企业内部各子系统之间关系等。

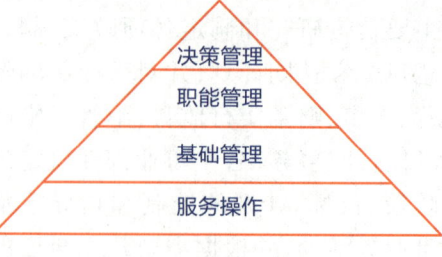

图5-4 饭店组织管理层次

(二)职能管理层

职能管理层又称专业管理层,是处于最高管理层和基础管理层中间的管理层,是帮助决策管理层参谋决策的职能管理层,承担各自专业职能管理职责。对决策管理层而言,他们是领导的参谋和助手;对基础业务系统而言,他们则对基础管理层起着指导、控制、监督、协调作用。现代饭店企业的专业职能经营管理机构主要有餐饮、客房、工程、销售、财务和人事等部门。职能管理层的设立,使许多从事经营管理的人员在各自的岗位上发挥专业职能作用,既有利于饭店管理专业细分化,也有利于饭店经营管理整体功能的发挥。

(三)基础管理层

基础管理层包括执行管理层和作业管理层,其位于饭店经营管理的基层,是直接面对一线员工进行现场管理的层次。他们的主要职能是:执行饭店经营目标、方针和各项重大决策;组织饭店经营活动并进行经营过程的现场管理;对服务人员进行直接指挥、激励和协调、控制;落实企业各项基础管理工作等。基础管理是饭店经营管理工作的奠基性工作,饭店的综合管理和专业管理工作的开展以及整体功能的发挥,都有利于基础管理工作的巩固和完善。

三、饭店组织结构的变革

视频:饭店组织结构的变革

在分工基础上建立起来的传统组织结构,统称为职能性组织结构。在很长一段时间里,职能式统治了企业界,也包括饭店企业。职能式的理论基础是"分工能带来效率的提高"。职能式的优点包括:员工的专业化程度较高;员工的发展方向明确;部门内部较易协调;资源利用效率较高;权力集中,较容易做出决策。

虽然职能式有许多优点,但其自身存在无法克服的缺点,主要有:① 决策速度缓慢。由于权力掌握在决策层手里,任何大的决策都要层层汇报,由最高层做出决定,因此整个决策过程明显减慢了,好的机会往往就被错过。② 整体协调困难。从横向角度来看,由于各部门之间相互独立,目标存在差异,协调和沟通较为困难,因此会影响整体目标的实现;从纵向角度来看,由于等级层次较多,上下级之间沟通困难,信息传递的效率较低,这会影响最高决策层的准确性。③ 整体责任不清。人为设立的部门之间的界限,严重干扰了企业的整体利益,部门之间相互争夺资源,而不愿意承担责任,而且对讲究整体的饭店企业来说,有些责任难以分清。④ 官僚体制,整体工作效率低下。权力过度集中必然导致官僚体制,灵活性差,严格按规章制度办事,员工积极性不高,服务质量难以有保障,整体运作效率不高。

在中国加入WTO以后,国内饭店企业将与国际跨国饭店企业一决高下。如何争取顾客、留住顾客,在竞争中赢得优势,将是中国饭店企业面临的主要课题。另外,顾客自我意识的增强,对服务分辨能力的提高,以及自我保护意识的加强,都对现代饭店企业经营管理的水平提出了更高要求。最后,饭店企业内部员工心理需求层次的提高,以及企业规模、经营方向、服务产品结构等的变化,都与饭店企业传统的组织结构形式发生了冲突,变革传统的组织结构形式已经成为必然。

现代饭店组织结构的变化趋势,主要体现在以下两个方面。

1. 从竖式结构向扁平化结构转变

在传统的竖式饭店组织结构中,饭店企业从上到下严格分工,形成层级的垂直体系。这种层级体系严重影响企业内部各类信息的畅通流转,并导致信息在传递过程中的失真。

扁平化组织结构要求最大幅度地削减中间层,使组织结构顶端到结构底部之间的层次数量减少,组织的管理幅度加宽,使饭店组织结构由"高深"变成"扁平"。同时,由于一线员工是顾客和饭店直接接触的关键点,直接决定饭店的服务质量和客人的满意程度,因此,在扁式组织结构中,适当扩大了一线员工的权限。通过这样的结构改革,一方面有利于精简人员,降低管理成本。另一方面,信息在这样扁平化组织结构中流转时,由于中间"处理器"的减少,信息的准确度也得到了提高。再者,这种组织结构适合时代要求,更有利于饭店企业贴近市场,高层管理者有更多机会接近顾客,可以极大地提高饭店服务的效率。

2. 从金字塔式组织结构向葫芦型组织结构转变

长期以来,金字塔式组织结构被认为是理想的组织结构。但随着科学技术的发展,人们需求质量的提高,传统的金字塔式组织结构也凸显出许多缺点。不少管理学家认为,由于企业组织中电子计算机的广泛应用,管理信息系统的大量建立,企业组织又回复到集权制,即企业的重要决策再度集中于高层管理者。高层管理者将决策结果及命令直接下达给基层管理者,甚至直接下达给作业层的服务人员和操作员工,形成葫芦型组织结构(如图5-5所示)。

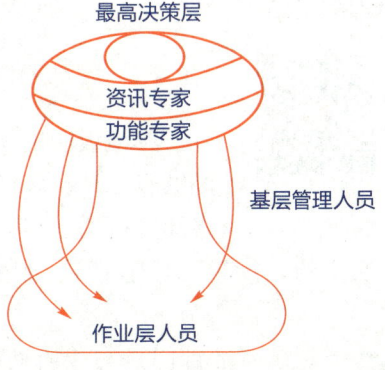

图5-5 葫芦型组织结构

在现代饭店业中,顾客服务需求的提高,要求饭店实行公关、广告、宣传、预订、接待、服务、财务等作业的一条龙服务。这种新的服务形式,将打破传统的部门化分工体制,将饭店组织结构分为两大系统,即前台(作业与服务)系统与后台(作业与服务)系统。这两个系统在计算机系统的支持下进行各项管理作业和一系列的服务工作,并在总经理(辅以顾问、咨询、决策系统的参谋支持)的直接领导下进行运作。这样的一条龙管理与服务系统,提高了工作效率,降低了经营成本。同时,通过互联网可及时与全球各地客户进行互动联系、沟通,大大改进了服务质量,也减少了饭店的广告费用(见图5-6)。

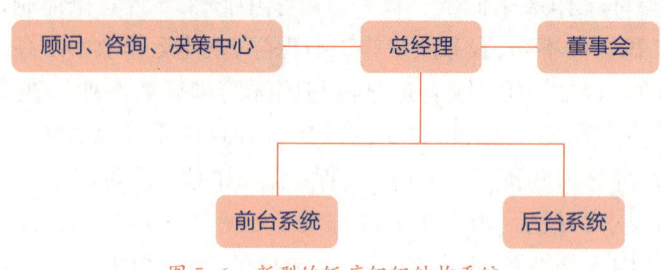

图5-6 新型的饭店组织结构系统

这种新的饭店组织结构系统的特点是:"加大两头削减中间层。"由于互联网的作用,饭店最高管理决策层可随时获得客户信息、市场竞争信息等,并需及时做出相适应的管理决策和实施措施,所以必须加强最高管理决策层。为了更好地服务于客人,体现人性化的服务特征,提高服务质量,让客人满意,必须加强执行作业层(基层)的管理。而中间层和一些职能部门将实行合并、实行作业整合,因此中间层管理人员将有较大的缩减,原上传下达信息的职能将被计算机网络系统所代替。最高管理层的信息可直接下达到基层,基层的信息也可直接上传到最高层。

新型组织结构系统对饭店从业人员的素质要求提高了,需要员工有广博的知识和技能,成为一专多能的多面手,只有这样才能更好地实行饭店企业的作业重组和作业程序整合。

第三节 饭店的机构设置与组织制度

为了体现饭店组织设计的效果,饭店还必须做好机构的设置,完善组织的制度,建立管理的机制。

一、饭店的机构设置

视频:饭店的机构设置

典型饭店的机构设置,一般分为营业部门和职能部门两大类。由于饭店提供服务日益多样化,许多大型饭店还设有其他综合服务部门。一般来说,饭店部门机构的设置,是根据客人在饭店内的活动特点及饭店经营管理的需要决定的。各部门均有其特定的业务范围及其职责。

(一)饭店营业部门

饭店营业部门是与饭店的日常经营活动相关并直接为宾客提供产品和服务的业务部门,又称营业创利部门。它主要包括饭店的前厅部、客房部、餐饮部等。

1. 前厅部(Front Office)

前厅部位于饭店的大厅,是饭店的神经中枢,业务工作贯穿于宾客与饭店接触和交易往来的全过程。饭店服务和管理水平的高低,一般都反映在前厅的迎送接待工作方面。因此,前厅部被称作饭店服务与管理的橱窗,前厅部人员在宾客心目中是饭店的代表。

前厅部机构的设置,随着前厅工作的专业化已经逐步专业化了。前厅部的主要机构及其职责如下所列。

(1) 预订处(Reservation)。预订处要在宾客进饭店或进入饭店前接受客房预订和办理预订手续。根据饭店客房情况,制定报表,对预订进行计划安排和管理,掌握并控制客房出租状况,并按要求定期预报客源情况和保管预订资料。

(2) 接待处(Reception)。接待处在前厅是最显眼的部门。它要负责接待抵达饭店、要求住店的宾客,办理宾客住店手续,开房登记,分配客房,负责联络、安排接待等事项。

(3) 问询处(Information)。问询处负责回答宾客有关饭店提供的各种服务、设施、交通、游览、购物等问题的询问;为客人提供信息、代办客人委托事项、处理客人的留言。

(4) 行李处(Bell Service)。行李处负责迎送宾客,代客卸送行李,陪客进房,介绍客房设备及饭店服务项目及其位置,并为客人提供行李寄存和托运服务,代客等候出租车辆。

(5) 电话总机(Telephone Switch Board)。电话服务员要及时、快速、准确地为饭店的客人提供信息服务。有些饭店的电话总机还负责转接市内电话、承办国内外长途电话业务以及为客人提供问询服务、联络服务、叫醒服务、通知紧急和意外事件等。

(6) 收银处(Cashier)。收银处人员归属饭店财务部,但工作的地点是前厅。要负责对客人的费用账目进行分类和收银结账。客人在住店期间的客房、餐厅、酒吧、长途电话等各项服务费用的收款业务都由收银处负责,收银处必须经常同一切有宾客消费的部门收款员和服务员联系,催收核实账单。同时,收款部门还要在夜间审核饭店的营业收入,在交接班时整理与平衡好工作时间内的账目,制作报表,并及时为离店宾客办理结账手续。

(7) 大堂副理(Assistant Manager)。大堂副理在大型饭店内,一般每天24小时在大厅值班。他直接面向宾客,随时为宾客排忧解难,并协助解决和处理客人的要求及出现的问题和抱怨。由于大堂副理可以协调各部门的工作,代表饭店处理日常发生的事件,所以对于它归属于哪一个部门,各个饭店有不同的看法。有些饭店把大堂副理归在前厅部,职务相当于前厅部副经理或主管,有些饭店的则直属饭店管理机构管辖。

前厅部机构的设置应根据饭店规模大小和业务量多寡而定。但基本的原则是保证前厅工作的效率和方便客人。前厅部在大中型饭店往往单独设置,是饭店的主要业务部门之一。也有一些饭店将前厅都归属客房部。小型饭店往往不单独设立前厅部,其业务归客房部负责。

2. 客房部(House Keeping Department)

客房是宾客住宿和休息的场所,是饭店的基本设施和主体。客房部的主要职责是向客人提供洁净而舒适的客房,并协助前厅部管理好客房的各项设施,保持较高的客房出租率。从经营的角度上看,客房是饭店销售的主要产品,客房的营业收入是饭店经营收入的重要来源。客房部的管理和服务水平的高低,是饭店经营活动成败的关键。

客房部机构的设置是与客房管理的具体要求相适应的。它主要包括如下部门。

(1) 客房主管。大中型饭店由于客房部拥有的服务人员比较多,客房部需设专门的领导机构负责处理客房部日常的行政事务工作。大型饭店的客房部除客房经理、副经理或经理助理各一名外,还设有秘书和主管若干名。

(2) 楼层服务组。楼层服务组设总领班一名,早班、晚班楼层领班若干名。下设早班、晚班和通宵班三个楼层清洁组及早班、晚班两个楼层服务组。主要负责楼面客房的清洁和接待服务工作。

(3) 公共区域服务组。公共区域服务组设总领班一名,早、晚及通宵领班各一名。并设有早班、晚班和通宵班各一个清洁组及地面、外窗清洁员若干名。主要负责饭店范围内公共区域的清洁工作。

(4) 棉织品组。棉织品组设领班、副领班各一名,另有棉织品及制服服务员若干名。主要负责饭店的棉织品和员工制服的收发、送洗和保管。

(5) 洗涤组。洗涤组主要负责客房部棉织品和餐饮部棉织品的洗涤和整理工作。洗涤部门在各个饭店的隶属关系是有所不同的。一些大型饭店的洗涤组属工程部管辖。因为大型饭店的洗涤设备是相当复杂的。它包括折叠机和熨平机、商用洗衣机、烘干机等,使用这些机器要求有一定的技术和技巧。但是,由于客房棉织品占整个饭店棉织品的95%以上,客衣送洗又完全是通过客房服务员来进行的,因此,洗涤组如果与客房部分离,必然会造成很多不便,既不利于统一调配和指挥,又影响工作效率和服务质量。

3. 餐饮部(Food and Beverage Department)

餐饮部是饭店的第二大创利部门,虽然其创利能力通常小于客房销售,但从该部门所获得的营业收入仍然是相当可观的。饭店餐饮服务的规模不论大小,一般均包括食品原料采购供应、厨房加工烹调、餐厅酒吧三部分业务活动,因而相应设置的业务部门有以下几个。

(1) 原料采购部。原料采购部主要负责食品原料的采购、验收、贮藏和发放工作。采购部工作的好坏对餐饮质量、食品成本及餐饮经营收入的多少均有重要影响。

(2) 厨房。厨房是餐饮部的生产部门,为餐厅服务,与餐厅配套。饭店厨房规模和配套情况可视餐厅的规模和种类而定。厨房业务由厨师长负责,下设各类主厨和领班。有些饭店专设膳务部,主管餐厅布置、宴会布置、炊具餐具的洗涤以及清洁卫生工作。

(3) 餐厅、酒吧。饭店的餐厅和酒吧是餐饮部的前台服务部门。由于饭店的类别、属性多种多样,所以饭店的餐厅也各具特色。大型饭店通常设有多处餐厅和酒吧设施,如正餐厅、宴会厅、风味餐厅、自助餐厅、多功能餐厅、咖啡厅、扒房、大堂酒吧、鸡尾酒廊等。各类餐厅根据其规模和等级,通常设经理、主管、领班三个层次的管理人员。酒吧通常设酒吧经理或主管。许多大型饭店还设有宴会部、餐饮预订部等机构负责餐饮业务的执行、组织和服务。

(二) 饭店职能部门

饭店职能部门不直接从事饭店接待业务,而是为业务部门服务、执行自身某种管理职能的部门。饭店的人事部、销售部、工程部、安保部和财务部均属于饭店的职能部门。

1. 人事部(Personnel Department)

人事部的主要职责是为了满足饭店经营管理的需要,协助其他部门负责饭店管理人员和服务人员的选聘、培训及具体的管理工作。

人事部是饭店中的一个非常重要的部门。它一般直接受总经理的领导和制约。人事部除设有经理和副经理外，还有负责人员调配、员工培训、工资管理的专职人员。有些饭店的人事部还设有专门的培训机构。

2. 销售部（Sales Department）

销售部的主要职责和工作目标是为饭店招徕和组织客源。为了保证饭店有充足的客源，销售部的人员要进行市场调研，了解市场需求，掌握客源流向并负责推销饭店产品。

饭店销售部的大小规模是有差异的，部门人员数量一般可以是1~20人。销售部设经理和主管销售业务的专职人员。有些大型饭店的销售部还设分管收益管理、旅游销售、会议销售、宴会销售的经理以及公共关系等专业工作人员。为了搞好销售与收益管理工作，饭店总经理也要分出一部分时间来处理销售与收益管理的有关事宜。

3. 工程部（Engineering Department）

工程部的主要职责是负责饭店房屋及设备的修理工作，使饭店的外部及内部装修等保持完好的状态，并经常对饭店的各项设施、设备进行维修、保养和更新。工程部还需要按计划对饭店的能源进行有效的管理。

工程部的组织机构包括工程部办公室（由工程部经理、助理、调度员等组成）、锅炉冷冻组（由锅炉房和冷冻机房组成）、电工组（由变配电、强弱电组成）、维修组（由综合维修人员组成）、电梯组（由电梯操作、维修人员组成）、土建维修（由土建、木工、油漆工组成）。有的饭店只设锅炉、冷冻、水电、土建四组。

4. 安保部（Security Department）

安保部是饭店非常重要的职能部门之一。宾客在饭店中不仅需要良好的食品服务条件，还需要一个安全、舒适、宁静的环境。安保部对饭店的各种设施、财产的安全以及宾客的人身和财产安全负有重要的责任。

现在许多饭店都设有安保部经理和专职的安全保卫工作人员。他们对饭店全部区域进行24小时的安全保卫和巡视。虽然安保部的人员可以负责饭店整体的安全保卫工作，但是饭店的所有工作人员和服务人员都应当关心安全工作，并积极参加保卫措施的具体实施工作。这样做的结果比单纯由饭店安保部负责饭店的保卫工作更加有效。

5. 财务部（Financial Department）

财务部负责处理饭店经营活动中的财务管理和会计核算工作。财务部人员的数量取决于饭店经营的规模和饭店财务会计工作任务的重要性。一般来说，饭店的财务工作直接由一位饭店的副总经理领导，财务部内部设有经理、副经理、主管会计、会计员、出纳员若干名。

（三）其他综合部门

饭店其他综合部门的设置是饭店业发展中的新现象。饭店为了竞争和发展的需要，日益重视向客人提供更加完善和更加新型的业务项目，以满足宾客多方面的需求。因此，饭店相应设置了许多其他综合部门，主要包括以下几个。

1. 康乐部（Recreation Department）

在许多饭店中，特别是度假型饭店，都设有专门的部门为旅游团体和旅游者个人提供康乐活动，其中包括高尔夫球、网球、保龄球、健身游泳等活动。这些活动均由康乐部组织安排,并设专门人员负责组织和指导工作。

康乐部还通过向客人提供娱乐设施,保证饭店娱乐活动的正常进行并获得相应的经营收入。康乐部的主管和其他专职人员,一般都具备组织娱乐活动的能力和专长,他们经常为饭店组织一些别开生面和富有吸引力的娱乐活动,满足客人的娱乐要求。

2. 商场部(Shopping Arcade)

现在几乎所有的饭店都设有商场或商品销售点等,大型饭店的商场与市区内的零售商场的经营类似,而由于饭店内部设施水平高,饭店商场内的商品价格甚至高于饭店外部同类商品的价格。饭店商场出售的商品,一般以当地特有的旅游商品为主,同时也经营一些日常的生活用品。在有些大型饭店中,商场部属于营业部门,其经营收入在饭店营业总收入中占有相应的比例。

3. 旅游部(Tourism Department)

现在许多饭店均设有自己的组织旅游的专业部门。它一方面为饭店组织客源,另一方面为饭店内的客人提供游览观光和继续旅行的各种便利条件。旅游部设有专门的人员负责提供交通工具,导游,车、船、飞机票订票等各种专门的业务。

二、饭店的组织制度

饭店的组织制度是指在饭店企业中人们共同遵守的规定、规章或行为准则,是保证饭店各部门、各岗位正常运行所不可或缺的"连接件"。饭店的组织制度主要包括总经理负责制、经济责任制、岗位责任制和员工手册等。

(一) 总经理负责制

总经理负责制是饭店组织管理中实行的领导制度。实行总经理负责制,总经理将对饭店的所有经营决策和经营业务负有责任。总经理的主要职责包括:通过层层负责和层层领导的垂直领导系统来控制、领导和指挥全体饭店员工;确定饭店的发展目标、经营方针和管理手段,谋求理想的经济效益。

总经理作为饭店的最高层领导,从具体负责的工作范围来看,可分为四个方面。

1. 人事

饭店是一个综合型企业,员工人数少则几百,多则上千,人事问题至关重要。为了保证饭店具有较高的服务和管理水平,总经理应亲自负责饭店的人事工作,选聘优秀的具有良好素质的工作人员,并强化饭店的劳动制度管理。

2. 财产

饭店的各种设施和设备,是饭店经营的基础。总经理有责任关心饭店各项设施的保养和维护,使客人有一个整洁、舒适的"家外之家"。尽管有工程维修和安全部门对饭店的各种室内室外设施及环境进行管理,但上层的管理人员也必须对此有足够的重视。

3. 财务

饭店的经营是以营利为目的的。总经理必须亲自监督饭店的财务状况,增收节支,改善经营。饭店作为一个经营企业,利润是经营好坏的主要标准,饭店只有达到了规定的赢利目标,总经理才是称职的。

4. 计划

饭店的计划控制是一个带有根本性的问题。总经理必须能够根据市场的需求变化,对饭店的决策和决策方案做最终裁定,负责饭店企业经营战略和计划的制定并监督计划的实施。

总经理各项职责的履行,是以总经理的权力作为保证的。总经理负责制确定了总经理是饭店的法人代表,使饭店建立了以总经理为首的经营管理系统,总经理在饭店中处于中心地位,全面负责饭店的经营管理。饭店应该通过各种有效的制度和组织形式,使总经理的权力和权威充分地发挥作用。

(二) 经济责任制

饭店的经济责任制是饭店组织管理中的一项重要制度。它要求饭店各部门以饭店的经济效益和社会效益为目标,对自身的经营业务活动负责,实行责、权、利相结合,把饭店的经济责任以合同的形式固定下来。

饭店的经济责任制包括对国家的经济责任和饭店内部的经济责任两个方面。饭店对国家的经济责任包括:饭店依法经营,照章上税;饭店内部的经济责任主要是按照责、权、利相结合的原则,把饭店的经营目标加以分解,层层落实到基层的部门班组和个人,以责为中心,责、权结合。

(三) 岗位责任制

岗位责任制是饭店具体规定各岗位工作及人员的职责、作业标准、权限等的责任制度。它是饭店服务人员的工作守则、工作和服务程序指南及各项业务检查标准的依据,也是饭店全体员工的工作大法(见表5-1、表5-2、表5-3)。

岗位责任制的建立要在饭店组织机构设置和作业研究的基础上进行。首先,应具体、准确地规定岗位的数量、名称和职责范围。其次,要核定各岗位的工作量、服务程序和服务标准,明确负责此项工作和服务应具备的技能和知识。最后,要明确规章制度,包括奖惩条例。另外,还要明确各部门之间的协调关系,并由最高领导层的管理人员监督实施。

岗位责任制是饭店组织管理的基础。岗位责任制的落实,有利于饭店的正常运转,有利于明确各层次的职责权限和进行有效的分工协作。岗位责任制一般应在饭店正式运转前予以制定,对已经在运转的饭店,就要视实际情况进行调整。

(四) 员工手册

员工手册是饭店的"基本法",它规定了饭店每一个员工,无论是管理人员还是普通员工所拥有的权利和应尽的义务,每个员工应该遵守的纪律和规章制度,以及可以享受的待遇。

从表5-4可以了解员工手册主要包括以下内容:

(1) 序言。主要是饭店的欢迎词,对员工加入饭店工作,成为饭店大家庭的一员表示欢迎,并提出希望。

(2) 饭店简介。介绍饭店的设施、星级和特色。

(3) 饭店的口号和工作精神。表达饭店的企业精神、经营宗旨和指导思想,使员工对饭店产生信心和归属感。

(4) 劳动条例。提出有关饭店员工的工作时间和加班的规定及报酬的支付方式,并包括招聘、培训、录用、辞退和除名等内容。

表 5-1　职务说明书——前厅部经理

岗位名称：前厅部经理

部门：前厅部

岗位等级：部门经理

报告上级：总经理（或主管的副总经理，或房务总监）

下属：前厅部基层管理人员

主要联络部门：销售部、公关部、客房部、餐饮部、财务部、工程部

工作班次：常日班

职责范围：

1. 主持前厅部的日常工作，负责向分管总经理汇报工作，任命主管、领班，调配本部门员工，行使对下属的奖惩权。
2. 督导下属部门主管人员，委派工作任务，监督检查执行情况，以便及时调整各项工作部署。
3. 编制部门预算，制定本部门的工作计划，向总经理作部门季度、年度总结汇报。
4. 主持每周主管例会，传达饭店例会工作要点，听取汇报，布置工作，解决难题。
5. 熟悉饭店客房产品的数量、性质和前厅部所有设施的服务功能。通过对客房销售的有效控制及住房比例的合理分配，达到理想出租率，获得最佳收入。
6. 负责沟通本部门与饭店各部门的联系。协调平衡本部门各工作之间出现的工作矛盾。
7. 检查落实接待重要宾客的所有细节。
8. 重视对员工的培训工作，提高其职业水准、文化程度、操作技能、应变能力，强化现代化饭店的概念。
9. 督导检查本部门的安全及消防工作。完成上级交办的其他任务。

任职条件：

1. 具有大专毕业以上的文化程度或同等学力。
2. 掌握饭店经营、销售、公关知识，熟悉经济合同、饭店财务管理方面的知识，掌握客源市场预测及市场调研的方法，了解客源竞争的情况。
3. 掌握前厅部各部位的运行和管理的业务知识。
4. 有较强的组织协调能力、社会活动能力，有较好的语言文字能力，能起草前厅部的工作报告及工作计划。
5. 熟练掌握一门外语，能流利准确地与客人对话，懂得计算机运行知识，会计算机操作。
6. 在饭店工作 2~3 年，如曾经担任过大堂副理、总台主管或客房主管等，且工作成绩突出，有发展前途。

表5-2　职务说明书——前台主管

岗位名称：前台主管

部门：前厅部

岗位等级：主管级

报告上级：前厅部经理

督导下属：前台领班及接待员

主要联络部门：客房部、安保部、餐饮部、财务部、工程部

工作班次：常日班

职责范围：

1. 主持前台各班次的全面工作，做到上情下达、下情上达，督导员工按照工作程序向客人提供高效服务。

2. 创造和谐的工作气氛，减少工作中的摩擦。

3. 确保有效地分配出租客房，根据当天到达及离店客人名单，安排客房销售。

4. 督导问询应接服务的进行，满足客人要求。

5. 参与前台接待工作，有效地解决客人的投诉和本部门的有关问题。搞好与有关部门的协调及联系。

6. 制订培训计划并组织实施。公平地评估下层工作，做好工作周记。

7. 检查督导本部门员工的仪表仪容、劳动纪律、微笑服务、礼貌用语及工作效率。

8. 负责安排重点宾客的接待工作和重要留言的落实和检查。负责检查前台所有报告的准确性。

9. 掌握客房预订情况，最大限度地销售即时客房。

10. 合理安排班次，管理、调配本部门使用的各项消耗品，严格控制成本。

11. 及时传达前厅部经理的指示。

任职条件：

1. 具有大专毕业的文化程度。

2. 掌握总台运行和管理的业务知识，懂得饭店销售、公关知识及外事接待的礼貌、礼节。

3. 有较强的组织管理能力和处事应变能力，善于与客人及接待单位打交道，协调处理问题，有较好的语言和文字表达能力。

4. 熟练掌握一门外语，能够流利地与客人会话交流，懂得计算机运行知识并会操作。

5. 在前台工作三年以上，成绩突出。

表 5-3　职务说明书——楼层服务员(日班)

岗位名称:楼层服务员

部门:客房部

岗位等级:服务员

报告上级:楼层领班

职责范围:

1. 领取楼层万能钥匙,准确填写姓名、领取时间、用途。

2. 服从领班的分配,清扫客房,填写服务员工作报告中的各项内容。

3. 严格按照消毒程序,对客人使用过的用具进行及时、有效的消毒。

4. 确保房间内各项设施设备和物品的完好无损,如有损坏立即向领班报告。

5. 及时清理客房内的饮食餐具,将其放置在本楼层电梯厅内,并通知送餐部收回。

6. 检查客房内小酒吧饮品的消耗情况,准确清点、开账,并及时补充。如发现客人遗留物品,立即报告领班并交服务中心。

7. 报告住店人员的特殊情况及患病情况,如遇紧急情况,可越级向有关部门汇报。

8. 客人离店后,及时检查客房设备物品是否齐全和有无损坏,发现问题,及时向领班和前台报告。

9. 正确使用清洁设备和用具,保持工作间、工作车及各类用品的整齐、清洁。

10. 对所辖区内设施、设备应及时保养,发现问题应陪同工程维修人员进房维修,并检查修复质量。

11. 协助洗衣房定期清点布巾,收发、核对客人的洗衣。

12. 及时给住店客人补充客房用品。

13. 垃圾袋装满后,贴上楼层号,然后送至楼层货梯厅。

14. 及时核准房态,迅速清理离店客人住房,经领班检查后,报客房服务中心。

任职条件:

1. 具有旅游职业高中毕业或同等学力。

2. 经过客房服务员岗位资格培训,取得《岗位培训证书》。

3. 身体健康,五官端正,视力正常。

4. 有良好的职业道德和较强的服务意识。

5. 掌握客房卫生清洁操作方法及保养知识,客房设备的性能及保养知识。

6. 能正确使用礼貌用语,能用外语进行简单的与客房服务有关的会话。

表5-4　饭店员工手册目录

目　录
第一章　序言
第二章　饭店简介
第三章　饭店的口号
第四章　工作精神
第五章　劳动条例
第六章　报酬的评定方法
第七章　饭店的组织结构
第八章　员工福利
第九章　纪律
第十章　安全守则
第十一章　附则
签署人

（5）报酬的评定方法。提出饭店工资报酬的评定方法及职务技术技能、贡献与所得报酬的内在联系。

（6）饭店的组织结构。说明饭店的组织和形式。

（7）员工福利。规定员工的费用、病事假和其他请假制度，以及有薪假期和膳食标准、津贴等。

（8）纪律。包括奖励和惩处的有关条例，以及员工所必须遵守的制度和违纪处分等一系列条款。

（9）安全守则。提出在饭店万一发生各种意外时，员工必须遵守和执行的条款，以及应尽的义务和责任。

（10）签署人。这是员工手册最后向每位员工提出的要求。每位员工在学习并认可员工手册所提出的各项条款后，必须签名，交人事部门备案，以便将来对照实施。

三、饭店的管理机制

饭店内部组织机构的运行，需要一定的管理机制提供保障，管理机制贯穿于饭店企业运行的全过程。饭店企业的管理机制至少包括对饭店利益主体的激励和约束两个方面。前者考虑人们从事饭店企业经营活动的动机与动力来源，后者包括在经营活动中相关利益主体的自律约束，两者缺一不可。饭店经营缺少足够的动力，其经营目标则无法实现；饭店经营缺乏有效的约束，其经营目标也难以实现。建立饭店企业管理机制的最终目的，是获得饭店企业组织的长远发展。

（一）激励机制

激励机制是饭店企业内激励者与被激励者之间的一种关系，是激励者根据组织特定的目标为刺激被激励者而采取某种经济行为和不采取某种经济行为的机制。从本质上看，激励机制解决了饭店企业的动力问题。它包括两个方面的内容：

1. 市场领域

市场领域的激励问题主要涉及顾客与饭店企业的关系,顾客通过需求的变化向饭店企业传递信息,饭店企业根据顾客提供的信息及时调整服务战略,向顾客提供更有针对性的服务产品。在市场激励的过程中,顾客通过向饭店企业提出要求,实现了消费需求效应的最大化,同时饭店企业在最大限度满足顾客需求中实现了效益的最大化,体现了顾客与饭店企业之间关系的"双赢"。另外,顾客的激励作用还体现在饭店企业更注重长远效益。市场竞争赋予企业内在的发展动力,要求企业实现效益的最大化。效益最大化在时间上的最优体现,就是长远效益最大化。这使饭店企业在服务战略和顾客需求的把握上,立足于可持续的发展。

2. 企业内部

饭店企业内部的激励主要表现在出资者与决策者之间以及饭店企业内部各级决策者之间的关系。饭店企业的激励作用主要体现在三个方面:① 有财产关系的物质激励,如股票期权计划激励、股票红利激励等;② 非财产关系的物质激励,如高额薪金、奖金、各种福利等;③ 精神利益的激励,主要让员工产生成就感和认同感等。

(二) 约束机制

约束机制是指在饭店企业追求目标实现的过程中,受到内部条件、外界环境的牵制或制动的机制。它刺激出资者、经营者、员工保持合理的行为,并承担全部的风险。与激励机制相比,约束机制是一种反激励机制。风险约束主要表现在以下几方面。

1. 对出资者的约束

出资者通过投入资金使饭店企业能正常运转。在公司制中,由于所有权与经营权分离,所有者要通过委托代理关系将企业的经营权交给经营者。其中出资者必须制定严格的委托条款以保证自身利益的最大化,否则经营者不负责任的经济行为会使公司的形象遭到破坏,带来公司经营力的丧失,甚至会使投资资金全部沉没。这使出资者必须慎重选择、小心决策,行为的合理化程度大为提高。

2. 对经营者的约束

经营者若经营不善,将会承担较大的风险。首先,市场化的人才竞争体制会使经营者的市场形象受到极大的损害,职业经历的不光彩将给经营者以后的发展带来不便。其次,经营者的身份地位都较高,追求尊重的心理将使他们较为注重面子,若经营行为非理性化,就有可能丧失已有的许多东西,这对他们的经营行为将产生内在的约束。最后,经营者一般较为注重事业的积累,若出现经营失误,将有可能使以前的事业成果毁于一旦,其代价是极其昂贵的。

3. 对员工的约束

对员工而言,饭店企业效益的最大化将使他们受益匪浅,他们可以得到薪金、奖金、各种福利,甚至是股权激励,个人也会在企业获得成就的同时实现自我价值。若员工不能在饭店企业中努力工作,外在人力资源市场的竞争有使他丧失工作的可能。

4. 对企业整体的约束

在市场化的体制下,服务产品市场、人力资源市场、资本市场等都会存在激烈的竞争,以有效实现资源配置的最优化。这必然产生一种内在市场的隐性约束机制,从而导致各个层次上的决策主体都能保持冷静的经济行为,以免在市场竞争中利益受损。这种层层相扣的约束链,使饭店企业整体的运行能保持稳定。

本 章 小 结

● 根据饭店组织设计的原则、程序,以及战略、环境、技术、规模与企业所处发展阶段等因素,合理设计饭店组织结构,是实现饭店经营战略目标的前提。

● 直线制、直线职能制和事业部制是饭店企业的三种基本组织结构类型。从竖式结构向扁式结构转变、从金字塔结构向葫芦型结构转变,则体现了现代饭店组织结构的变化趋势。

● 典型饭店的机构设置,一般分为营业部门和职能部门两大类,它是根据客人在饭店内的活动特点及饭店经营管理的需要决定的。总经理负责制、经济责任制、岗位责任制和员工手册,是保证饭店各部门、各岗位正常运行所不可或缺的"连接件"。贯穿于饭店企业运行全过程的激励机制和约束机制,则为饭店内部组织机构的运行提供了保障。

同 步 练 习

一、问题思考
1. 现代饭店组织设计的原则是什么?
2. 影响饭店组织结构设计的因素有哪些?
3. 饭店组织结构主要有哪几种类型?各有什么特点?
4. 扁式和葫芦型组织结构各有什么特点?
5. 饭店有哪些主要的机构?其主要职责是什么?
6. 为什么说员工手册是饭店的"基本法"?

二、讨论交流
以 3~4 人组成的小组为研究单位,通过互联网查找资料或实地考察饭店,进行以下问题的研究,撰写调研报告,编制 PPT 文件,在课堂上进行交流分享。
1. 介绍若干家饭店机构和岗位设置的实例。
2. 研究下文实例参考,能解读员工手册在饭店中的重要作用。

三、在线自测
扫描二维码,完成在线练习。

在线自测 5

饭店的组织结构图和员工手册

A. 大型饭店的组织结构图

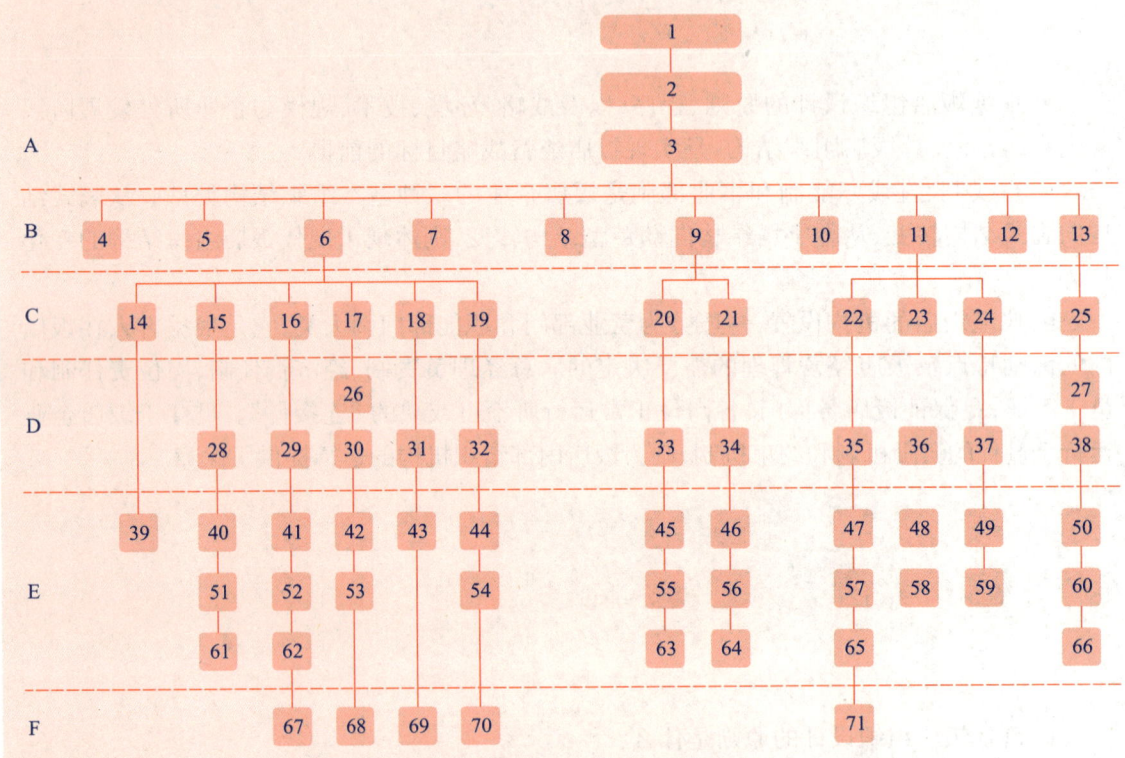

图内英文字母与方格中的号码示意

A：最高管理层　1.董事会　2.总经理　3.副总经理
B：部门经理层　4.工程设备部经理　5.商场部经理　6.餐饮部经理　7.安全保卫部经理　8.人事培训部经理
9.前厅部经理　10.公共关系部经理　11.客房部经理　12.销售部经理　13.财务部经理
C：专业层　14.客房餐饮部主管　15.食品原料采购部经理　16.各餐厅经理　17.厨师长　18.各酒吧经理
19.膳务长　20.总服务台主管　21.前厅服务主管　22.公共卫生主管　23.楼面服务主管　24.洗衣房主管
25.总会计师
D：半专业层　26.各厨房主管　27.总出纳　28.采购领班　29.餐厅领班　30.厨房领班　31.调酒师　32.膳务领班　33.总服务台领班　34.前厅服务领班　35.公共卫生领班　36.楼面服务领班　37.洗衣房领班　38.夜间核算主管
E：熟练职工层　39.服务员　40.采购员　41.预订员　42.各类厨师　43.酒吧服务员　44.洗涤工　45.预订员
46.电话接线员　47.门厅清洁员　48.楼面服务员　49.收发保管员　50.记账员　51.验收员　52.应接引座员
53.各类烹饪工　54.仓库保管员　55.接待员　56.门卫、行李员　57.环境清洁员　58.客房服务员　59.洗烫缝工
60.结账员　61.保管员　62.餐厅服务员　63.问询员　64.电梯服务员　65.花卉工　66.收银员
F：培训层　67.练习生　68.勤杂工　69.练习生　70.勤杂工　71.勤杂工

B. 饭店员工手册

第一章 序　言

热诚欢迎您加入××大酒店。

为使各位员工能全面了解所需遵守的规章制度及有关事项,特编制此手册。

为了将员工培养成一流的酒店从业人员,将××大酒店办成××最高级的酒店,各员工务必切实遵守本手册。

"忠于职守,热心勤奋,主动服务"是本店的宗旨,希望大家充分发挥各自的才能,彼此真诚合作。

我们坚信:只要大家共同努力,我们必定能把××大酒店建成一流的酒店。

第二章　××大酒店简介

××大酒店是国际×星级的酒店,位于风光秀丽、景色迷人的××旅游度假区。具有民族特色的××别墅客楼内含有××套高级客房和×豪华套房,另有××套普通标准间,××幢商务别墅楼。所有的客房内都配有现代化的设施。散布于酒店园林中的珍稀植物、奇花异草为酒店宾客观赏本地风光、旅游度假提供了一个温馨宜人的环境。配套的中西餐厅、酒吧、歌舞厅、露天游泳池等餐饮、娱乐设施,便利的交通、齐全的通信设施,训练有素、服务优良的员工,使××大酒店成为中外宾客最理想的下榻之处。

第三章　××大酒店的口号和工作精神

这个口号意味着××大酒店的每个员工都能够做到:

对客人的任何合理要求——是,我能令您满意。

对客人的任何困难——是,我能帮您解决。

对上级的指示——是,我能尽力完成。

对同事的合作——是,我能协助您。

——是,我能帮助您。

我们的工作精神是:

1. 礼貌——待人处世要温文有礼,和颜悦色,说话和蔼可亲,大方得体。
2. 整洁——服装整洁,工作环境保持清洁。
3. 服从和合作——服从上级指示,同事之间互相帮助,协调、统一。
4. 守时——上班准时,不迟到,不早退。
5. 效率——做事迅速且符合工作要求。
6. 公德——爱护公共财物,不乱抛杂物,保持公共卫生。
7. 勤工——不缺席,做事勤奋、努力、精益求精。
8. 责任——热爱工作、坚守岗位、忠于职守。
9. 专业知识——不断学习、精通业务,善于应用。

第四章 ××大酒店组织结构

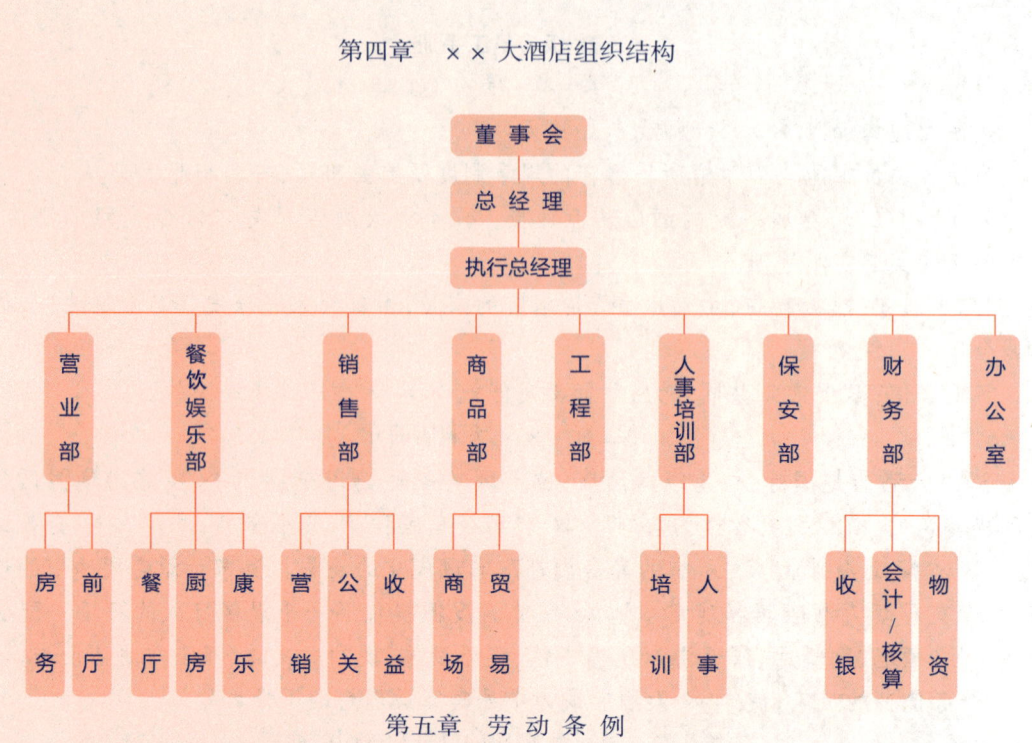

第五章 劳 动 条 例

第一条 工作时间

每天实际工作时间为八小时(不包括膳食时间)。但需轮班,分隔班或通宵班工作,有时会因工作需要加班,或要服从调派到其他部门负责临时工作。办公室上班时间为×时—×时(×时—×时为午膳、休息时间),下午×时—×时,各部门将根据工作任务需要确定工作形式、休息时间。

第二条 加班

1. 因工作需要,C级以下员工(含C级)在工作时间以外的时间或节假日加班,须由上级签署加班指令。

2. 平时加班,按小时计算加班时间(折合成天数)给予调休或支付加班工资,加班工资的支付以不低于原工资的200%工资报酬计发。

3. 员工在国家法定节日上班,给予双倍调休或支付不低于原工资的300%工资报酬。

4. B级以上(含B级)职员加班不计加班时间,不支付加班费。

5. 工作及班次,由部门主管根据工作需要安排,员工每周的休息日一般在周内安排,如因工作需要被占用,必须于当月按1∶1补回假期。

第三条 体格检查

员工经考试初步入选,还需进行体检,合格后附交身份证(户口簿或父母所在单位的证明函)、毕业证、特种行业许可证、未婚证(结婚证)等个人有效证件的复印件方可办理入职手续并获得正式录用。酒店每年为员工提供一次保健检查,凡发现员工患有传染性疾病,酒店将视其情况调动患病员工的工作岗位或辞退。

第四条　薪酬支付

1. 薪酬由酒店人事部核算后,由酒店财务部直接发给员工。员工可能因工作表现、服务年限及特别技能程度不同,而产生工资差异,员工之间须为此保密。员工不论何种原因离职,都应先办妥离职手续,否则酒店有权冻结其名下的工资。

2. 酒店按月在规定的日期以人民币支付员工工资。外聘员工工资的支付以聘用合同为准。

3. 员工每年的工资递增额由董事会决定。

第五条　培训及试用期限

1. 酒店所雇用的员工,从该员工进入酒店工作试用期满之日计,一般签订为期一年的合同。

2. 试用期为×个月,在试用期期间,新员工须接受酒店的专业、语言及礼仪(理论和实践)等培训,须认识并习惯酒店行业的特性,学习并遵守酒店规章制度。试用期满后,酒店根据员工的表现,可考虑正式录用或延长试用期至×个月或不录用。

3. 对于无法胜任工作的员工,在试用期内或试用期满后,酒店将予以辞退,在试用期间,部门领导认为不能胜任工作的员工,经与人事部协商,如能安排到其他部门(人事部负责)而本人又愿意者,可重新开始试用期,否则仍以辞退处理而无任何补偿。

4. 新员工在上班前必须预付×××元作为服装(工作制服)保证金。

5. 试用期内,员工因故不能或不愿继续工作,可提前15天书面向酒店提出辞职,酒店在15天内作出相应的决定。

6. 员工合同期满,酒店可考虑是否续签合同,员工本人也可选择,双方意愿一致,须提前30天办理续签合同事宜。否则,合同于期满时自动终止。

第六条　试用期满后的解雇、辞退和除名

1. 在合同期内,员工如违反劳动合同中的条款,酒店有权立即予以辞退。

2. 员工因工作效率低,服务态度差,经教育或警告无效,酒店将予以辞退,无须提前通知本人,酒店且不需作出任何补偿。

3. 员工在合同期内因故不能或不愿继续工作,可在一个月前以书面形式向部门经理提出申请,批准后即转人事部审核,经酒店同意后,可解除合同,办理离职手续。但在合同期内,如员工是由酒店出资培训的,应按在店工作时间长短和员工培训合同规定,赔偿酒店一定数额的培训费用(培训费用的偿还按酒店有关规定)和可能引起的酒店经济损失。

4. 员工在辞退时,应迅速处理好一切事务,并将所担任的工作用书面形式写出移交清单或报告,且必须在将员工证、制服等酒店所发给的证件资料及其他有关物品归还给所工作的部门后,到人事部办理离店手续。上述物品如有遗失或严重缺损,应照价赔偿。

第七条　部门转调

1. 员工本人要求从一个部门转调另一个部门工作,由新接纳部门重新评定薪金级别,且不得高于原薪。主管以上员工的工作转调,需报总经理(执行总经理)批准。

2. 员工本人要求由一个部门转调另一个部门,需由其原部门经理同意,且欲调部门确需人员,经人事部批准,方可转调。

3. 若因工作需要,员工必须在酒店内部调动,员工的调动应有人事部门签署的调职表方为有效。

4. 员工在收到调职通知后,必须按时到调入部门报到,逾期不报到者做旷工处理。

第六章 薪金评定方法

第一条 员工的工资由酒店根据下列精神参考而确定

1. 员工的薪酬(基本工资和职务工资)由酒店管理部门衡量,依员工本身工作、等级、所具资历和对酒店贡献而定。贡献愈大,所得酬劳愈多。所有员工机会均等,由酒店量才评定。

2. 职务不同,能力和贡献不同,工资级别也不同。

3. 工种不同,工资级别也不同,原则是高技能水平的多得。

4. 除能掌握本身专业技能外,能够表现出管理才能者,将逐步晋升至管理层,工资级别也相应提高。

第二条 员工的薪金由底薪(基本工资和职务工资)和浮动工资组成,浮动工资将根据酒店当月的经营状况和员工各方面表现给予评定

第七章 员 工 福 利

本章除规定员工可享受的福利待遇外,尚规定若干纪律,所有员工必须遵守,违反其中任何一条,按违纪处理,其方式详见"纪律"章节。

第一条 医疗

1. 酒店设有医务室,免费为员工诊病,员工须支付药费。

2. 员工就诊时,酒店医生将根据病情决定是否给予病假,员工不得纠缠医生索取病假或索取药品,违者将给予警告,严重者将予以解聘。

3. 员工非上班期间,如患急病,可到指定的医院急诊就医,持急诊单及病假证明在3天内到酒店医务室经酒店医生签字方能被认可。

4. 员工因探亲、公差去往外地,若患急病,可在当地县级以上(省城为市级以上)医院以急诊就医,急诊病假须经酒店医生签字方能被认可。同时应出示病历、化验单等有关病情资料以示证明,医药费方可按酒店规定报销。

第二条 病假

1. 所有员工的病假均以酒店医务室开出的病假建议单(3天以内的病假),经各部门经理批准方为有效。超过3天的病假,须由人事部批准,否则按旷工处理。

2. 员工非上班时若患急病,可到指定的医院急诊就医,持急诊病历证明、病假单在3天内到酒店医务室经酒店医生签字方能被认可。员工病假期间应首先亲自打电话到酒店向部门经理请假,3天内补假期申请表,待部门经理签字后方有效,否则按旷工处理。

3. 员工病假期间,计天数扣发职务工资,病假月内累计超5天者,除每天扣日职务工资外,每天加扣10%的月浮动工资,直至基本工资。

第三条 事假

1. 所有员工如需申请事假,需填写假期申请表,经部门经理同意后才有效,否则按旷工处理。

2. 原则上所有员工不能以打电话或托人带口信的方式申请事假,否则一律按旷工处理。若是突发性事件,员工亲自致电部门经理说明原因,经同意才有效,但假满后需补填事假申请表。

3. 请事假3天以内,由所在部门经理审批后生效,3天以上7天以内(含7天)需由部门经理及人事部经理一同审批。8天以上的事假须分管人事副总经理批准。

4. 事假除扣发日标准工资(基本工资和职务工资)外,每天加扣本月浮动工资的20%,以此类推。

第四条 旷工

旷工一天除扣发日标准工资(基本工资和职务工资)外,还扣发当月浮动工资的50%,以此类推。旷工3天以上按自动离职处理。旷工者不得享受年假和双薪。

第五条 年假

1. 在酒店工作满一周年,凡B级以上(含B级)的职员,可享受7个工作日的有薪年假;C级以下(含C级)的员工,可享受3个工作日的有薪年假。以后凡在酒店工作每满一年,增加一个工作日的有薪年假。最高有薪年假为15天。享受年假者的前一年出勤率必须在80%以上。

2. 出勤率是指前一年自1月1日至12月31日的出勤情况。

3. 员工如欲使用有薪年假必须提前一个月填写"假期申请表"提出申请,经部门经理同意后,报至人事部门核准同意。

4. 有薪年假只能一次连休。原则上,未经总经理的批准,年假不可累积。

5. 因工作需要,未休年假者,酒店按应休天数计发加班工资。

第六条 婚假

1. 依据法定年龄结婚的享受有薪婚假7天。

2. 男女双方晚婚(男25周岁,女23周岁)可享受有薪婚假15天。婚假必须在举行婚礼时一次性休完。不得在结婚时利用调休,婚后再休婚假。休假必须在10天前提出申请并经部门经理批准,报人事部核准备案。

3. 婚假期间标准工资(基本工资和职务工资)照发,浮动工资则按当月实际出勤天数计算。

第七条 产假

1. 已婚女员工符合计划生育规定范围的生育,应凭有关计划生育部门出具的准生证,向部门办理相关手续,报人事部、计生办核准备案。

2. 按法定年龄结婚后生育享受产假90天。

3. 已婚的24周岁以上(含24周岁)的初产妇,可享受产假120天。

4. 产假期间工资照发,但不发浮动工资。

5. 已婚女员工因小产(7个月以内)可享受30天至42天的有薪假期(不发浮动工资)。

6. 符合计划生育规定范畴内的人流、引产、节育上环享受薪假(工资、浮动工资待遇不变)。但需持医院医师证明,提前向部门经理办妥请假手续方可享受,否则不予承认。

第八条　丧假

员工的直系亲属(父母、配偶、子女)去世给予丧假3天,如在外地可视具体情况酌情给予路程假,其工资、浮动工资不变。休丧假须持有关证明办理审批手续,经部门经理同意,报人事部备案核对后才生效(特殊情况可在丧假后5天内补办手续)。

第九条　工伤和死亡

员工因工负伤或死亡,经部门经理和人事部门认可,并经市劳动安全部门批准,按国家劳动保险和有关规定执行。

第十条　受灾假

员工家庭因发生火灾、水灾、震灾或其他灾难时,凭地方证明原则上给予3天以内的有薪(标准工资)假期。

第十一条　公假

1. 员工去法庭作证或员工房屋拆迁、搬迁时,须经有关单位证明,部门经理批准,报人事部备案,可给予1至2天的公假。

2. "三八"妇女节,女员工在不影响工作前提下,可享受半天公假。

第十二条　年终双薪

酒店于每年年终向员工派发相当于今年平均出勤一个月薪酬(标准工资)的年终双薪。工作不满一年者按在职时间比例计算。而在12月31日前辞职或要解聘、除名的员工不得享有。

第十三条　制服

1. 酒店将按不同岗位、工种制定不同的制服、鞋、帽分发给员工使用,所有权归饭店。

2. 员工制服应穿着整齐,包括领带、名牌等配件,上班不得擅自穿(戴)其他饰物和外衣,否则按违纪处理。前台部门员工在当班前到布草房领取制服,下班后交还布草房进行整洁、保管。

3. 非工作原因,员工若穿制服或工作鞋离开酒店范围,将受到纪律处分。

4. 员工制服遗失,须照价赔偿。报人事部后从布草房领取新制服。若制服价值少于该员工每月全部收入的四分之一,须一次付款;超过四分之一,则按月分期付款。

第十四条　膳食

1. 员工上班时可享受工作餐(一正餐,一早餐或晚餐),员工必须在酒店规定的用餐时间内,到员工食堂用餐(行政人员另定)。如上夜班,酒店提供夜餐。就餐时,凭餐卡就餐。不得将食物带出食堂。上班时,不得在食堂以外的地方用餐,不得将餐具放置于工作地点。

2. 员工用餐时必须衣着整齐,保持食堂卫生,食堂内不得大声喧哗,爱护食堂内一切设施,若有损坏照价赔偿。

3. 员工用餐完毕应及时离开食堂,不得逗留、闲谈,以免影响其他在食堂用餐之员工。

4. 就餐员工必须遵守和执行食堂所公布的规定。

第八章 纪　律

本章节列有奖励及处罚规则,违反规则将会受到纪律处分(分别为书面警告、罚款、解聘)。处罚将视其情节轻重,给予罚款或书面警告(可同时给予书面警告与罚款的处理)。对经常违反,警告无效(包括部门经理的口头警告)或情节严重,影响极坏者,可直接给予最后警告或直至除名。

除对本章纪律必遵守外,在员工福利一章中所列纪律也必须遵守,其纪律处分方式与本章相同。

第一条　凡××大酒店的员工都应做到第三章所述的口号和工作精神的要求

第二条　奖励(表扬、嘉奖、晋升和授予各种荣誉称号)

凡符合下列条件之一者,将给予奖励。

1. 对改革酒店的经营管理,提高酒店经济效益和提高服务质量有重大贡献者。
2. 在服务工作中得到众多宾客一致表扬者(三位以上)。
3. 在各级操作和技能比赛中获得名次和奖励者。
4. 及时发现事故苗头,防止重大事故者。
5. 为保护国家、酒店、宾客的财产和生命安全见义勇为者。
6. 拾金不昧者。

第三条　戒条(违者将受到严重警告或除名处理,扣除一个月工资)

1. 偷窃客人的钱财或酒店的用品,偷窃同事的财物。
2. 侮辱、诽谤或袭击上司、同事及藏有凶器。
3. 故意损坏酒店或国家财产。
4. 在酒店范围内赌博,主使或参加任何非法行为,以及触犯国家刑法。
5. 未经酒店当局授权,擅自向外界发表有关酒店言论,损害酒店形象。
6. 泄露酒店机密。
7. 故意不服从上司和酒店当局指示,在工作中欺骗上司。
8. 违反《旅游涉外人员守则》性质恶劣者。
9. 严重违反服务规则,引起宾客不满,损害饭店声誉,又无悔改表现者。
10. 违反第1、2、3、4、8条且情节严重,触犯国家法律者,酒店将向公安部门举报。

第四条　规则

1. 遵守员工"工作精神"的各条款。
2. C级以下(含C级)的员工,出入酒店必须走员工通道,不得擅自出入酒店大堂等客用通道。
3. C级以下(含C级)的员工,上下班必须经打卡处打钟卡,任何员工不得代人打卡,违反此规则按旷工处理。
4. 迟到3分钟为迟到,早走3分钟为早退,迟到或早退第一次将扣除浮动工资的5%,第二次扣除浮动工资的10%并书面警告,以此类推,月累计迟到、早退3次按旷工1日处理。情况较为严重者或因其迟到、早退、旷工引起酒店重大损失,影响极坏者给予纪律处分直至除名。

5. 员工上班时必须佩戴工作牌和穿工作服。

6. 工作时间不得聊天、阅报、看书、写私函,不得听收音机、录音机或看电视,不得擅离职守,上班时不得睡觉,不得带有醉意,不得打私人电话。

7. 保持酒店安静,不得在酒店奔跑,大声喧哗,骚扰宾客。

8. 接待客人的员工不得穿着私服。

9. 员工应避免与宾客有工作范围以外的接触应酬,如宾客主动询问时可谦恭而应之。不得私自与客人通信、通电话、跳舞,私自与客人约会、外出游玩(以中华人民共和国旅游业外事条例为准则)。

10. 不得向宾客索取小费及其他礼物或要求客人代办事项。

11. C级以下(含C级)员工不得私用酒店内任何客用设施,客人遗留下的任何物品(包括杂志、书、报)均应上缴。

12. 员工下班后不得在酒店逗留,不得擅自带亲友或其他人士到酒店,工作时不得会客(如家属有事,可由人事部安排会见,若遇人事部无人值班,经部门经理同意后,由部门安排在非客用场所会见)。

13. 上班时间不得串岗、吃零食、聊天、做与工作无关的事。

14. 不得在客人面前打哈欠、伸懒腰、剔牙、挖鼻孔、剪指甲、搔头皮。

15. 本酒店的员工在工作时间未经许可,不得探访入住本酒店的亲友或与亲友在酒店共餐。

16. 员工必须时刻保持个人卫生,有义务清洁和维护公共卫生。

17. 公共卫生秩序包括:

◇ 保持酒店环境整洁有序,在酒店内遵守酒店的吸烟规定,店内禁烟区、公共区域及工作场所(有碍酒店形象的岗位)不准吸烟,不得随地吐痰、乱抛垃圾。

◇ 保持更衣室、洗手间和浴室卫生。

◇ 保持宿舍房间内外环境清洁卫生。

◇ 自行车按指定位置摆放,不得随意乱放。

18. 个人卫生包括:

◇ 员工须保持个人卫生,时常梳理及保持头发整洁,男职工以发长不过耳为标准,必须经常理发。

◇ 女职工宜保持淡雅妆,不宜浓妆艳抹;不可披散头发,过肩长发须盘扎;不佩戴饰物(结婚信物除外)。

◇ 穿戴整洁大方。

◇ 鞋履必须时常保持整洁光亮(皮鞋)。

◇ 凡从事饭食方面工作的男女员工,不得留长指甲,并应保持手指清洁。

19. 员工上班只限携带自己适量日用品,不得将易与酒店用品相混淆之物品带进酒店,确须带入时,须事先向保卫人员登记,否则一经发现,将视为私拿酒店物品外出处理。凡带大包裹出入酒店打卡处、更衣室及宿舍通道口的员工,必须接受执勤工作人员的检查。

20. 员工无故不得擅自使用酒店设备,不得因疏忽破坏酒店财物,不得偷窃酒店食物,不得在酒店内售卖私人物品,非公事不得在与本人工作无关之地点逗留。

21. 拾到任何钱物应上缴人事部。

22. 酒店支持党团、工会在酒店内进行组织活动。

23. 员工应履行国家赋予每个公民的义务,且应积极参加酒店组织的集体活动。

24. 员工个人资料如地址、电话、婚姻状况及诞生子女等更改时,应尽快呈报人事部。

第九章 安 全 守 则

每位员工都有保护酒店客人的义务和责任。

1. 火警:

一旦发现火警,无论程度大小,必须采取下列措施:

◇ 保持镇静,不可惊慌失措。

◇ 按照火警处理程序,通知电话接线员、监控中心,清楚地说出火警地点、燃烧物质等,并通知经理及有关人员。

◇ 呼唤附近同事援助。

◇ 在安全的情况下,利用就近的灭火设备。

◇ 切勿用水或泡沫灭火器扑灭因漏电引致的火灾。

◇ 把火警现场之所有门窗关闭。

◇ 如火势蔓延,必须根据灭火的指示,协助引导客人撤离火警现场。

◇ 参加每次防火演习时应熟记火警信号,防火通道与出口位置,以及灭火器具的正确使用方法。

2. 意外:

◇ 如遇有意外发生,应马上通知电话总机转告酒店经理或值班经理及呼叫医生。

◇ 在医生指导下协助伤者前往医务室或医院,但在医生不到现场时切勿擅自移动伤者。

◇ 加设标志,警告其他人勿接近危险区。

3. 紧急事故:

在紧急情况下,例如在火灾、风灾、水灾期间,员工将被要求作额外超时工作,紧急事故期间员工应鼎力合作,务必使酒店保持营运。

第十章 附 则

1. 本手册所载事宜如有未尽录之处概依本酒店其他章程办理。

2. 酒店可依业务上的需要修订本手册的内容,员工应留意酒店公布的新规定。

3. 本手册中各章程由酒店最高管理层负责解释和修订。

第六章 饭店市场营销策划与实施

学习目标

知识目标：

掌握饭店市场营销分析的方法，熟悉饭店市场营销的组合策略，了解饭店市场营销策略的创新，积极践行数字中国的理念，知晓互联网时代饭店营销模式变革的趋势。

能力目标：

能运用STP法进行饭店营销的策划，能说明饭店市场营销的任务和策略，能掌握互联网营销、移动营销和新媒体营销的方法。

第一节　饭店市场营销分析与策划

饭店的市场营销，就是为了让目标客人满意并实现饭店经营目标而展开的一系列有计划、有步骤、有组织的活动。它也是饭店围绕客人需求开展产品设计、价格制定、渠道拓展及促销活动的经营过程。

饭店市场营销分析与策划，在整个营销活动中发挥着重要的作用。它帮助饭店管理者了解营销形势和现状，明确饭店的奋斗目标和努力方向。做好饭店市场营销分析与策划，能减少饭店管理者开展营销活动的盲目性，提高工作效率。

一、饭店市场营销的调研

视频：饭店市场营销的调研

在开展饭店市场营销活动时，饭店管理者需要依靠信息来进行营销决策，而饭店营销调研是取得营销信息的最重要的途径。可以预言，在未来的饭店管理中，没有充分、可靠的市场营销信息，就没有饭店的长远发展。正如许多管理专家所言，"管好一个企业，就是要管好它的未来，而管好未来就意味着管理信息"。

饭店营销调研是指为了实施营销管理而对那些与饭店营销决策有关的信息进行系统的收集、分析和报告的过程。饭店营销调研把饭店管理者同消费者和公众联结起来，管理者借助调研到的信息可以发现和确定营销机会和问题，改善营销活动。

饭店营销调研包括以下步骤。

1. 确定营销调研问题及目标

这一步工作也称饭店营销调研问题的形成。它通常包括两方面内容：第一是确定营销调研的具体问题；第二是明确调研的目标。

确定调研问题及调研目标，往往是营销调研过程中难度最大的环节。饭店管理者可能知道营销中存在的问题，但找不出发生问题的具体原因，因此，需要通过调研来寻找答案。确定营销中存在的问题后，管理者应和调研人员共同确定调研目标。一般而言，一项调研项目可能存在三种目标，即探索性调研、描述性调研及因果分析调研。调研目标一旦确定，调研人员就明确了进行某项调研是为了什么，即明确了调研的目的。

2. 调研的设计和数据收集方法的选定

调研的设计首先要明确饭店营销决策需要哪些信息。饭店营销信息通常分成两大类。第一类称为第一手资料，指通过与客人接触而亲自且首次收集来的信息。第二类是第二手资料，即通过间接的方法收集来的现存的资料。从这两大类营销信息中，饭店营销调研需要得到的信息包括两种：一是有关环境方面的信息，如市场、消费者行为、竞争等；二是有关饭店营销组合方面的信息，如产品、价格、销售渠道、促销等信息。信息收集的常用方法有实地调研法和抽样调研法。实地调研法又包括观察、询问、实验和邮寄等具体办法；抽样调研法又包括随机抽样、非随机抽样等具体办法。

3. 实施调研计划

这一步骤包括收集、整理和分析信息等工作。调研中的数据收集阶段常是花费最大且又最容易失误的阶段。因此,调研人员在实施调研计划的过程中,应尽可能准确地按计划要求去做,使获得的数据尽可能地接近事实。对收集来的信息必须经常分析和处理,否则会导致原始资料杂乱无章、无法使用。

4. 准备营销调研报告

对调研结果做出解释、得出结论并向饭店营销管理部门提交调研报告,是饭店营销调研的最后一步工作。应注意的是:调研报告不是一系列数据的堆砌,而应是简明扼要的结论与说明,这些结论与说明应当对营销决策有直接意义。一份正规的饭店营销调研报告通常包括:① 封面(包括报告题目、编写者、呈送对象、编写日期和呈报日期);② 目录;③ 内容提要;④ 序言(说明调研原因、内容、问题、各种假设和调研目的);⑤ 调研方法;⑥ 调研结果;⑦ 调研分析(包括问题及局限性分析);⑧ 结论和建议;⑨ 附件;⑩ 文献目录。

在调研过程中,饭店管理者和市场调研人员应紧密配合,协调一致,这是饭店营销调研工作取得良好效果的基本保障。

二、饭店市场营销的分析

饭店市场营销分析的内容,主要有企业产品/市场分析、消费者行为分析和竞争形势分析。通过分析,可帮助饭店了解所处的宏观环境和微观环境,明确自己的竞争优势与劣势,避开威胁因素,寻找市场营销的机会。

视频:饭店市场营销的分析

(一)企业产品/市场分析

西方学者曾提出一些对企业产品加以分类和评价的方法,其中著名的是美国波士顿咨询集团和通用电气公司的方法。这几种方法也同样适用于饭店企业产品与市场发展状况的分析。

1. BCG 分析法(波士顿咨询集团法)

波士顿咨询集团是美国第一流的管理咨询企业,它建议企业用"市场增长率—相对市场占有率矩阵"对企业产品加以分类和评价(见图 6-1)。

矩阵图把企业所有的产品分为四种不同类型。

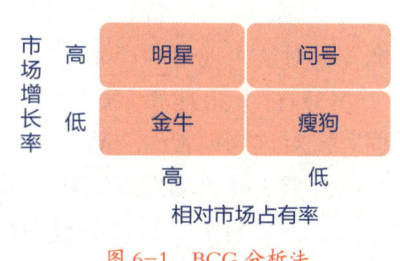

图 6-1 BCG 分析法

(1)问号。问号类产品是指市场增长率高而相对市场占有率低的产品,是可能有发展前途而企业尚未大力投资的业务。企业产品发展往往可从问号类开始。问号类产品需投入大量资金以满足迅速增长的市场需求。企业应该慎重地选择一两个有前途的问号类产品,集中投入资金,将其培育为明星类产品。

(2)明星。明星类产品是高速增长市场中的领先者,有一定的优势。企业必须投入大量资金来维持其市场增长率和击退竞争者的进攻。因此,明星类产品不一定能为企业带来丰厚的利润,但它常常是企业未来的金牛。

(3)金牛。当明星类产品的市场增长率下降到 10% 以下,却仍保持较大的市场占有率时,就变为金牛。金牛类产品市场增长率低,企业不必大量投资。作为市场领先者,还享有规模经济高利润的优势,所以能为企业带来大量的利润,用作经营开支和支持其他各类产品经营。

(4) 瘦狗。瘦狗类产品是指市场增长率和市场占有率都较低的产品,它们在竞争中处于劣势。可能是亏损产品,也可能是仅能保本的产品。如果没有特别的原因,应进一步收缩或淘汰。

饭店企业经营的各类产品在矩阵图上定位后,企业可以确定其现有产品组合是否合理。由于一般产品都有生命周期,在此矩阵图上往往会表现为从问号类开始,转向明星类,进而成为金牛类,最终降为瘦狗类。饭店企业必须注意各类产品变化的位置,预测未来的市场变化,合理规划企业产品开发战略。

2. GE多因素组合分析法(通用电气公司法)

通用电气公司的方法较BCG法有所发展。它用"多因素组合矩阵"来对企业的产品加以分类和评价(见图6-2)。

通用电气公司认为,企业在对其产品加以分类和评价时,除了要考虑市场增长率和市场占有率之外,还要考虑行业吸引力和企业竞争力这两个变量所包含的因素。行业吸引力一般包括市场规模、市场增长率、利润率、竞争强度、技术要求、能源要求、环境影响及通货膨胀因素的影响等。企业竞争力包括市场占有率、产品质量、品质信誉、促销渠道、促销效率、生产能力、单位成本、物资供应、开发研究实绩及管理水平等。

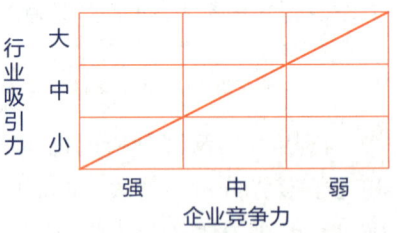

图6-2 GE多因素组合分析法

矩阵图中按行业吸引力和企业竞争力分为三个地带。

(1) 左上角地带(又叫作"绿色地带",这个地带的三个小格是"大强""中强""大中")。对这个地带的产品类别,企业要"开绿灯",采取增加投资和发展壮大的战略。

(2) 对角线地带(又叫作"黄色地带",这个地带的三个小格是"小强""中中""大弱")。对这个地带的产品类别,企业要"开黄灯",采取维持原有市场占有率的战略。

(3) 右下角地带(又叫作"红色地带",这个地带的三个小格是"小弱""小中""中弱")。对这个地带的产品类别,企业要"开红灯",采取"收缩"或"放弃"的战略。

3. 产品/市场发展矩阵分析法

这种分析法是将产品分为现有产品和新产品,市场也相应分为现有市场及新市场,从而形成了一个四象限的矩阵。饭店企业可以从这四个象限的满足程度上来寻找和发现市场机会(见图6-3)。

(1) 市场渗透。即饭店企业通过改进广告、宣传和推销工作,以及短期削价措施和增设销售渠道,扩大回头客比率,争取新的顾客以及竞争对手的客人。

(2) 市场开发。即饭店企业通过在新的市场增设新的销售渠道、加强广告促销等措施,在新的市场上扩

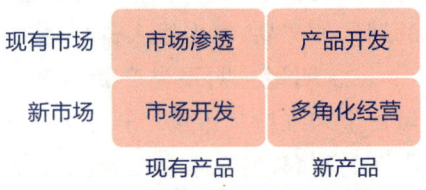

图6-3 产品/市场发展分析矩阵

大现有产品的销售。

(3) 产品开发。即饭店企业通过增加花色、品种、规格等，向现有市场提供新产品或改进产品。

(4) 多角化经营。即饭店企业尽量增加产品种类，跨行业经营多种产品和业务，扩大生产范围和市场范围，使企业特长得到充分发挥，人、财、物等资源得到充分利用，从而提高经营效益。当然，盲目追求多角化经营显然是不可取的。

(二) 饭店消费者行为分析

饭店消费者行为指消费者购买饭店产品前、消费过程中及消费后整个过程中的所思、所为。消费者行为是个人因素、社会因素及环境因素共同作用的结果。要想使消费者选择本饭店而不选择别的竞争饭店，饭店管理者就必须善于分析各类客人的行为及影响客人行为的各种因素。

首先，经营管理人员要分析消费者行为产生的内因，即分析消费者的个人因素。它主要包括对消费者的需要、自我形象、爱好与兴趣、动机、认识及态度等个人因素的分析。通过这些分析与研究，经营管理者能找到客人选择某一饭店的内在原因，同时，也能使饭店提供的产品、服务、价格、促销活动等投客人所好。

消费者的个人因素固然是影响其消费行为的主要因素，然而并不是唯一的影响因素。饭店消费者选择饭店并进行消费，还受到诸如团体、家庭、组织文化以及饭店各种促销宣传活动等外在因素的影响。

饭店管理人员应定期对消费者行为的影响因素进行诊断，弄清消费者行为产生的真正原因，从而为日后的营销活动，如产品服务设计、价格制定、促销活动的策划等提供有用的信息，为饭店营销活动打下成功的基础。

饭店消费者的购买行为，一般可分为四种类型，如表6-1所示。

表6-1 消费者购买行为类型

市场特征	高档产品	低档产品
选择机会多	复杂型	随意型
选择机会少	协调型	习惯型

1. 习惯型购买行为

对于价格低廉的、经常性购买的商品，消费者的购买行为是最简单的。这类商品中，各品牌的差别极小，消费者对此也十分熟悉，不需要花时间进行选择，一般随买随取就行了。这种简单的购买行为不经过收集信息、评价产品特点，最后作出重大决定这种复杂的过程。

这类产品的营销者可以用价格优惠和营业推广等方式来鼓励消费者试用、购买和续购其产品。由于消费者对这些商品的牌子不很在意，而只是被动地接收信息，管理者在做广告时要注意视觉符号和形象。

2. 随意型购买行为

有些商品品牌之间有明显差别，但消费者并不愿在上面多花时间，而是不断变换他们所购商品的品牌。如在购买点心之类的商品时，消费者往往不会花长时间来选择和估价，下次买时再换一种新花样。这样做往往不是因为对产品不满意,而是为了寻求多样化。对这种情况,管理者应多采用营业推广的办法,保证供应,鼓励消费者购买。

3. 协调型购买行为

有些商品,品牌之间区别不大,而消费者又不经常购买,购买时有一定的风险性。对这类商品,消费者一般先寻找几家饭店看看,进行一番比较,而后不花多长时间就购买,这是因为各种品牌之间没有什么明显的差别。如果价格合理,购买方便,机会合适,消费者就会决定购买。

购买以后,消费者也许会感到有些不协调或不够满意,也许商品的某个地方不够称心,或者听到别人称赞其他种类的商品。在使用期间,消费者会了解更多情况,并寻求种种理由来减轻、化解这种不协调,以证明自己的购买决定是正确的。

4. 复杂型购买行为

当消费者要购买一件价高的、不常买的而又非常有意义的商品时,就会全身心地投入购买。这类商品各种品牌之间有明显的区别,消费者往往对这类商品缺少了解,需要学习,要经历一种复杂的购买过程。首先了解产品性能、特点,从而对该产品产生某种看法,并与其他相关商品进行反复比较,最后才进行实际购买。这期间,消费者往往还会向该商品的其他使用者征求看法、意见。

对于这种购买行为,管理者应利用一切渠道让消费者了解商品的性能、特点以及它在同类商品中的优势地位,并积极做好售后服务。

(三) 饭店竞争形势分析

饭店管理者除了对企业产品/市场发展、顾客消费行为等进行分析外,还必须较详细地分析竞争形势。这可谓知己知彼,百战百胜。通常,饭店竞争形势分析可分成以下几个具体步骤。

1. 确定饭店主要竞争对手

在竞争分析中,饭店管理者首先必须明确谁是本饭店的主要竞争对手,谁将会成为本饭店的主要竞争对手。饭店间的竞争在各个档次、各个方面激烈地展开着。例如,上海市已有数百家星级饭店,同时,每年新的饭店不断涌现。很多饭店分布在市内几个重要区域,如虹桥区域、静安区域、黄浦区域及杨浦区域等。倘若上海的饭店管理者对整个城市的饭店都进行分析研究,从投入的人力、物力、财力上看都是不可取和不明智的。因此,要进行有效的竞争分析,制定出奇制胜的竞争对策,首先必须找准自己的主要竞争对手。饭店可按照所在区域、星级档次、经营的目标市场及经营的项目等因素来确定本饭店的主要竞争对手。

2. 进行竞争情况比较

竞争情况的比较,可从竞争饭店所争夺的目标市场客人的需要着手,尤其要针对客人选择饭店的重要标准来进行竞争情况的相互比较,如饭店的地理位置、设施、服务、价格等。然后进一步了解竞争对手的产品—服务组合情况及近期展开的营销活动和销售情况。通过对营销活动和销售情况的比较,管理者可了解本饭店和竞争对手分别开展了哪些行之有效的营销策略,从而为制定日后的营销方案打下良好的基础。

3. 确定饭店相对竞争优势和劣势

根据前面两步竞争分析工作,管理者可以容易地判断本饭店的相对竞争优势和劣势。值得注意的是,管理者应将判定的优势、劣势以书面的形式记录下来,以便于饭店决策者在制定年度营销计划时参考和使用。

4. 确定饭店竞争对策

饭店竞争分析的最终目的是通过分析能构思和策划本饭店有效的竞争对策和竞争地位。通常,在同一目标市场上竞争的饭店,因其营销目的、资源和实力不同,各自有不同的竞争地位,各饭店又因竞争地位不同而要采取不同的竞争策略。

在饭店竞争中,通常可能出现四种不同竞争地位的饭店,分别为市场主导者、市场挑战者、市场跟随者和市场利基者。这四种竞争地位既可针对一个饭店,也可针对饭店的某一经营项目,如餐饮、客房等。同一个饭店的产品有可能处于不同的竞争地位,需要不同的营销策略。

(1) 市场主导者及其竞争策略。市场主导者是指在相关产品的市场竞争中占有领先地位的饭店,通常为同行所公认。市场主导者为了维持自己的优势,保住其主导地位,常采用三种措施:第一,扩大市场需求量。包括发掘新的客户、开辟产品的新用途、增加客户对产品的使用量等具体措施。第二,保持市场占有率。在产品创新、服务水平的提高等方面作出不懈努力,同时抓住对手的弱点主动出击。第三,提高市场占有率。市场主导者通过对饭店营销组合的调整等策略,努力提高市场占有率水平。

(2) 市场挑战者及其竞争策略。那些在市场中处于次要地位,如第二、第三位的饭店,为了争取市场主导地位而向竞争者挑战,即为市场挑战者。挑战者的战略目标通常是提高市场占有率。它们通过各种进攻性策略,向市场主导者或向与自己实力相当者展开进攻。通常挑战者应设计一套整体策略,借以改善自己的市场地位。然而,并非所有居于次要地位的饭店都可充当挑战者。如果没有充分的把握不应贸然进攻市场主导者,最好充当跟随者。

(3) 市场跟随者及其竞争策略。那些安于次要地位,在共存状态下求得尽可能多的收益的,就是市场跟随者。它与市场挑战者不同,不是向市场主导者发动进攻并图谋取而代之,而是跟随在主导者之后自觉地维持共处的局面。跟随者常用的策略有紧密跟随、有距离跟随及有选择跟随。

(4) 市场利基者及其竞争策略。在饭店行业中,有些企业专门关注市场上被大饭店或集团忽视的某些细小部分,在这些小市场上通过专业化经营来获得最大限度的收益,也就是在大企业的夹缝中求得生存和发展。这种企业的市场地位在西方市场营销学中被称为"Niche",常译为"利基",指对一个企业来说最有利的位置,在这个位置上可取得最大限度的利益。所谓市场利基者也就是处于这种地位的企业。事实上,这种市场地位不仅对于小型企业有意义,而且对某些大饭店中的较小部门也有意义,它们常设法寻找一个或几个既安全又有利的市场位置。通常具备足够市场潜力和购买力、利润有增长潜力、对主要竞争者不具吸引力、企业有能力占据且靠自己的信誉能对抗主要竞争者等特征,可视为最有利的市场地位。

视频：饭店市场营销的策划

三、饭店市场营销的策划

在对饭店市场情况分析的基础上，进行市场细分化（Segmenting）、市场目标化（Targeting）和市场定位（Positioning），即实行 STP 营销策划，是决定饭店营销成败的关键。

按照客人需求的差异程度，可将市场分为两种。一是同质市场，是指那些由需求几乎完全相同的顾客所构成的市场，如日常生活中，人们都需要购买酱油、大米，而且他们的需要基本一致；二是异质市场，即由许多具有不同需求的顾客组成的市场，如饭店客源市场是由许多不同类型且需求又有明显差异的顾客所组成的市场。

相比之下，同质市场的经营和开发比异质市场容易，管理者在策划产品、价格、销售渠道、促销等营销组合因素时，显然有明确的努力方向。这样便能很好地构思合理的营销组合策略，提供合适的产品、制定合理的价格、组建畅通的销售渠道及开展有针对性的促销活动。显而易见，管理者在清楚地了解差异不大的顾客的需求情况下，就更容易使顾客满意。因此，也就更容易取得市场开拓和经营的成功。然而，异质市场的经营就不那么简单。管理者要获取成功，首先必须投入大量的人力、物力和财力去剖析顾客错综复杂的需求，然后再进行市场的选择，进而展开有针对性的营销组合策划，实施有效的营销方案。显然，异质市场带给管理者的挑战远超过同质市场。饭店管理者面临的市场是异质市场。国际上专门研究市场营销的专家，通过大量理论和实践的反复论证，形成了一套经营异质市场的有效方法，称为 STP 营销。一是按照一定的依据和标准对市场进行细分；二是选择对本饭店最有利且本饭店有能力满足的亚市场（经细分后的某一市场组成部分）作为自己为之奋斗和服务的目标市场，实行有目的、有针对性的营销活动，也称市场目标化；三是确定本饭店在该市场上的竞争地位，搞好产品的形象策划与设计，即明确饭店或集团的市场定位。

（一）市场细分（S）

所谓市场细分是指饭店管理者按照消费者的一定特性，把异质市场分割成两个或两个以上的同质市场，以用来确定目标市场的过程。饭店做好市场细分工作，一是有利于发现市场营销机会；二是有利于深入了解消费者的需求；三是有利于制定正确的营销策略。

1. 市场细分的方法

饭店管理者可以使用许多因素来对饭店市场进行细分，常用的市场细分方法有以下几种。

（1）地理细分方法。地理细分就是按不同的地理区域将饭店市场划分为若干个亚市场。它以现在及潜在的客源发生地为研究的出发点。根据旅游输出国与接待国之间的距离，可把旅游市场细分为远程旅游市场和近程旅游市场；根据旅游者的客流量，可把旅游市场细分为一级市场和二级市场；根据旅游发生国或发生地，可以把旅游市场细分为不同的国家或地区旅游市场。

虽然地理细分方法有助于饭店管理者制定营销决策，如选择广告媒介决策等，但是只凭地理因素划分饭店市场还不够，因为饭店消费者行为、态度、价值观念等内容不是仅通过地理细分就能了解的。要了解这些内容，还得用人口细分、心理细分和行为细分等方法。

(2) 人口细分方法。人口细分就是根据旅游者的年龄、性别、家庭规模、婚姻状况、家庭生命周期、收入水平、职业、文化程度、民族、宗教信仰、社会阶层等人口特征因素,将旅游市场划分成若干个亚市场。人口特征因素也是市场细分常用的因素。旅游者的各种要求、偏爱、使用产品的频率等均与人口特征因素有关。

如根据人口特征中的年龄因素,旅游市场可以细分为老年旅游市场、中年旅游市场和青少年旅游市场。如果根据两个或两个以上的人口特征因素,那么就能细分出未婚女青年旅游市场、中青年商务旅游市场等。

(3) 心理细分方法。心理细分就是根据旅游者的生活方式、性格、爱好、价值观、心理敏感性、心理适应性等心理特征因素,把旅游市场划分成若干个亚市场。如旅游者的性格包括外向和内向、独立与依赖、乐观与悲观、开放与保守等,加上人们在不同社会环境中逐渐形成的不同生活习惯和价值观,因而饭店经营人员可以根据上述不同标准,将旅游市场进行不同的细分。

(4) 行为细分方法。行为细分就是根据旅游者的购买动机、购买时间、购买地点、购买习惯、使用频率、品牌忠诚度等行为特征因素,把旅游市场划分为若干个亚市场。如饭店利用忠诚度及特征因素来进行市场细分,发现欧美公司的长住客是比较忠诚的消费者,因此就可把欧美公司的长住客作为自己饭店重要的目标市场。

2. 市场细分的原则

如果把上述四种市场细分方法交叉使用,那么就有无数种市场细分方法。但是许多交叉使用的市场细分方法是没有实用意义的。市场细分应遵循下列原则。

(1) 可衡量性。细分市场的规模、购买力以及它的特征要能衡量和区分。

(2) 可获得性。饭店能有效地进入被细分的市场。即该细分市场的消费者可以通过饭店的营销而被获得。

(3) 可营利性。细分市场应足够大,具有一定的稳定性,以便饭店进入该细分市场后最终能够赢利。

(4) 可行性。饭店有足够的资源设计出吸引和满足该细分市场的有效营销方案。

(二) 市场目标化(T)

市场目标化,是指饭店企业在市场细分的基础上,选择一个或几个亚市场作为企业的目标市场,这种营销活动称为市场目标化。足够大、有潜力、未饱和是饭店选择目标市场的三大依据。

饭店管理者在市场目标化进程中,常采用三种市场目标化策略。这三种策略也可统称为饭店市场覆盖策略。

1. 无差异目标市场策略

无差异目标市场策略忽略不同顾客的需求差别,寻找出全部目标市场需求的共性,据此以同样的营销组合为该市场服务(见图 6-4)。

无差异目标市场策略的优点是可以发展规模效益优势,降低成本,简化营销工作。缺点是有效性较差,易引起其他企业模仿,造成更激烈的市场竞争。

图 6-4 无差异目标市场策略

2. 差异化目标市场策略

差异化目标市场策略是企业针对不同的细分市场分别设计相应的营销组合,即用不同的营销组合分别进入几个目标市场(见图6-5)。

差异化目标市场策略的优点是能针对性地满足不同消费者的需要,能创造出更多的销售收益。缺点是营销成本高、操作要求高,一般适合实力较强的企业。

3. 密集性目标市场策略

密集性目标市场策略是企业选择一个或少量几个细分市场,集中企业力量争取在所进入的细分市场获得大的市场占有率(见图6-6)。

图6-5 差异化目标市场策略　　　图6-6 密集性目标市场策略

密集性目标市场策略的优点是能集中力量、发挥优势、以特色取胜。缺点是风险较大。密集性目标市场策略为中小企业发挥自己的优势提供了一个较好的办法。

以上介绍了三种目标市场的营销策略,饭店管理者究竟选择何种策略,则应视其资源、产品特色、市场情况、竞争对手的策略等因素而定。

(三) 市场定位(P)

饭店进行市场细分并选定其目标市场及其策略后,接着就要对如何进入和占领市场作出决策。若选择的目标市场已有竞争对手,甚至竞争对手已经占有了有利的市场地位,则饭店管理者应首先对竞争态势进行分析与判断,并对目标市场顾客选择饭店所重视的标准或追求的利益加以分析与研究。通过竞争态势的分析,饭店管理者可了解现有的竞争者在市场中处于何种地位,竞争实力怎样,有何独特之处。在分析目标市场顾客追求的利益时,应查明客人选择饭店的明显利益及关键利益。在对竞争形势和客人所追求的利益进行分析的基础上,再进行本饭店的市场定位构思。

市场定位,是指饭店为了使自己的产品和服务在目标市场顾客心中具有明确的、独特的、深受欢迎的形象(或地位)而做出的相应决策和进行的营销活动。如上海金茂君悦大酒店的市场定位就是豪华型大饭店,上海锦江之星旅馆的市场定位就是经济型大众旅馆。在上海要住豪华饭店的顾客就会想到金茂君悦大酒店,而要住经济型大众旅馆的顾客首先会想到锦江之星旅馆,这就是正确市场定位的魅力。

通常,饭店企业可以通过创造产品差别、服务差别、员工差别、价格差别、消费群体差别和销售渠道差别来建立起自己区别于竞争对手的市场形象。正确的市场定位,有助于饭店企业在市场上营造自己的特色,增强竞争力。同时,市场定位决策也是制定饭店营销组合的依据。

饭店市场定位工作大致可分为五个具体步骤。

1. 明确饭店目标市场客人所关心的关键利益(因素)

市场定位的目的之一是树立饭店明确、独特的深受客人喜欢的形象。为此,管理者必须首先分析研究客人在选择饭店时最关心的因素及客人对现有饭店的看法,这样方能投其所好。

2. 形象的决策和初步构思

经过第一步定位工作,管理者就要研究和确定饭店应以何种形象出现于市场方能获得客人的青睐。值得注意的是,饭店管理者在进行这一步工作时,应站在客人的立场和角度去思考问题,如"该饭店能为我做些什么""我为什么偏要选这家饭店而不选择别的饭店"等。

3. 确定饭店与众不同的特色

市场定位的另一个目的是树立独特的、容易让人们记住并传播的形象。事实上,饭店之间在许多方面均可显示出自己的特点或个性,如管理风格、服务、价格、地理位置、建筑特色等。管理者应选择最能体现本饭店个性的特色,将其应用到饭店形象的构思与设计中去。

4. 形象的具体设计

这是指饭店管理者在前三步分析的基础上应用图片、文字、色彩、音乐、口号等手段,将构思好的理性形象具体地创造出来,使它对客人的感官产生作用,让客人容易记住饭店的形象。

5. 形象的传递和宣传

饭店的市场形象一经设计完善,就应立即选定适当的宣传时机和合适的宣传媒介向目标市场客人宣传和传递;否则,即使形象设计得再好,也只能是停留在饭店管理者的脑海里。

综上所述,饭店管理者应当明确,STP 营销策划是一种能导致经营成功、取得更多市场占有率的好办法,然而其难度也是显而易见的。因此,这就要求管理者具备渊博的市场知识、强烈的竞争意识、对本饭店产品的深入了解和丰富的饭店管理经验,同时,也要求管理者有一定的创造力和想象力。

必胜客带来用餐新理念

世界著名的休闲连锁餐饮品牌必胜客在中国北京的首家餐厅于 1990 年 9 月开业,经过多年运营,该品牌餐厅至今已遍布中国市场。它以"休闲、舒适、温馨、情趣、品位"为主题的餐饮模式受到了都市人的青睐。不同于肯德基式的自助快餐,更非正襟危坐的西式大餐,必胜客在环境布置、菜单设计、服务方式、顾客需求等方面与快餐有很大区别,可以用一个公式来概括:一流的产品+舒适的环境+周到的服务+公道的价格=必胜客优良品质的承诺。

必胜客的成功是对现代营销战略的完整注释,它告诉我们:确定一个适合企业的目标市场是至关重要的。

第二节　饭店市场营销任务与策略

在进行饭店市场营销分析和策划的基础上,饭店管理者必须明确自己的营销管理任务,并通过营销组合策略,达到预期的经营目标。

一、饭店市场营销管理的任务

饭店市场营销管理的任务,就是为促进企业目标的实现而调节顾客需求的水平、需求的时机和需求的性质。简言之,饭店营销管理的任务就是需求管理。

根据需求水平、时间和性质不同,市场上常常出现以下八种形态的需求(见表6-2)。在不同的需求状况下,市场营销管理的任务有所不同。

表6-2　市场营销状态与企业营销管理任务

需求状态	营销管理的任务	营销方式
否定需求	解释需求	转换性营销
缺乏需求	产生需求	刺激性营销
潜在需求	发现需求	开发性营销
退却需求	再生需求	再生性营销
波动需求	配合需求	平衡性营销
饱和需求	保持需求	维持性营销
过度需求	减少需求	降低性营销
无益需求	消减需求	抵制性营销

(一)否定需求状态下的转换性营销

否定需求是指可能的消费者对企业提供的商品或服务具有某种否定情绪,他们讨厌这种商品或服务,甚至愿意付出一定的代价来避免它们。事实上,被消费者否定的商品或服务却可能向他们提供一定的利益。消费者之所以存在否定情绪,大多因为对商品或服务缺乏了解,具有某种成见。因此,企业营销管理的任务,就是通过适当的途径,向消费者作出解释,以转换他们的态度,使他们成为企业现实的顾客。这就是转换性营销(Conversion Marketing)。

(二)缺乏需求状态下的刺激性营销

缺乏需求是指潜在的消费者对企业的商品或服务不感兴趣或漠不关心,并没意识到自己也需要使用这种商品。有的是因为缺少使用商品的特定环境,比如,在寒冷的冬天,人们很少吃冰淇淋。对于无需求,企业营销管理的任务在于刺激,使原来无需求的消费者产生需求;对于缺少消费环境的市场,企业则可以营造出各种适宜的小环境,以刺激需求;对商品和服务的形式可根据特定地区的环境进行必要的改进,使之适合当地人文或自然环境。

这就是刺激性营销(Stimulation Marketing)。

饭店开业之际……

　　上海银河宾馆在开业前,既没有像其他一些大饭店那样举办大型招待会,也没有投入巨资大做广告。然而,在其开业之际,却声名鹊起,受到社会和公众的首肯,拥有较高知名度。这一切,得益于银河宾馆一次有效的公关活动。

　　银河宾馆开业之际,适逢"90上海—自贡金秋艺术灯会"在沪举行。该灯会是新中国成立以来上海举办的最大的一次灯会,灯会曾在北京、广州、武汉等地产生过轰动效应。因此,灯会尚未开始,在上海已引起普遍关注。上海的三大报刊和电视台、电台多次报道。银河宾馆敏锐地抓住了这个机会来扩大"银河"在公众中的影响。他们抽调了正在培训的100名服务员,佩戴印有"银河宾馆"中英文字样的绶带,免费为"90上海—自贡金秋艺术灯会"提供礼仪服务,包括剪彩仪式、贵宾接待和景点的导游解说等,使前来观灯的宾客能在灯海中看到"银河",在"银河"里漫游灯海。此次灯会接待客人250多万,影响之大为当时所罕见,宾客们对"银河小姐"的高规格服务留下了深刻印象,"银河"也随之走向千家万户,知名度从无到有,得到普遍赞誉。良好的社会反应使银河宾馆收到了意想不到的效果:陈香梅、霍英东、刘靖基等国内外知名人士纷纷主动来银河宾馆下榻和宴请。嗣后,动物科技世界展览会、首届中华民俗风情大型游艺会和"上海之春"相继在上海举行,"银河小姐"在公众前频频亮相,她们不仅为饭店赢得了良好的社会效益,并为饭店赢得了可观的经济效益。

(三) 潜在需求状态下的开发性营销

　　潜在需求是指现在的商品或服务不能满足的、隐而不见的需求。对于潜在市场的需求,企业营销管理的任务是发现需求,不断开发新的产品,努力发掘老产品的新功效。这就是开发性营销(Developing Marketing)。

来自钟点房的收入

　　某二星级宾馆毗邻火车站。该饭店销售人员发现每天来火车站中转换车和等候乘车的旅客数以万计。本着"宁早勿误"的通则,人们总是提前几个小时到站,尤其是远地赶来的旅客等上大半天的情形屡见不鲜。花上几百元在饭店住几小时,大多数人会认为实在划不来。但是许多人确实需要在上车前有个舒适的环境休息几小时。该饭店的销售人员敏锐地感到,这是个可开发的潜在市场。于是他们先试探性地推出饭店钟点房服务,一间标准房一天房价280元,以两小时为一节,价格50元。这一招果然奏效,天天有人来开钟点

> 房，饭店客房出租率一下子上升了近20个百分点。在此基础上，该饭店进一步加大了开发钟点房的力度，一方面在火车站的售票厅、候车室、出站口和车站广场等处设置醒目的广告，大力宣传钟点房的服务内容和价格，吸引顾客的关注；另一方面改进内部服务管理，特辟钟点楼层，增加人手，改善服务。如原来客房的床单、枕巾等用品一天一换，现在改为一客一换；原来一天整理一次房间，现改到一节时段整理一次，客房里都添置了石英钟、电话总机。服务台还按照客人的要求及时提醒客人按时进站上车……
>
> 年终报表显示，来自钟点房的收入占其客房收入的40%左右。

（四）退却需求状态下的再生性营销

退却需求是指市场对某种商品或服务的需求低于过去的水平，并且正进一步趋向衰退。很多退却的需求并不一定是商品落后造成的，而是由于时尚的转变、新产品的替代而引起的。部分老产品却依然有着新产品所无法替代的功能。对于退却需求，企业营销管理的任务是进行再生性营销，以促使再生需求。当然再生性营销不是简单重复过时的营销行为，而是要根据新的消费特点赋予老产品以新的特征，使传统商品带给消费者以时代感。这就是再生性营销（Remarketing）。

（五）波动需求状态下的平衡性营销

波动需求是指需求与供给之间在时间或空间范围上的错位。比如很多旅游设施在旺季人满为患，而到了淡季则人去楼空，生意清淡。对于波动需求，企业营销管理的任务是通过平衡性营销配合需求，使需求与供给之间在时空上的矛盾减至最低程度，从而充分利用资源，降低营运成本。这就是平衡性营销（Synchron Marketing）。

（六）饱和需求状态下的维持性营销

饱和需求是指某种商品或服务的目前需求水平和时间等于企业期望的需求水平和时间，这是一种企业最理想、最满意的需求情况。但是在千变万化的市场上，任何饱和需求都不可能永久存在下去，作为一个企业，对于饱和需求必须根据市场出现的情况随时调整营销策略，进行维持性营销以保持需求的理想状态。这就是维持性营销（Maintenance Marketing）。

（七）过度需求状态下的降低性营销

过度需求是指需求超过了企业所能或所愿提供的供给数量。过度需求从表面上看是商品或劳务的供不应求，但实质并不完全如此。比如有些高档餐厅和酒吧，为了保持悠闲高雅的消费环境就不希望客流量过多；一些名胜古迹，也希望游客人数不要太多。但企业的愿望却不一定为消费者接受，有时这些地方的客流量还是超过了企业的事先计划，从而产生过度需求。对过度需求，企业应采取消减需求的减低营销措施，如提高价格、减少服务或增加销售限制等，设法把需求降到理想水平。这就是降低性营销（De-marketing）。

（八）无益需求状态下的抵制性营销

无益需求是指消费者对某种事实上有害于个人或社会环境的商品或服务的需求。比如，人们对烈性酒、带有色情的服务等的需求都可以归入无益需求。对无益需求，企业营销管理的任务是通过软性反营销措施来消减这类需求。比如，发展新的无害或危害程度较小的商品以取代原有的商品或服务，在短期内如果无法停止这类商品供给时，可以通过必要的宣传控制此类需求的继续发展。这就是抵制性营销（Containment Marketing）。

二、市场营销的组合策略

视频：市场营销的组合策略

传统的营销策略主要包括产品（Product）策略、价格（Price）策略、渠道（Place）策略和促销（Promotion）策略，也就是通常所说的4P营销组合策略。饭店的市场营销组合策略，是指饭店企业为了满足目标市场的需要，有计划地综合应用企业可以控制的产品、价格、销售渠道、促销四方面的市场营销手段，以达到销售产品并取得最佳经济效益的策略组合。

（一）饭店产品策略

饭店产品是营销组合中的首要的、决定性的因素。要设计和构思好饭店经营的产品，首先必须对饭店产品的概念、内涵等有清楚的认识，然后再研究饭店产品的开拓与创新。

1. 饭店产品的概念

从饭店营销角度去理解，饭店产品就是为客人提供的一种在饭店体验的经历。任何产品都包括两个因素：一是产品的有形特征，即产品的物质因素和物理特征；二是产品通过其物理特征所提供给消费者的各种利益。饭店营销更重视其产品带给客人的利益。我们把饭店产品具体定义为由核心利益、展现利益和附加利益所组成的一次客人的消费经历。这里，产品的核心利益是指饭店产品满足顾客需要的核心内容。例如，五星级饭店的核心利益是为客人提供豪华、舒适的享受；汽车旅馆的核心利益是为旅客提供便利和清洁的住宿环境。饭店经营者的任务就是发现隐藏在产品背后的真正需要，把顾客所需要的核心利益提供给客人。然而，饭店产品的核心利益只是一个抽象概念，要卖给顾客必须通过一定的具体形式。

饭店产品的展现利益正是用来说明产品为客人提供的核心利益。展现利益是从物质上展示出产品核心利益的各种因素，如饭店地理位置、建筑特色、周围环境、灯光、音响设施、面积、气味、装潢、饭店员工等。

饭店产品的附加利益是指客人在购买饭店产品时所得到的附加服务或好处。它对客人来说并不是必不可少的，但对饭店产品的完整性及产品的吸引力产生一定的影响，如饭店为客人提供擦鞋、洗衣、康乐等服务。

2. 饭店产品生命周期分析

人们往往发现，不管什么产品，无论其过去多么受欢迎，或者曾经风靡市场，最终总会因为某种原因而被市场淘汰。产品在市场上也像人的生命一样，有一个发生、发展和消亡的过程。这个过程可以分成若干阶段，每一个阶段都有一定的市场特点。营销理论中把产品从进入市场到最终退出市场的整个销售历史，称为产品生命周期。

在一般情况下，根据产品销售量变化的情况，可以把整个产品生命周期划分成四个阶段，即导入期、增长期、成熟期、衰退期，见图6-7。

导入期，指产品刚刚进入市场，处于向市场推广介绍的阶段。

增长期，指产品已为市场的消费者所接受，销售量迅速增加的阶段。

成熟期,指产品在市场上已经普及,市场容量基本达到饱和,销售量变动较少的阶段。

衰退期,指产品已过时,为新的更受市场欢迎的产品所代替,销售量迅速下降的阶段。

产品在其生命周期各阶段具有不同的市场特点,企业只有在了解各阶段的特点之后,才有可能制定出相应的营销策略,保证企业营销活动的成功。关于产品生命周期各阶段的特征,我们可以从这样几个角度去观察:销售量、价格、成本、利润、市场竞争和消费者态度等,我们着重分析前四种。

(1) 产品的销售量。如图6-7所示,在导入期,由于生产的批量少,一些消费者因为对新产品缺乏了解,常常不愿改变以往的习惯去购买,因此,在这个阶段,产品销售量小、销售增长率低,一般不超过10%。

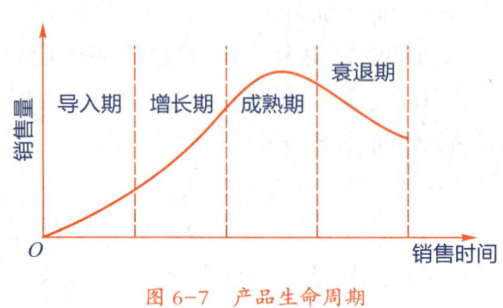

图6-7 产品生命周期

经过一个阶段的介绍推广,当产品为市场充分了解并接受时,由于市场容量很大,消费者踊跃购买,产品销售量迅速增加,增长率超过10%,便进入了增长期。

在产品的成熟期,由于市场普及率高,市场容量接近饱和,销售量增长速度减弱,到了成熟期的后阶段,销售量便逐渐下降了。成熟期的销售增长率一般处在0.1%~10%。

当市场出现了更新颖的产品,或者消费者的需求出现变化时,旧的产品就逐渐被新的产品代替。有时虽然没有替代商品的出现,但因为消费者需求的转移,对以往的产品不再感兴趣,产品就进入了衰退期,销售迅速地下降,销售增长率出现负值。

(2) 产品价格。当产品处于导入期时,生产成本和促销费用都很高,价格不可能太低,尽管这一阶段的价格有时会低于成本,但同整个生命周期的其他阶段相比,仍然可能是最高的,如图6-8所示。

当产品销售有了一定的增加之后,成本费用会相对减少,随着市场竞争的加剧,产品价格会不断下降。当进入衰退期后,各企业为了避免积压,往往把价格定得很低,甚至低于成本。

(3) 产品成本。在导入期,由于生产的批量小,固定成本和促销费用比较大,因此产品的总成本较高,如图6-9所示。

当产品进入增长期和成熟期后,由于销量增加,技术进一步成熟,产品的固定成本不断

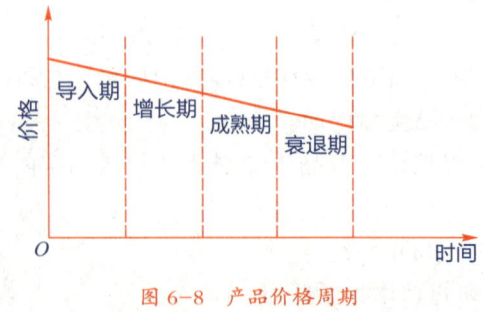

图6-8 产品价格周期

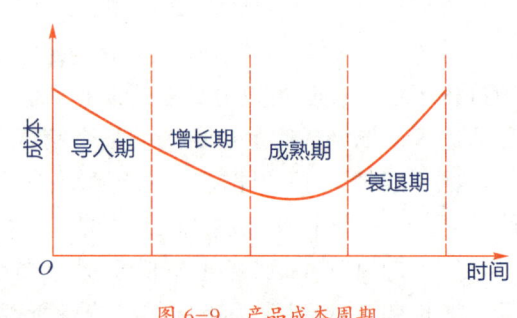

图6-9 产品成本周期

减少。另外,随着产品市场知名度的提高,广告促销费用也相应减少。在成熟期,产品成本会出现整个生命周期中的最低点。

到了衰退期,由于销量下降,产品的单位成本必然会有所增加。同时,企业为了推销商品,大量地支出促销费用。种种原因,都增加了衰退期的产品成本。

(4)销售利润。在产品的导入期,生产成本和销售费用比较高,但是由于新产品还不为消费者充分接受,价格一般不能太高,因而此时成本常高于售价,发生亏损,如图6-10所示。

当产品进入增长期后,由于销量不断上升,成本不断下降,价格开始高于成本,从而产生盈利。当进入成熟期时,利润往往达到最高点。

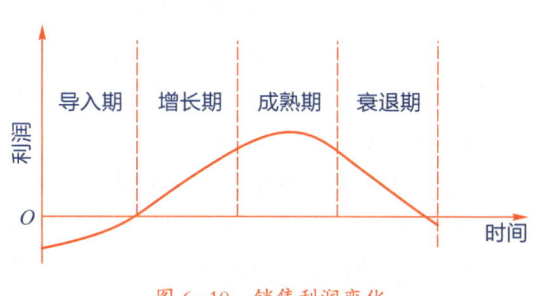

图6-10 销售利润变化

随着产品衰退期的到来,又会出现价格不断下跌、成本不断上升的情况,到了一定的点,就可能发生亏损,使利润出现负数。

3. 饭店产品组合的设计

饭店产品组合可概括为饭店提供给市场的全部产品线和产品项目的组合和搭配,即经营范围和结构。饭店产品线指相互关联或相似的一组产品,如饭店的餐饮产品线就包括自助餐、快餐、零点、多功能宴会厅及早茶等。所谓饭店产品项目,指产品线中不同的品种、规格质量和价格的产品。比如自助餐是餐饮生产线上的一种产品,它可包括高档自助餐、低档简易自助餐等。

饭店经营者在设计产品组合时,常可采用以下几种组合策略。

(1)增加产品组合的广度。广度是指一个饭店生产经营的产品生产线。多则宽,少则窄。这种组合策略对大型饭店及饭店集团是较为合适的,它充分发挥企业各项资源的潜力,提高效益,减少风险。

(2)扩大产品组合的长度。长度是指饭店所有产品线中的产品项目总和。假设某饭店客房有3种类型,餐厅有3种类型,娱乐项目有2种,那么该饭店产品组合的总长度为8(3+3+2),该饭店可以根据市场及竞争情况,除已有的经营项目外,再提供客人所需的其他项目来增加产品组合的长度,这可使产品线丰满,同时给每种产品增加更多的变化因素。

(3)增加饭店产品组合的深度。深度是指产品线中每种产品所提供的花色、口味、规格的多少。例如,假定某饭店餐厅有3种规格(高档、中档、低档)、2种风格(中式与西式),那么该饭店的这种餐饮产品的深度是6(3×2)。经营者可通过提供产品的差异性来增加饭店产品组合的深度,以适应不同顾客的需要,吸引更多的买主。

(4)饭店产品组合相关性的调节。相关性是指各个产品线在最终使用、生产条件、销售渠道、促销等方面相关联的程度。饭店产品组合相关性的高低,可决定饭店在多大的领域内加强竞争地位和获得声誉。

由于饭店所面临的客源市场是一个动态系统,需求情况经常变化,原有的竞争不断花样翻新，新的竞争者又不断进入市场，这一切必然会对一个饭店产品的营销发生不同的影响。因此，饭店经营者要经常对产品组合进行分析、评估及调整，力求保持饭店最佳的产品组合。

(二) 饭店价格策略

价格是饭店营销组合的第二个组成因素，也是影响顾客选择饭店的主要因素之一。价格是营销组合中十分敏感的因素，饭店价格制定得是否合理，会直接关系需求量的多少和饭店利润的高低，并且影响着饭店营销组合的其他因素。

1. 饭店定价的方法

影响饭店产品定价的主要因素是产品成本、需求与市场竞争。饭店在定价时，通常考虑其中至少一个因素。因此，饭店产品定价的基本方法不外乎以成本为中心、以需求为中心和以竞争为中心三种类型。

(1) 以成本为中心的定价法。它是以饭店经营成本为基础制定产品价格的一种方法，以产品成本加企业盈利就是产品的价格。从饭店财务管理的角度看，产品价格的确定应以成本为基础，如果价格不能保证成本的回收，则饭店的经营活动将无法长期维持。

① 建筑成本定价法。建筑成本定价法也称"千分之一定价法"，是国际上比较通用的一种根据饭店建筑总成本来制定客房价格的方法。其计算公式为：

$$客房价格 = \frac{饭店建造总成本}{饭店客房数} \times \frac{1}{1\,000}$$

饭店建造总成本包括建筑材料费用、各种设施设备费用、内部装修及各种用具费用、所需的各种技术费用、人员培训费用和建造中的资金利息等。

② 盈亏平衡定价法。该定价法是指饭店在既定的固定成本、变动成本和产品估计销量的条件下，实现销售收入与总成本相等的产品价格，也就是饭店不赔不赚时的产品价格。以客房产品价格为例，其计算公式为：

$$客房价格 = \frac{每间客房日费用额}{1 - 税率}$$

其中，每间客房日费用额包括客房固定费用日分摊额和变动费用部分。

$$每间客房日费用额 = 客房使用面积 \times 每平方米使用面积日固定费用 + 每间客房日变动费用$$

客房固定费用日分摊额可依据不同类型客房的使用面积进行分摊：

$$每平方米使用面积日固定费用 = \frac{全年客房固定费用总额}{客房总使用面积 \times 年日历天数 \times 出租率}$$

③ 成本加成定价法。这种定价法也称"成本基数法"。其定价方法是按产品的成本加上若干百分比的加成额进行定价。即：

$$客房价格 = 每间客房总成本 \times (1 + 加成率)/(1 - 税率)$$

按照这种定价方法，饭店客房价格可分三步确定：a. 估算单位客房产品每天的变动成本；b. 估算单位客房产品每天的固定成本；c. 单位变动成本加上单位固定成本就可获得单位产品的全部成本，全部成本加上成本加成额，就可获得客房价格。

④ 目标收益定价法。这是另一种以成本为中心的定价法,它的出发点是通过定价来达到一定的目标利润,以期在一定时期内全部收回投资。其基本步骤如下:

a. 确定目标收益额(或投资报酬表)。

b. 确定目标利润额,计算公式为。

$$目标利润额 = 总投资额 \times 目标收益率$$

c. 预测总成本,包括固定成本和变动成本。

d. 确定预期销售量。

e. 确定产品价格,计算公式为:

$$产品单位售价 = \frac{总成本 + 目标利润额}{预期销售量} / (1 - 税率)$$

美国饭店协会创造了一种类似于目标收益定价法的客房定价法,称为赫伯特公式法(Hubbart Formula),它以目标收益率作为定价的出发点,预测饭店经营的各项收入的费用,测算出客房的平均价格。

(2) 以需求为中心的定价法。以成本为中心的定价法有一个共同缺点,即忽视了市场需求和竞争因素,完全站在企业角度去考虑问题。以需求为中心的定价法是以市场导向观念为指导,从客人的需要出发,认为商品的价格主要应根据客人对商品的需求程度和对商品价值的认同程度来决定。

这种定价法认为,一种商品的价格、质量及服务水平等在客人心目中都有一个特定的位置。当商品价格和客人的认识理解水平大体一致时,客人才会接受这种价格;反之,如果定价超过了客人对商品的理解价值,客人是不会接受这个价格的。产品销售不出去,饭店的目的也无法达到。饭店商品的价格,不仅取决于该商品满足客人某种欲望的客观物质属性,而且取决于客人的主观感受和评价。通常采用的方法有以下三种。

① 直觉评定法。邀请客人或中间商等,对饭店的产品进行直觉价值评价,以决定产品价格。

比如,某饭店除了拥有竞争者饭店相同的标准客房外,还具有地理位置优越、环境清洁卫生、安全可靠、服务员体贴热情等产品特点,为此根据直觉评定法,我们可得标准房价为:

竞争对手价格	200 元
地理位置优越	10 元
环境清洁卫生	10 元
+ 服务员体贴热情	15 元
标准客房价格	235 元

② 相对评分法。这种定价法首先对多家饭店的产品进行评分,再按分数的相对比例和现行平均市场价格,计算出产品的理解价格。

比如,将 100 分按适当比例分配给不同的饭店,假定有甲、乙、丙三家饭店,经过综合测评,每家得分分别为 42 分、33 分、25 分,这三家饭店的客人愿意支付的平均房价为 200 元,则每家饭店的房价分别为：

甲饭店房价 = 200 元 × 42/100 × 3 = 252 元

乙饭店房价 = 200 元 × 33/100 × 3 = 198 元

丙饭店房价 = 200 元 × 25/100 × 3 = 150 元

③ 特征评分法。这种方法要求消费者按各家饭店的产品的有形性、可靠性、反应性、保证性及移情性五个特征对自己的相对重要性来评定各家饭店产品的直觉价值等级。每个特征的相对优劣程度分配总分为 100 分，并按每个特征对消费者的相对重要性分配 100 分，每个特征的得分用重要性权数加权，求出全部特征相对优劣程度的总得分，详见表 6-3。

表 6-3　客房产品特征直觉价值

特征	重要性/%	优势相对分数			特征得分		
		甲饭店	乙饭店	丙饭店	甲饭店	乙饭店	丙饭店
客房设施	25	40	40	20	10.0	10.0	5.0
服务质量	30	50	25	25	15.0	7.5	7.5
服务手段	15	33	33	33	5.0	5.0	5.0
客房安全	15	45	35	20	6.75	5.25	3.0
情感满足	15	33	33	33	5.0	5.0	5.0
合计	100	—	—	—	41.75	32.75	25.5

从表中可见，甲、乙、丙三家饭店产品特征直觉价值总分分别约为 42 分、33 分、26 分，如果市场平均房价为 200 元，则结果与第二种方法基本相同。

(3) 以竞争为中心的定价法。如果饭店行业的竞争异常激烈，饭店在定价时就会把竞争因素放在首位，这样就形成了以竞争为中心的定价法。

采用此定价法的饭店，紧盯竞争对手或"领袖企业"的价格，并使饭店价格随着竞争对手价格的变化而变化。饭店经营者认为，市场价格往往反映了行业的集体智慧。采用竞争导向定价法，一是可避免定价过高而导致客源流失，二是可避免定价过低而导致利润流失。

① 追随"领袖企业"定价法。所谓的"领袖企业"是指某一企业在市场销售总量上占同类企业产品销售总额的 40%，该企业的产品价格往往反映了市场行情。其他企业采用与"领袖企业"大体相仿的价格，并追随"领袖企业"的价格变化而相应调整本企业的价格。

② 随行就市定价法。在完全竞争市场，有大量的卖主与买主，他们之中没有哪个能直接影响产品价格，每家饭店面临的需求曲线都是弹性充分的，每家饭店出售的产品没有差别或差异很小。在这种情况下，卖者只能按现行价格出售自己的产品。

2. 饭店价格的类型

饭店产品的市场交易价格,可以分为以下四种基本类型:

(1) 公布房价。公布房价就是在饭店价目表上公布的各种类型客房的现行价格,也称基本价格、门市价或散客价。根据不同的计价方式,公布房价又可分为欧式、美式、修正美式、欧陆式和百慕大计价五种。

(2) 追加房价。追加房价是在公布价格基础上,根据客人的住宿情况,另外加收的房费。通常有以下几种情况:

① 白天租用价(Day Charge)。客人退房超过了规定时间,饭店将向客人收取白天租用费。许多饭店规定,客人在12时以后、18时以前退房,加收半天房费;在18时后退房,加收一天房费。

② 加床费(Rate for Extra Bed)。饭店对需要在房内临时加床的客人加收的一种房费。

③ 深夜房价(Midnight Charge)。客人在凌晨抵店,饭店将向客人加收一天或半天房费。

④ 保留房价(Hold Room Charge)。住客短期外出旅行,但需继续保留所住客房的,或预订客人因特殊情况未能及时抵店的,饭店通常要求客人支付为其保留客房的房费,但一般不再加收服务费。

(3) 特别房价。特别价格是根据饭店的经营方针或其他理由,对公布价格做出各种折让的价格。饭店日常采用的折让价格有:

① 团队价(Group Rate)。团队价是饭店为团队客人提供的数量折扣,其目的在于吸引大批量的客人,从而售出大批量的客房。

② 家庭租用价(Family Plan Rate)。饭店为携带孩子的父母所提供的折扣价格,例如给予未满6周岁儿童免费提供婴儿小床等,以刺激家庭旅游者。

③ 小包价(Package Plan Rate)。饭店为有特殊要求的客人提供的一揽子报价,通常包括房租费及餐费、游览费、交通费等项目的费用,以方便客人做好预算。

④ 折扣价(Discount Rate)。饭店向常客(Regular Guest)或长住客(Longstaying Guest)或有特殊身份的客人提供的优惠价格。

⑤ 免费(Complimentary Rate)。饭店在互惠互利原则下,给予与饭店有合作关系的客人免费招待待遇。免费的范围既可以包括餐费,也可以仅限房费。

(4) 合同房价。合同房价或称批发价格,是饭店给予中间商的优惠价。中间商销售饭店的客房要获取销售利润,为此与饭店确定散客和团队的优惠价,使他们在销售饭店产品后有足够的毛利支付销售费用,从而获得利润。根据中间商的批发量和付款条件,饭店给予不同的数量折扣和付款条件折扣。

3. 饭店价格的调整

饭店的价格政策不是一成不变的。饭店产品在不同的生命周期阶段上,具有不同的市场特征和产品特征,饭店产品价格也应有相应的调整。

(1) 导入期的定价策略。饭店产品开发完毕到投入市场的初始阶段为产品导入期。在这一阶段产品本身尚不完善,销售额低,单位成本高。在这一阶段,常用的定价策略有:

① 低价占领策略。即以相对低廉的价格,力求在较短的时间内让更多的客人接受新产

品,从而获得尽可能大的市场占有率的定价策略。这种定价策略有利于尽快打开销路,缩短介绍期,争取产品迅速成熟完善。同时,还可以阻止竞争者进入市场参与竞争。但这种定价策略不利于尽快收回投资,影响后期降价销售。

② 高价定价策略。又称撇油定价策略或取脂定价策略,是指把新产品的价位定得很高,以便在短期内获取厚利的定价策略。这种定价策略如果成功,可以迅速收回投资,也可为后期降价竞争创造条件。但这种策略的风险较大,如果客人不接受高价,则会因销量少而难以尽快收回投资。这种定价策略比较适用于有鲜明特色且其他饭店在短期内难以仿制或开发的新产品。

(2) 增长期的定价策略。饭店产品在增长期其销售量迅速增加,单位产品成本明显下降,企业利润逐渐增大,市场上同类产品开始出现并有增多的趋势。这一阶段可选择的定价策略有:

① 稳定价格策略。即保持价格相对稳定,把着眼点放在促销上,通过强有力的促销,组织较多的客源完成较多的销量,从而实现利润最大化。

② 渗透定价策略。在市场需求增多的情况下,以较低的价格迅速渗透、扩展市场,从而较大幅度地提高市场占有率。

(3) 成熟期的定价策略。这一阶段市场需求从迅速增长转入缓慢增长,达到高峰后缓慢下降,产品趋于成熟,成本降到最低点,客人对产品及其价格有较充分的了解。这一阶段常常选择富有竞争性的定价策略,即用相对降价或绝对降价的方法来抵制竞争对手。采用绝对低价策略时,要把握好降价的条件、时机和降价幅度;采用相对低价策略时,要辅之以服务质量的提高。

(4) 衰退期的定价策略。当市场需求从缓慢下降转向加速下降,产品成本又有上升趋势时,产品进入衰退期。这时的定价策略有:

① 驱逐价格策略。即以尽可能低的价格,将竞争者挤出市场,以争取客源的策略。此时的产品价格甚至可以低到仅比变动成本略高的程度,因为此时饭店的固定成本已经收回,高于变动成本的余额便是对饭店的贡献。也就是说,驱逐价格策略的低价以变动成本为最低界限。

② 维持价格策略。即维持原来的价格,开拓新的产品和市场来维持销售量的策略。这样做既可使产品在客人心目中的地位不至于发生急剧变化,又可使饭店继续有一定的经济收益。

(三) 饭店销售渠道策略

饭店销售渠道是营销组合的第三个组成因素。其作用在于使饭店的产品更方便地让顾客得到,为客人提供时间效用和地点效用。

1. 饭店销售渠道模式

饭店销售渠道中,根据到达最终消费者所经历的环节,可分为两种主要模式:直接销售渠道与间接销售渠道。直接销售渠道,顾名思义就是不经过任何中间环节,由饭店将产品与服务直接销售给最终顾客;间接渠道则需要中间商经销、代理或帮助销售,按中间环节,又可分为一层渠道、二层渠道、三层渠道等。如表6-4所示。

表 6-4　饭店销售渠道模式

直接销售渠道	零层渠道	饭店→最终消费者
间接销售渠道	一层渠道	饭店→旅游代理商→最终消费者
		饭店→旅游经销商→最终消费者
		饭店→其他销售渠道(如航空公司)→最终消费者
	二层渠道	饭店→旅游经销商→旅游代理商→最终消费者
		饭店→其他销售渠道(如航空公司)→代理商→最终消费者
	三层渠道	饭店→旅游批发商→旅游经销商→旅游代理商→最终消费者

2. 饭店中间商的作用

对饭店而言,产品能直接销售给最终顾客,单位利润相对较高,而且对渠道能进行直接而有效的管理与控制,当然是不错的选择。而实际上,众多饭店的销售有赖于中间商的运作,毕竟最终消费者(无论现实的,还是潜在的)数量巨大且分布极广,一家饭店如完全靠直接渠道,需要花费巨大的人力、物力、财力,却不能保证取得理想的效果,因为分散到每单位销售收入(或利润)的成本太高,而利用中间商可以起到以下作用。

(1) 节省销售费用。通过中间商,能减少饭店与最终顾客之间的接洽次数,尤其是减少跨地区的接洽,节约时间和人力,降低交易费用,提高经济效益。假设饭店有三个销售员分别负责欧美、日本以及国内三个目标市场,如果仅靠直接销售的话,国际差旅费、交际费、在各地预售点的开设和运营费用就已非常可观。如果通过一家很有实力的中介旅行社,那么对于饭店而言,只需集中人力、物力与其搞好关系,并提供高质量的产品与服务,即可获得一部分稳定的客源。

(2) 弥补饭店营销财力、人力的不足。由于饭店客源市场无论从地域上还是从人口结构上都分布极广,如果仅靠自身力量进行营销活动,即使那些实力雄厚、销售网点分布广的饭店也会发现有些得不偿失,毕竟它要付出很高的机会成本(这部分资金如果投向它处获得的收益也许更大)。利用中间商的销售网络,可以扩大饭店的市场覆盖面,提高其销售效率。

(3) 具有强于饭店的营销能力。首先,旅游中间商一方面与旅游者联系广泛,另一方面对各饭店的产品、服务特色很熟悉,因此能向顾客推荐更适合其需要的产品,从而提高顾客满意度,对旅游组合产品的每一组成部分都有好处;其次,旅游中间商与最终顾客之间的空间距离近,更便于顾客购买;最后,旅游中间商更了解市场的特点,也富有营销经验,善于利用的话,能使饭店获得更理想的营销效果。

3. 饭店销售渠道的选择

选择销售渠道,就是确定渠道的长度与宽度。短渠道主要是利用旅游代理商和旅游经销商的一层渠道,而长渠道则需旅游批发商介入;宽渠道是在同一层次的渠道环节,采用多个中间商,以扩大市场覆盖面,而窄渠道则是在同一层次只精选几个得力的中间商,建立密切联系,以求在某目标市场中取得较大市场份额,同时也能加强对渠道的控制。究竟如何选择,需综合考虑以下几方面因素。

(1) 市场特点。旅游市场的容量、购买频率的高低、各细分市场的地理分布与人口分布及不同市场对营销方式的反应等这些市场特点无一不影响着饭店销售渠道模式的选择。如果目标市场规模非常大,为方便顾客预订,使用较多的中间商即宽渠道达到更大市场覆盖面。如果订单常常来自小批量预订,则需较长的销售渠道,而大批量的团体预订和会议预订则往往通过一个中间商,或由主办单位直接与饭店接洽订房,渠道很短。如果某饭店的主要客人集中于某些特定地区,就应考虑直接在该地设立饭店自己的办事处,进行零渠道直接销售。而相反,如果饭店的顾客分散在世界各地,则需较多的旅游中间商代理销售。此外,顾客对不同营销方式的态度也是应考虑的因素,如随着网络技术的发展,网上预订方便快捷,深受顾客欢迎,因此,饭店也应积极加入电子预订系统。

(2) 饭店产品与服务的特点。如商务饭店宜采用直接销售或较短的渠道,直接与目标市场的公司企业接触;休闲度假饭店的目标市场分散,更多会利用旅行社代理。同一家饭店的不同产品与服务的销售渠道也不尽相同:客房是饭店预订的主产品,多采用中间环节,而餐饮、娱乐健身等设施则重点面向住店客人及当地居民,可以采取直接促销方式。

(3) 饭店自身条件与经营意图。饭店的规模决定了它的最大接待能力,所接待的顾客规模及层面分布又影响了它的渠道选择。例如,某饭店有客房 500 间,假设它全年出租率为 100%(不考虑因离抵时间差所造成的高于 100% 的出租率情况),则其年最大接待能力为 365 000 人(按一年 365 天,每间客房住 2 人计);一家只有 50 间客房的饭店,年最大接待能力为 36 500 人,则它的渠道自然会比前者要窄。

饭店的财力也决定了对营销渠道的选择与控制。力量单薄的小饭店更多地依赖旅行社为其带来客源,减少营销活动的开支;实力雄厚的大饭店虽然也利用旅行社,但也非常重视自身渠道的建设,如在主要目标市场区域设立办事处,同时大饭店在与旅行社的合作中,也比小饭店更有控制权。

饭店销售渠道的选择自然不能有悖于饭店的总体经营意图。有的饭店希望维持豪华、高档的形象,则会尽量减少旅行团与普通会议的客人,采用更直接的方式对目标市场进行促销活动;有的饭店对于中间商的信誉、形象非常重视,对目标市场也很有选择性,则应考虑加强饭店自身销售能力及利用较短的销售渠道。

饭店营销人员的素质也会影响渠道选择。如饭店自身营销力量有限,人员不具备涉外销售的条件(如相应的专业知识、流利的外语水平、丰富的谈判与营销经验等),最好还是委托旅行社或其他旅游中间商代理销售。

(四) 饭店促销策略

现代饭店的促销方式主要有人员销售、公关策划、广告宣传和销售推广等。

1. 人员销售

人员销售对大多数产品及服务来说,都称得上是直接而有效的营销手段,因为与顾客直接接触,所以能够发现、解释或答复对方的疑问,把销售工作贯彻到底,最终获得订单。

饭店的人员销售(Personal Selling)具有其他营销手段无法比拟的优越性:第一,直接接触。通过人与人之间的直接沟通,劝说潜在顾客购买产品,提高现有顾客的回头率。向顾客解释、说明,并提供建议与帮助。深入了解顾客需要什么、关心什么,并向管理层汇报。第二,增进人际关系。经常性的直接接触易使饭店与中间商及顾客建立融洽的关系,对销售极有益处。

人员销售可以分为销售访问和电话销售两种形式。整个推销过程可分为四个阶段。

(1) 培养阶段。客人可能对你的产品一无所知,销售员应重点向客人介绍自己的饭店以及产品,并稍加引导。培养对方的信任感,建立良好的沟通关系,具体做法是:

- 提供关于销售员本人、饭店的产品和服务特色等信息;
- 告知访问目的;
- 提出过渡性问题,问题应与销售目的有关,并具体易答。

(2) 诱导阶段。客户对你饭店的产品仍不太了解,但已有印象或已发生兴趣。销售员应加强沟通来探察客人的需要,给予相应的产品介绍和辅助性引导。

- 试探客户在旅行食宿方面的需要和面临的问题;
- 鼓励、诱导客户提供相应信息;
- 向客户提供解决问题的良方,解释饭店产品可以给顾客带来的利益。

(3) 清障阶段。客户对饭店及产品已经有了相当的了解,但就某些问题仍心存疑虑,销售员应在以下方面继续努力:

- 进一步强化产品能给客户带来的好处;
- 与客户积极沟通,消除订单的障碍;
- 如客户有购买意向,应及时抓住机会。

(4) 善后、巩固阶段。客户对你的产品服务已相当了解,或已做了初步尝试,销售员需要不失时机地巩固成果:

- 追踪服务,在客人消费的初期,及时询问对服务质量的满意程度;
- 利用感觉满意的客人进行宣传,以增强说服力;
- 处理新出现的问题,满足需求变化。

2. 公关策划

饭店的公共关系是指为了增进与社会公众和内部员工之间的了解、信任和合作而做的各种有计划的、持久不懈的沟通努力。饭店通过各种公关活动,如宣传报道、大型活动、捐款赞助等,来树立自己良好的公众形象,提高自己的知名度,减少或消除对饭店不利的影响,提高饭店员工间的凝聚力,密切与新闻界、客户、竞争者及社区的关系,创造良好的经营环境。

饭店公共关系的对象包括与饭店有关的所有社会关系,分为内部公关和外部公关,如图6-11所示。

图6-11 饭店公众图

(1) 饭店的内部公关。饭店的各项工作最终要由员工来完成。营销工作的原则就是让顾客满意,而没有满意的员工就不可能有满意的顾客。所以管理者应搞好与员工的关系,以达到有效的沟通与协作,使每个员工都有归属感,做到"以店为家",这是内部公关追求的目标。

① 尊重、信任员工。管理者应将每位员工视为不可缺少的一员,时刻体现出"本店需要你"的态度,积极听取员工对饭店管理、营销的建议与意见,对员工做出的成绩应及时给予充分肯定,使员工能从中获得成就感和满足感。

② 促进上下沟通。当领导权力过分集中、缺乏沟通时,领导不知道员工的想法,员工也没有参与管理的机会,就会出现关系淡漠,所以应加强对员工的关心与信赖,创造民主气氛,使员工参与决策与管理,争取员工的支持与谅解。

③ 重视员工的培训与激励。将人作为饭店最宝贵的资源,通过培训不断提高人员素质,通过各种激励,激发员工的工作热情,充分发挥其潜能。

④ 增强员工对饭店的归属感。这种归属感可以使员工与饭店荣辱与共,风雨同舟。

(2) 饭店的外部公关。饭店外部公众涉及面极广,饭店的公关活动主要有以下几种。

① 搞好与顾客的关系。顾客是饭店最直接、最有影响的公众群。饭店与顾客的关系融洽与否,不仅决定了现实的客人的满意度,还能影响潜在客人的购买选择。具体来说,一方面要积极主动地做好接待工作,向客人详细介绍饭店的设施、服务和活动,做到细致入微;另一方面要高度重视客人的投诉。

② 搞好与新闻媒体的关系。饭店应保持与新闻界的密切联系,将有价值的信息及时通过大众传媒传达,吸引公众对饭店的注意和了解,促进自身产品与服务的销售。

③ 搞好与旅行社的关系。旅行社是饭店传统渠道中最重要的环节,与旅行社关系密切,就等于拥有一部分稳定的客源。搞好与旅行社的关系是饭店日常公关活动的重点。

3. 广告宣传

广告是通过各种大众媒体以支付费用的方式向目标顾客传递有关企业的信息、展示企业的产品或服务的宣传形式。

人员销售虽然对大客户、团体销售比较有效,却照顾不到分散的潜在顾客。广告顾名为了让更多的人知道并了解饭店的产品和服务,广告就很有必要了。

(1) 广告媒体的选择。饭店要做广告,首先面临的问题就是选择何种媒体。一般而言,可以根据以下三个方面来把握。

① 饭店的规模与实力。规模大、实力雄厚的饭店营销预算有时相当惊人,能拿出较多的财力做广告。在这种情况下,饭店可以利用多种广告媒体,使其信息的触角伸到每一个现实或潜在的客户。

② 目标市场定位及特点。这是营销调研中的一项重要内容,即目标顾客有效接触的媒体中,有哪些对于广告媒体的选择是至关重要的。

③ 所要重点推销的产品。饭店面向不同的市场群会分别着重推荐某些产品或服务,自然选择的广告媒体也不一样。

(2) 广告效果的测定。广告效果的测定是指对广告效果进行评估,以确定是否达到预期的广告目的。广告效果很难简单地用量化指标来衡量,主要从其所产生的心理效果与销售效果两方面进行测定。

① 心理效果的测定。
- 知觉度测定:通过对饭店广告的知晓程度进行估测;
- 记忆度测定:通过对饭店的名称、产品特色等广告的记忆程度进行估测;
- 理解度测定:考察广告内容是否达到预期的理解度;
- 购买动机测定:调查有多少购买行为是由于广告的影响。

② 销售效果的测定。这方面的测定要求饭店对旅行社、重要公司客户或重要个人的购买量做动态调查,比较广告前后的效果。广告效果高低以广告成本效率(Cost Effectiveness)表示,该数值越高说明广告效果越好。其计算公式为:

广告成本效率 = 广告引起的销售增加额 / 广告费用

4. 销售推广

销售推广是指企业刺激购买、扩大销售的各种短期的、非经常性的营销活动,目的在于迅速扩大需求,取得立竿见影的效果。其作用可以归纳如下。

(1) 吸引客人。通过提供优惠,争取新客人以及竞争对手的客人。对于现有客人可向其提供额外好处,如赠品、打折等,吸引他们多消费或再次光临。

(2) 推广新产品。当饭店推出一项新的产品或服务(如新菜单、特别活动、主题晚会)时,要通过广告、公关活动的配合,取得理想的效果。

(3) 扩大淡季销售。饭店产品与服务的需求时间性、季节性强,淡季时设施的闲置对饭店无疑是极大的损失。而要改善饭店资源时紧时松的局面,一个有效的方法就是淡季加强销售推广,刺激需求。

饭店常用的销售推广活动方式有:

① 免费赠送样品。此法经常被用来推销顾客不熟悉的新产品。如饭店新开业,可以邀请旅行社及其他重要中间商或一些有影响的人士前来免费住宿,或者餐厅推销人员请客人免费品尝新菜肴或饮料。

② 发放优惠券。价格优惠券经常附在报纸杂志或邮寄的广告中。优惠券要说明原来的价格,并指出本券可享受多少折扣或优惠,此法适用于淡季推广。许多优惠券上印有时间,以鼓励客人及早购买。有时在客人结账时,饭店会赠送一张优惠券,客人下次光顾时可获得优惠。这些方法虽可取得快速的促销手段,但易被竞争者模仿,如过于滥用则有变相削价竞争之嫌。

③ 赠送小礼物。这种方法比较实用,比如对来饭店餐厅就餐者免费赠送一定的酒水,对高级商务客人每天送一篮水果或鲜花等。有的饭店向客人或旅行社中负责预订的人赠送当地的工艺品和印有饭店名称、地址、电话的纪念品等。

④ 抽奖促销。饭店可以对住宿量达到一定数额的客人给予抽奖资格,如果中大奖能得到免费旅游的机会等。

⑤ 赠礼品券。许多饭店对重要客户按购买量给予不同等级的礼品券,客户凭券可领取不同的礼品。尤其对那些经常订房或使用其服务的公司的秘书、旅行社负责人等可以赠送

礼券,或者可做免费旅游,或者可免费入住本饭店,有的饭店则赠送化妆品。

⑥ 设立俱乐部。饭店针对不同类型的客人设立相应的俱乐部,分别提供一定的利益,鼓励他们多购买本店产品。

- 秘书俱乐部。在国外,各单位的秘书是选择饭店的决策人,所以许多饭店记录有经常订房的秘书的姓名,邀请他们加入本店组织的秘书俱乐部。俱乐部每年都要举办一些酬谢活动,比如每季度请他们来饭店用餐并幸运抽奖;邀请他们来进行"熟悉"消费;生日时赠送礼物;因秘书以女性居多,还针对性地举办化妆班等特殊活动,引起她们的兴趣。
- VIP俱乐部。主要针对那些对价格不太敏感的重要人物,向他们提供特殊服务,如保证会员能订到高档客房,可享受免费早餐、鸡尾酒、水果和报纸等。
- 商务客人俱乐部。因为许多大企业的销售员经常出差,所以饭店可以邀请他们加入俱乐部,向他们提供特殊房价、免费酒水等,希望他们经常光顾。

三、市场营销策略的创新

中国饭店业从20世纪80年代初引进现代营销理论以来,其关于营销理论的研究与营销实践已经历了40年的风风雨雨。随着21世纪服务经济时代的到来,饭店业的市场营销策略也有了新的发展。

(一)服务营销

市场的变化,使饭店将营销重点放在如何挽留顾客,如何使他们购买相关产品,如何让他们向亲友推荐饭店的产品上,所有的一切最终落实到如何提高顾客的满意与忠诚。这就产生了3R,即顾客保留(Retention)、相关销售(Related Sales)和顾客推荐(Referrals)。由传统营销4P组合加上3R形成了服务营销组合理论(见图6-12)。以顾客忠诚度为标志的市场份额的质量取代了市场份额的规模,成为饭店的首要目标。"顾客永远是对的"这一哲学被"顾客不全是忠诚的"思想取代。

图6-12 4P+3R 服务营销组合

1. 顾客保留(Retention)

顾客保留是指通过持续地和积极地与顾客建立长期的关系,维持与保留现有顾客,并取得稳定的收入。随着顾客对企业与产品的熟悉和接纳,对这些顾客所耗用的营销费用将随着时间的推移而下降,对这部分顾客的销售收入的利润率越来越高。对于有顾客参与的服务而言,费用的下降更为明显。研究发现,顾客的保留率每上升5%,企业的利润将上升20%~80%;吸引一位新顾客所需的花费是保留一位老顾客的5倍以上。顾客保留不能被视为理所当然的事情,因为消费者的购买模式在不断变化。只有良好的服务才是提高忠诚度、与顾客建立长期关系并保留顾客的有效方法。

2. 相关销售(Related Sales)

在企业新产品上市时,由于老顾客已对企业产生了信心,因此新产品的介绍与推广费用将大大降低,推进时间也大大缩短。老顾客在购买企业的新产品的时候,对价格也不太敏感。因此,相关销售的利润率通常较高。一些企业的成长主要来自产品的升级换代和相关产品的销售。

3. 顾客推荐(Referrals)

实施服务营销,提高顾客的满意度与忠诚度的最大好处就是忠诚顾客对其他潜在顾客的推荐。顾客推荐将形成对企业有利的效应,最终提高企业的赢利水平。当今市场竞争日趋激烈,广告信息泛滥,人们对大众传播媒介(如电视)的信任越来越少,进行购买决策时越来越看重朋友及亲人的推荐,尤其是已有产品使用经验者的推荐。顾客的满意程度将对饭店形成好的或坏的效应,从而影响饭店的获利能力。

服务营销的 4Ps+3Rs 组合,是服务经济时代企业取得竞争优势的关键。饭店作为一个服务性企业,特别要注重服务营销组合策略在日常经营活动中的应用。应充分理解现代服务营销理念,将营销重点放在培养忠诚顾客身上,通过提高顾客的满意与忠诚度,使他们成为本企业最有利可图的顾客群,实现顾客保留和顾客推荐,并最终实现他们对饭店企业而言的终身价值。

(二) 整合营销

整合营销是企业在兼顾企业、顾客、社会三方共同利益这一目标驱动下,为了更好地协调企业内外系统的关系和活动,在营销概念日益丰富和完善的基础上,演变和发展起来的一种更适合现代市场营销需求的新模式。

4C 理论是整合营销的核心理念,它从对企业经营者的研究转向对消费者的关注,实现了"由内而外"到"由外而内"的巨大转变。4C 理论的主要论点是:

(1) 不要抱着自己现有的产品不放,应先去研究消费者的需要与欲望(Consumers' Wants and Needs)。企业要生产特定的消费者确实想购买的产品,而不是卖自己所能制造的产品。

(2) 定价时不要先估算企业的成本和利润,而应先考虑消费者为满足其需求而愿意付出的全部成本(Customer Cost),并兼顾消费者的收入状况、消费习惯以及同类产品的市场价位。

(3) 不要死板地抓住有限的几条渠道,要尽最大努力为消费者提供方便,让消费者快捷便利(Convenience)地购得商品和服务。

(4) 要淡化促销,强调沟通(Communications)。努力实现企业与消费者的双向沟通,谋求与消费者建立长久的伙伴关系。

4C 理论告诉我们:消费者饥不择食的年代已经过去了,今天的消费者比过去更加挑剔,企业应该把自己产品原有的优点暂时搁到一边,重点研究消费者的需求和欲望;不是卖企业现在能制造的产品,而是卖那些消费者确实想买的产品;企业必须针对不同类型消费者的个别需求,竭尽全力,分别满足他们。

企业对固有的定价策略、价格竞争也应以一种新的视角去考虑。真正重要的是要研究消费者为了满足自己的需要与欲望,愿意出多少成本价格。变得越来越理性的消费者更重视价格所包含的价值量,而不同的消费者对价值量又有自己的理解。

当今社会已进入网络时代,消费者获得信息和进行消费已变得更加方便。为了赢得顾客,企业除了要重新思考销售渠道的状况之外,还必须了解各种不同类型的顾客偏好使用的购买方式。而种种只为自己企业管理方便制定出来的繁复程序和规定,处理投诉的拖沓,服务中只服从于制度、规范的考虑而不是想宾客之想、急宾客之急,如此等等,都是与快捷便利原则背道而驰的。

在竞争激烈的市场上,好的商品、好的服务、好的品牌唯有存在于消费者心中,才是真正的企业价值。而要达到这一点,沟通至关重要。在整合营销中,强调正确、适时地整合一切与消费者有关的营销信息,不断与消费者进行双向沟通。双向沟通的基础是企业拥有完整的消费者资料库。企业对自己推销的产品要进行长期跟踪,在长期的营销积累中通过计算机管理,建立顾客档案库,进行营销的顾客追踪,分析消费者关心的热点,积极进行市场应对,分辨出消费者的不同需求进行个性化的服务,在双向沟通中赢得顾客的信任,获取顾客的忠诚。

(三) 关系营销

关系营销,是指企业与顾客和其他合作者建立、保持并加强联系,通过互惠性交换及共同履行诺言,使有关各方实现各自利益的营销理论与方法。

关系营销是伴随着大市场营销理论的发展和社会学对传统营销理论的渗透而产生的。关系营销把营销活动看成一个企业与消费者、供应商、分销商、竞争对手、政府机构和社会组织发生互动作用的过程。关系营销的关键因素是建立并发展与相关组织和个人的良好关系;关系营销的核心是追求顾客忠诚;关系营销最主要的表现形式是一对一营销;关系营销的重要特征是双向沟通。

维系顾客,防止顾客"叛离",是关系营销的重要内容。国外学者提出了三个级别的关系营销来发展与顾客长期的友好关系。

1. 一级关系营销

一级关系营销又称频繁市场营销,有时也被称为购买型关系营销。在关系营销的三个级别中,这是最低的级别。要使顾客忠诚于企业,则企业必须让顾客感到满意。一级关系营销通过直接经济利益刺激顾客购买更多的产品和服务。如对频繁购买的顾客实行让利奖励、减少顾客购买风险、损失补偿等手段来保障顾客利益,获得顾客满意,使顾客与企业建立友好关系。

如一些航空公司与饭店联合推出"常客计划"将旅客乘机里程折算为点数,当点数积累到规定值后,饭店给予客房升等或免费提供住宿等奖励;旅客在饭店住满足够天数时,航空公司又能给该旅客提供免费机票等优惠。

又如某些酒店集团会签订质量保证书,若酒店没有按预定条件提供住宿,或没有按时提供饮食,或没有配备音响设备及这些设备没有按规定的标准正常工作,顾客将得到经济上的补偿。

建立顾客关系,不能只是企业的主观行动,而应该成为企业与顾客双方的共同愿望。企业必须采取有吸引力的措施,激发顾客主动与企业建立关系。仅靠一级关系营销的直接经济利益刺激,很难保持企业与顾客建立长久的良好关系。

2. 二级关系营销

二级关系营销有时也称社交型关系营销。二级关系营销更重视与顾客建立长期交往联系网络，通过了解单个顾客的需要与欲望并使其服务个性化和人格化来增加企业与顾客的社会性联系，把人与人之间的营销和人与组织之间的营销结合起来，增加顾客对企业的认同感。

顾客组织是二级关系营销的主要表现形式。以某种方式将顾客纳入企业的特定组织中，使企业与顾客保持更紧密的联系，实现企业对顾客的有效控制。顾客组织可分为有形顾客组织和无形顾客组织。有形顾客组织，是指正式的或非正式的俱乐部、顾客协会、顾客之家等；无形顾客组织是利用数据库建立顾客档案，并进行分类管理。通过顾客组织，企业可以给予长期顾客优惠和奖励，提供产品最新信息，定期举办联谊活动，借以加深顾客对企业的情感信任，增加顾客对企业的认同感，密切双方关系。

如美国旅馆资产公司（The Hotel Properties Ltd.）经营着数家旅馆和硬石咖啡厅、哈根达斯及好莱坞餐厅等其他一些特许经营店。在亚洲，该公司的所有零售店为公司顾客俱乐部持卡会员提供特别优惠。俱乐部成员也能得到奖励，能参加生活方式研讨会、集会及其他一些游艺活动。

3. 三级关系营销

三级关系营销又称结构性营销，有时也称忠诚型关系营销。在关系营销的三个级别中，这是最高级别。这种营销方式就是企业通过向顾客提供某种对顾客很有价值又不易获得的特殊服务，实现企业与顾客双向忠诚、相互依赖、长期合作的关系，这种关系被称为结构性关系。在结构性关系中，企业为客户提供的特殊服务往往以技术为基础，有精心设计的独特服务体系，使竞争对手很难模仿。这种结构性关系的形成，将提高客户转向竞争对手的机会成本，同时也增加了从竞争对手那里吸引另一些客户的机会。企业只有通过建立独特的服务体系，向客户提供技术性等深层次的联系，才能吸引顾客，并与顾客保持长久的良好关系。

关系营销与传统营销的比较如表6-5所示。

表6-5 关系营销与传统营销的比较

关系营销	传统营销
关注保持顾客	关注一次性交易
高度重视顾客服务	较少强调顾客服务
高度的顾客承诺	有限的顾客承诺
高度的顾客联系	适度的顾客联系
质量是所有部门都关心的	质量是生产部门所关心的

第三节　饭店市场营销模式的创新

移动互联网时代的到来，使得人与人之间的交流能够跨越时间与空间的限制，"即时互动"与"信息对称"成为新时代的特征。"客户流量"成为各大商家争夺的热点,"争夺客户时间"是商家竞争的重点。目前,中国网民平均每天有一小时花在了使用微信上。微信成为移动互联网时代的宠儿,以微信为代表的移动互联网也催生着饭店营销模式的创新。

视频:互联网营销

一、互联网营销

(一)互联网营销的形式

饭店互联网营销的形式主要有网上预订、饭店官网、饭店信息管理系统和互联网广告四种,如图6-13所示。

1. 网上预订

网上预订的方式不仅可以提高饭店接收订单的效率,还可以缩短订单处理的时间,减少失误,提高客户的体验。利用在线预订,订单会被迅速转移到订单处理点,简化了订单处理流程。同时,消费者在网上预订的时候,除了填写入住时间以及选择的房间种类之外,还可以根据自己的偏好对饭店提出要求,从而在实际入住时享受更贴心的服务。这样,不仅有利于提高客户的消费体验,还能增强他们对饭店品牌的忠诚度,通过口碑传播带来更多的客户资源。

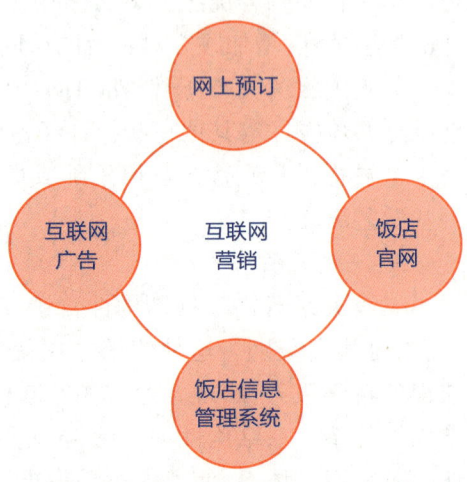

图6-13 饭店互联网营销的四种形式

2. 饭店官网

饭店官网可为消费者提供全面的饭店信息,从而可让消费者自行查询及选择。饭店拥有自己的独立网站,可降低对在线预订系统的依赖性,同时也开拓了新的互联网营销渠道。借助互联网方便、快捷的通信方式,饭店也可以开展产品使用的跟踪服务,及时帮助客户解决问题,提高网站的访问率。

3. 互联网广告

互联网在饭店行业的应用,为其带来一种新的广告营销方式。饭店官网可与其他网站建立连接,利用网络新闻或论坛巧妙插入广告。与传统广告形式相比,互联网广告成本低、互动性强、速度快、传播面广,而且能够帮助饭店与客户建立一对一的营销关系。

(二)互联网营销的类型

目前,互联网在线旅游服务商主要有五种类型:一是OTA(在线旅游经营商),如携程、艺龙等;二是电商平台,如淘宝等;三是旅游垂直搜索引擎,如去哪儿网等;四是饭店自建线上平台,如国旅在线等;五是门户网站,如春秋旅游网等。其中,前两种类型可以归为中介代理,其他几种则可归为直销模式。

1. 中介代理

中介代理是指饭店将各种信息发布在携程、艺龙等中介代理网站上,由其代为开展市场营销活动,而饭店则向其支付一定的佣金,属于饭店营销渠道的外包形式。消费者如果点击饭店名称的链接,并不是直接进入饭店界面,而是进入到饭店在中介代理的页面展示。

由于中介代理的网络辨识度更高,从而会给饭店带来大量的订单。但中介代理并非只代理一家饭店,因此会产生饭店间的激烈竞争,特别是在价格方面。另外,客人通过中介代理选择饭店,无法形成对饭店品牌的信赖和忠诚,使饭店失去独立成长的机会。

2. 直销模式

直销模式是指饭店或饭店集团自建网络平台销售产品。在国内饭店网络直销中,官网直销和搜索引擎排名是较流行的模式。通过直销模式,饭店可以与客户建立直接联系。通过持久的直销,饭店也可以逐步树立起自己的品牌形象,获得比较稳定的客源。但是,如果饭店不能跻身搜索引擎排名靠前位置的话,就很难获得理想的销售效果。同时,由于饭店缺乏比较完善的与银行关联的担保体系,如何降低 No-show 比率,也是饭店直销模式面对的难题。一般而言,规模较大、服务水平较高、以协议客户为主的饭店,更适合采用直销模式。

(三) 互联网营销的组合策略

饭店传统营销组合策略就是由著名营销大师麦卡锡提出的 4P 要素,即产品(Product)、价格(Price)、渠道(Place)和促销(Promotion)策略。在互联网营销模式下,4P 营销组合策略的内涵和外延都发生了显著的变化。如图 6-14 所示。

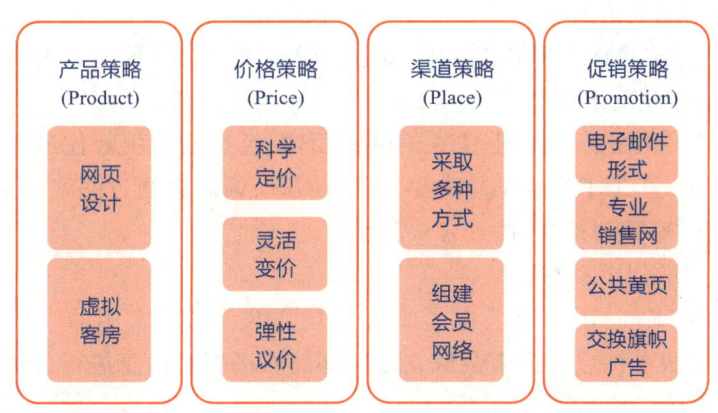

图 6-14 互联网营销模式中的 4P 组合策略

1. 互联网营销的产品策略

在互联网时代,客户往往先在网上浏览饭店信息后再做出是否预订的决定。如果饭店网页设计得好,就会大大增加消费者预订的可能性。因此,做好网页设计和虚拟客房是饭店产品策略的关键。

(1) 网页设计。饭店网页要以设计精致和操作方便为准则。

★ 饭店主页:以强烈的视觉冲击力给消费者留下深刻的印象。

★ 网页结构:布局合理,层次分明,让消费者能在较短的时间内找到自己所需要的服务功能。

★ 网页内容:全面、重点突出,消费者所要了解的信息都可以在网页上找到。

★ 网页链接:浏览方便,上传和下载速度快,不可出现链接中断以及缺乏图形的情况,尽可能在众多饭店网页中吸引消费者浏览自家的网页。

(2) 虚拟客房。消费者在购买产品前需要对产品有一个大致的了解。饭店可利用互联网构建一间虚拟客房。如果消费者对客房的设施,如窗帘的颜色、屏风摆放位置、楼层高低等不太满意,还可以把自己的意见输入计算机系统,要求饭店改进。

2. 互联网营销的价格策略

价格是饭店营销管理的关键因素。互联网的发展,在为消费者提供便利服务的同时,也将饭店客房价格暴露在竞争对手面前。因此,在互联网营销模式下,饭店定价需关注下列问题:

一是科学定价。由于互联网的发展,消费者可以在网上看到其他饭店的客房价格,一定程度上也增加了市场价格的透明度。科学定价,物有所值,则能够在一定程度上消除消费者的预订疑虑。

二是灵活变价。饭店可建立客房价格自动调节系统,按照淡旺季的不同消费流量,动态灵活变价,与市场需求变化保持同步。

三是弹性议价。弹性议价是指饭店与消费者通过互联网进行商讨,共同商定双方都可以接受的价格。消费者可在饭店主页上输入自己认为合理的价位,所需客房的楼层、朝向等选项,饭店针对消费者要求为其提供满意的客房。

3. 互联网营销的渠道策略

目前,互联网已成为饭店营销的主要渠道。饭店可采取多种渠道来进行市场营销,增加饭店在不同渠道上的曝光度。

会员网络是在虚拟组织基础上建立的网络团体,会员通常由曾住过饭店的客户组成。通过网络交流,培养会员对饭店的忠诚度。在节假日,饭店会通过网络向会员发送精美贺卡,表达对消费者的尊重和重视,提升客户黏性度。

4. 互联网营销的促销策略

一是电子邮件(E-mail)形式。电子邮件是互联网促销中常用的一种方式,具有成本低、反馈及时、速度快等优点。饭店会成立专职部门对消费者信息进行分析和归类,有针对性地向目标客户投放广告。

二是专业销售网。专业销售网是指专门销售某种产品的网站,具有省时、高效的特点。消费者可以通过专业销售网查询感兴趣的内容,如旅游地名称、饭店等级等。

三是公共黄页。公共黄页是专门为公众提供查询服务的网站,消费者只要在查找框内输入关键字,网站就会为消费者提供所需要的信息。但是,公共黄页与专业销售网存在相同的弊端,即饭店网址可能淹没在众多的信息当中,不易被查找到。

视频:移动营销

二、移动营销

移动互联网的出现为人们带来了一种可随时随地获取信息的方式。移动便携性、本地化以及社交化等功能的日渐丰富,让饭店营销活动发生了改头换面式的变革。

(一)移动营销的方式

伴随着移动网络的普及,饭店的预订方式也发生了翻天覆地的变化,人们更喜欢借助移动网络工具,进行快捷预订。

1. 微预订

客户可以在饭店预订平台进行实名注册,之后便可"一键预订"。这种方式拉近了饭店与消费者之间的距离,大大缩短了客户的预订时间。客户在交易平台上所留下的相关信息,可被饭店纳入数据库,有利于饭店的精细化管理和精准化营销。

2. MSS

MSS 不仅包含"快速预订""订单管理""数据统计""促销活动"等核心功能,还具备"客户管理""会员管理""餐饮与康体预订"等功能。客户可以通过浏览"饭店介绍""促销活动"和"饭店服务预订"三大板块,用手机方便快捷地预订,并与饭店保持互动。

3. App

大型饭店集团都有属于自己的 App。饭店通过 App 可以与客户时刻保持互动,并通过 App 向客户进行宣传推广和产品促销。在移动互联网时代,饭店业务由 PC 端移至移动端,有助于快速提高经营业绩。

案例分析

上线一个月,微信订房流量从 0 到 20 万
看哈尔滨华特饭店如何通过智慧饭店解决淡季销售难题

华特饭店是一家集客房、餐饮于一体的精品特色饭店,重视概念及视觉的整体实现。让客人感受城市里的哈尔滨、闹市里的东方小巴黎文化。一般而言,过了 3 月,哈尔滨的旅游业就进入淡季,饭店的生意也会冷清很多。虽然 5 月份有"五一"小长假,但是游客数量仍然有限,而且游客大多不是饭店的长期客户,预订渠道也多是通过 OTA 进行预订,并未能给小程序带来流量。如何提高饭店客房淡季入住率一直是饭店从业者的难题。打折、降价、做活动,能想到的办法少之又少,即便亏本甩卖仍然收效甚微,反倒顾虑低价会伤害品牌形象。哈尔滨华特饭店通过微信订房,上线一个月,流量从 0 到 20 万。饭店是如何解决淡季销售难题的呢?

1. 坚持自有渠道建设

华特饭店将目光瞄准微信,使用微信智慧饭店解决方案,在饭店公众号内添加订房入口。通过饭店前台引导客户关注公众号下单,并承诺客户在微信内订房价格不高于任何其他渠道,培养客户在微信公众号内直接下单的习惯。

2. 搭建会员体系

许多单体饭店商家认为会员体系没有必要。相比于连锁饭店品牌,单体饭店的会员权益对一般客户吸引力较小,客户不买账,商家收益低。不过,华特饭店对饭店会员却是这样理解的:对于大部分饭店来说商旅客户以及本地客户占有很大比例,而这群客户具有较高的品牌忠诚度,复购率极高,十分适合会员营销。针对这些客户,华特饭店在智慧饭店的后台设置了会员卡,领卡客户预订时享受 8 折优惠,还可以累积消费积分、升级会员,获得更多折扣。即便是游客,华特也会为他们开通会员卡,享受会员折扣,这些客户的口碑效应会吸引许多客户在前往哈尔滨游玩时主动注册饭店会员并下单。虽然OTA对线下饭店的渗透率越来越高,但华特饭店会员渠道订单量仍保持稳中有升。

3. 细分客户群,吸引"回头客"

大多数饭店本身有一个定位,如主题饭店、商务饭店、度假饭店等。但是消费者的标签是十分多元化的,并且消费者本身的消费观念和身份处在不断变化之中。如游客、情侣、亲子家庭、本地熟客、商旅客户等,这些客户对于饭店往往都有不同诉求。针对不同客户群,提供更有针对性的服务,能够瞬间赢得客户好感,将偶然登门的客户转变为长期客户。在这方面,华特饭店做得十分细致。他们利用智慧饭店后台的客户功能为不同客户群体设置了单独的标签,如商旅、游客、亲子等,并针对不同人群制定不同的营销策略。如儿童节马上到来,就可以向亲子标签的客户推送特定的亲子套餐优惠券;在饭店房间充裕的情况下,饭店还会主动为客户升级房型,如给携带孩子的家庭升级亲子套房;在节假日和客户生日当天,自动向客户发放优惠券等。

(二)移动营销的意义

1. 建立饭店直销模式

移动互联网的应用,拉近了饭店和终端客户之间的距离,客户通过手机客户端不仅可与饭店直接沟通,也可实现随时通话,了解饭店最新的优惠信息,传递自己的服务要求。这样,OTA中间商的作用没有过去那样突出,而饭店也建立了通往终端客户的直销渠道。智能手机客户端除了提供客户预订功能之外,入住饭店的客户也可以通过客户端预订送餐服务和购买客房用品,这也是饭店从传统互联网模式进入移动互联网时代的一大跨步。

2. 减少饭店库存房量

通过智能手机客户端向会员客户发送当天"最后一分钟"房价,促进客房的销售,减少库存房量。这样,不仅可以让客户享受到更多的优惠,也不破坏酒店与OTA等渠道合作伙伴的商业规则。美国的Hotel Tonight曾推出当天房间短期预订服务,可以让"最后一分钟"的商旅客户利用该软件搜索附近饭店的空房,从而降低空房率。

3. 提升客户参与度

在PC时代,客户不可能随时随地在线,饭店很难与客户之间实现随时互动。手机移动终端的出现,可以让客户时时在线,饭店也可以加强与客户之间的联系。比如7天连锁饭店通过签到获取"点币"的奖励方式鼓励客户参与,从而增强与客户的互动。

4. 提升客户满意度

通过手机智能终端,饭店可以直接与客户建立联系,并利用移动互联网的社交属性,了解客户消费习惯以及爱好,为提供高度定制化的饭店服务创造了条件。在让客户获得极致服务体验的同时,也增强了客户对饭店品牌的忠诚度。

(三)饭店App创意营销

1. 开发饭店App手机客户端

智能手机具有随时、随地、随身都可携带的便利性。现在,几乎每人都有部智能手机,成为人与人之间、企业与客户之间保持联系、促进交流的重要工具。App 应用在中国也已普及,各饭店可自己开发手机客户端,消费者下载饭店手机客户端,便可成为饭店的固定客户,提升饭店精准营销的水平。

2. 利用其他 App 做广告宣传

现在,手机成为人们日常生活中必不可少的工具,App 的营销效果是电视、报纸所不能企及的。无论是在大街上还是地铁中,人们几乎每时每刻都在关注着自己的手机,当消费者长期停留于某个页面时,客户端的 App 广告就会显示出来。饭店会下载知名的应用程序并植入广告,当消费者在体验这些应用程序时,这些广告形式就会停留在应用程序的附近,从而引起消费者对饭店的注意。

3. 与专业饭店预订 App 合作。

App 不仅具有游戏娱乐等功能,更具有实用的信息工具功能,消费者可通过这类实用性的 App,获得海量、准确、时效性的信息。目前,饭店预订 App 的应用已经越来越普遍,这些 App 应用程序都可以满足消费者的饭店查询、房态查询、电话预订等需求。饭店注重与专业饭店预订 App 合作,可为消费者提供准时的房态及房价信息。

案例分析

与时俱进的喜达屋移动技术

喜达屋推出了"Keyless"新功能,可以用手机当房卡,通过手机就可以将门锁打开进入房间,喜达屋由此也成为在全球范围内第一家实现手机开锁的智能入住饭店。喜达屋集团的相关负责人表示:"我们并不是为了标新立异才发明这些,只是想通过技术创新更加方便消费者、满足消费者。"

喜达屋一直很注重数字创新,利用技术促进业务的发展。为了提升客户体验,喜达屋在预订饭店、行政规划,以及在实际过程中的客房体验中都融入了移动科技领域的创新成果。喜达屋集团大中华区总裁透露:到 2016 年为止,喜达屋投入饭店数字和移动化系统上的资金达 5 亿美元,喜达屋除了为一些"基本款"——iPhone、iPad 和 Android 定做了 App,还为 Apple Watch 定做了 App,成为第一个为 Apple Watch 定做 App 的饭店。此外,喜达屋推出 Google Glass 的测试版,都成为喜达屋获得更多高端客户关注的有效渠道。

三、新媒体营销

新媒体是相对于传统媒体而言的。具体来说,新媒体就是利用数字技术、互联网技术等,借助宽带、无线通信、卫星等通道以及计算机、手机等终端,形成一种传播新渠道,为客户传递各种媒体信息。在新媒体时代下,多样化的媒体形态为饭店提供了多种选择,逐渐成为饭店营销的重要方式之一。

(一)新媒体营销的平台

饭店的新媒体营销平台主要有以下几种类型,如图 6-15 所示。其中酒店官方网站平台前面已经讲过，此处不再赘述。

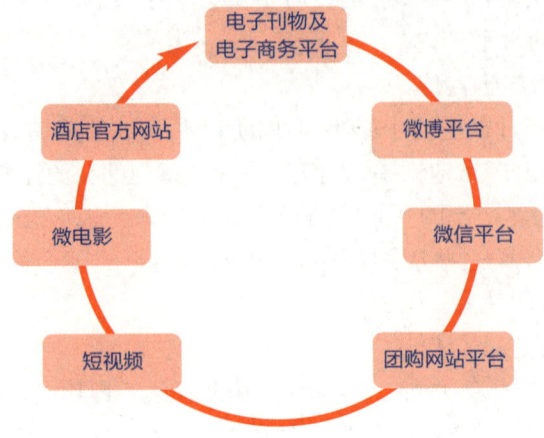

图6-15 饭店新媒体营销的平台

1. 电子刊物及电子商务平台

电子刊物突破了传统纸媒的传播局限，以其丰富的内容、生动的表现形式、快速的传播等特点备受人们青睐，成为饭店营销的一种新形式。饭店同相关的网络杂志平台合作，选取热门杂志的适当位置植入饭店的信息，可以取得不错的营销效果。电子商务平台也是饭店展示自己服务和产品的理想渠道。电子商务平台往往拥有完整的营销系统，如宣传、交易、客户服务等。饭店与电子商务平台的联合，有助于扩大市场范围，提升产品销量。

2. 微博与微信平台

微博拥有极大的流量和极强的互动性，客户之间很容易因为某个共同关注点而成为一个社交群体。饭店借助这个平台进行营销，不但可以拉近与消费者的相互关系，还有助于提升消费者对酒店品牌的认同度。同微博相比，饭店对微信平台的利用率还不是很高，拥有自己官方微信的饭店较少。因此，饭店在微信平台上还有很大的营销拓展空间。饭店在微信上可以"情怀营销"为主，与消费者保持持续不断的联系，不断吸引消费者加入互动。

3. 团购网站平台

团购网站是具有极大营销价值的平台。团购能给消费者提供价格上的优惠，吸引大量消费者。饭店采用团购网站平台开展营销，可借助价格优势吸引消费者，降低客房的闲置率。当然，团购也会带来饭店利润空间被压缩的情况。大多数饭店选择与团购网站进行合作，主要用意还在于扩大饭店的知名度。

4. 微电影与短视频

微电影投资较低，规模较小，被看作一种有效的营销渠道，可填补人们的碎片时间。饭店可以把产品信息等融入视频中，借助视频的直观性、故事性展示出来，起到娱乐性、观赏性和宣传性相结合的效果。短视频一般是指在互联网新媒体上传播时长在5分钟以内的视频传播。和传统的图文相比，短视频具有轻量化、直观性强等特点。人们可通过碎片时间来浏览短视频，通过弹幕、评论、分享进行社交互动。从2013年快手视频被大家熟知，到2017年抖音、火山小视频等短视频软件被人疯狂刷屏，短视频已经从过去的老土风变得越来越时尚,越来越被大众接受。

(二)新媒体营销的特性

新媒体营销具有以下特性。

1. 互动性

新媒体能够建立一个迅捷的交流平台,在平台上饭店和消费者可以进行双向互动,也在无形之中为饭店做了品牌推广。饭店在平台上发布服务、设施、安全等信息并与消费者进行交流;消费者还可以针对饭店的服务、安全、满意度等问题与其他消费者进行交流。在这个过程中饭店不需要做额外的华丽宣传,营销效应自然发生。

2. 复杂性

复杂性是指信息内容和信息传播的复杂性。新媒体时代下的舆论环境极为复杂,信息量庞大且良莠不齐,消费者也逐渐产生了信息接受的警惕性。这种情况无疑影响了饭店信息传递的效果。因此,饭店必须树立起良好的品牌形象,注意大众舆论的引导,及时维护企业形象。饭店在营销宣传过程中应当对话题具有掌控权,把握话题议论的尺度,引导舆论朝对饭店有利的方向发展。

3. 多样性

多样性是指媒体形态的多样化,如微博、微信、网络视频、电子刊物等,这些平台为饭店营销提供了形式丰富的载体。在互联网环境下,各个载体联系密切,整个营销过程立体化,在消费者周围形成一个完整的宣传情境,容易从不同角度引发其消费热度。使用成本的降低提高了饭店营销宣传的性价比,不仅使饭店在营销投入方面大大减轻负担,也为后期持续进行新媒体营销提供了可能,这也是新媒体能够迅速提高市场占有比重的原因之一。

(三)饭店新媒体营销的策略

饭店新媒体营销的策略,可以反映在以下七个方面,如图6-16所示。

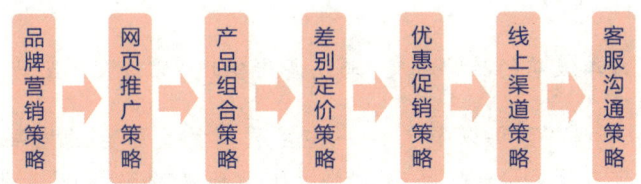

图6-16 饭店新媒体营销的策略

1. 品牌营销策略

互联网营销的重点之一就是借助互联网的各个渠道和各个平台迅速树立起饭店的品牌形象,并不断扩大品牌影响。饭店可在互联网上实行一系列的推广措施,对饭店的品牌进行营销推广,逐步把品牌形象推入公众视野并获得公众认可。

2. 网页推广策略

饭店需重视官网的建立和维护,并在网页建设过程中针对消费者需求进行持续的调整,不断提高网站的人性化程度。饭店官网要结构完整、信息丰富,从企业介绍到服务类型、预订信息应有尽有。同时,网站需与饭店管理系统对接,使得线上收到的预订信息能够及时进入饭店管理系统。

3. 产品组合策略

饭店需要推出独具特色的产品组合,以吸引目标市场客户的注意。饭店除了要具备完善的功能产品、完备的设施设备,其主题化的特色装饰、个性化的服务提供,都可以为饭店带来极好的声誉。

4. 差别定价策略

饭店需要根据不同季节、不同产品设计富有层次的阶梯式价格体系,并根据市场需求的变化及时进行动态价格调整,使饭店的价格具有较大的灵活性和浮动性,提升饭店产品的竞争能力。

5. 优惠促销策略

饭店可适时推出优惠促销活动,如配合"三八"妇女节、"六一"儿童节、圣诞节、情人节等的促销活动,还可以常客俱乐部的形式,笼络一批长期消费者,以各种会员活动鼓励客户经常往来。

6. 线上渠道策略

网络直销模式省去了其他中间销售环节,打破了生产商、经销商和消费者之间的障碍,为交易的实现提供了更便捷、高效的途径。同时,在成本控制方面,网上直销也是功不可没。饭店需要充分利用线上销售的优势,积极借助网上交易平台开展营销活动。

7. 客服沟通策略

饭店在营销活动过程中与客户的互动是十分重要的,而互联网最显著的特征之一就是可以进行互动交流。在网络销售模式中,饭店需设立专业团队,通过实时的网络监控,了解消费者信心,在与消费者交流过程中提高消费者对饭店产品与服务的满意度。

案例分析

四季饭店的品牌社交:与消费者实现"零距离"互动

随着在线社区、博客、百科以及其他一些互联网社交平台的发展,社会化营销也开始成为各行各业的促销手段,尤其是以旅游饭店为代表的服务业。消费者在体验之后,有了更多的消费心得,也更具发言权,并通过社交平台传播。

对于饭店等服务行业来说,如何利用大数据,及时地了解消费者的需求,并且如何为他们提供个性化、定制化的服务是饭店等服务行业都面临的问题。

四季饭店是一家国际性的奢华饭店管理集团,创立于1961年。它依托互联网的优势为客户讲故事,进行内容营销,与客户交流沟通,为其提供优质的体验。四季饭店在经营过程中,也多次尝试通过社交媒体平台营销。

1. 社会化营销在品牌战略中的地位

例如,在 Twitter 上举办虚拟品酒会;通过 Facebook 与粉丝及时交流沟通,了解他们的需求;参与 Foursquare 和 Gowalla 基于位置服务的 App 应用,并在 Youtube 上发布信息,使四季饭店成为搜索关键词。

四季饭店将一半的精力放在数字媒体平台上,通过社交媒体平台营销,拉近与消费者的距离,满足他们的长尾需求,以此形成客户黏性和忠诚度。四季饭店在数字营销上的投入超过营销总支出的50%,每家饭店都会配有一位社交媒体经理,有的饭店甚至有多位。社交媒体经理不仅负责解答消费者的疑惑和投诉,还要与消费者交流沟通,为他们提供最新的信息。通过社交媒体与社交经理交流的客户既可以不在饭店内,也可以是入住饭店的客人。在互联网还没有普及的时代,他们通过打电话反馈自己的需求,而现在只需通过Twitter或者博客来反馈。

四季饭店的成功得益于它的营销以及高层管理者的重视,能够及时地满足消费者的需求,拓展业务范围。四季饭店在全球范围内的连锁饭店里实施统一的营销策略,所推广的品牌也是一视同仁。在进行社会化营销的同时,四季饭店也注重本土化经营,将饭店的消费者变成粉丝,实现粉丝效应。

虽然饭店在实施社会化营销时的策略不同,但实施的初衷都是使整个企业参与进来,而不是某个人或者某个部门独立运营。

2. 专业团队运营管理社交平台

2009年,四季饭店开始着手实施社会化营销,创建自有品牌。同年,消费者也开始期望能随时随地地与其品牌进行互动。因此,四季饭店设立专门部门,负责运营社交平台,及时了解消费者的需求,与其交流沟通。

目前,四季饭店已在主流的门户网站上创建了自有品牌,并投入大量的精力管理数据,与消费者互动,如Facebook、Youtube、Twitter、Tumblr等,通过这些社交平台及时了解消费者的需求。

四季饭店能成功运营社会化平台的关键是"真实性"和"参与度"。正如四季饭店的数字营销高级副总裁 Elizabeth Pizzinato 所说:"这不是简单地创建 Twitter 账号或者 Facebook 页面的问题,社交媒体渠道所依靠的是即时性、参与度和真实回应。所以企业要准备好面对配置社交渠道关键资源时带来的额外管理压力。"

对于饭店管理来说,具备专业的平台运营部门,管理客户的评分和点评体系以及数据分析能力等是提高饭店品牌影响力和盈利的关键。因此,四季饭店在不同的社交媒体上注册账号,获取消费者在这些平台上反馈的信息,及时地了解他们的需求,并与消费者沟通互动,挖掘潜在需求,抓住行业的发展趋势,不断地完善自身,为消费者提供个性化、定制的服务。

3. 极具效果的内容策略

四季饭店之所以能为消费者提供个性化的服务,离不开它极具效果的内容策略。专门成立的社交平台运营部门,负责与消费者互动沟通,及时了解他们的需求,为消费者提供优质的服务。四季饭店社交平台的内容策略由两部分组成:客户生成内容和线上线下渠道提供极致的体验。而消费者在参与不同活动的过程中,会与不同的品牌交流互动,体验个性化服务。

例如,四季饭店在策划婚礼筹划专题时,通过专门开设的 Twitter 和 Pinterest 向消费者提供来自饭店专业人士的建议以及在四季饭店举行婚礼的新娘的故事,为消费者提供个性化、定制化的服务。

2013年,四季饭店举办 Maxine 畅游曼哈顿竞猜活动,以商旅群体为消费对象,专门为其打造家庭周末旅行的活动方案,并投入大量的资源,启用大量的社交平台,如 Pinterest、Twitter、Instagram 和 Tumblr 等。

除此之外,四季饭店还在社交媒体平台上"打造其视觉资产",在一些新的平台,推送内容,发挥应有效用。如 Instagram 和 Tumblr 等推送内容,发挥应有效用。同时,饭店还与餐饮业和夜生活中的"超级明星"达成战略协议,共同为消费者提供极致的服务。

毋庸置疑,四季饭店作为一个奢侈豪华的连锁饭店集团,它的成功离不开它为消费者提供个性化、定制化的服务,消费者至上的经营理念以及不断创新的品牌文化,入住四季饭店的消费者能够拥有完美的睡眠质量,体验到独特的当地生活,真正体验到宾至如归。通过社交媒体讲故事以及与消费者的互动,更是让消费者体验到饭店独特的品牌文化。

本章小结

- 饭店的市场营销是指饭店企业为了让目标顾客满意,并实现饭店经营目标而展开的一系列有计划、有步骤、有组织的活动。做好市场营销调研、分析和 STP 营销策划,是饭店开展营销活动的基础工作。

- 根据不同的市场需求状况,确定相应的营销管理任务,并通过产品、价格、渠道及促销四大营销组合策略,组织和实施营销活动,是饭店营销活动的基本内容。随着营销理念的发展,又形成了服务营销、整合营销和关系营销等新的营销概念与策略。

互联网技术的不断提升以及互联网在人们工作和生活领域的不断渗透,带来了饭店营销模式的变革与转型。互联网营销、移动营销、新媒体营销,将饭店的市场营销活动推向了一个新的高度。

同步练习

一、问题思考

1. 什么是 BCG 分析法和 GE 分析法?
2. 什么是 STP 营销?
3. 针对不同的需求状况,饭店的营销管理任务分别是什么?
4. 什么是 4P 营销组合策略?
5. 什么是互联网营销?
6. 什么是移动营销?

7. 什么是新媒体营销？

二、讨论交流

以3~4人组成的小组为研究单位，通过互联网查找资料或实地考察饭店，进行以下问题的研究，撰写调研报告，编制PPT文件，在课堂上进行交流分享。

1. 分析某一家饭店的市场定位。
2. 分析某一家饭店的互联网营销和移动营销的营销手段。

三、在线自测

扫描二维码，完成在线练习。

在线自测6

实例参考

饭店营销策划书的编制

饭店营销策划书的内容一般包括市场分析、市场定位、营销推广、营销预算和收益预测五个方面。

A. 市 场 分 析
——旅游市场形势

近年来，亚太地区旅游业的基本状况是客流量有所回升，但消费者支出更加谨慎，旅游及相关行业的企业经营效益难以增长。

作为亚太地区最大的客源输出国，日本的情况有一定的代表性。近年来，日本出境旅游人数减少20%，此次市场下跌是受自身经济不景气的影响，因而不仅市场低迷的时间较长，而且体现在旅游者支付能力减弱方面。正因为如此，各旅游目的地的供方纷纷调整价格以吸引顾客，导致各个企业的经济效益不断滑坡。

在中国主要客源国中，除俄罗斯和蒙古同比略有下降外，其余国家均有不同程度增长，其中，韩国增长62%，法国增长10%。预计近年中国的入境人数仍将保持一定的比率增长。

上海的旅游形势基本相同，接待入境旅游者人数比去年同期增长6.4%，但旅游者的花费却降低2%。值得注意的是，近年以来，以高星级饭店为首挑起的价格战愈演愈烈，市场处于无序竞争状态，各饭店的平均房价明显下降。

另一个值得关注的现象是订房中心的大量涌现，正日益瓜分饭店的利润，对日趋混乱的价格战推波助澜。近年以来，国旅、中旅等沪上知名旅行社纷纷开设订房中心，预示着订房中心已经开始有正规军加入。

可以引起重视的是国内市场。随着公共假期的增多及经济形势的好转，国内休闲旅游的客人不断增加。

1. 饭店状况分析

(1) 周边环境。本饭店是一家四星级饭店,毗邻徐家汇商圈,周围高楼林立,各路商家云集,现代化大商场星罗棋布,娱乐业、房地产业高度发达。饭店地理位置优越,交通便利。地铁一号线就在附近,至徐家汇、衡山路站,仅需5分钟;内环线高架连接杨浦和南浦大桥,使浦东到浦西交通十分方便;饭店距虹桥机场8千米、上海火车站7千米。饭店四周是高档住宅区,闹中取静,环境优雅。从客房极目远眺,红墙绿瓦,绿树掩映。饭店楼高30层,拥有客房264间,大堂酒吧、中西餐厅、多功能厅一应俱全;俱乐部拥有健身、美容、桑拿、推拿、桌球、壁球和棋牌等一流设施。但饭店周围宾馆众多,星级相仿,硬件设施均很齐全,客人选择的余地较大,竞争日趋激烈。以下是周围饭店情况:

饭店	星级
富豪环球东亚酒店	五星
华亭宾馆	五星
建国宾馆	五星
东亚富豪酒店	五星
华亭二号楼	四星
衡山宾馆	五星
奥林匹克大酒店	三星
好望角大饭店	三星
东湖宾馆	四星
建工锦江大酒店	四星
青松城大酒店	四星
长城饭店	三星
明珠大饭店	三星

(2) 服务水平。饭店营业三年多来,始终以让客人"满意 + 惊喜"为宗旨,加强对员工的培训,不断提高服务质量。先后成功接待了城运会代表团、国际电影节中外记者、全国邮电行业厅局长会议、世界摄影艺术家年会、日本中学生交流团等客人,受到好评。但有时存在服务质量不稳定的情况。各营业点的服务质量参差不齐,特别是在接待欧美商务散客的能力上,还有待于进一步的提高。

(3) 员工能力。服务质量的不稳定性有管理上的问题,但主要是员工素质和能力所致。虽然经过三年多不间断的培训和实践,员工的素质和能力在不断提升,但由于饭店行业对从业者的吸引力越来越小,塑造优秀员工的基础较之理想距离太远。员工在文化背景、生活理念、语言沟通等方面与目标顾客,尤其是欧美客人之间存在较大差异。这些都影响服务质量的提高,最终影响饭店的经营。

2. 竞争情况分析

本饭店周围的饭店很多,正如在市场分析时所指出的,由于价格竞争的无序,在市场不景气的时候,这些饭店都可能是竞争对手。它们中的多数饭店是新建的,开业平均不到三年,设施设备都是新的,而顾客又对价格比较敏感。所以,价格稍有变化,就会影响一部分目标顾客的选择。

我们选择离本饭店最近、目标顾客最相似的四家饭店作为竞争对手,这四家饭店分别是 A 饭店、B 饭店、C 饭店和 D 饭店。

竞争对手各类房价比照表   单位:元

饭店	门市价	商务价	散客	长住价	团队价
A 饭店	单人房:600 标准房:685 套房:888	420~620	350~388	9 000/月左右	面议
B 饭店	标房 A:650 标房 B:718 套房:900 豪华房:1 018	410~480	不接	9 000/月左右	278 含早
C 饭店	标准房:710 套房:838 豪华房:988	498 (含双早)	360~388	12 000/月左右	280 含早
D 饭店	标准房:620 套房:730 行政房:988	470	不接	9 500/月左右	250 含早
本饭店	单人房:738 标准房:788 套房:988	500	400~450	12 000/月左右	288 含早

由本表可以发现,本饭店的卖价是所有竞争饭店中最高的,紧随其后的是 C 饭店。

竞争饭店客房出租率和平均房价调查表(3—10 月)

饭店		3月	4月	5月	6月	7月	8月	9月	10月
A 饭店	门市价/元	685	685	768	768	768	685	768	768
	平均房价/元	410	400.2	460.8	420.6	400.3	398.1	401	478.7
	出租率/%	56.7	58.8	67.4	60.1	59.8	56	61.3	69.7
B 饭店	门市价/元	718	718	718	718	718	718	718	718
	平均房价/元	446.2	413.5	430.4	455.7	410.1	400.3	414.2	456.4
	出租率/%	57.8	60.1	62.5	50.1	53.2	55.4	60.3	66.2

续表

饭店		3月	4月	5月	6月	7月	8月	9月	10月
C饭店	门市价/元	710	710	710	710	710	710	710	710
	平均房价/元	440.6	432	488	459.7	421.3	421	438.6	458
	出租率/%	65.8	61.3	71.2	55	58.1	50.4	64.2	68.6
D饭店	门市价/元	620	620	620	620	620	620	620	620
	平均房价/元	410.2	445	400	398.7	411.1	399.6	403	445
	出租率/%	54.2	78.4	60.3	56.9	61.1	56.6	57.5	64.2
本饭店	门市价/元	788	788	788	788	788	788	788	788
	平均房价/元	453.3	426.3	487.1	457	455.7	442	451	476.8
	出租率/%	66.4	63.2	73.2	60.3	55.2	56.7	60.1	65.2

在8个月里,本饭店有4个月的平均房价高于其他饭店,C饭店有2个月名列第一;出租率方面,本饭店也略占优势。可见,这8个月的经营情况总体是可以的,但与竞争对手相比,优势还不明显。

竞争饭店有关设施及顾客对产品服务满意度比较

项目	A饭店	B饭店	C饭店	D饭店	本饭店
娱乐设施	室内游泳池 健身房 按摩 桑拿 美容 棋牌	网球场 健身房 按摩 保龄球	健身房 桑拿 保龄球 美容 棋牌 按摩	健身房 桑拿 保龄球 卡拉OK	三楼平台游泳池 保龄球 按摩 棋牌 美容 卡拉OK
会议设施	大宴会厅可容纳1 000人;3个多功能厅,可容纳20~100人不等	会议厅可容纳380人,展览厅600平方米,多功能厅可容纳460人或分隔成三个小厅	大宴会厅可容纳300人;会议厅有5个,可容纳25~80人	大宴会厅可容纳350人;会议厅3个,可容纳30~80人	多功能可容纳480人;会议厅可容纳300人左右;20人左右的小会议室6个
对客房服务的满意度	满意度81% 一般12% 不满意7%	满意度80% 一般10% 不满意10%	满意度83% 一般11% 不满意6%	满意度70% 一般15% 不满意15%	满意度90% 一般7% 不满意3%

B.市场定位

根据上述分析和竞争比较,在过去一年里,饭店的营销策略是有效的。在新的一年里,应稳定商务市场,尤其是国外商务客,加大对会议市场的促销力度,开拓国内高级商务客和公务客市场。

目标市场:境内外商务客人、外企职员、会议客人、公务客人、境外团队及金融、保险和银行高级职员。

限制市场：低价团队。
营销工作：建立一批能给饭店带来稳定客源和收益的忠诚客户群。

1. 商务市场

主要客源：欧美、日本、新加坡、中国香港、中国台湾。

(1) 目标。

房夜	平均房价	客房收益	客房营收份额
21 320 间夜	520 元	11 086 400 元	53%

(2) 主要策略。

产品：免费早餐；及时沟通信息，加快结账速度；利用客史预先登记；提供 24 小时商务中心服务。

价格：执行原有商务价。

渠道：参加国际订房网络和国内订房网络；建立公司订房俱乐部；与旅行社、旅游批发商合作。

促销：选择国内外有影响的商务杂志做广告；保证 A 类客户（月订房量在 100 间夜以上）旺季订房；继续实行前 10 位 A 类客户住店 VIP 政策；给予累计入住饭店 50 个房夜的客人免费升级；继续执行对公司订房人员的奖励制度。

2. 会议市场

主要客源：外资公司、国内重要企业、金融公司等的董事会、商务会、展览会、研讨会及政府组织的各类会议。

(1) 目标。

房夜	平均房价	客房收益	客房营收份额
9 500 间夜	440 元	4 180 000 元	20%

(2) 主要策略。

产品：购置新的投影设备；提供会议组合菜肴；提供会议班车接送；提供额外服务；保证餐饮、客房产品质量。

价格：制定具有竞争性的价格；会议用客房打 7 折；出租会议设施设备打 5 折。

渠道：会议策划公司；展览场馆；政府部委办科研机构。

促销：收集展商名录；制作会议宣传单页邮寄公司；销售访问。

3. 旅行社团队

主要客源：日本、欧美、东南亚、中国香港、中国台湾。

(1) 目标。

房夜	平均房价	客房收益	客房营收份额
7 752 间夜	288 元	2 232 576 元	11%

(2) 主要策略。

产品：设立团队接待厅；提供团队菜、风味菜。

促销：参加海外旅游交易会；在旅行社做广告；在国内外有影响的旅游报刊做广告。

4. 旅行社散客

主要客源：日本、欧美、东南亚、中国香港、中国台湾。

(1) 目标。

房夜	平均房价	客房收益	客房营收份额
1 348 间夜	465 元	626 820 元	3%

(2) 主要策略。

参加海外旅游交易会；在旅行社做广告；在国内外有影响的旅游、商务报刊做广告。

5. 长住客市场

主要客源：日本、欧美、中国香港、中国台湾。

(1) 目标。

房夜	平均房价	客房收益	目标市场份额
3 000 间夜	400 元	1 200 000 元	6%

(2) 主要策略。

产品：客房管家式服务；每周免费水果；定期组织活动；按照客人要求调整产品结构。

价格：视租房时间长短及付费方式灵活商定。

促销：通过各种渠道及时了解新的投资项目；向外商公司、代理商分发推销信。

C. 营销推广
——市场调研

市场环境在不断地变化，消费者的需求也在不断地变化，所以饭店各种策略也要及时做出调整。市场调研是经常性的工作，但本年度主要安排三次大的市场调研活动：

(1) 如何达到最佳的会务服务水平。

调研目的：提高饭店会议产品质量。

调研主要方法：向会议策划公司了解客人的需求，走访老客户，了解对硬件、软件的意见和需求，了解有较高会议产品知名度的饭店的产品。

调研时间：3月。

(2) 顾客满意度调研（具体计划另定）。

调研目的：及时调整营销策略，提高竞争能力。

调研主要方法：向住店客人发放调查表，以顾客身份入住竞争饭店，体验竞争饭店的产品，走访"回头客"，了解他们对饭店产品的建议。

调研时间：5—6月。

(3) 市场机会调研。

调研目的：发现市场机会，寻找新的经济增长点。

调研主要方法：统计饭店周边商住楼销售情况，统计饭店周边商住楼客房情况，新机场启用后的客源流量，政府新的投资项目。

调研时间:4月。

1. 广告策划

(1) 受众目标。

饭店经过三年多的运作,已初步建立起高级商务饭店的市场形象,近两年的经营情况也证明了这一点。根据本年度的市场分析、预测和对饭店产品的认识,营销的重点是继续稳定商务客人,在客源结构上提高国外商务客人的比例;在会议市场方面,争取更多的客人。

所以,广告的受众目标是:提醒已有的商务客人,吸引那些品牌转换者和新的顾客、会议客人。此外,继续提醒国外旅游客人。

(2) 广告内容。

a. 饭店形象宣传(针对商务客人)。

繁华的上海徐家汇商业区;饭店外形;饭店客房、餐厅、会议设施;中外商务客人(这里是我们的商务伙伴)。

b. 对已有商务顾客的暗示(针对商务客人)。

强调饭店产品的优势;确认顾客选择本饭店是英明的选择。

c. 会议产品展示(针对会议客人)。

豪华的会议厅、宴会厅;一流的会议设施设备;训练有素的服务员工的承诺(我们将为您提供最好的服务)。

d. 温馨的家(针对商务、旅游客人)。

客房展示;娱乐设施展示;一种悠闲、温馨的气氛;饭店外是繁华的夜市。

(3) 媒体选择和传播计划。

a. 上海电视台英语节目。

节目时间是晚上10:00,主要观众是在上海工作或从事商务活动的外国人、外资企业的中方高级职员等。据调研,该节目收视率达到24%。

每次广告时间为30秒,3月和6月播放饭店形象(每周三次);4月播放会议产品展示(每周三次)。

b. *Successful Meeting* 和 *Asia Travel Trade*。

这两份杂志主要面向全球商务、会议客人,在这些读者群中享有较高声誉,是商务、会议市场理想的广告媒体。

连续半年刊出饭店形象和会议产品广告。

c. *Travel China* 和 *Shanghai Daily*。

这两份报刊的主要读者群是国内的外商,他们是饭店的主要目标顾客,或者可为饭店推荐顾客。广告费用较上面两份杂志便宜许多。5月、8月两个月刊登广告。

d. 《东航杂志》和《日航杂志》。

这是两家有影响的航空公司办的杂志,是供航班客人阅读的,这些客人中较大部分是商务客人,他们有可能是饭店的潜在顾客。

e. 国旅等旅行社单片广告。

这些国内大型旅行社的经营网点遍及世界各国,每天有大量的旅游者光顾,是理想的广告媒体。

2. 公关策划

全年安排二次较大规模的公关活动。

(1) 西部展示。

主要内容:西部风光图片资源介绍,邀请有关地区的政府官员做讲演,民族艺术表现。

目的:配合开发西部作公益宣传,吸引商人去西部投资的兴趣,树立饭店的公益形象。

邀请对象:本市各大新闻机构记者、在上海的外商等。

时间:6月中旬。

(2) 各大公司订房人员联谊活动。

活动内容:奖励前10位订房人员、抽奖、参观饭店设施设备、冷餐会。

目的:加强与订房人员的关系,激发订房人员对饭店的热情,建立忠诚客户。

D. 营销预算

项目	费用/元	备注
广告		
电视	80 000	房金抵充 50 000 元
Successful Meeting	60 000	—
Asia Travel Trade	80 000	—
Travel China	30 000	房金抵充
Shanghai Daily	25 000	—
《东航杂志》	15 000	房金抵充
《日航杂志》	25 000	—
国旅等旅行社单片广告	63 000	房金抵充
其他	20 000	—
公关促销		
西部展示	50 000	企业赞助 30 000 元
订房人员联谊活动	23 000	—
其他公关	15 000	—
市场调研		
会务服务水平	10 000	—
顾客满意度调研	23 000	—
市场机会调研	20 000	—

续表

项目	费用/元	备注
销售访问		
差旅费	20 000	—
招待费	100 000	—
通信费	5 000	—
总计	664 000	

E. 收益预测

(1) 全年客房营收预测。

市场	间夜	平均房价/元	客房营收/元	客房营收份额
商务市场	21 320	520	11 086 400	53%
会议市场	9 500	440	4 180 000	20%
旅行社团队	7 752	288	2 232 576	11%
旅行社散客	1 348	465	626 820	3%
长住客	3 000	400	1 200 000	6%
上门客	2 553	600	1 531 800	7%
总计	—	—	20 857 596	100%

注：天数为365天；可供出租房为69 958间；平均出租率为65%。根据预测平均出租率及各细分市场平均房价计算而得。

(2) 餐饮营收预测。

a. 宴会。

主要客源：社会名流、中外商人、政府公务人员等。

销售目标：3 690 000元。

主要策略：招聘宴会设计师提高宴会产品质量；选派饭店最优秀的服务员服务；总厨亲自制定菜单并把关菜肴质量；加强酒水促销。

b. 婚宴。

销售目标：3 500 000元。

主要策略：设计独特的婚宴产品；筵席价格为3 500元/桌。

c. 会议用餐。

销售目标：3 240 000元。

d. 中菜零点。

销售目标：3 500 000元。

主要策略：个性化服务；举办食品节；不断推出新菜单；商业化氛围设计；利用节日促销。

e. 西餐。

销售目标：2 510 000元。

主要策略：个性化服务；举办食品节；不断推出新菜单；商业化氛围设计；利用节日促销。

餐饮全年总营收目标为：16 440 000元。

第七章 饭店收益管理方法与技巧

学习目标

知识目标：

　　了解饭店收益管理的五大要素和收益衡量指标，熟悉饭店收益管理的六大方法，掌握饭店收益管理的实战技巧。

能力目标：

　　能根据收益管理的基本原理，灵活运用旺季提升饭店营收的技巧和淡季提升饭店销量的技巧。

第一节　饭店收益管理的基本概念

收益管理（Revenue Management，RM）是在对市场的供求关系和消费者的行为模式进行分析和预测的基础上，以最优化的产品、价格和销售渠道组合，实现最大限度提高产品销售总量和单位产品平均售价，从而获取最大收益的一种理论、方法和策略。通俗地说，收益管理就是通过把合适的产品以合适的价格，在合适的时间，通过合适的渠道，销售给合适的客人，从而实现企业利润最大化的一种管理过程。

著名的收益管理权威 Robert Cossing 在其著作 Revenue Management Hardcore Tactics for Market Domination 中指出："运用了收益管理的公司，可以在不增加资本投入的情况下使营业额提高 3%~7%，利润率提高 50%~100%，并有效和迅速提高市场占有率。"

一、收益管理的起源

收益管理起源于 20 世纪 80 年代中期的美国航空业。由于航班座位有限，而且航班座位的使用有很强的时间性和不可储存性，导致航空公司竞争激烈，各航空公司都想尽办法在飞机起飞前尽量卖掉所有的机票。价格的恶性竞争使不少航空公司亏损或倒闭。于是，很多专家开始研究市场的供求关系和价格对需求与消费者行为的影响，以寻求帮助航空公司适时将机票以合理价格卖出去的方法，由此产生了收益管理的概念和理论。

20 世纪 90 年代初期，美国饭店业开始借鉴航空业的成功经验，研究收益管理在饭店管理中的应用，并逐步形成饭店收益管理的相关理论，研制出适合饭店行业的收益管理系统。经过 10 多年的探索和改进，收益管理凭借先进的经营理念、完善的需求预测系统、科学的收益管理方法和有效可行的实施手段，成为世界品牌饭店经营成功的法宝之一。率先把收益管理理念与技术引进酒店业的万豪国际集团董事长兼首席执行官比尔·马里奥特曾说："收益管理不仅每年为我们增加了成倍的利润，更重要的是教育了我们应如何更有效地管理酒店。"

21 世纪初，收益管理的理论及方法开始被中国饭店业接受，成为中国饭店业实现利润最大化的一个重要途径。

小故事

卡洛尔太太的理发店

卡洛尔太太在乡下小镇上经营了一家理发店，由于手艺精湛，很受当地人欢迎。但是，这家小店没有其他理发师，周末时常常要排两个小时的队才能得到服务，许多人因此不愿意光顾她的理发店，罗伯特先生就是其中的一位。由于工作在外，罗伯特先生只有周六上午的时间可以用来理发，虽然很欣赏卡洛尔太太的手艺，但紧张的时间安排让他无法接受长时间的等待。罗伯特先生曾劝说卡洛尔太太接受预约安排，但卡洛尔太太担心这样会疏远顾客,不愿意改变经营方式。

于是,罗伯特先生同她一起详细分析了理发店面临的问题:

(1) 理发店在星期六过于拥挤,但是星期二却很少有顾客来。

(2) 一些工作繁忙的顾客只会在星期六来,而其他退休的或上学的顾客可以在一周中的任何一天来理发。

(3) 卡洛尔太太在星期六损失了不少顾客。

(4) 卡洛尔太太考虑过再增加一把椅子和一个兼职理发师,但她知道这样要花费很多钱,可又不知能增加多少收入。

根据上面的分析,罗伯特先生提出,应当提高周六的价格而降低周二的价格。原因是有些顾客宁愿多花点钱换取周六的便利,而另一些顾客为了省钱也会乐意在周二来理发。用收益管理的术语来讲,叫认清细分市场上顾客对价格与便利的取舍。

开始,卡洛尔太太很不情愿这样做。她认为自己提供了相同的服务,不应根据时间来设定不同的价格。但后来发生的一件事让她改变了自己原来的想法。

有个周六,卡洛尔太太正在为罗伯特先生理发,有一个人站在门口张望。当他看到等候室里坐满了人时,摇摇头走开了。罗伯特先生问:"他是你的老顾客吗?""不是。"卡洛尔太太回答。"那么,"罗伯特先生说,"他今天将找到另外一位理发师,如果不是手艺特别糟,他再也不会到你这里来了。你不只是今天失去了一位顾客,而是永远失去了这位顾客。"听到这里,卡洛尔太太决定实行改革。

卡洛尔太太把周六的价格调高了 10%,同时把周二的价格降低了 10%。结果,原本喜欢周六来等候、聊天的退休老人和带小孩的母亲,大多改成了在周二来理发,周二生意不再清淡;匀出周六时间,可以服务情愿多花点钱来换取时间便利的客人,那些摇头离去的顾客又被吸引了回来。

一年后,卡洛尔太太惊喜地发现,理发店收入增长了 20%。

当然,收益管理也不是万能的。收益管理从航空业扩展到酒店业等其他行业,是因为这些行业的产品都具有以下特点:

(1) 生产能力相对固定,即一定时间内供给总量相对固定。

(2) 产品价值不可储存,即产品的价值具有很强的时效性。

(3) 高固定低变动成本,即产品销量变化对成本影响不大。

(4) 市场需求不断变化,即淡旺季的周期和需求差异明显。

(5) 产品可以提前预售,即市场需求可以预测和规划管理。

(6) 产品可以进行细分,即不同消费群体的需求存在差异。

二、饭店收益管理的要素

收益管理的成效,在很大程度上取决于饭店经营管理者对收益管理的五大要素:产品、价格、时机、渠道和客源的把控能力。如图 7-1 所示。

视频:饭店收益管理的要素

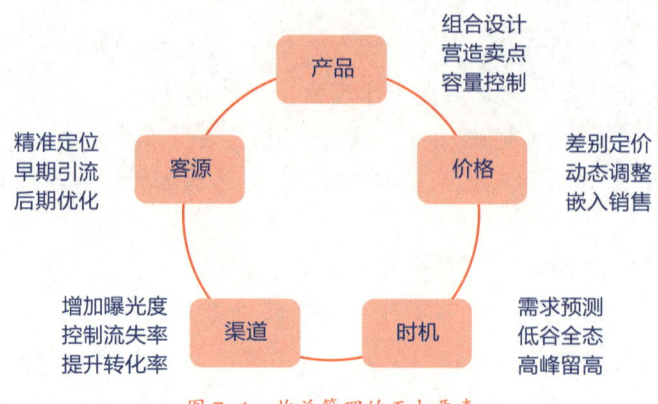

图 7-1 收益管理的五大要素

（一）客房产品的组合设计

客房是饭店收入和利润的主要来源，客房收入一般占饭店总收入的 50% 以上，客房的经营利润高达 70%~90%。但是，客房产品又具有很强的时效性和不可储存性。认识客房产品的属性，做好客房产品的组合设计，营造不同客房产品的卖点，并做好客房产品的容量控制，是提升客房收益管理水平的前提条件。

1. 单一客房产品的设计

如某饭店有 300 间客房，饭店经营者把这些客房都定为普通标房，每间客房的定价为 230 元。那么，该饭店的最大客房销售潜力为 69 000 元，平均每房收入为 230 元（见表 7-1）。

表 7-1 单一客房类型的收益分析

客房类型	客房价格/元	客房数量/间	房费最大收入/元
普通标房	230	300	69 000

2. 组合设计客房产品

根据客房产品的属性和客人需求的差异，进行客房产品的组合设计，有利于提升客房的收益水平。比如，该饭店经营者根据客房产品的属性和客人需求的差异，把 140 间外景房、高层房定为豪华客房，价格定为 260 元；把其余普通标房价格降 10 元。那么，在没有增加资本投入的情况下，该饭店的最大客房销售潜力可提升为 71 600 元，平均每房收入提升约为 239 元（见表 7-2）。

表 7-2 两种客房类型的收益分析

客房类型	客房价格/元	客房数量/间	房费最大收入/元
普通标房	230	300	69 000
豪华房	260	140	36 400
合计			71 600

如果该饭店经营者根据客房产品的属性和客人需求的差异，再增加若干套房，则效果将更好。若把 30 间普通房间打通，组合成 15 间套房，每间套房定价 520 元，那么，该饭店的最大客房销售潜力可提升到 72 800 元，平均每房收入可提升到约 253 元（见表 7-3）。

表7-3 三种客房类型的收益分析

客房类型	客房价格/元	客房数量/间	房费最大收入/元
普通标房	230	300	69 000
豪华房	260	140	36 400
套房	520	15	7 800
合计			72 800

可见，为了提高客房的收益，饭店经营者在认真分析客房产品属性和客人需求差异的基础上，合理增加饭店客房类型，适当拉开房价差价，在满足不同客人需求的基础上，客房的收益也得到了相应的提升。在实际经营过程中，可根据客房的设施、级别和朝向等，精心设计客房产品组合（见表7-4）。

表7-4 客房产品的组合设计

设施	级别	朝向	特殊
单人间(Single)	普通房(Standard)	海景房(Sea View)	连通房(Connection)
大床间(King Size)	高级房(Superior)	湖景房(Lake View)	错层房(Duplex)
双床间(Twin)	豪华房(Deluxe)	园景房(Garden View)	无烟房(Non-smoking)
三人间(Triple)	行政楼层(Executive)	朝街房(Front View)	公寓房(Apartment)
套间(Suite)	总统套房(Presidential)	内景房(Rear View)	残疾人房(Handicapped)

（二）客房价格的阶梯分布

饭店客房营收是由客房出租率和客房平均房价决定的。客房出租率通常与客房平均房价成反比。当房价上升时，需求会下降，客房出租率就会较低；当房价下降时，需求会上升，客房出租率就会提高。所以，房价是否恰当，直接关系到饭店客房产品的销量和营收。

饭店客房价格的高低，首先取决于客房产品价值的本身，价值越高，价格也会越高；价值较低，价格也会相应较低。但是，客房价格的高低，还受市场供求关系的影响，市场需求量越大，价格就会越高；市场需求量越小，价格就会越低。另外，客人主观上对客房产品的价值感知和支付能力不同，也会影响客房产品的定价。

国内饭店传统的定价方法是成本导向。这种定价法的长处在于：当客房产品销售出去后，可以抵消饭店的经营成本，保证预期目标利润的实现。但这种定价法没有考虑市场的需求情况，当企业产品销售价格高于竞争对手时，企业产品没有竞争力；当企业产品销售价格高于消费者的支付能力时，消费者也不会来购买。随着市场竞争的加剧，这种定价法显然已不适应饭店企业的市场营销。

1. 需求平衡定价法

目前，中国饭店流行的定价法是需求平衡定价法。这种定价法考虑了市场情况，力图寻求需求与供给的最佳结合点（见图7-2）。

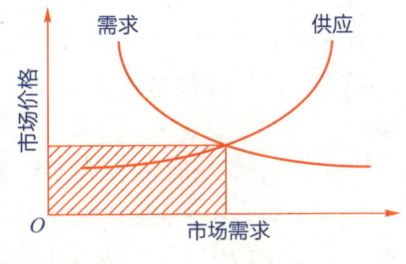

图7-2 供给与需求的平衡点

需求平衡定价法尽管反映了市场导向的定价观念,但仍然存在很大缺陷:一是房价与需求的最佳平衡点很难确定,因为价格会影响需求,竞争对手的价格政策也会影响需求。需求平衡定价法无法适应快速变化的供求关系。二是没有进行市场细分,饭店没有赚到愿出高价的那部分人利润,对价格敏感的那部分人的利润也流失了。

2. 市场导向的动态定价法

饭店在把握市场供求关系变化情况、细分市场订房行为模式、市场竞争状态和客人对产品价值理解的基础上,建立起一套完整的客房价格体系。市场价格随市场供求关系曲线的变化而上下浮动。由于饭店客房价格不是固定的,而是根据供求关系在变化的,所以称为动态定价法(Dynamic Pricing),见表7-5。

表7-5　饭店客房动态价格表

日期	星期	市场需求/元	非动态价格/元	动态价格/元
8/3	一	623 561	270	250
8/4	二	652 121	270	261
8/5	三	612 311	270	245
8/6	四	515 840	270	207
8/7	五	622 200	190	249
8/8	六	468 946	190	188
8/9	日	480 480	190	193

注:市场需求指顾客在现有市场上订房总需求的金额。

从表7-5中可以知道,在一周需求波动时,单一平衡定价在周一至周四是一个价格,其余时间是另一个价格;动态定价却需要根据需求的波动而相应变动价格,使价格随市场需求的变动而变动,价格曲线和市场需求曲线运动方向一致,同时起落。当然,在实际营销过程中,客房价格曲线与市场需求曲线完全吻合是不可能的,但收益管理能做到的就是不断提高分析预测能力,尽量减少两者的偏差。

饭店采用市场导向的动态定价法:一是要建立合理的客房价格结构。针对不同的细分市场,提供不同类型的产品和不同的价格。二是要确定合适的基准房价。基准房价过低,不仅影响饭店的市场形象,也为今后饭店实施收益管理的折扣策略带来障碍。三是要争取一定数量的签约客户,维持饭店一定的业务量和客房出租率,有助于饭店在保本基础上增加客房收益管理的效益。四是要研究细分市场预订模式和竞争对手价格策略,适时调整基准价。五是要根据市场需求的特点及其变化,采用灵活运用价格策略。

(三)销售时机的灵活掌握

从饭店客房产品的时效性和价值的不可储存性特征,可以知道把握客房销售时机的重要性。饭店营销人员过早地把客房产品低价卖出去,会导致客房经营效益下降;饭店营销人员惜售,也会带来客房产品闲置的风险。

收益管理要求饭店经营者准确把握客房销售的时机,在淡季时尽可能地扩大客房的销售途径,在旺季时要预留足够的客房给上门的散客。要提高客房销售的效益,需要关注市场需求的三个方面:

1. 季节波动指数

饭店客房产品的销售,有明显的淡旺季节之分,一年里面有波动,一周里面也有波动。对国内大多数饭店来说,每年的4月和5月及9月和10月是旺季,每年的11月到次年3月是淡季;对城市商务饭店而言,周一到周四的出租率都很高,而度假饭店则在周五和周六达到出租率的高峰。掌握销售的季节波动指数,有助于做好收益管理的客房存量控制。

2. 重大活动日期

饭店客房产品的销售,也会受到各项重大活动的影响。节假日、各种博览会等大型节事活动和商务活动,都会在短期内形成饭店客房销售的高峰。把握重大活动日期,有助于做好收益管理的客房预订控制,保证重大活动日期客房营收的最大化。

3. 提前订房天数

客人的提前订房天数,会影响他们对饭店客房价格的接受程度。通常,提前订房的客人对房价较为敏感,希望得到房价折扣较大的客房,而临时预订的客人,其对价格的敏感度较低,砍价的能力也较弱。如果饭店预测未来市场需求不足,就以低价鼓励客人提前预订;反之,饭店就控制提前预订的客房数量,以便将来出售给对价格不敏感的客人。

(四)销售渠道的合理选择

现代社会中,销售渠道已经成为饭店收益管理要素中一个重要的组成部分,其重要性表现在两个方面:一是面对竞争、全球市场、电子分销技术及产品的不可储藏性等环境因素的变化,饭店企业仅仅依靠自身的销售力量是不够的,而必须通过选择帮助饭店开拓消费者市场的合作伙伴,不断完善和发展饭店的销售网络,扩大客源市场,以在竞争中取胜。二是通过委托渠道中的各种营销中介进行销售比饭店直接销售有更高的效率,饭店借助中间商,可以进入更广阔的市场,降低营销成本,提高投资收益率。销售渠道的中介作用可用图7-3表示。

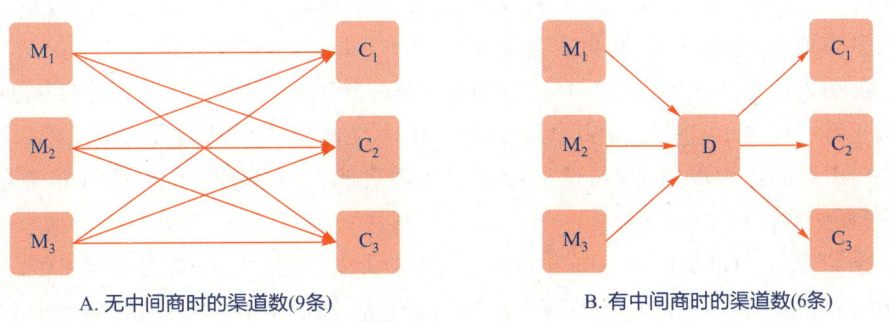

图7-3 饭店的中间商的中介作用

饭店的中间商主要有以下几类。

1. 旅行社

在中国,把有营利目的、从事旅游业务的企业称为旅行社。在旅行社的业务中,为旅游者提供住宿是其重要的业务之一,所以,旅行社成为酒店销售其产品的重要渠道之一。如果饭店能够保持与旅行社的密切合作,对于饭店客源的稳定及进行客源预测都十分有利。旅行社的销售作用主要体现在:订房数量大、订房价格低、订房时间集中、订房取消率高、订房连续性强。

2. 旅游批发商

旅游批发商是指从事批发业务的旅行社或旅游公司。旅游批发商组合旅游产品销售给其他旅游经销商和代理商,不直接面对公众销售。旅游批发商通常实力雄厚,通过与交通部门(航空公司、铁路及旅游车船公司等)、饭店、景点及其他餐饮娱乐公司直接谈判,将旅游单项产品组合成旅游线路产品,确定一个包价(大包、小包)。其营业收入主要包括从各种交通公司获得的代理佣金和饭店订房差价。其经营范围既包括批发业务,也包括主营批发业务,同时兼营零售业务。

3. 航空公司和其他交通运输公司

航空公司为饭店输送的客源包括飞机乘客、航空机组人员、航空公司组织的包价旅游者或包机游客。航空公司是饭店的重要销售渠道。当然,除了航空公司之外,其他交通设施的办事机构,如出租汽车公司、铁路服务处等,也可成为饭店的销售渠道。

4. 饭店行业协会和预订系统

饭店行业协会是饭店为了共同的利益而联合成立的组织。例如,地区饭店协会允许其成员饭店独立拥有资产所有权和经营权,同时使每个饭店都得益于协会的整体营销。世界一流饭店组织(Leading Hotels of the World)就是行业协会的一个典型的例子。由于有些预订服务(如 SRS、Utell 和 Supranational)正把业务扩展至营销的领域,使得预订服务与行业协会的功能越来越接近。其中,Utell 主要提供预订服务,代理近 7 000 家饭店的 130 万间客房。该网站的特点是设有 Utell 视窗,这个系统让全世界的预订代理商通过他们的计算机终端看到饭店的图片,有利于企业产品的销售。

5. 互联网

饭店利用互联网获得信息,并可触及那些从不利用饭店代理商的顾客。互联网有许多优点,它可以全天候传送企业信息及覆盖全球客源市场。特别是在饭店业,互联网的优势表现在许多方面。例如,互联网可以通过彩色图片和录像,使饭店企业的产品进行有形化展示。互联网正在成为一种高效的分销渠道。这种分销渠道成本低,为独立的经销商进入世界市场开辟了道路,它使经营多个景点的经销商能够提供所代理景点的信息,比如彩色宣传册和有指导的经典游览展示,这项信息对于散客旅行者和酒店代理商都非常有价值。

6. 全球预订系统

全球预订系统(Global Distribute System, GDS)是以一些大的航空公司中央预订系统(Central Reservation System, CRS)为基本框架,旅行社、饭店 CRS 及其他饭店企业、组织加入其中形成的一个世界范围的多层次订票网络,以计算机网络技术为支持。其中饭店 CRS 包括以下几种类型。

(1) 饭店连锁预订中心(假日、希尔顿、喜来登、锦江等著名饭店集团自设中央预订系统)。

(2) 饭店联合体(PHW—Preferred Hotels Worldwide、BWI—Best Western International、Friendship Inns、Flag Inns)。

(3) 专门的饭店预订系统,如前述的预订系统 Utell 等。

(五) 饭店客户的精准定位

客人是饭店客房产品的最终购买者。对饭店经营者而言,客人的购买行为是饭店制定经营策略的依据。分析购买者购买行为的目的,是便于饭店经营者实施正确的收益管理策略,引导客人的购买行为朝着有利于本企业的方向发展。

1. 购买行为的类型

根据购买目的,可把客人的购买行为分成以下几种类型。

(1) 休闲度假型购买行为。它是客人出于放松身心、解除疲劳、减轻精神压力等目的,离开常住地外出旅行而进行的购买行为。此类客人的价格敏感度高,娱乐性强的旅游产品、休闲随意的饭店住宿环境很受这类购买者的欢迎。

(2) 商务会议型购买行为。这种类型是指出于商务经营需要或专业需要如出席会议、教育旅游、体育旅游、专业旅游等目的而进行的旅游购买行为。此类客人的价格敏感度高,对饭店和客房的选择有某种偏爱。

(3) 健康医疗型购买行为。这种类型是指客人为了治疗慢性疾病或增进本人身体健康,同时又能轻松地欢度假期而外出参加旅游活动而进行的购买行为。如温泉浴、阳光浴、沙滩浴、森林浴等旅游产品很受这类旅游购买者的青睐,健身、保健旅游项目也很受欢迎。

(4) 探亲访友型购买行为。这种类型是指以满足探亲访友需要为目的的旅游购买行为。此类客人购买目的性明确,对饭店的地理位置和房价比较在乎。

(5) 宗教旅游型购买行为。这种类型是指出于宗教目的而购买旅游产品的行为。宗教旅游在不少国家较为兴盛,一些旅游目的地也因此而闻名。饭店对信奉宗教的客人应充分考虑他们在食、住、娱乐等方面的禁忌。

2. 购买行为的过程

客人对饭店客房产品的购买活动,是通过一定的购买过程来完成的。通过对购买过程的分析,饭店经营者可以针对每个过程中客人消费的心理与行为特点采取适当的措施影响客人的购买决策,从而促使客房营销活动顺利开展。

客人的购买行为过程一般分为五个步骤。

一是认识需求。购买行为的过程始于认识需求,这种需求可能由内在刺激物引起,也可能由外界刺激引起,内在刺激源于客人的生理需求,外在刺激则包括一切能够激发客人消费动机的因素。在一般情况下,这一需求是两方面共同作用的结果。对于饭店经营人员而言,他们一方面必须了解自己的客房产品可以满足消费者哪些内在需求,另一方面应知晓可通过哪些外在刺激引发人们对产品的需求。

二是收集信息。当人们认识到自己对某项产品的需求后,就会有意识地去收集相关信息,以加强认识。一般而言,客人的信息来自旅游市场、相关团体、公众信息和个人经验

（见图7-4）。

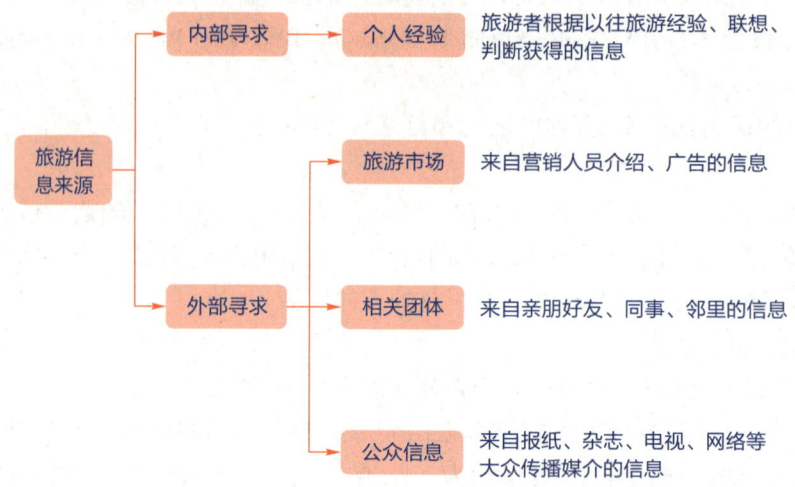

图7-4　客人信息来源示意图

三是判断选择。潜在购买者通过各种渠道得到产品信息后，会对这些信息进行评估判断，在各种备选方案中进行比较，经综合评价后做出抉择。在评估判断阶段，潜在购买者往往对饭店客房产品的设施、价格、服务、品牌等方面较为关注。不同的人士在评估同一产品时，所关注的重点往往有较大差异，如有的客人更关注设施，有的客人更关注品牌，有的客人更关注价格，有的客人更关注住宿的环境氛围。但无论如何，利益是客人购买行为决策过程中寻求的东西和评价的标准。

四是购买决策。在经过评估判断后，潜在购买者对于可供选择的饭店产品，按其符合自己心意的程度排出先后次序，通常会选择最符合心意的产品优先购买。然而从购买意图的初步形成到实际购买，还会受到别人态度和意外情况这两个因素的影响（见图7-5）。

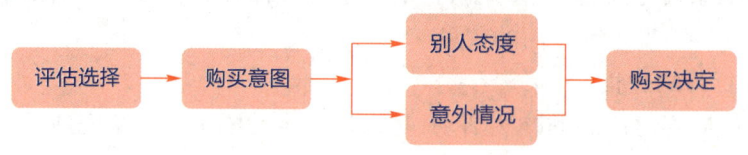

图7-5　客人购买决定的形成

五是购后评价。购后评价是购买决策的反馈阶段，它既是本次购买的结束，也是下次购买或不购买的开端。潜在购买者实际购买后，并不意味着饭店营销工作结束。当客房产品符合客人的期望，客人在购买后就会比较满意，并会再次购买；反之，期望与现实差距很大，客人就会不满，并不再购买。因此，应重视客人的购后评价，建立必要的购后沟通渠道，做好售后服务，进行必要的宣传，使客人相信购买行为的正确性。

3. 购买行为的模式

不同类型的客人还有不同的订房模式。例如，商务散客通常在入住日的前两周内才会订房，度假客人往往在入住日的四周前就开始订房。了解客人的购买行为模式，饭店就可以在入住日的前两周时间,推出较低价格的客房去吸引度假客人,以提高客房出租率;在离入住日只剩两周时间时取消折扣房,等待商务散客订房。这样,饭店既可以通过争取部分度假客人来提高客房出租率,又可以从商务散客那里得到较高的平均房价,从而提升饭店客房的收益水平。

此外,不同客源市场还有不同的消费模式。例如,商务团体通常比旅游度假团体更能接受高房价,而且他们会有较高的餐饮消费预算和会议费用预算;旅游团体则会比较多地购买旅游纪念品或使用康乐设施。如果饭店能预测将来会有商务团体的预订需求,就不会急于把存量客房提前卖给旅游团体。因为,把存量客房卖给商务团体对饭店更有利,有助于客房收益的最大化。

三、收益管理的衡量指标

视频:收益管理的衡量指标

饭店传统的经营指标是客房出租率和平均房价。传统经营指标的缺陷是没有考虑房价与出租率的关系。单独考量这些指标都无法正确判断饭店的经营效果。收益管理的理论及其收益的衡量指标,则有效地避免了上述局限。饭店收益管理的衡量指标主要有:

1. 单房收益(RevPAR)

RevPAR 是 Revenue Per Available Room 的缩写,即每间可供出租房产生的平均实际营业收入。

单房收益 = 实际客房营业额 / 可售客房数

= 实际平均房价 × 客房出租率

由于饭店客房产品的不可存储性,将出租率和平均房价结合起来,能更好地分析饭店的经营绩效,寻找出租率和平均房价的最佳结合点,从而实现客房收入最大化的目标。诚如希尔顿饭店集团市场营销总监所言:"收益是'希尔顿'的生命,平均房价和客房出租率早已被收益所取代。"

例如,A 饭店有客房 200 间,公布房价 200 元。某日销售客房 100 间,房费收入 16 000 元。则:

单房收益 = 实际客房营业额 / 可售客房数

=16 000 元 /200=80 元

或:

= 实际平均房价 × 实际出租率

=16 000 元 /100 × 100/200=80 元

2. 客房收益率

客房收益率是指饭店每天的实际客房销售额收入与潜在的客房销售收入之间的比例。潜在的客房销售收入是指饭店通过客房出租所能获得的最大客房收入,也就是客房数和公布房价的乘积。

客房收益率 = 实际客房销售额 / 潜在客房销售额 × 100%

= 出租率 × 房价实现率

例如，饭店有客房 200 间，公布房价 200 元。某日销售客房 100 间，房费收入 16 000 元。则：

实际客房销售额 =16 000 元

潜在客房销售额 =200 间 ×200 元 =40 000 元

客房出租率 =100 间 /200 间 ×100%=50%

房价实现率 =16 000 元 /(100 间 ×200 元)=80%

有：　　　客房收益率 = 出租率 × 房价实现率

=50% × 80%=40%

3. 市场渗透指数（MPI）

市场渗透指数指饭店的平均出租率与竞争市场平均出租率的比率。该指数表示饭店在竞争对手中的获客能力。

市场渗透指数 = 饭店的平均出租率 / 竞争市场平均出租率 ×100%

市场渗透指数评估原则为：指数高于 100%，表示饭店的获客能力（销售能力）高于竞争对手；指数低于 100%，则表示饭店的获客能力低于竞争对手。

4. 平均房价指数（API）

平均房价指数指饭店的平均房价与竞争市场平均房价的比率。

平均房价指数 = 饭店的平均房价 / 竞争市场平均房价 ×100%

平均房价指数评估原则为：指数高于 100%，表示饭店的平均房价高于竞争对手；指数低于 100%，则表示饭店的平均房价低于竞争对手。

5. 收益产生指数（RGI）

收益产生指数指饭店的单房收益与竞争市场平均单房收益的比率。

收益产生指数 = 饭店单房收益 / 竞争市场平均单房收益 ×100%

竞争市场平均单房收益 = 竞争市场饭店客房总收入 /

竞争市场饭店可售房间总数 ×100%

收益产生指数评估原则为：指数高于 100%，表示饭店当前价格政策与经营策略优于竞争对手；指数低于 100%，表示饭店的价格政策与经营策略需要及时调整。

 小资料

收益管理是 21 世纪最重要和回报率最高的边缘产业之一

据美国《华尔街日报》报道，价格和收益管理将是 21 世纪最重要的和回报率最高的边缘产业之一。在酒店业，由于收益管理系统对公司决策和创利的巨大影响，世界许多著

名酒店集团,特别是欧美的主要酒店集团管理层都对收益管理高度重视,先后建立了专门的收益管理部门,并配置了能进行大量数据分析和实时优化处理的计算机系统。这些系统和酒店的前台系统、预售系统及数据库相连,对酒店管理提供了多功能、快速的决策辅助,使得酒店从被动式管理变为主动式控制,从而在市场竞争中获得先机。按照美国最大酒店集团万豪集团的董事长兼CEO,Willard Marriott的话说,"从(酒店)最高层必须对酒店施行收益管理,CEO则需要100%地支持这项工作,而全体员工必须了解其功能"。Marriott的话不仅说明了收益管理的重要性,而且说出了一个很重要的观点,那就是收益管理只有通过全公司上下的共同参与和努力才能获得成功。

第二节 饭店收益管理的主要方法

饭店收益管理的目标是降低客房空置率并提高客房平均房价。要达到这个目标,从战略层面,需要对市场需求进行研究,确定目标市场,做好市场定位,设计产品组合,建立合理的价格体系,选择销售渠道,配备收益管理人员。在日常的经营管理工作中,可采用差别定价与房型细分、容量控制与嵌入销售、需求预测与动态定价、房价限制与时滞控制、升格销售与超额预订、包价促销与附加价值的方法,来争取饭店收益最大化。

一、差别定价与房型细分

差别定价是指饭店经营者在区分顾客需求差异的基础上,通过制定差别价格体系,在满足不同顾客需求的基础上,谋求饭店客房销量和客房收益最大化。

现行的单一需求平衡定价方法尽管反映了市场导向的定价观念,但仍然存在很大的缺陷。由于价格会反作用于需求,竞争对手的价格政策也会影响需求,所以单一需求平衡定价方法无法适应快速变化的供求关系,房价与需求的最佳平衡点很难确定。同时由于没有进行市场细分,饭店没有挣到愿出高价的那部分人的利润,对价格敏感的那部分人的利润也流失了。

收益管理指导下的差别定价方法,要求饭店经营者在市场细分的基础上,根据不同客户对象、不同预订方式、不同入住天数、不同客房数量、不同客房位置、不同服务方式,制定差别价格体系(见图7-6)。

假设:某饭店有100间客房,根据预测,房价与市场需求的关系如表7-6所示,饭店同类房间允许多种价格同时存在,并对客房按五个子类房价作存量控制。

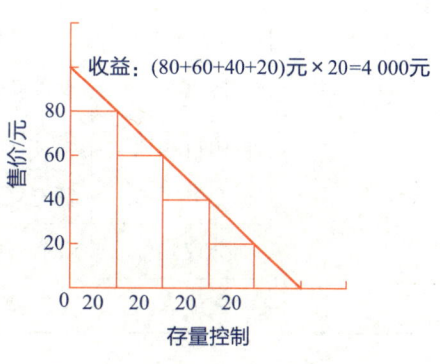

图7-6 差别定价下的客房价格体系

表7-6　客房差别定价体系

客房类型	房价体系/元	市场需求/间	客房配置/间
A	江景房180	10	8
B	城景房160	20	18
C	雅致房150	50	50
D	优惠价130	20	24
E	促销价108	100	0

不同的定价方法，会给饭店带来不同的收益结果（见表7-7）。收益管理指导下的差别定价，既能提高客房出租率，又能使客房收益最优化。区分不同订房渠道的差别定价体系如表7-8所示。

表7-7　不同定价方法的经营结果比较

定价方法比较	选择定价	销售客房数/间	出租率/%	平均价格/元	实际收入/元	客房收益/元
追求平均价格	折扣价1(160元)	30	30	160	4 800	48
追求出租率	折扣价2(108元)	100	100	108	10 800	108
单一平衡价格	折扣价3(150元)	80	80	150	12 000	120
收益管理的差别定价	四种价格同时存在	100	100	149.4	14 940.00	149.4

表7-8　区分不同订房渠道的差别定价体系

细分市场	细分子市场	订房渠道
零散客人	会员客人	中央预订系统（CRS）、酒店官网、电话、App、微信等
	直销客人	CRS、酒店官网、电话、App、微信、搜索网站、媒体等
	中间商散客	OTA、政府、公司、旅行社、信用卡公司、GDS等
	上门散客	广告宣传、大众传媒、口碑、亲朋好友、回头客等
	特惠客人	投资商、同行、职工家属等
团队客人	旅行团体	旅行社、旅游批发商等
	商务团体	政府、公司、订房组织等
	会议团体	政府、公司、科研机构、学校等
	民航客人	民航公司、民航旅行社等

当然，差别定价法使用的前提是对饭店客房产品的组合设计，如表7-9所示。

表7-9 根据客房属性进行的房型细分

客房属性	房型				
朝向	海景房(Sea View)	湖景房(Lake View)	园景房(Garden View)	城景房(Front View)	内景房(Rear View)
特殊	连通房(Connection)	错层房(Duplex)	高级房(Superior)	豪华房(Deluxe)	行政楼层(Executive)

案例分析

休布雷公司的定价策略

休布雷公司在美国伏特加酒市场上属于营销出色的公司,其生产的史密诺夫酒在伏特加酒市场上占有率达23%。后来,另一家公司推出一种新型伏特加酒,其质量不比史密诺夫酒差,每瓶价格却比它低1美元。

按照惯例,在休布雷公司的面前有三条对策可选:

1. 降低1美元,以保住原有市场占有率;
2. 维持原价,通过增加广告与推销费用来与竞争对手抗衡;
3. 维持原价,听任其市场占有率降低。

由此可见,不论采取上述哪种策略,休布雷公司似乎都输定了。

休布雷公司经过深思熟虑后,却采取了让对手意想不到的第四种策略:将史密诺夫酒的价格提高1美元,同时推出一种与竞争对手价格相同的瑞色加酒和另一种价格更低的波波酒。

这种系列定价策略,一方面提高了史密诺夫酒的地位,另一方面使竞争对手的新产品沦为一种普通的品牌。结果,休布雷公司不仅顺利渡过了难关,而且利润大增。实际上,休布雷公司上述三种酒的味道和成本几乎是相同的,只是巧妙地运用了收益管理的差别定价原理。

二、容量控制与嵌入销售

容量控制(Capacity Control)是指经营者在需求预测基础上,为不同价格水平的顾客或细分市场就现有产品资源进行优化分配,在特定时间以特定价格按分配方案销售产品,以实现收益最大化的一种收益管理方法。

假设某家饭店有400间客房,公布价是220元。某日客房的需求状态如下:

离入住日56天前,没有任何预订;

离入住日还有49~56天时,有旅行社要预订150间房,每间房愿支付团体价75元;

离入住日还有28~48天时,有商务团要预订75间房,每间房愿支付团体价105元;

离入住日还有21~27天时,有度假散客要预订60间房,每间房愿支付115元;

离入住日还有14~20天时,有政府散客要预订15间房,每间房愿按协议价支付

125元；

离入住日还有5~13天时，有商务散客要预订90间房，每间房愿按协议价支付145元；

离入住日还有2~4天时，有散客要预订40间客房，每间房愿意支付175元；

在入住日当日和前1天，有散客要预订30间客房，每间房按公布价支付220元。

饭店传统销售做法是"先来先得"，并根据饭店的授权程度和销售人员的谈判技巧，以及客人愿意支付的价格和与客户的关系，决定成交价格与成交数量。这种销售方法的弊端是显而易见的。表7-10反映的是按照传统销售方法产生的销售结果。

表7-10 运用传统销售法的销售结果

客人类型	离入住日/天	市场需求数/间	接受订房数/间	No-show	实际入住客房/间	客房价格/元	客房销售收入/元
旅行社	49~56	150	150	1	149	75	11 175
商务团队	28~48	75	75	1	74	105	7 770
度假散客	21~27	60	60	1	59	115	6 785
政府散客	14~20	15	15	1	14	125	1 750
商务散客	5~13	90	90	1	89	145	12 905
散客1	2~4	40	10	0	10	175	1 750
散客2	0~1	30	0	0	0	220	0

注：销售客房395间；客房收入42 135元；RevPAR为106元。

按照收益管理的容量控制方法销售，在准确把握市场需求的基础上，销售人员会对特定时期、特定价格的客房作出一定数量的控制，以争取客房收益的最大化。

如上例，在旅行社和商务团体预订时，因为价格较低，只分配给110间和60间；对度假散客、政府散客和商务散客的预订，因为价格较高，可全部接受；在离入住日还有4天时，因为竞争对手的房间已全部出售，所以可按公开价销售；在入住日当日和前1天，根据过去订房客人未到数据超订5间，按公开价出售30间。表7-11反映的是运用收益管理的容量控制方法产生的销售结果。

表7-11 运用容量控制法的销售结果

客人类型	离入住日/天	市场需求数/间	接受订房数/间	No-show	实际入住客房/间	客房价格/元	客房销售收入/元
旅行社	49~56	150	150	1	109	75	8 175
商务团队	28~48	75	75	1	59	105	6 195
度假散客	21~27	60	60	1	59	115	6 785
政府散客	14~20	15	15	1	14	125	1 750
商务散客	5~13	90	90	1	89	145	12 905
散客1	2~4	40	40	0	40	220	8 800
散客2	0~1	30	30	0	30	220	6 600

注：销售客房400间，客房收入51 210元；客房收益为128元。

对比两种方法的销售结果，差异是巨大的。采用容量控制方法，单房收益可增加22元，营收可增加9 075元，利润可增加7 260元（假设变动成本率为10%），利润增幅高达172%。当然，在实际销售过程中，即使达不到这样精确的预测程度，但利润的差异也会是十分明显的。

市场需求多变，饭店的容量配置数与市场的需求数往往会不一致。容量控制下的嵌入式销售法，在严格控制低价房的预订数情况下，如果高价房有需求，可把低价房按高价房出售，从而保证饭店的整体收益达到最优（见表7-12）。同时，容量控制方法下实施的嵌入式销售，可使饭店对市场的需求状况有较全面的了解。当市场需求发生显著变化时，饭店可相应调整客房容量配置，以保证饭店收益最大化。

表7-12 嵌入式销售法

房价体系/元	客房配置数/间	可接受预定数/间
豪华景观房价180	50	300
城景房价160	50	250
雅致房价150	100	200
团队价130	100	100

三、需求预测与动态定价

准确、有效的需求预测，能使饭店经营者敢于并善于承担价格决策和容量控制的风险，力争为饭店获得最大的收益。

1. 需求预测的步骤

（1）选择主要市场指标为需求预测变量。如预订量、销售价格等。
（2）收集历年经营数据。
（3）异常值处理剔除与修补。
（4）选择合适的预测方法，建立预测模型并实施预测。
（5）导入未来可能发生的相关市场事件。
（6）分析预测效果，作出评价。

饭店可根据预订周期来预测客房销售量，如表7-13所示。

表7-13 根据预订周期预测客房销售量　　　　　　　　　　单位：间

时间	入住日结果	离入住日还有若干天时的预订客房数			
		7	14	21	28
3月15日	300	180	120	90	60
3月22日	291	170	109	73	36
3月29日	296	188	108	81	27
4月5日	292	204	102	58	29

续表

时间	入住日结果	离入住日还有若干天时的预订客房数			
		7	14	21	28
4月12日	285	190	119	71	36
平均数	293	187	112	75	38
预测可获新订房数	0	106	181	218	255

假设离入住日还有7天,该饭店已预订170间房,需预测入住日该饭店销售的客房数。则入住日预计销售客房数为:

170+106=276(间)

2. 饭店的动态定价

根据市场供求关系及竞争状态,实施价格的浮动政策,称为动态定价(Dynamic Pricing)。动态定价使饭店的房价随着市场需求的变化而变化,最终与市场波动趋势相匹配,从而消除了恒定价格在需求旺盛周期损失的高价格收入和在需求衰退周期由于价格显得过高而导致顾客流失的弊端,能最大限度地提高客房产品的销量和总体收益。在日常经营过程中,饭店会依据季节波动指数、重大活动日期、订房提前天数、入住时间长短等情况来实施动态定价。动态定价与静态定价的区别如表7-14所示。

表7-14 动态定价与静态定价的区别

价格水平	预测客房出租率/%	传统静态价格/元	收益管理的动态价格/元
1	>90	470	再提价5%~10%
2	80~90	470	提价20%
3	60~80	470	提价10%
4	≈60	470	470
5	<60	470	开放折扣

饭店实施动态定价,首先要对价格进行结构设计,按市场细分横向设定层级关系不同的基础价格。基础价格反映了饭店的市场定位,必须慎重定价,一般可采用百分比法确定差距。在市场平稳时基础价格维持不变,而是通过开关各种价格折扣实现动态变价;在市场起伏较大时可采用固定差价法纵向变动基准价格,关联的其他价格也随之变化。如表7-15所示。

表7-15 饭店动态定价的组合设计

标准房门市价		￥998元	BRD/元	价格代码	执行时间	价格说明
散客	酒店会员	金卡会员	￥648	VD1	4月份	可随W1变化而变化
		银卡会员	￥685	VD2	4月份	可随W1变化而变化
		普通会员	￥708	VD3	4月份	可随W1变化而变化

续表

标准房门市价 ¥998元		BRD/元	价格代码	执行时间	价格说明
散客	官网/OTA 商旅散客	¥718	ET1	4月份	可随W1变化而变化
	公司协议散客	¥678	CT1	4月份	可随W1变化而变化
	Walk In 客人	¥898	W1	4月份	BRD标准价可变化
团队	公司会员团体	¥585	CG1	4月份	不可变化
	旅行社团体	¥495	TG1	4月份	不可变化

四、房价限制与时滞控制

1. 房价限制

经营者在预测未来顾客需求的基础上,确定开放或关闭低价房的时期,并根据供求关系的不断变化,相应调整房价。因此称为房价限制。房价限制的目的,是在需求低时,通过开放低价房谋求出租率的上升;在需求高时,通过关闭低价房谋求平均房价的上升。最终,使饭店客房收益达到最优。

在实施房价限制方法时,饭店经营者根据事先设定的准则,确定房价变动的触发点。一般以客房出租率和RevPAR水平作为房价变动的触发点。当需求高于某一触发点时,就要关闭某些等级的价格;当需求低于某一触发点时,就可开放某些等级的价格(见表7-16和表7-17)。

表7-16 "客房出租率触发点"房价控制法

客房出租率/%	最低房价/元	开放或关闭的房价
0	160	开放高于160元的折扣
60	220	关闭低于220元的折扣
70	280	关闭低于280元的折扣
80	340	关闭低于340元的折扣
90	380	按公开价380元销售

表7-17 "RevPAR触发点"房价控制法

目标收益/元	实际收益/元	占目标比例/%	最低价格/元	开放或关闭的房价
117	0	0	160	开放高于160元的折扣
117	59	50	220	关闭低于220元的折扣
117	82	70	280	关闭低于280元的折扣
117	94	80	340	关闭低于340元的折扣
117	110	90	380	按公开价380元销售

设定触发点价格控制的思想也是收益管理软件进行价格控制的主要理论依据,当获得

的预订数达到预先设定的客房出租率和 RevPAR 目标时,收益管理系统就会自动建议软件使用者关闭某些等级的客房价格。当然,客房出租率和 RevPAR 目标的确定是主观的,所以触发点的确定也是主观的。饭店要根据市场需求的变化,做好触发点的修正。

2. 时滞控制

时滞控制(Duration Control)是指饭店通过限定客人住店时间长度,调节客房出租率的不均衡,以达到客房平均收益最大化的一种收益管理方法。

在饭店经营过程中,会由于各种原因导致某一天的客房出租率高于其他日期,即出现了客房使用量的"长钉"(Spike),如果该"长钉"导致随后几天客房销售出现大幅下降,显然对饭店经营是不利的。比如,度假饭店在周五出现"长钉",会挤走意欲在饭店住宿周五和周六两个晚上的客人。

"长钉"的对立面称为"孔洞"(Hole)。图 7-7 显示了出租率的"长钉"和"孔洞"会导致饭店客房可供量出现高峰和低谷那样的需求起伏。

饭店可以通过规定客人"最短入住天数"和"最长入住天数"的方法,避免出现出租率的"长钉"和"孔洞"情况。

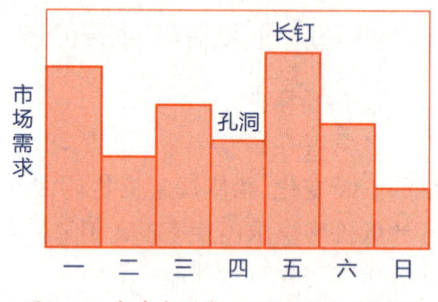

图 7-7 客房出租率的"长钉"与"孔洞"

(1) 最短入住天数限定。需要设置最短入住天数限定的情况主要有二种:一是在需求处于低谷的淡季,饭店推出特价以填补出租率的不足,这些特价在一定销量的情况下才能发挥最大效用,饭店就会要求客人至少入住几晚,才能享受特价。二是在需求处于高峰的旺季或重大节事活动日期间,饭店也会对客人的最短入住天数作出限定,防止出现"长钉"而导致随后几天客房需求呈现"孔洞"。

从经营成本的角度而言,客人住宿时间长,将能节省饭店客房的开支。因为这意味着减少了由住客房转换成空房而带来物品更换和布件洗涤的费用,同时,也减少了饭店前厅总台办理入住登记和离店结账的工作量。

(2) 最长入住天数限定。最长入住天数限定,一般用于客房需求从低谷转向高峰的过渡时期。避免淡季低价房客人住宿时间过长,影响高峰时段客房的出租。同时,为了防止出现了客房使用量的"长钉",也会对入住客人限定入住到"长钉"日前。

为了填补客房出售的"空洞"或淡季的销量不足,酒店一般可根据客人住宿天数的长短给予一定的折扣。例如,给第二晚入住者 20% 的折扣,第三晚继续入住者半价优惠。使用住宿天数折扣策略,有利于提高客房出租率,降低客房运营成本,也有助于增加酒店其他营业部门的收益。

五、升格销售与超额预订

1. 升格销售

当饭店高档客房(如行政楼层)有存量,而低档客房(如普通标间)不够时,选择部分预订低档房的客人自动升级到高档房,把空出来的低档房出售给有需求的客人。同时,在预订低档房的客人抵店时实施升格促销。这种方法称为升格销售(Up Selling)。

实施升格销售方法,饭店首先要合理确定各种类型客房的比例及其价格差异。同时,要加强对订房部和前厅总台员工的销售技巧培训,使员工掌握从高到低开价法的技巧,优先推销高档客房。当市场需求量很大时,可选择适当时机暂停普通客房的销售,适当保留普通客房。当市场需求量不大,高档房存量充足,普通客房存量相对不足时,可把部分存量高档房以普通房价格出售,降低客房空置率;对重要客户和首次抵店客人也可进行客房自动升格。

饭店实施升格销售方法的好处,一是可减少高档房的闲置,有利于增加酒店的经营利润;二是可以增加低档房的可销售数,提升收益的空间;三是有助于加深顾客对酒店的印象,扩大酒店的市场份额。

2. 超额预订

超额预订(Overbooking)是指饭店在订房已满时,实行有选择的超额预订(如只对低档房实行超订),在降低风险的同时,确保客房收益最大化的一种收益管理方法。因为,客人预订后不到的现象时有发生。据统计,订房不到者约占5%,临时取消者占8%~10%,这可能导致饭店50%~70%客房利润的流失。

(1) 超额预订数的确定。实施超额预订收益管理方法的关键是准确预测并合理确定超额预订房间数。超额预订数的确定,可通过以下方式计算:

$$超额预订房间数 = No\ Show\ 房间数 + 临时取消房间数 + 提前退房数 - 延长住房数$$

例如,某饭店根据历史数据统计,预计某日 No Show 房间数 4 间;临时取消房间数 8 间;提前退房数 4 间;延长住房数 2 间,则可确定该日超额预订数为:

$$超额预订房间数 = 4+8+4-2=14(间)$$

(2) 超额预订的控制。超额预订既是饭店客房收益管理的一种方法,体现了饭店管理者的经营能力,又具有一定的风险,要求饭店管理者做好预订历史资料的统计分析、团体与散客订房比例分析,并与同行建立业务协作关系。

一是预订历史资料的统计分析。统计下列各种类型客人的数量与比例:订房不到者(No-Shows);临时取消者(Cancellations);提前退房者(Understays);延长住房者(Overstays)。如订房不到者、临时取消者、提前退房者的数量较大,超额订房的数量不宜过小;如延长住房者数量较大,则超额预订的幅度不宜过大。

二是团体与散客订房比例分析。团体订房一般指由国内外旅行社、专业会议、商业机构等事先计划和组织的订房,要与饭店签订订房合同,双方愿意共同履行契约。因此,可信度较好,预订不到的可能性较小,即使有变化也会提前通知。而散客是由个人订房,无担保订房者居多,随意性很强,预订不到的可能性较大。所以,在团体订房多、散客订房少的情况下,饭店超额预订的幅度不可过大;反之,在散客订房多而团体订房少的情况下,超额订房的数量不宜过少。

三是与同行建立业务协作关系。即使饭店超额订房不准或遇意外事件,导致客人抵店无房时,也可安排客人住本地区其他的同类型饭店。

六、包价促销与附加价值

1. 包价促销

饭店的包价促销可分为内部包价法(包价产品)和外部包价法(套票组合)二种。

内部包价法(包价产品)就是将饭店畅销与不畅销产品组合起来捆绑销售,增加吸引力。如在客房供不应求时,关闭仅含客房的价格,销售含早餐或晚餐费用的客房。在淡季时,把客房、餐饮、娱乐等都不畅销产品捆绑销售,提高整体吸引力,刺激高消费细分市场的购买欲望。

外部包价法(套票组合)就是将饭店产品与外部产品组合起来,以套票形式出售,资源共享、优势互补。套票的销售方式,既方便客人的购买,刺激了购买的欲望,也可以较大程度地增加饭店产品的吸引力。饭店很容易从外部获得价格优惠的入场券和购物券,饭店也可以通过置换的方法抵消套票组合的外部成本。

2. 附加价值

平庸的销售经理以价格为卖点,而出色的销售经理以价值为卖点。饭店不要轻易采取打折销售方法,虽然房价打折能提高销量,但代价是损失了打折那部分的营收,而这往往意味着净利润的流失。既不减少营收又能提高销量的一种有效方法,就是附加价值法,采用该方法能给客人带来更多的利益,如表7-18所示。

表7-18 营收变化对饭店利润的影响

麦肯锡公司的研究结果	营收变化对饭店利润的影响
销售量每增加1%	利润 +3.3%
平均价格提高1%	利润 +11.1%

饭店在日常经营管理过程中,采用客房+X或客房+X+X等的附加价值的销售方法,比打折促销方法更能增加饭店的收入,较大幅度地提升饭店的收益水平。

饭店客房+X的项目有:

① 免费升档。
② 享受提前入住延迟退房服务。
③ 实施居住期奖励等。
④ 赠送其他服务产品:如两人早餐/晚餐;酒吧/康体/泊车;土特产礼品/瓶酒饮品等。

饭店的收益管理系统

收益管理系统是辅助饭店开展客房收益管理工作的有效工具。它通常由一组或多组计算机软件构成,能收集、整理、储存有关的数据和资料,并能生成各种供收益管理决策参考的数据和图表。收益管理系统还能进行预测,并提出收益优化的方案,供收益管理人员作经营决策的参考。在饭店的客房收益管理过程中,使用收益管理系统,可以大大提高饭店收益管理的效率,并提升收益管理的精确性。

1. 收益管理系统的构成

饭店的客房收益管理系统一般由需求预测、市场分割、容量安排与价格控制(核心成分)、结果衡量四大模块构成(如图7-8所示)。

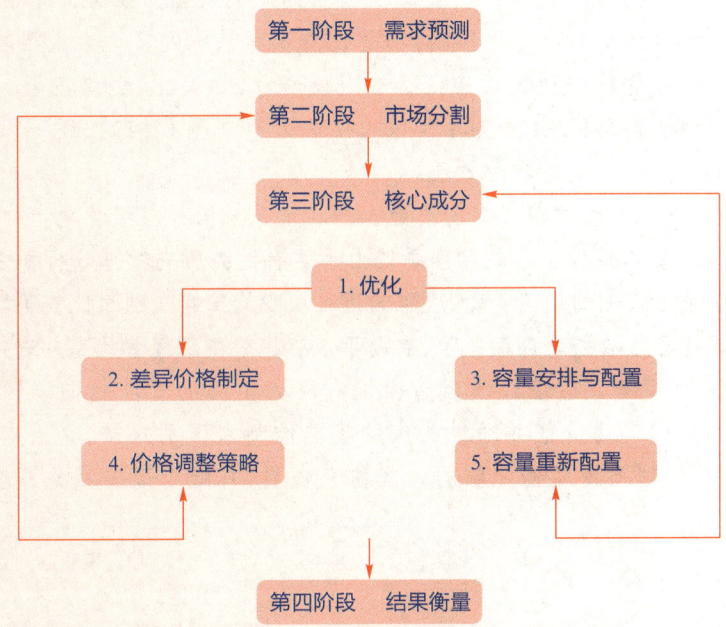

图7-8 饭店收益管理系统的构成

2. 收益管理系统的功能

饭店收益管理系统的功能主要体现在下列七个方面:

(1)顾客分类及需求预测。不同的顾客对饭店的要求往往不同。尽管饭店有自己的市场定位和目标顾客,但顾客来源渠道以及消费特点仍有许多不同之处。收益管理系统的一个重要功能就是通过科学的方法对顾客进行分类,得出各种顾客行为模式的统计特性,然后对每一类顾客的未来需求进行精确的预测,包括预订的迟早、入住的长短、实际入住和预订的差异、提前离店和推迟离店的概率等。有了这些精确的预测,再根据各种客人对价格的敏感度等,饭店就能很好地控制客房资源,提高客房收益。

(2)价格体系决策与动态定价。价格是调节需求的最直接、最灵活的杠杆。常见的以成本为基础的定价方法虽简便易行,但不能反映市场需求的变化,缺乏竞争力。建立在收益管理基础上的价格体系决策和动态定价,使得价格杠杆的功能发挥到极致,如淡旺季房价的调节、初次入住和重复入住客户的价格区分。节假日以及特殊事件日往往是饭店获利的最佳时机,许多饭店在此期间一般能达到很高的入住率。但高入住率并非就是高利润率。收益管理系统通过一套完善的节假日需求预测及价格控制方法,帮助饭店实现利润最大化。

(3) 超额预订和升级控制。由于预订和实际入住之间往往存在一定的差异,如何预测及控制这种差异,从而保证实际客房入住率,是饭店经常要解决的一个问题。尤其是旺季,这一问题特别突出。对饭店而言,既要保证尽可能高的客房入住率,又要避免因超订失误导致抵店客人无房的尴尬。收益管理系统通过精确的超售分析和升级控制,保证饭店在实现客房收益最大化的条件下,使经营风险变得最小。

(4) 团体和销售代理管理。团体和销售代理是饭店的间接销售渠道,有助于提高客房的出租率。但过多依赖间接销售渠道,会降低饭店的平均房价。对团体和销售代理收益进行定量分析,并对折扣程度实行优化控制,则是收益管理系统的又一大重要功能。

(5) 酒店附设资源管理。现代饭店大都有附设资源,如餐厅、会议室等。收益管理系统的拓展就是进行全收益管理,不仅仅对客房的收益进行预测和控制,还可以对整个饭店的收益进行预测和优化,以期达到最大效益。

(6) 收入模式比较与经营决策。对历史数据的收集与分析和对经营现状的反馈与比较,是保证饭店正确决策的基本条件。收益管理系统由于兼有过去历史数据分析和未来需求预测的功能,因此,是饭店进行正确的战略、战术决策时不可缺少的工具。通过比较不同控制模式所得到的实际收益和理论最大收益之间的差值,有助于饭店随时判断经营状态并进行经营决策。

(7) 顾客价值的管理。随着现代饭店由以利润为中心的管理转向以顾客为中心的管理,如何确定每一位顾客的价值并通过相应的收益控制来区别对待,是饭店收益管理的一个新的方向。收益管理系统凭借完善的顾客信息资料,有助于饭店实施顾客价值管理。

第三节　饭店收益管理的实战技巧

收益管理不仅是现代饭店企业管理的先进理念,也是一项重要的经营手段和管理技术。有效实施饭店的收益管理,需要熟练掌握预订环节的"招财法则"、旺季提升营业收入的"增收法则"、淡季增加销量的"增量法则"和制衡竞争对手的"竞争法则"(见图7-9)。

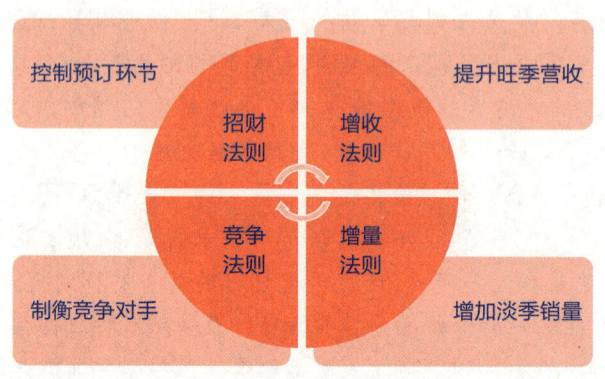

图7-9　收益管理实战技巧的"四大法则"

一、招财法则：如何控制预订环节

在现代社会，随着人们工作和生活节奏的加快，客人都希望在行前获得对旅行目的地住宿的确认。预订是饭店招徕客人、提升经营收益的首要环节。

客人一般会通过OTA渠道进行订房，也会通过饭店官网进行预订，或通过移动通信手段直接与饭店前台部门进行预订。

在饭店日常预订环节，OTA渠道可给饭店引来众多客户，但若过度依赖OTA，则会被OTA捆绑；总台员工一些不正确的操作方式，也会导致饭店收益水平下降。

1. 正确利用OTA渠道

(1) 善于把OTA客源转化成直销客源。

① OTA的主要作用应该是广告、引流、补充客源。不能过分依赖OTA，饭店定价权和库存分配权不能被其控制。

② 要注意提高顾客对饭店直销渠道的忠诚度，要杜绝员工让客人直接到OTA上预订，然后饭店再支付佣金给OTA的现象。

③ 要研究OTA客源的特点，制定相应流程和绩效考核标准，努力把OTA客源转化为饭店直客，培养客户到饭店官网、微信公众号和电话预订的习惯。

(2) 善用图片的视觉冲击力。

① 一张好照片胜过1 000字：高像素、高清晰度，突出饭店特色。

② 适当精选一些周边旅游资源的照片，增加饭店附加值。

(3) 内容为王，重视点评。

① 多用客人搜索的热词——景点、事件、交通枢纽、设备设施、价位等，提高被搜索频率。

② 顾客在OTA上的评论是饭店宣传的延伸和补充。利用网评互动，做好客户关系管理。

(4) 保持价格的公平与一致性。

① 饭店直销渠道价格不能高于OTA价格，宁可提高佣金比例，也要防止价格倒挂现象。

② 给OTA的短期促销价，在饭店直销渠道也要能够提供，一碗水端平。

(5) 做好OTA渠道客源偏好分析。

① 不同OTA渠道客源在出行目的、停留时间、预订规律、房型喜好、来源地区、同房人数、房间类型、餐饮和其他消费等方面会有差异。可通过分析采取相应销售策略。

② 海外OTA的预订窗口较国内长，综合消费能力更强，可提前推出针对海外OTA的促销价。

(6) 清除OTA上的竞争代理商。

① 不允许包房商和旅行社用代理方式在OTA渠道上公开销售，与饭店直销竞争，吸引客户。

② 可提供优惠价给包房商和旅行社，通过房+机+门票等不透明价格销售，给饭店带

来额外客源。

(7) 在 OTA 渠道上不能关房。

① 关房会导致客户流失和市场热度下降。即使满房,也可挂高价在网上,愿者上钩。

② 在旺季可根据需要关低价房型,引流到高价房型;或设置入住天数限制。

(8) 尽量与更多 OTA 渠道开展合作。

① 只与一两家 OTA 合作,容易被卡脖子。不要因某些 OTA 销量不高而不合作,积少成多。

② 合作的 OTA 越多,饭店在互联网的曝光率就越大,广告牌的作用就越大,这对品牌知名度不高的单体饭店尤其重要。

2. 预订环节的问题与破解

(1) 问题一:饭店在某一房型无房时,在 OTA 上关闭该房型,前台员工则回绝订单。

例如,某饭店有江景大床房 50 间,房价 580 元;城景大床房 50 间,房价 550 元;城景双床房 50 间,房价 550 元;行政楼层房 30 间,房价 650 元。目前,饭店江景大床房已满房,虽然其他类型客房还有较多空房,但饭店在 OTA 渠道关闭了江景大床房。

破解之策:关闭畅销房会导致客户流失,饭店应确保畅销房仍有空房继续引流。在经营过程中,饭店可设置房型库存预警,在接近满房时,对该房型提价至上一级房型接近的价位,与上一级房型产生联动营销效应。同时,对该房型后续订单进行升级处理。

又如,某饭店有豪华景观房 90 间,房价 560 元;行政楼层客房 30 间,房价 680 元。目前豪华景观房已满,行政楼层客房还有 25 间空房。客人致电要预订一间豪华景观房,员工回复无房。

破解之策:员工应积极引导客人选择行政楼层客房。如客人接受,则饭店增加了 680 元营收;如客人可以接受该房型,但不能接受该价格,则可给客人免费升级,降低行政楼层客房的空置率,给饭店增加 560 元的营收。当然,员工如没有获得免费升级授权,在这个环节只能拒单。饭店管理层不授权的主要原因,是担心员工收取了高房费却登记为免费升级房,赚取中间差价,使饭店营收流失。管理层可为每种房型设置库存量预警提示,比如在豪华景观房仅剩若干间时,需上报总经理知晓,便于总经理及时有效地掌握房态信息,及时作出相关授权决策。

(2) 问题二:饭店在空房不多时,关闭 OTA 渠道或只接受担保类订房。

例如,时值销售旺季,饭店在空房不多时,关闭 OTA 渠道惜售。其用意一是为了留给前台以更高价格销售;二是风险规避,预留一些客房满足客人调房或换房之需,减少客人投诉率。当然,关闭 OTA 渠道会导致客户流失和空房损失。

破解之策:饭店可对 OTA 渠道的房型进行提价销售,在确保 OTA 渠道畅通的同时,实现这个时段在饭店前台和 OTA 渠道都有销售客房的机会,也可减少 No Show 房导致的饭店营收损失。

又如,饭店为了减少临时取消和 No Show 等原因引起的客房空置,采取严厉的预订政策,即在 OTA 渠道上只接受担保型订单。而且,只开通预付及担保订单服务,饭店需要向 OTA 支付的佣金也相对较低。

破解之策：饭店在高需求期可采取严厉的预订政策。但在常规情况下仍然采取严厉预订政策，等于把本饭店客户倒逼给了竞争对手。饭店可开通现付功能，即同一房型如客人选择房费现付，则饭店可按照一定比例提高房价。根据客人不同支付方式的差别定价，对饭店和客人都会带来益处。

（3）问题三：对饭店低价客房的订房数量不做任何监控。

例如，在出租率越高说明饭店生意越好的传统经营管理思维模式影响下，饭店对很早时间段就预订大量本饭店客房的旅游团队和会议团队不做任何监督控制，导致饭店较低房价的客房在某一天或某一时段被大量占房。

破解之策：饭店需要增强收益管理意识，在高峰期要做好容量控制，并分析提前大量预订低价房的原因：是否有重大社会活动发生，竞争对手是否也有大量预订。如是，做好容量分配或考虑提价；预留部分房量，在后面销售周期里提价销售。

（4）问题四：没有注重饭店特价房的引流作用和二次销售。

例如，某饭店将异形房、无窗户房、小面积房等有缺陷的客房作为特价房，进行市场促销。特价房作为饭店的最低房价类型，饭店也相应降低了对客服务规格，并在预订的高峰期，关闭了特价房。

破解之策：饭店设置特价房的目的是引流，因此不能关闭。引流的特价房虽然是饭店客房的最低价格，但并不代表价格不能变动。即使客人选择入住特价房，也应享受相同的服务，以提升顾客体验感。同时，需注重到店客人的二次营销，通过客房优惠升级，引流客人选择入住到更高价格的房型。

（5）问题五：缺乏对饭店客房预订限制政策的合理运用。

例如，饭店在客房存量较少的高峰期，没有采用严厉的预订政策，没有要求预订的散客预付、担保、交付定金；没有要求支付定金的团体客户承诺最低的用房数和入住天数。最终，导致饭店部分客房空置。

破解之策：饭店在销售低谷期，可采取宽松的预订政策引流；在销售高峰期，应采取严厉的预订政策来保证营业收入。同时，要仔细排查饭店内部的自用房、临时内控房，及时掌握最真实的库存量，并根据饭店的销售周期和预订进度，合理运用宽松或紧缩的预订政策。

二、增收法则：如何提升旺季营收

在较高出租率时期，是饭店全面提升平均房价、综合收入、市场美誉度和竞争力的关键销售期。一些饭店在旺季，虽然有较高出租率，但收益水平没有得到很好的提升。究其原因，是因为饭店在旺季没有制定相应的收益管理策略，对预订拒单率、客户流失率、No Show 与临时取消率和滞销房空置率问题关注度不够，白白错失了很多提升饭店收益的机会。

1. 饭店在旺季的收益管理策略

（1）适当提价，停止或限制打折。

① 适当提高房价水平，拉大不同房型之间价差，但价位要控制在中央订房系统和饭店宣传册上公布的价格范围内。

②停止实行房价折扣，或只给住店时间较长的客人房价折扣。延住客人要按当日价收取，不能沿用旧价格。

（2）鼓励连住，采取超额预订措施。

①饭店根据需要，设置最少停留天数限制，防止出现客房销售的"孔洞"。

②采取超额预订措施，减少 No Show 导致的客房空置。

（3）采取严厉的信用政策。

①减少或取消无信用担保订房，紧缩预订取消政策。

②认真做好每一个预订的确认，减少预订水分。

③住宿期较长的顾客，饭店应要求客人定金付到最后一晚。

（4）动态定价，减少免费升档。

①加强价格监控，每天至少二次研究未来 7~14 天竞争饭店价格的变动情况。根据需要实施动态定价，适当提升对外散客价。

②饭店不能改变的协议价，要通过及时关闭低价房型来提升销售单价，尽量减少免费升档。

（5）团队入住模式优化。

①饭店要测算好每日团队用房量上限和团队价格下限，严格控制特定日期团队用房占比。

②合理减少团队房配额，研究调整团队入住时间和入住天数的可能性，优先接受愿意支付高价位的团队，用低价鼓励团队住到低需求时段。

③挤掉团队订房数量的水分，团队如增加团房要加价，尽量不要免费升档。

④团队价与散客价挂钩，水涨船高。报价根据停留日期，取平均数报价。可采用置换分析法，把团队带来的客房、餐饮、会议等总收入和利润综合计算后才报价，尽量避免分开报价。

2. 饭店"四率"提升空间分析

饭店在旺季提升营业收入的关键，是要做好预订拒单率、预订流失率、预订 No Show 与取消率和客房空置率的收益管理。如表 7-19 所示。

表 7-19 饭店"四率"提升空间分析

房价类型	数量	预定进度							
		今天	昨天	前天	3天前	4天前	5天前	6天前	7天前
套房	20	8①	8	8	4	2	1	0	0
豪华大床房	60	52②	60	60③	50④	32	16	16	10
豪华双床房	40	40	40⑤	12	10	4	4	0	0
商务大床房	60	60⑤	50④	30	16	12	6	0	0
合计	180	160	158	110	80	50	27	16	10

注：①滞销空置；②No Show 或临时取消；③流失；④涨价时机；⑤拒单。

（1）预订拒单率：饭店某一房型较早销售一空，导致饭店员工在该房型满房后对后续预订拒单。

问题表现：饭店未来三天的豪华标准间一周前就被旅行团队占房。那么，饭店会有 10 天的销售期，对该房型的预订会以满房形式拒单。首先，饭店会损失 10 天内愿意以更高价格入住这个房型的订单；其次，饭店该房型对 OTA 拒单，会影响饭店在 OTA 渠道的排名和显示度；最后，饭店该房型关房 10 天，会让该房型的市场热度下降，以后还需费时培养市场热度。

破解之策：饭店应时刻掌握不同房型的市场需求热度，及时调整容量分配。对部分畅销房型，在接受大单预订时，做好升级到滞销房型的准备，确保畅销房型在预订高峰时段有足够的房源供应，实现用畅销房型去获取更多订单和更高收益。

（2）预订流失率：饭店对客人的预订响应不及时，导致客户流失。

问题表现：一是在退房高峰期，饭店前台员工忙于办理退房手续，缺乏对此时致电预订客户的有效沟通，让客人不愿订房；二是饭店员工对 OTA 渠道的订单没有及时发现，导致客人转订他处；三是饭店房态紧张且内部沟通效率较低，对 OTA 订单没有及时确认，延长客人等待的时间，客人就会转订他处。这些，都会增加饭店挽回客户的时间和费用成本。

破解之策：客人预订时，其合理等候的时间约为 3 分钟。3~5 分钟的预订等候会让客人处于焦虑期，超过 5 分钟的等待会让客人失去耐心，增加转订他处的可能。同时，不满意客人留好评的积极性也会降低。所以，饭店内部要有明确的回复预订的效率标准，即要做到所有客人的预订必须在 3 分钟内完全响应。

（3）预订的 No Show 与取消率：客人预订房间后没有入住或临时取消，导致饭店在客房预订保留期内无法出售。

问题表现：客人预订房间后，饭店通常会给予一定时间的预订保留期，按照惯例，非担保预订会保留至预订入住当天的 18 时。如果客人 No Show 或临时取消，则会导致饭店在预订保留期内无法及时销售该房间。另外，也不排除竞争对手恶意订房、占房，然后再临时取消的情形。

破解之策：客人在出租率高峰期订房，饭店应严格执行预付、担保、交付定金等担保预订政策，减少订单取消的可能性。同时，对每一个订单要进行有效沟通，尤其是在 18—20 时客房预订和入住的第三个高峰时段前，要与预订客人确认具体到店时间，以免错失候补预订的时机。

（4）客房空置率：饭店部分房型（如套房）会因价格较高，造成房间长期空置。

问题表现：饭店有 20 间套房，每天平均销售量约为 5 套，每天空置数为 15 套。饭店若每天有一定的房间空置，既不能储存，又会产生分摊成本，降低了饭店 RevPAR 的指数。

破解之策：饭店在日常经营过程中，一是要积极做好升级销售的准备，选择部分客户优惠或免费升级到套房，以增加其他畅销房的存量；二是可采取包价促销的方法，赠送饭店其他不畅销的产品或外部赠券，增加产品吸引力和性价比；三是细分市场，针对不同消费群体，采用不同的营销组合策略。在饭店产品改造期，可根据市场需求调整各类房型配置数，或把套房改造成连通房，提升客房产品的灵活性。

三、增量法则：如何增加淡季销量

在淡季，许多饭店会一味采取低价策略来刺激市场需求。其实，这种观念具有片面性。虽然低价策略会刺激一部分需求的上升，但在淡季依然会有不少高价需求。

1. 饭店在市场进入淡季的换位思考

（1）竞争对手。提供低价房的竞争对手，其实是主动放弃了购买高价、高附加值产品的市场机会。

（2）客户价值。淡季来本饭店消费的客户，在旺季重复购买的可能性更大，是饭店开展客户资源维护的良机。

（3）服务提升。在淡季，饭店可以有更多时间和精力研究目标客户偏好，是提升饭店服务水准的契机。

（4）口碑营销。饭店在淡季实施的优惠措施会换取客人更多的好评，是饭店好评积累的有利时机。

2. 饭店在淡季的收益管理策略

（1）创造顾客需求。

① 深入分析每个公司协议账户、团队在客房、餐饮、会议和宴会等方面的产出，寻找隐含的需求。

② 确立全员销售理念，使全体员工都成为酒店的销售代理人。多向客户介绍本酒店产品和服务特色及其可给予客人不同于竞争对手的体验。

（2）实施价格折扣。

① 实行淡季价格折扣。在特定时期，只要能产生边际利润，都是酒店可接受的短期最低房价。

② 针对特定市场、特定时间或特定产品实行限时限量的优惠促销。

（3）提供包价和住店奖励。

① 把客房与其他有吸引力的产品结合在一起销售，采用一揽子报价形式。采取激励措施奖励订房人员，如协议公司的秘书和会议、宴会组织者等。

② 给予住店期较长的客人积分、优惠券等住房奖励。

（4）放松控制，并鼓励升档。

① 暂时取消对客人抵、离店的时间和停留天数的限制。

② 适当缩小各种房型之间的价差，鼓励升级销售。

③ 推出套房或豪华房特价促销，加强钟点房的销售。

（5）采取灵活的团队报价。

设定每天最少团房数量和最低团价，促使销售团队主动寻找淡季团队业务，用团房打底，带旺客房、餐饮、会议、宴会和康乐等消费。

（6）探索新市场的开拓。

① 通过对市场需求与酒店产品特色的分析，主动出击，拜访客户，探索开发新兴市场的可能性。

② 开展体验式营销,引流为主,创造惊喜,善用口碑广告效应。

3. 饭店在淡季的收益管理步骤

饭店在淡季实施收益管理步骤,如图 7-10 所示。

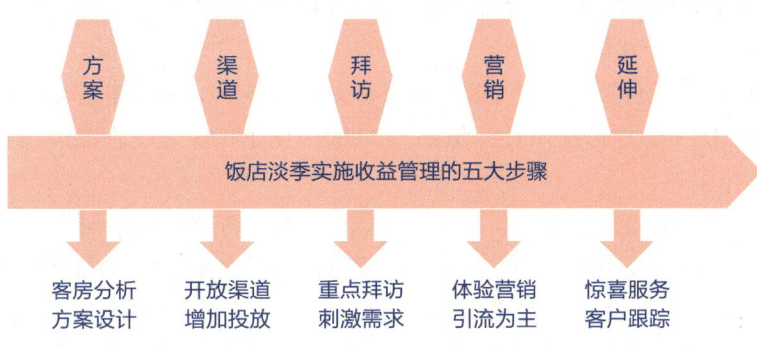

图 7-10　淡季实施收益管理的五大步骤

四、竞争法则:如何制衡竞争对手

在饭店经营过程中,必然会受到来自竞争对手的影响和挑战。对竞争对手优势的分析,可给饭店提供模仿的样板,化解饭店的软肋;对竞争对手劣势的判定,可给饭店提供制衡对手的思路,寻找提升收益的契机。

在市场环境中,竞争对手往往会采取低价竞争策略来抢占市场份额。如果饭店此时盲目降价,会陷入削价竞争的恶性循环。饭店可通过对竞争对手产品特点、价格体系和销售渠道的比较研究,寻找破解低价竞争怪圈的途径。

1. 制衡竞争对手综合技法

饭店可通过 OTA 上的网评指数分析,来评估竞争对手在环境、设施、服务和卫生等方面的竞争能力,采取针对性的制衡竞争对手策略。如表 7-20 所示。

表 7-20　评估竞争对手综合分析表

饭店名称	环境			设施			服务			卫生		
	评分	好评	差评	评分	好评	差评	评分	好评	差评	评分	好评	差评
本饭店	4.7	85	15	4.8	90	10	4.6	80	20	4.7	85	15
竞争饭店 A	4.8	90	10	4.8	90	10	4.8	95	5	4.8	90	10
竞争饭店 B	4.7	80	20	4.6	75	25	4.5	70	30	4.6	80	20
竞争饭店 C	4.6	70	30	4.4	65	35	4.5	70	30	4.5	75	25

(1) 环境方面:饭店可通过 OTA 渠道宣传本饭店的区位优势,利用饭店官网进行便利交通的详细介绍,并提供酒店免费交通接送安排。

(2) 设施方面:饭店可通过精心制作网页宣传资料来提升产品的吸引力,同时完善设施日常保养制度,定期进行设施设备的更新改造。

(3) 服务方面：饭店可通过组织管理人员和一线员工赴样板饭店进行学习与模仿，同时在饭店内部提供"惊喜服务激励计划"，鼓励处于服务一线的员工提出最佳操作规程建议。

(4) 卫生方面：饭店可通过组织管理人员和一线员工赴样板饭店进行考察和培训，同时完善饭店清洁卫生制度，做好日常清扫的督导与检查。

2. 应对低价竞争的评估方法

面对竞争对手的低价竞争策略，饭店需要做好产品特点、价格体系和销售渠道的评估，避免陷入传统的价格竞争恶性循环。饭店应对低价竞争的关键，是要从"竞争思维"转到"用户思维"。

(1) 产品特点评估。就是通过本饭店房型、床型基本功能与竞争对手产品的比较，评估其可对应的相关细分市场类型，寻找本饭店产品与市场细分和优化的可行性。

(2) 价格体系评估。就是通过本饭店价格体系与竞争对手价格体系的比较，评估本饭店在定价方式上是否可再细分，以及实施动态定价与提升产品附加值的可行性。

(3) 销售渠道评估。就是通过本饭店与竞争对手在获客方式、订单来源的比较，评估本饭店在不同销售渠道实施不同营销策略、实现更好获客方式的可行性。

成功的收益管理，需要"道、术、器"相结合，既要懂得收益管理的基本原理，又需要掌握收益管理的方法和技巧，并依靠收益管理系统的科学技术。今天，收益管理正成为中国饭店业提升经营绩效的重要法宝。

中国饭店业实施收益管理的趋势

1. 饭店客房外的其他收入

未来，饭店业管理者不应仅仅将提高营业收入的焦点放在客房销售上面。正如某收益管理专业人士举例所说："系列旅行团队客人的确是饭店的稳定客源，但是这部分客人不太会再消费饭店的其他配套设施。这也将影响饭店的整体收益。"所以，现代收益管理已经开始支持饭店客房以外的其他饭店业务，例如餐饮、会议场地以及水疗服务等。

2. 收益与利润

传统的饭店收益管理注重的是营业收入，而现代化的饭店收益管理更为关注利润。例如，在客房的收益管理中我们都熟知单房收益（RevPAR）这个业绩衡量指标，而如今在会议及宴会收益管理中引入的类似概念是可用场地的每时间段每平方米的利润（ProPAST）。其原因是相对于客房，会议及宴会业务的成本变化较大，因此更应关注的是利润最大化。

3. 新的预测模型

互联网时代都在谈大数据。对于饭店行业而言，如何借助大数据来提升营业收入呢？其实，大数据的核心在于帮助饭店管理者挖掘海量数据中蕴藏的关键价值，在饭店管理的方方面面如营销、运营等都可加以运用。而其中收益管理是酒店管理环节中最依赖数据分析的部分，在这个大数据时代需要也会有所突破。收益管理核心内容之一是预测——通过数学模型,采集历史数据,使饭店管理者掌握和了解市场需求,从而进行差别定价,并在不同时间段采用不同的收益管理策略达到收益最大化的目的。以往,饭店采集自身的历史数据来进行预测和分析,往往对外界市场信息难以量化统计,难免使预测的结果存在一定的离差。而如今,传统的模型中需要加入新的变量。此外,评估收益管理策略对未来预测的影响也很重要。

4. 客户口碑与定价

如今,顾客住店后对饭店在互联网上的评价,成了客户口碑声誉价值的最好体现。随着电子商务的发展,顾客的评价内容趋于专业,发布的渠道也越来越广泛。因此,如今的网评已成为消费者衡量、判断饭店品牌价值及产品价格的关键所在。康纳尔大学的一份研究报告显示,当饭店的在线声誉评分上升1%,每间可预订客房收益(RevPAR)的增长将高达1.42%。而除了分数本身,点评内容对消费者的实际预订行为产生的影响比打分更为重要。目前,锦江等饭店集团已和相关网站合作,通过对网评的收集、积累和统计,从中发现有价值的节点,对市场营销和运营管理等工作进行改进并获取更大的收益。

5. 收益经理职能的变化

以往饭店收益管理负责人主要负责数据分析、房量控制、定价、预测等工作。随着饭店业的发展,我们发现收益经理的工作范围越来越宽广。例如,收益经理常常需要和市场部门一起探讨促销活动,与渠道经理共同管理渠道的房量与价格,利用财务部门提供的数据最大化收入及利润,以及通过掌握各种新的IT以优化工作效率及准确率。可见,收益经理在饭店当中的位置变得越来越重要,其职能也会和其他部门渐渐融合,对复合型专业人才的要求也更高了。同样,这也意味着这一职位的前景更为开阔,机遇与挑战往往并存。

(资料来源:亿欧网)

本 章 小 结

收益管理就是通过把合适的产品,以合适的价格,在合适的时间,通过合适的渠道,销售给合适的客人,从而实现企业利润最大化的一种管理过程。21世纪,收益管理的理论及其方法开始被中国饭店业接受,成为中国饭店业实现经营利润最大化的一个重要法宝。

在日常的经营管理工作中,可采用差别定价与房型细分、容量控制与嵌入销售、需求预测与动态定价、房价限制与时滞控制、升格销售与超额预订、包价促销与附加价值六大方法,来争取饭店收益的最大化。

有效实施饭店的收益管理,需要熟练掌握预订环节的"招财法则"、旺季提升营业收入的"增收法则"、淡季增加销量的"增量法则"和制衡竞争对手的"竞争法则"。

同步练习

一、问题讨论

1. 什么是饭店收益管理的五大要素?
2. 有哪些衡量饭店收益管理成效的指标?
3. 差别定价的原理是什么?如何实施差别定价的方法?
4. 容量控制的原理是什么?如何实施容量控制的方法?
5. 在经营旺季,饭店有哪些提升营收的收益管理技巧?
6. 在经营淡季,饭店有哪些提升销量的收益管理技巧?

二、讨论交流

以 3~4 人的小组为研究单位,通过互联网查找资料或实地考察饭店,进行以下问题的研究,做出调研报告,编制 PPT 文件,在课堂里进行交流分享。

1. 分析某一家饭店的价格体系与定价策略。
2. 分析某一家饭店的客房名称设计与产品组合策略。

三、在线自测

扫描二维码,完成在线练习。

在线自测 7

饭店前台人员的收益管理工作

如今,不少饭店都成立了收益管理团队,负责饭店收益管理工作的开展和运行。饭店前台作为起着饭店经营管理中枢作用的重要岗位,不仅承担着为客人办理入住和离店结算的任务,同时也是饭店开展收益管理工作不可忽视的重要窗口。

收益管理工作的开展,通常离不开前台人员的参与和配合,一些收益管理策略需要通过前台人员来实施。主要体现在以下几个方面:

一、饭店客源主要来自线上和线下渠道,细分市场有上门散客、OTA 散客、会员客人、公司协议、政府用房、旅游团队等。其中,上门散客是价格最高的客源群体之一,会员客人虽然价格没有上门散客高,但却是忠诚度较高的客源群体。而前台人员在收益管理工作中主要扮演的是针对上门散客、会员客人预订和促销的角色,这就需要前台人员掌握一定的收益管理知识,并为他们制定相应的促销激励政策。

二、应加强对前台员工的收益管理培训，使他们了解收益管理五个基本要素组合的作用，并掌握如何在最佳的时机，以最优的价格，将客房出售给最有价值的客人。同时，还要提高前台员工对房间优化分配的能力、价格管控能力以及加深对差别定价运用的理解。使他们了解市场需求和价格之间的杠杆关系，以通过运用收益管理策略提高客房收益。

三、根据饭店收益管理部门的市场预测和制定的价格体系，认真执行动态定价，并就此对不理解的客人给予耐心合理的解释，以征得客人对同一客房产品在不同市场时期出售不同价格的认同。

四、在饭店现有客房存量资源的条件下，对不同细分市场客源进行合理控制，应该接受哪些预订，拒绝哪些预订，也是前台人员需要掌握的。

同时，针对 No Show 现象的存在，前台人员还应在预订分析的基础上，开展超订工作，以减少因 No Show 现象的发生而导致的客房虚耗损失。

五、要求饭店前台员工善于观察和分析客人的消费心理，区别不同对象，恰到好处地为客人推销房间。当市场供过于求时，根据市场需求预测，开展升档销售工作，尽量把高档次客房先销售出去，以在同等市场条件下为饭店获得更高的收益。

（资料来源：迈点网）

第八章 饭店服务质量测定与控制

学习目标

　　知识目标：

　　　　理解饭店服务与服务质量的概念，知晓饭店服务质量的构成要素，了解顾客满意度的测评方法，掌握饭店质量管理的基本内容。

　　能力目标：

　　　　能解释饭店服务的特性，能说明饭店服务质量的基本属性，能分析服务质量差距的成因，能运用饭店质量管理的方法。

第一节　饭店服务质量要素与属性

饭店属于服务性行业。饭店为客人提供的产品主要是服务。饭店服务质量是饭店的生命，服务质量控制是饭店经营管理的核心内容。目前，全球饭店市场总体上是供大于求，饭店间的竞争异常激烈，谁能够向客人提供全面优质的服务，谁就能在市场上取得竞争优势，获得良好的经济效益。服务质量管理是当前企业管理研究的热点之一，是企业赢得长久竞争优势的保证。

一、饭店服务的定义与特性

视频：饭店服务的定义与特征

对服务的研究起源于经济学领域。从20世纪五六十年代开始，市场营销学把研究的领域从物质产品拓展到服务产品领域，并关注服务的概念和定义，服务的研究步入正轨。

（一）饭店服务的定义

1960年，美国市场营销协会（AMA）最早对服务的定义为："用于出售或者是同产品连在一起进行出售的活动、利益或满足感。"在此后的较长时间里，这一定义一直被许多学者广泛采用。但这一定义的缺陷也是明显的，它没有将服务的无形性凸显出来，因此在一定程度上混淆了有形产品同无形服务产品的最本质区别。

1990年，当代服务管理理论与思想大师格鲁洛斯（Gronroos）在综合前人观点的基础上，提出了试图为所有人接受的定义："服务是以无形的方式，在顾客与服务员、有形资源、产品或服务系统之间发生的，可以解决顾客问题的一种或一系列行为。"格鲁洛斯的观点较为综合，也比较有代表性，并明确指出了服务的本质特征。但由于服务自身的复杂性，服务的内涵处于不断变化之中，该定义也有它的局限性。

对饭店服务的界定是一个复杂的、困难的过程。国外的研究主要以服务营销和服务管理为基础，运用定量和定性相结合的方法进行个案的实证研究。中国对饭店服务的研究还比较薄弱，主要以国外的研究成果为基础，从饭店服务的经济属性和饭店服务市场的供需两方面表述。因此，可以认为饭店服务就是在一定经济发展阶段的一种综合性服务现象，是发生在饭店服务提供者和接受者之间的一种无形性的互动作用，饭店服务的供需双方在交换中实现了各自利益的满足，但互动过程不涉及所有权的转移。

从顾客的角度看，服务的无形性互动关系使顾客获得了经历和感受，并没有得到实体结果，但顾客在接受服务中，一般更注重心理和精神感受。从企业角度看，服务的无形性互动过程，需要一定的支持设施与物质投入，但这种服务的结果却不可以储存，发生互动作用的目的是实现企业既定的价值目标。

小资料

服务是什么

服务究竟是什么？服务的英文是 Service,除了字面意义还有没有其他意义呢？其中,S 表示微笑待客(Smile For Everyone),E 就是精通业务上的工作(Excellence In Everything You Do),R 就是对顾客态度亲切友善(Reaching Out To Every Customer With Hospitality),V 就是要将每一个顾客都视为特殊和重要的大人物(Viewing Every Customer As Special),I 就是邀请每一位顾客再次光临(Inviting Your Customer To Return),C 就是要为顾客营造一个温馨的服务环境(Creating A Warm Atmosphere),E 就是要用眼神表达对顾客的关心(Eye Contact That Shows We Care)。

饭店可以根据这七个字母的含义来检查自己的服务表现。

(二)饭店服务的特性

对饭店服务定义的剖析为我们深入研究饭店服务奠定了基础。与制造业的有形物质产品相比,饭店服务也有自己独特的属性(见表8-1)。

表8-1　饭店服务与有形产品的区别

有形产品	饭店服务
有形	无形
生产、传递与消费过程分离	生产、传递与消费过程同时发生
一种物体	一种活动或过程
核心价值在工厂中生产	核心价值在买卖的交互过程中实现
顾客不参与生产过程	顾客参与生产过程
可以储存	无法储存
涉及所有权的转移	不涉及所有权的转移

1. 无形性

饭店服务是抽象的、无形性的,既没有一定的状态,又不可触摸。虽然绝对的无形服务是很少的,因为大多数饭店服务都要利用有形设施的支持才能完成服务的过程,但它们只是作为饭店提供服务的条件而存在,顾客真正感觉、评价和衡量的服务质量来自与服务人员的互动。

饭店服务与制造业物质产品之间最本质的区别就在于服务的无形性。由于服务的无形性,不能申请专利,竞争者容易模仿;由于服务的无形性,顾客在购买前难以评价服务质量,增加了顾客的购买风险;由于服务的无形性,企业服务的单位成本很难确定,价格与质量的关系变得更为复杂。要消除饭店服务无形性带来的负面作用,可以采取无形服务有形化的策略,通过有效的有形展示将服务的无形性变得可以感知,从而减少顾客购买的风险。

2. 同时性

饭店服务的提供必须以顾客的到来为前提,没有顾客的参与,饭店服务就不可能发生。

当顾客的消费过程结束时,饭店服务的过程也自然结束。生产与消费的同时性给饭店的经营活动带来许多不便。

对有形产品而言,顾客只评价其性能,而不会考虑生产的过程。而饭店服务由于顾客要参与生产过程,因此以什么样的方式或程序进行生产就会直接影响顾客的利益。例如,饭店选择什么时间清扫客房就是一个较敏感的服务问题。由于顾客参与了服务过程,因此如何引导顾客的行为也将对饭店服务产生重要影响。再如,顾客在餐厅点菜,服务人员要善于与他们交流,帮助他们获得必要的服务知识,以保证他们点菜和选择的成功。由于顾客个人的经历和经验的差别,他们在与服务员工互动过程中对服务的要求也不一样,这就需要员工有提供个性化服务的能力。

3. 不可储存性

饭店服务是在生产中被消费的,其使用价值往往都有一定的时间限制。因此,顾客从服务中所得到的好处不能像物质产品那样储存起来。也就是说,饭店服务价值的回收是通过划分不同的时间段来体现价值的。例如,饭店的客房、餐厅的餐位都有其特定的时间价值,若不能在有效的时间中销售出去,则一间客房、一个餐位这次的服务价值就不能体现,即使下一次的价值可以得到,但上一次的价值就流失了。饭店服务的不可储存性对企业的经营活动构成很大的威胁。

饭店服务的不可储存性带来了供需之间的矛盾,这就需要饭店企业采取相应的措施来改变这种局面。一方面,要对需求流量进行监控,对需求波动进行预防。另一方面,要调节需求量,使其与饭店的供给相适应。例如,利用价格杠杆的作用,削减高峰期的需求量和刺激低峰期的需求量,解决供需的不一致。

4. 不可转移性

物质产品在生产出来以后,需要经过一定的流通环节才会到达顾客手中,表现为实物形式的流动。由于饭店服务必须以一定的建筑设施为基础,而饭店的建筑不可能发生空间的移动,这使饭店服务呈现出不可转移性。另外,饭店服务的不可转移性还表现在所有权不发生变更。物质产品在进行交换活动时伴随着所有权的转移,而饭店服务则不同,顾客购买饭店产品时,只能拥有服务设施的暂时使用权,而不是所有权。例如,顾客下榻饭店两天,他只是拥有客房两天的使用权,而不是所有权。

饭店服务的不可转移性给饭店企业的经营带来极大的困难。一方面,饭店企业要加大宣传推销的力度,把最新的服务信息及时、准确地传递给消费群体和潜在消费者,通过强大的信息流刺激顾客的流动;另一方面,饭店企业要在日常经营中树立良好、可信的服务形象,从而形成一种服务消费的无形推动力。

5. 不稳定性

饭店服务特有的属性使饭店服务质量呈现出一定的波动性。由于生产与消费的同时性,不可避免造成服务质量的差异性以及生产过程的可变性。因为不同的顾客对服务的要求、参与提供服务的程度都有很大不同,对质量的评价也不一样。另外,服务是人来执行的,会受许多有关人员自身因素的影响和制约。顾客自身的消费行为、其他顾客消费行为的影响及员工素质,都会对质量产生很大影响。

鉴于饭店服务的不稳定性,饭店企业应有意识地对服务质量进行控制,以尽可能保证服务质量的稳定性。一是对一些反复操作的服务程序,可用标准化手段来规范服务行为;二是加强对服务现场的控制,发现问题及时纠正;三是提高员工的综合素质,增强控制服务质量的能力。

二、饭店服务质量的构成要素

饭店服务质量是指饭店服务活动所能达到规定要求和满足客人需求的能力与程度,它包括技术性质量(结果要素)和功能性质量(过程要素)两个方面(见图8-1)。技术性质量是指服务过程的结果,即顾客从服务过程中所得到的东西。比如,饭店的建筑和为顾客提供的设施等。对于技术性质量,顾客容易感知,也易于评价。功能性质量是指顾客是如何得到这些东西的。由于服务是无形的,在服务过程中,服务人员的服务态度、服务效率、服务程序、服务礼仪、服务技巧等是否满足顾客需求,与顾客的个性、态度、知识、行为方式等因素有关。与技术性质量不同,功能性质量一般是不能用客观标准来衡量的,对它的评价更多地取决于顾客的主观感受。

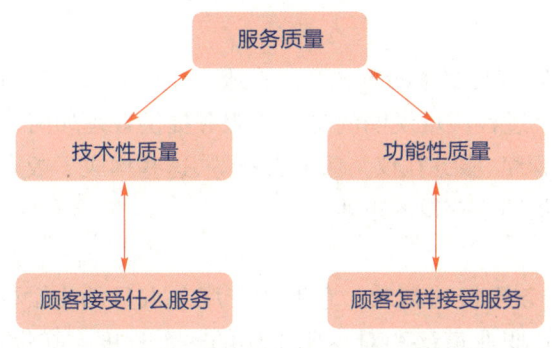

图8-1 饭店服务质量的构成要素

(一)技术性质量

技术性质量是指饭店服务生产过程的结果,也称结果质量(Outcome Quality)。结果质量是顾客在饭店服务过程结束后的所得,通常包括建筑外观、功能环境、设施设备、服务项目等,这些构成了饭店服务质量的一个基本要素。

1. 建筑外观

饭店的建筑外观是指饭店建筑带给客人的视觉感受,包括独特的建筑设计手法、建筑体量比例、表面材质处理、设计语言符号等。饭店的建筑外观在一定程度上体现了饭店的品质。通过历史的、地域的、艺术的各种文化元素的运用,赋予饭店建筑物深刻的文化内涵,给客人带来第一视觉冲击。

2. 功能环境

饭店的功能环境是由饭店的空间布局、内外部交通流线设计、室内装潢、灯光、音响、室内温度等构成的。在功能环境的设计上要体现科学性、功能性、合理性、艺术性及整体性,在此基础上带给客人方便性、舒适性、易识性及安全性。

3. 设施设备

饭店的设施设备是饭店赖以存在的基础,是饭店提供服务的依托。饭店的设施设备包括客用设施设备和营运设施设备两大类。客用设施设备也称前台设施设备,是指直接供客人使用的设施设备,如客房设备、健身康乐设施等。营运设施设备也称生产设施设备,如锅炉设备、制冷供暖设备、厨房设备等。饭店设施设备质量,一是指设施设备的舒适程度,二是指设施设备的完好程度。

4. 服务项目

饭店服务项目大体上可分为两大类:一类是基本服务项目,即在服务指南中明确规定的,对每个顾客几乎都要发生作用的那些服务项目;另一类是附加服务项目,是指由客人即时提出的,不是每个顾客必定需要的服务项目。服务项目的多寡反映了饭店的服务功能和满足顾客需求的能力。

5. 实物产品

饭店的实物产品通常包括菜点酒水和客用品配备,直接满足客人物质消费的需要。菜肴的原料选择、烹调工艺、风味特色及客用品的质地、数量,都构成了饭店服务质量的重要组成部分。

(二) 功能性质量

功能性质量是指顾客接受服务的方式及其在服务生产和服务消费过程中的体验,也称过程质量(Process Quality)。过程质量说明的是饭店服务提供者是如何工作的,通常包括员工服务态度、服务效率、服务程序、服务礼仪与服务技巧等,这些构成了饭店服务质量的主体,也是顾客在饭店消费过程中最期望获得的东西。

1. 服务态度

服务态度是提高服务质量的基础。它取决于服务人员的主动性、积极性和创造精神,取决于服务人员的素质、职业道德和对本职工作的热爱程度。在饭店服务实践中,良好的服务态度表现为热情、主动、周到和细致的服务。

客人的湿衣服怎么办

某饭店服务员在收拾客房时,发现客人的湿衣服放在卫生间,于是主动将湿衣服拿出去晾晒。客人回来后发现衣服不见了,经寻找得知是服务员做了好事,非常感动。饭店和服务员并不停留于这一层次,他们不断改进服务。为了使客人回来不致为寻找"失物"着急,帮助客人晾晒衣物时,在桌上放一张留言条:"您的湿衣服,服务员拿出去晾晒了。"

2. 服务效率

服务效率是服务工作的时间概念,是提供某种服务的时限。饭店服务效率衡量的依据有三类:第一类是用工时定额表示的固定服务效率,如打扫一间客房用30分钟,宴会摆台用5分钟,夜床服务用5分钟,等等。第二类是用工作时限表示的服务效率,如总台入住登记每人不超过3分钟,客人租借物品5分钟内送进客房,接听电话不超过3声铃响,等等。第三类是有时间概念,但没有明确的时限规定,是靠客人感觉来衡量的服务效率,如在餐厅点菜后多长时间上菜,客人的委托代办服务何时完成等,这一类服务工作在饭店是大量存在的,强调员工要根据客人的需要,提供恰到好处的服务。

3. 服务程序

服务程序是以描述性的语言规定饭店某一特定的服务过程所包含的内容与必须遵循的顺序。首先,服务程序是从对服务作业的动作、过程、规律的分析研究中设计出来的;其次,服务程序的对象是每个具体的服务过程;最后,服务程序以强制性的形式规定了服务过程的内容与标准。要保证饭店服务质量,必须有一套完整、适用的服务程序标准。

4. 服务礼仪

服务礼仪是提高服务质量的重要条件。饭店服务员是面对面地为客人服务,因而服务礼仪直接影响服务质量。服务礼仪是以一定的形式通过信息传输向对方表示尊重、谦虚、欢迎、友好等的一种方式。服务礼仪中的礼节偏重于仪式,礼貌偏重于语言行动。服务礼仪反映了一个饭店的精神文明和文化修养,体现了饭店员工对顾客的基本态度。饭店服务礼仪的内容十分丰富,主要表现在仪容仪表、礼节礼貌、语言谈吐、行为动作。要求服务员衣冠整洁,举止端庄;待客有礼,尊重风俗习惯;语调恰当,语言文明;动作规范,姿势优美。

对客服务的语言技巧

不应该说	应该说
*你是谁?	*请问您是哪位?
*你叫什么名字?	*对不起,我没听清楚您的名字。
*你要什么?	*我能帮您什么忙吗?
*请说大声点。	*对不起,我听不到您在说什么。您能说大声一点吗?
*哦,我不是你要找的人。	*对不起,杰姆斯夫人,您要找的人不是我。
*他出去吃午饭了。	*班瑞戈先生离开办公室已有一小时了。要我叫他给您回电吗?
*你得打电话到财务办公室。	*我们的财务办公室可以提供这方面的信息。我很高兴帮您与他们联系。(或者,我叫财务办公室的人给您回电?)
*对不起,我帮不了你。	*这儿没有那些资料。是否需要叫质量服务部的员工给您打电话?
*那件事情我帮不上你忙。	*我会把那事记在我的日历上,下周二我会再检查一下您的要求。到时我再打电话给您。

5. 服务技巧

服务技巧包括操作技能、沟通艺术和应变能力,它取决于服务人员的技术知识和专业技

241

术水平,是服务质量的技术保证。饭店服务员在为顾客提供服务时总要采用一定的操作方法和作业技能,服务技巧就是将这种操作方法和作业技能在不同场合、不同时间对不同对象进行服务时,根据情况灵活而恰当地运用。提高服务技巧的关键是抓好服务人员的培训工作。要求员工掌握丰富的专业知识,具备娴熟的操作技术,从而带来使人愉悦的服务效果。

应付顾客投诉的一些常用句式

(1)"像您这样地位的人……"这暗示了对方的社会地位很高,所从事的工作很重要。别害怕在对方脸上贴金,因为大家都喜欢听到美言。

(2)"如果您可以……我会非常感激的。"此话意在征得顾客许可,暗示顾客有很大的权力表示接受或者拒绝。

(3)"您真得在……方面帮我一个忙。"此话暗示:顾客不仅在整个处理投诉的过程中地位重要,而且可以让顾客感受到扮演一种父母兄长般的长者角色。

(4)"也许您可以在……方面给我一些建议。"这样可以让顾客感到他充满思想和机智。

(5)"请您……因为您在这方面有专业知识/因为您是这方面的专家。"这话暗示了一种很高的专业技术水准。把对方看成富有智慧的人,这样的话别人爱听。

(6)"像您这样有成就的人……"这话暗示顾客的事业很成功。

(7)"当然,您肯定知道(了解)……"暗示对方知识面广、信息灵通。当你知道对方不了解(或无法了解到)这方面信息的时候,讲这句话特别管用。因为谁都不愿承认自己无知(尽管有些事情他们完全没理由/完全不可能知道)。

(8)"您说的……(内容)完全正确。"这会起到一种很有效的停顿作用,也可以借此认同顾客提出的观点。这样,顾客在大的问题上也就愿意做出让步。

(9)"像您这样的大忙人……"这话可以暗示顾客作为"生活要员"的地位,同时也说明问题会很快得到解决。

(10)"如果……我会感激不尽。"这话可以轻轻松松地让人感到愉快,这也算是人的天性。

三、饭店服务质量的基本属性

视频:饭店服务质量的基本属性

近年来,国内外许多专家和学者对服务质量的属性进行了论述,其中以美国的营销专家白端及巴拉苏罗门、西斯姆的观点最具代表性。表8-2列出了他们最初的研究成果,即决定服务质量的十个因素。他们认为顾客在评价服务质量时主要从可靠性、反应性、能力、礼貌、可信度、安全性、可接近性、沟通、理解,以及有形性十个因素进行考虑。后来,在进一步的研究中,他们又将这十项因素合并为五项,分别是可靠性、反应性、保证性、移情性和有形性。

表 8-2　顾客感知服务质量的十大因素

因素	执行标准
可靠性——涉及绩效与可靠性的一致	• 公司的第一次服务要及时、准确地完成 • 准确结账 • 企业财务数据和顾客数据记录准确 • 在指定的时间内完成服务
反应性——员工提供服务的意愿	• 及时服务 • 即刻办理邮寄业务 • 迅速回复顾客打来的电话 • 提供恰当的服务
能力——掌握所需技能和知识	• 与顾客接触的员工所具备的知识和技能 • 运营支持人员的知识和技能 • 组织的研究能力
可接近性——易于接触和方便联系	• 通过电话很容易联系到服务 • 接受服务所等待的时间不长 • 营业的时间便利 • 服务设备安置地点便利
礼貌——包括客气、尊重、周到和友善	• 考虑顾客的利益 • 与顾客接触的员工外表干净、整洁
沟通——用顾客听得懂的语言表达和耐心倾听顾客陈述	• 介绍服务本身的内容 • 介绍所提供服务的费用 • 介绍服务与费用的性价比 • 向顾客确认能解决的问题
可信度——信任、诚实和心中想着顾客的利益	• 公司名称 • 公司声誉 • 与顾客接触的员工的个人特征 • 在互动关系中推销的难易程度
安全性——安全、没有风险和疑虑	• 身体上的安全性 • 财务上的安全性 • 信任程度
理解——尽力去理解顾客的需求	• 了解顾客的特殊需求 • 提供个性化的关心 • 认出老顾客
有形性——服务的实物特征	• 实物设施 • 员工形象 • 提供服务时所使用的工具和设备 • 服务的实物表征（卡片等） • 服务设施中的其他东西

白端等专家提出的服务质量五大标准,基本涵盖了饭店服务质量的属性,也是顾客衡量饭店服务质量优劣的主要依据。

(一) 可靠性

可靠性是指饭店企业可靠地、准确无误地完成所承诺的服务的能力。它是饭店服务质量属性的核心内容和关键部分。顾客希望通过饭店可靠的服务来获得美好的经历。而饭店企业也把服务的可靠性作为树立企业信誉的重要手段。例如,必须兑现向预订客人承诺的客房或餐厅包房。

(二) 反应性

反应性是指饭店企业准备随时帮助客人并提供迅速有效服务的愿望。反应性体现了饭店企业服务传递系统的效率,反映了服务传递系统的设计是否以顾客的需求为导向。服务传递系统要以顾客的利益为重,尽量缩短顾客在消费过程中的等候时间,如顾客在饭店办理住宿登记的等候时间、就餐等候的时间等。当服务传递系统出现故障导致服务失败时,及时地解决问题将会给顾客的感知质量带来积极的影响。

(三) 保证性

保证性是指饭店员工所具有的知识技能、礼貌礼节以及所表现出的自信与可信的能力。首先,员工应具有完成服务的知识和技能,这是赢得顾客信任的重要因素;其次,对顾客的礼貌和尊重、友好的态度,会使顾客虽在异乡却有宾至如归的感觉;最后,员工要有可信的态度,主动与顾客进行沟通与交流,适时适地帮助他们。保证性使顾客消除了跨越地理空间的不适感。

(四) 移情性

移情性是指饭店的服务工作自始至终以客人为核心,关注他们的实际需求,并设身处地地为他们着想。在服务过程,员工要主动接近顾客,掌握他们的需求。同时要对他们的心理变化和潜在需求有很强的敏感性,从而使整个服务过程充满着人情味。例如,丽思·卡尔顿提供的富有人情味的个性化服务。

(五) 有形性

有形性是指饭店通过一些有效的途径——设施设备、人员、气氛等传递服务质量的形式。饭店服务具有无形性的特征,因此必须通过有形的物质实体来展示服务质量。一方面有形性提供了企业服务质量的线索;另一方面对顾客评价服务质量提供了直接的依据。例如,饭店通过装饰材料、色彩、照明、温度、湿度、背景音乐等来塑造高贵而富有情调的氛围;服务人员得体的服装、高雅的举止不仅提高了服务质量的外在表现形式,而且对顾客评价服务质量会带来有益的贡献。

鉴于饭店服务交易过程的顾客参与性和生产与消费的不可分离性,饭店服务质量必须经顾客认可,并被顾客识别。饭店服务质量同有形产品的质量在内涵上有很大的不同,二者的区别在于:饭店服务质量较有形产品的质量更难被顾客评估;顾客对饭店服务质量的认识取决于他们的经验与实际所感受到的服务水平的对比;顾客对饭店服务质量的评价不仅要考虑服务的结果,而且涉及服务的过程。

小资料

世界最佳饭店的十条标准

1. 一流的服务员,一流的服务标准

最佳饭店一定要有热情、认真、熟练和训练有素的服务员,他们能提供快速敏捷、热情周到的服务。美国希尔顿饭店是这样来评定最佳饭店的:"一座最佳饭店,绝不是它的楼体设计、造型和陈设,也不是它的客房、床具和餐厅食品,而是那些精心、细心使客人有一种舒适、安全和宾至如归之感的服务员。这是成为一座最佳饭店的秘密。"目前,饭店有两类优质服务的表现:第一类是认真服务——服务员训练有素,热情周到,但多半出于例行公事,比较拘谨,有时表现被动;第二类是最佳服务——服务员发自内心的感情服务,是一种自然的、富有感情的、热情周到的、具有快速敏捷技巧的综合服务。这两类服务的不同之处就在于服务员内心热情程度的差别。

2. 客房洁净、舒适,陈设高雅,环境宜人

这是最佳饭店的第二条标准。目前全球性的饭店客房服务已不再区分等级,而是在舒适、洁净、安全、怡人方面进行激烈的竞争。客房服务是促使客人回头下榻饭店的关键因素。

3. 客人有宾至如归感

宾至如归、客人至上不仅是饭店的经营信条,也是饭店形象的整体象征。马耳他国际饭店协会是这样论述的:"一座最佳饭店应该向宾客提供舒适、方便及一流标准的服务,同时饭店要有宜人的环境、暖人的房间,它留给客人的第一和最后印象都应该使客人有宾至如归之感。"

4. 设有多种服务项目

最佳饭店要包含所有饭店设施和服务项目,如各种等级的客房、套间甚至豪华总统套房,餐厅、酒吧、咖啡厅、迪斯科舞厅、音乐茶座、康乐中心、健身房、公共服务部、商品部及快速服务的计算机设备等,向客人提供快速开房住宿、预订及办理结账离店手续。

5. 具有独特的菜系和地方佳肴

餐饮是旅游者的最大需求之一,也是饭店的重点服务项目。作为最佳饭店不仅要有当地的美味佳肴,还要有独具一格的菜系和不同游客的家乡餐食和菜系。

6. 地理位置选择十分恰当

无论是商业饭店、度假饭店还是会议饭店,都要选择与自己饭店类型相符合的最好的地理位置。商业饭店应位于大中城市的繁华商业区,度假饭店应位于景色秀丽的风景区。

7. 陈设与内装修应具有民族风格和地方特色

饭店应采用一种特殊的装修、陈列来表明自己民族的特色和情调。中国大多数饭店在这方面都是十分突出的。有的饭店是西式建筑风格,但内装修和陈列却是典型的中国古式陈列,既显豪华,又给人以高雅的感觉;有的餐厅以其独特的色、香、味、形荟萃珍奇食品,独具一格。总之,融汇东方色彩、西方风格的饭店更富有魅力。

8. 注意微小的服务和装饰

最佳饭店不仅服务标准化、规范化，而且注意微小的服务和装饰。如显示各项服务的图示文字指南，这是很多饭店注意不到的。比如宾客办完住店手续后不易找到电梯在哪里；宾客开房后要在客房内久等行李员送回行李；卫生间洗澡用的淋浴喷头不能挂起来，要自己拿着……这都是细微之处，但它们真正体现了饭店的高质量服务。

9. 有名人下榻和就餐

一流的饭店，特别是最佳饭店都把名人下榻作为饭店的象征。

10. 应是举办历史上最重要宴会的场所

如北京长城饭店，美国前总统里根、布什、卡特都曾在此举行过记者招待会和答谢宴会，世界上一些知名人士都曾在此下榻过。邓小平还为长城饭店签名。因此，长城饭店在国际上有一定的知名度。

第二节　顾客满意度的调查与分析

饭店服务质量是服务的客观现实与顾客的主观感觉对比的结果。既符合企业制定的服务标准，又满足顾客需要的服务才是优质服务。顾客成为服务质量评估的主体。顾客对服务质量的评估是一个相当复杂的过程。顾客感觉中的服务质量不仅与顾客的服务消费经历有关，而且与顾客对服务质量的期望有关，如果顾客实际经历的服务质量不如他们的期望，他们感觉中的整体服务质量就差（见图8-2）。

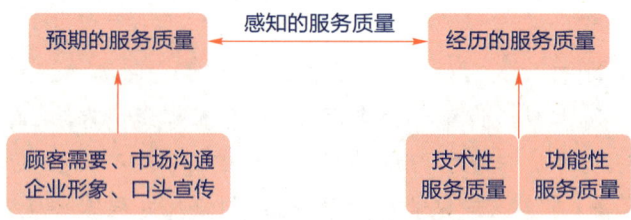

图8-2　顾客评估服务质量的过程

顾客对服务质量的期望受企业的市场沟通活动、企业的形象、其他顾客口头宣传、顾客的需要和愿望等一系列因素的影响。企业可控制广告、人员推销、营业推广等市场沟通活动，却无法直接控制顾客的口头宣传和企业的市场形象。顾客主要是根据自己以前在企业接受服务的实际经历，向亲友介绍服务情况，并形成、加强或改变自己对饭店企业形象的看法。顾客的需求和愿望也会对他们的期望产生重大的影响。

一、顾客满意度的测评模型

顾客满意度的测定是饭店企业对顾客感知服务质量的调研、测算和认定。如何测定顾客的满意度，是一个困难而又复杂的问题。目前，饭店企业测定顾客满意度的模型主要有SERVQUAL模型和SERVPERF模型两种，即"感受—期望"模型和"服务绩效"模型。

(一) SERVQUAL 模型

白端、巴拉苏罗门和西斯姆开发出一个称为 SERVQUAL 的模型来测定顾客满意度,并提出了"感受—期望"(Perceptions-Minus-Expections)的评估框架,主要内容以服务质量的五大属性(可靠性、反应性、保证性、移情性和有形性)以及与其相关的各项目为基础展开,在进行顾客调查的基础上,计算顾客感知服务质量的状况(见图 8-3)。

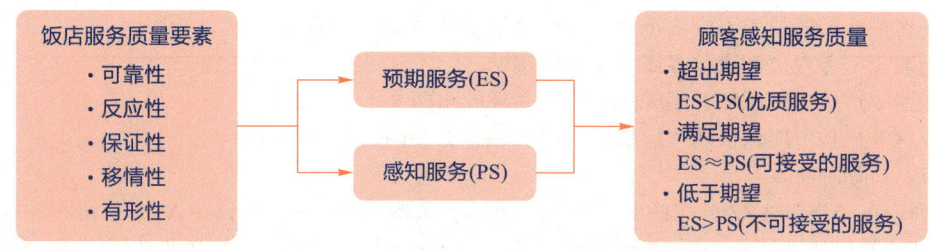

图 8-3 SERVQUAL 的简化模型

具体的测量过程如下。

1. 问卷的设计

白端等三人设计了涵盖服务五大标准及其相关的 22 个测试项目的调查问卷。问卷分两部分:第一部分用于测量顾客的期望,第二部分用于测量顾客实际体验的质量。调查问卷的内容见表 8-3。

表 8-3 顾客满意度问卷设计

(一) 期望(Expection)

这部分是用于了解您对一服务的看法。请对下列观点中描述的该项服务应具有的特点按下列的等级标准打分。如果您非常同意某个观点,请在标题前的横杠上打上 7 分,如果您非常不同意某个观点,请打上 1 分。如果您的感觉不是很强烈,请在 1~7 分选择与您的感觉相符的数字。对这些观点的回答不存在对或错。

1……2……3……4……5……6……7
非常不同意   非常同意

__E1 这些机构应该有最新的设备和技术。
__E2 这些机构的有形设备应具有视觉上的吸引力。
__E3 这些机构的员工应穿着得体,整洁干净。
__E4 这些机构有形设备的外观应与所提供的服务类型相适合。
__E5 当这些机构承诺了在一定时间内做到某事,就应该信守诺言。
__E6 当顾客遇到问题时,这些机构应给予帮助并尽力使顾客消除顾虑。
__E7 这些机构应是顾客可信赖的。
__E8 这些机构应遵照承诺的时间为顾客提供服务。
__E9 这些机构应准确地进行情况记载。
__E10 这些机构不应该被期望准确地通报顾客什么时候开始提供服务。
__E11 对于顾客来说,期望从这些机构的员工那里得到迅速及时的服务是不现实的。
__E12 这些机构的员工并不总是必须乐意地帮助顾客。
__E13 如果服务人员太忙以至于不能及时回应顾客的要求,这是可以接受的。

__E14 顾客应该能够相信这些机构的员工。
__E15 顾客在与这些机构的员工交往时应该能够产生安全感。
__E16 服务人员应该有礼貌。
__E17 服务人员应该从这些机构中得到足够的支持以做好服务工作。
__E18 这些机构不应该被期望对顾客给予特别的关照。
__E19 这些机构的员工不应该被期望对顾客给予针对个人的关照。
__E20 期望服务人员知道顾客需求是不现实的。
__E21 期望这些机构了解它们的顾客最感兴趣的东西是不现实的。
__E22 这些机构不应该被期望能根据不同的顾客需要调整服务的时间。

(二) 表现(Performance)

下列观点与您对XYZ公司的感觉有关。请对下列观点中描述的您认为XYZ公司所具有的特点按下列的等级标准打分。打7分说明您非常同意某个观点,打1分说明您非常不同意某个观点,您可以在1~7分选择任何一个分数来说明您感觉的程度。

1……2……3……4……5……6……7
非常不同意　　　　　　　非常同意

__P1 XYZ公司有最新的设备和技术。
__P2 XYZ公司的有形设备具有视觉上的吸引力。
__P3 XYZ公司的员工穿着得体,整洁干净。
__P4 XYZ公司有形设备的外观与所提供的服务相适合。
__P5 XYZ公司承诺了在一定的时间内做某事就会做到。
__P6 当顾客遇到问题时,XYZ公司应给予帮助并尽力使顾客消除顾虑。
__P7 XYZ公司是可信赖的。
__P8 XYZ公司遵照承诺的时间为顾客提供服务。
__P9 XYZ公司准确地进行情况记载。
__P10 XYZ公司没有向它的顾客通报什么时候开始提供服务。
__P11 您没有从XYZ公司的员工那儿得到迅速及时的服务。
__P12 XYZ公司的员工并不总是必须乐于帮助顾客。
__P13 XYZ公司的员工很忙以至于不能及时回应顾客的要求。
__P14 您信任XYZ公司的员工。
__P15 XYZ公司顾客在与公司的员工交往时应该能够产生安全感。
__P16 XYZ公司的员工态度礼貌。
__P17 服务人员从XYZ公司得到足够的支持以做好服务工作。
__P18 XYZ公司给予您特别的关照。
__P19 XYZ公司的员工没有给予您针对个人的关照。
__P20 XYZ公司的员工不知道您的需求。
__P21 XYZ公司不了解什么是您最感兴趣的。
__P22 XYZ公司不根据不同的顾客需要调整服务的时间。

2. 对顾客进行问卷调查

将设计好的问卷发给特定的样本顾客进行调查,顾客根据自己的情况对每一个问题打分,问卷的填写要规范,符合调查的要求。在感受和期望的意思表达上,对同一个项目得来的问题应有所区别,以便于顾客填写准确。例如,对保证性而言,问题的设计应为表8-3中E8和P8那样。

3. 顾客满意度的分数

评估服务质量实际就是对顾客的打分进行计算,顾客感知的服务质量与期望质量往往是不同的,其间的差异就是评估的最终结果。用公式表示如下:

$$SQ = \sum (P_i - E_i) \qquad ①$$

式中:SQ——SERVQUAL模型中顾客感知的总的服务质量;

P_i——顾客体验的第i个问题的得分;

E_i——顾客期望的第i个问题的得分。

公式①表示的是一个顾客感知的总的服务质量,将所得的分数除以问题的总数22就得到一个顾客的SERVQUAL的分数。把调查样本中所有顾客的SERVQUAL分数相加,再除以顾客的总数,就得到企业的平均SERVQUAL分数。

4. 权重的确定

在公式①中隐含着一个假定的条件,即企业提供的服务属性在顾客心目中的重要程度是相同的,不存在哪个属性更重要。而事实上,白端等三位专家通过对1000多名顾客的调查发现,可靠性被顾客认为是最重要的标准,其次是反应性、保证性和移情性,而有形性则排在最后。如果考虑到服务标准的相对重要性,评估饭店服务质量就要计算加权平均SERVQUAL分数。在公式①的基础上可进一步得到加权计算公式:

$$SQ = \sum W_i \sum R(P_i - E_i) \qquad ②$$

式中:SQ——SERVQUAL模型中顾客感知的总的服务质量;

W_i——每个服务属性的权重;

R——每个服务属性问题的数目;

P_i——顾客体验的第i个问题的得分;

E_i——顾客期望的第i个问题的得分。

SERVQUAL模型是当今比较流行的顾客满意度测定方法,许多服务企业都采用这种模型来测定企业的服务质量水平。

(二)SERVPERF模型

美国学者克罗宁和泰勒认为SERVQUAL模型在概念上和操作方面评估服务质量是有缺陷的:该模型和顾客满意度二者对顾客期望的解释命名是有差异的。在评估感知服务质量时,顾客期望是指顾客应该期望什么;在评估顾客满意度时,指顾客一直期望的是什么。

另外,在实际操作中,如果对期望的衡量是在服务体验后或服务体验过程中,那么,顾客服务期望在衡量过程中或多或少地要受到服务体验的影响。在很多情况下,没有必要在服务体验之前对服务期望做出度量,因为顾客并不总是用这种服务期望与其实际的服务体验进行比较;在任何情况下,对服务期望的衡量都非常困难,因为服务体验是对现实的感知,这种现实感知的来源是服务期望。所以,如果我们先衡量服务期望,然后再衡量服务感知,那么就等于是对服务期望进行了重复的测定。

在此研究基础上，为了克服 SERVQUAL 模型的弊端，两位学者提出了以绩效（Performance）为核心的 SERVPERF（服务绩效）评价模型，即在评估服务质量时不考虑顾客期望的影响，而直接用服务绩效（Performance）来评估服务质量。在进行顾客调查时，采用 SERVQUAL 模型的问卷调查内容，顾客只需就服务的体验打分，而不必给服务期望打分，如表 8-4 所示。

表 8-4　宾客满意度调查表

正确填写方法 Please tick appropriate choice	非常满意 ⟵⟶ 不能接受 Excellent ⟵⟶ Unacceptable 5☐　4☐　3☐　2☐　1☐

您如何看待以下各方面？
WHAT DO YOU THINK OF THE FOLLOWING？

1. 您在我们饭店住宿经历的整体感受？ Taking into account all the products and services you receive from us, how satisfied are you with our hotel？	5☐ 4☐ 3☐ 2☐ 1☐
2. 您继续下榻我们饭店的可能性？ How likely are you to continue to choose our hotel？	5☐ 4☐ 3☐ 2☐ 1☐
3. 您向亲戚、朋友、同事推荐我们饭店的可能性？ How likely are you to recommend our hotel to a friend or associate？	5☐ 4☐ 3☐ 2☐ 1☐
4. 您对客房的整体满意度？ How are you satisfied with our guestroom？	5☐ 4☐ 3☐ 2☐ 1☐
5. 您对饭店外观、大堂及餐厅氛围的印象？ How are you satisfied with the overall physical condition of our hotel, such as the exterior area of the hotel, the lobby and the restaurant？	5☐ 4☐ 3☐ 2☐ 1☐
6. 您是否感受到了员工热情的接待服务？ Do you feel a warm and sincere service during your stay？	5☐ 4☐ 3☐ 2☐ 1☐
7. 您是否总是能感受到员工对您的尊重？ Does our hotel always treat you with respect？	5☐ 4☐ 3☐ 2☐ 1☐
8. 您是否享受到了快速和有效的服务？ Do you enjoy the quick and efficient service？	5☐ 4☐ 3☐ 2☐ 1☐
9. 饭店总是能够及时满足您的任何需要？ Can our hotel always meet your needs on time？	5☐ 4☐ 3☐ 2☐ 1☐
10. 我们饭店总是能提供我们所承诺的服务？ Does our hotel always deliver on what we promise？	5☐ 4☐ 3☐ 2☐ 1☐
11. 饭店的产品体现了物有所值？ Is our hotel product always worth the value for the price paid？	5☐ 4☐ 3☐ 2☐ 1☐

美国学者在对饭店业进行顾客感知服务质量研究时，认为 SERVPERF 模型比 SERVQUAL 模型更适合于饭店企业评估服务质量，而且不计权重的 SERVPERF 模型比计权重的 SERVPERF 模型评估效果更好（见图 8-4）。

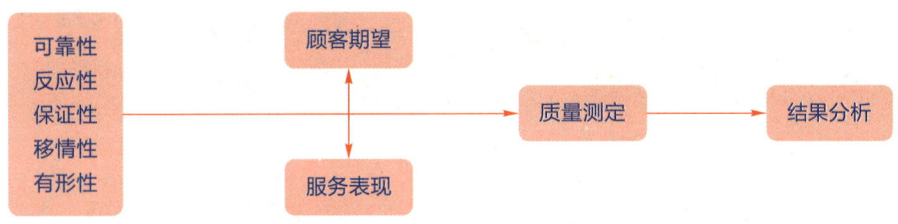

图 8-4 SERVPERF 的简化模式

从实际运用情况来看，SERVPERF 模型确实是一种非常简捷、有效的顾客感知服务质量的测定方法。21 世纪初，上海锦江国际管理公司与笔者曾运用 SERVPERF 模型原理，成功地开发出国内饭店管理公司首套"宾客满意度测评系统"软件，使管理公司和各成员饭店的管理者能动态地获取饭店宾客满意度的真实信息，并从中进行顾客满意度指数的分析，以科学和持续地改进饭店的服务质量。

经过饭店多年运用实践，顾客满意度测评技术和手段也日趋完善，形成了先进的 GSTS 顾客满意度模型（见图 8-5）。

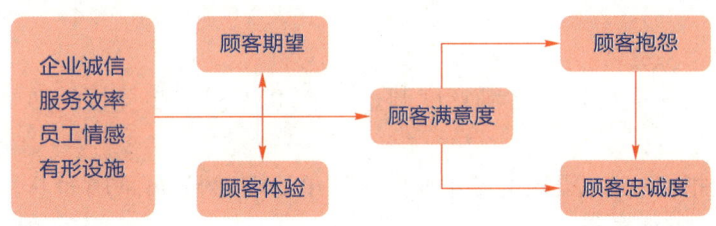

图 8-5 GSTS 顾客满意度测评模型

该模型的基础源于消费心理学、服务营销学和体验经济理论，主要结构由顾客对饭店服务企业的诚信度、服务效率、员工情感和有形设施的价值感知，以及顾客的抱怨与投诉、顾客满意度、顾客忠诚度组成。

GSTS 顾客满意度测评指标体系是一个多层次指标结构体系，运用层次化结构逐级设定，并直指问卷上的问题（见表 8-4），由表及里、深入清晰地表述顾客满意度测评指标体系的内涵（见图 8-6）。

二、顾客满意度的分析技术

顾客满意度是指客人对所购买的饭店产品和服务的满意程度，以及未来继续购买的可能性。顾客满意度是站在客人立场而设，它是客人期待与客人感受的比较，而不再是过去那种饭店标准与客人感受的比较。这一改变是饭店服务质量管理理念本质性的变革，意味着新型的饭店服务质量管理方式。

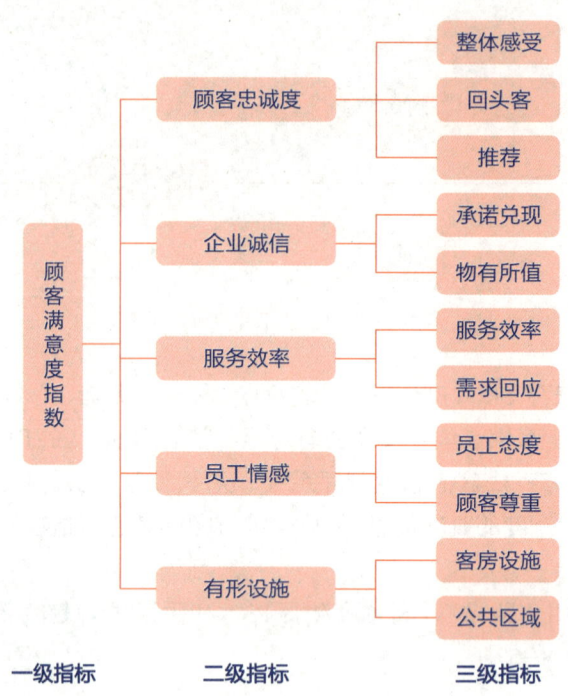

图 8-6　GSTS 顾客满意度测评的三级指标体系

（一）顾客满意度指标

顾客满意度指标是明确顾客满意度调查结果，以及进一步分析的必要工具，它又被称作 CSI（CS Index）。

顾客满意度指标（CSI）设定的基本原则是简单易懂，例如可采用如下方法。

（1）利用百分比来表示。

（2）使用易懂的图表如圆饼图、曲线图等。

饭店 CSI 的实质在于对调查结果予以定量化、形象化和直观化（见表 8-5）。

表 8-5　××饭店客人满意度指标

	占样本百分比 /%		占样本百分比 /%
5 段式	非常满意（7） 满意（80） 无所谓（10） 不满意（2） 非常不满意（1）	3 段式	满意（87） 无所谓（10） 不满意（3）

有不少饭店对测定客人满意度持怀疑态度。以下是常见的疑虑。

（1）满意度是客人内心深处的感受，怎样具体测定？

（2）每个人的想法不同，满意的判断基准也各异，测定的标准如何设定？

（3）满意度因客人与饭店产品、服务的接触度的不同而异，如何测定？

这些问题确实构成客人满意度测定的难点，但并非不可逾越。例如，在餐厅询问客人对菜肴和服务是否满意时,一定可以获得"一般"或"很好"这样的表示满意程度的答案。

解决这些难点的基本思路是将多数人的满意感觉平均化。

(二) 饭店客人满意度加权平均法

在把握饭店客人满意度的时候,首先区分样本的属性,分别掌握不同属性客人的满意度,然后以各属性客人占全体客人样本的比重为权数,进行加权平均,得出客人整体满意度。其计算公式如下:

客人整体满意度 = ∑(各属性客人所占比重 × 各属性客人的满意度)

因此,把握饭店客人的各属性(如职业、旅游动机、性别、年龄等)、各属性客人的数量比例及其满意度,是综合分析顾客满意度的必要条件。

(三) 顾客满意度调查结果的总结与分析

1. 顾客满意度调查的结果

顾客满意度调查结果的统计总结,主要是依照各调查项目的设定和预先的意图来进行,另外还要对问卷回收率及其他执行情况进行总结,以认定调查的可信度和实际意义。

顾客满意度调查结束时,可对调查结果做出如下总结。

(1) 回收率状况。

(2) 整体满意度状况。

(3) 今后的意愿状况(如是否再次光临等)。

(4) 对饭店诚信度的满意状况。

(5) 对服务效率的满意度状况。

(6) 对饭店员工情感服务的满意度状况。

(7) 对饭店有形设施的满意度状况。

2. 顾客满意度调查结果的分析

结果分析通常采用如下程序。

(1) 整理、加工、分析。将各项调查所得内容加以整理、分析,再从各种答案中找出潜在性的因素。

(2) 寻找饭店客人满意的接触点。饭店客人满意度的调查,不仅是了解客人对饭店的产品或服务是否满意,同时要借此分析与满意度关系密切的客人接触点,并将此结果作为以后提高客人满意度的参考。因此,要从调查所获得的资料中探索客人满意度与客人接触点之间的关系。

(3) 判断饭店需重点改善的客人接触点。在明确各客人接触点与客人满意度之间的相关性大小之后,需结合各接触点客人满意的现状进行综合分析。分析的基本方法是比较。以现状评价和相关性为横轴和纵轴,将二者加以比较,比较结果的不同组合构成四方图,见图8-7。显然,问题项目是今后需改善的重点领域。

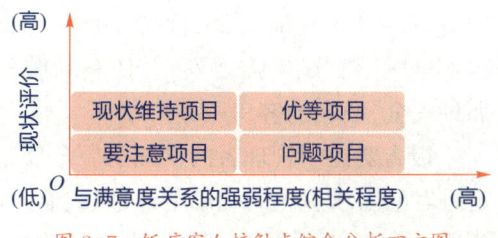

图 8-7 饭店客人接触点综合分析四方图

三、服务质量差距分析模型

根据顾客满意度测评模型的内涵,顾客感受的服务质量与顾客对服务质量的期望之间的差距形成了服务质量得分。那么,服务质量的差距是如何形成的?怎样消除这些差距呢?

美国专家白端等人曾系统地提出了一种服务质量差距分析模型(见图8-8)。

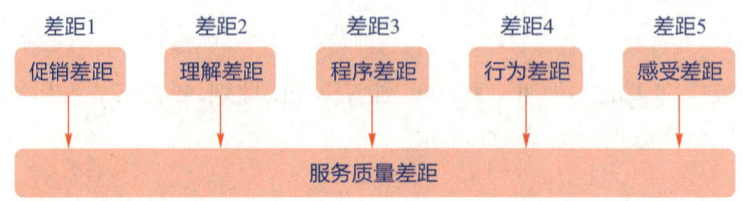

图8-8 饭店服务质量差距成因分析模型

服务质量差距分析模型表明,饭店提供的服务可能存在五个方面的差距。

(一)促销差距

促销差距,即饭店广告宣传与实际提供服务之间的差异。顾客的期望值常常受企业广告和营销人员宣传的影响。如饭店营销人员在与客人接触时,向顾客承诺可免费使用饭店某些设施,但是顾客入住后发现并非如此,因而感到失望。这就是外部沟通造成了顾客期望值的扭曲。

饭店需要控制服务提供与外部沟通的差距。首先,要做好营销宣传,饭店的广告与营销人员的宣传要与实际相符。其次,要搞好饭店服务的有形展示,增加顾客的认知度,提升顾客感觉中的服务质量。最后,要保证服务承诺的兑现,不惜代价维护饭店企业的信誉。

(二)理解差距

理解差距,即饭店管理者对顾客期望的理解不准确导致的服务差距。在现实生活中,饭店管理者常常并不知道顾客的真正需求是什么。例如,饭店管理者很可能认为住店客人在进出楼面时希望看到服务人员的迎候,而许多商务客人恰恰更需要一种宽松的住宿环境。

饭店要控制顾客期望与管理者认知的差距。首先进行市场调查,收集与顾客有关的信息资料和数据,注重经营者与顾客的直接接触,了解顾客期望。其次,要鼓励员工与顾客直接接触,保持信息传达渠道的畅通。最后,饭店的组织结构设计应呈扁平化,以减少上下沟通的环节,提高信息沟通的效率。

(三)程序差距

程序差距,即饭店没有把对顾客期望的理解转换到适当的服务运作程序中去。饭店管理者也许已正确地认识到顾客的真正需求,但并不知道这一需求的标准是什么。例如,客房部经理感到顾客需要安全、便利的服务,但他却无法确定怎样才能做到顾客真正需要的那种安全、便利的客房服务。

饭店要控制管理者的认知与服务质量标准的差距。首先,分析顾客期望的可行性,在确定顾客的需求重点的基础上,设定或修改服务质量标准。其次,要根据饭店企业特点制定服务质量标准,对重复性、非技术性的服务实施标准化管理。

(四) 行为差距

行为差距,即饭店员工提供的服务和饭店服务标准有所不同。由于训练不当、能力不强或其他诸多因素,饭店员工无法按饭店的质量标准向客人提供所需要的服务。

饭店要控制服务质量标准与实际提供服务的差距。首先,加强员工培训,使饭店服务的员工具备胜任服务工作的能力和合作精神。其次,建立有效的服务质量监控体系,及时发现和处理服务过程中的质量问题。最后,为员工提供培训机会和必要的服务信息,避免员工与顾客之间产生矛盾。

(五) 感受差距

感受差距,即顾客的感知与饭店服务产品实际价值的不一致。由于顾客的需求和饭店的质量标准存在差异,客人并没有真正体验到饭店服务产品的价值,导致顾客过低评价服务质量。

饭店要控制实际提供服务与顾客感受的差距。首先,注重顾客期望值的管理,调整好顾客的期望值。其次,正确把握顾客的需求,"好钢用在刀刃上"。最后,注重饭店个性化服务的提供,能根据不同顾客在不同环境下的不同需求,提供针对性服务。

客人为什么不满意

一对热恋的情侣相聚饭店用餐,期望在一个安静舒适、没有外人干扰的环境下倾诉真情。可是餐厅服务员没有注意到这一点,而是根据热情周到的服务标准,不断地询问他们对饭菜是否满意,对服务还有什么要求等。结果,服务人员这种过分热情的举动反而招致这对情侣的不满。

第三节　服务质量管理理念与方法

服务质量是饭店的生命线,要提高饭店的服务质量,必须树立正确的服务质量理念,掌握有效的质量管理方法,采取有效的质量管理手段。

一、饭店服务质量管理的理念

饭店作为服务性行业,在企业经营活动过程中,服务成分占核心地位。因此,饭店企业不应照搬工业企业质量管理方法和措施来进行服务质量管理工作。在饭店服务质量管理中,必须强调整体质量管理的观念,提高顾客感觉中的饭店整体服务质量。饭店整体质量管理的理念可以归结为以下八个方面。与工业企业全面质量管理观念相比较,饭店作为服务性企业的整体质量观念的含义更广泛、更丰富。

(一) 情感质量

饭店企业是感情密集型企业。在工业企业生产过程中,员工不必直接接触顾客,双方之间的感情交流既不必要,也不重要。但是,饭店企业是感情密集型企业。在服务人员和顾客相互接触、相互交往过程中,社交性礼节和感情交流极为重要。要提高整体服务质量,饭店企业必须招聘、培训、激励、留住感情密集型劳动者。这就要求饭店企业管理人员做好服务文化建设工作,要求全体员工设身处地为顾客着想,理解顾客的需要和期望,关心顾客,热爱顾客,为顾客提供充满爱心的优质服务。

(二) 环境质量

饭店企业是在开放式服务操作体系中为顾客提供服务的。服务环境对顾客感觉中的整体服务质量会有很大影响。在服务消费过程中,顾客不仅会根据服务人员的行为,而且会根据服务环境中的各种有形证据,如服务设施、服务设备、服务人员的仪态仪表等,评估服务质量。因此,饭店企业应根据目标细分市场的需要和整体营销策略的要求,做好每一项服务工作和有形证据管理工作,为顾客创造良好的消费环境,以便提高顾客感觉中的整体服务质量。然而,工业企业却是在封闭式生产体系中进行生产活动的,工业企业的生产环境并不会影响消费者对产品质量的评估。

(三) 顾客质量

顾客只有参与服务过程,才能接受服务。提高服务质量,不仅是饭店企业的责任,也是顾客的责任。在消费过程中,顾客必须遵守社会公认的行为准则和服务性企业的合理规章制度,为服务人员提供必要的信息,配合服务人员的工作,以获得优质的服务。有时,顾客还必须亲自动手,为自己服务。因此,服务性企业不仅应做好员工服务行为的管理工作,而且应做好顾客消费行为的管理工作。

(四) 过程质量

饭店的服务过程和消费过程同时发生。工业企业设置质量检查部,由质检人员在每道工序之后检查产品质量。在生产过程中无法实现100%产品合格率的工业企业,仍然可通过质检工作淘汰不合格产品,为顾客提供无缺陷的产品。然而,在服务性企业里,质检人员事后检查服务质量,并不能防止服务中的差错,而只能发现服务人员已经提供、顾客已经消费劣质服务。因此,饭店企业的每一位员工都应该是质量管理员,做好服务关键时刻(服务人员和顾客的每次接触都是服务关键时刻)质量管理工作和检查工作。在服务过程中,饭店企业必须加强每个服务细节的质量管理工作。在服务性企业与顾客相互接触、相互交往的整个过程中,某个服务细节出现差错,都可能影响顾客感觉中的整体服务质量,服务工作无小事。管理人员必须高度重视服务细节,无微不至地关心顾客。做好竞争对手企业忽视的小事,才能将本企业与竞争对手企业区别开来,增强本企业的竞争优势。

(五) 关系质量

饭店企业与顾客之间的关系,会影响顾客感觉中的服务质量。关系质量是服务整体质量的重要组成部分。关系质量指顾客对服务性企业的信任感和忠诚感。要增强顾客的信任感,饭店企业必须遵守商业道德,履行诺言,自觉地接受顾客的监督,并通过优质服务,形成良好的市场声誉。要增强顾客的忠诚度,饭店企业必须为顾客提供优质的服务,使顾客获得更多利益、更大消费价值,与顾客建立、保持并发展长期合作关系、信任关系与学习关系。工业企业确定产品质量标准之后,生产人员只需严格按照这些质量标准进行生产。然而,饭店企业要为顾客提供优质服务,服务人员却必须详细了解顾客的需要和要求,为顾客提供定制化、个性化、多样化的服务,满足每一位顾客的特殊需要。要不断地提高服务质量,服务性企业必须主动地征求顾客的意见,以便改进服务操作体系。此外,服务性企业应为顾客提供精确、易懂的信息,使顾客对服务质量形成正确的期望,帮助顾客购买和消费服务,指导顾客配合服务工作,发挥好"兼职员工"作用。

(六) 补救质量

服务质量既受企业可控因素的影响,也受企业不可控因素的影响。工业企业管理人员只需做好内部生产体系质量管理工作。服务整体质量管理思想却要求服务性企业管理人员扩大服务质量管理工作范围。高度重视顾客满意程度的管理人员决不会以少数不可控因素作为本企业无法保证服务质量的借口。他们会采取一系列措施,防止不可控因素影响服务质量。在不可控因素引起服务质量问题之后,他们也会尽最大努力,采取补救性服务措施,解决顾客面临的问题,争取顾客的谅解。

(七) 内部质量

要为顾客提供优质服务,饭店企业必须加强内部服务质量管理工作。服务性企业管理人员必须以身作则,为服务人员树立优质服务的榜样。要求服务人员尊重顾客,管理人员必须首先尊重服务人员;要求服务人员为顾客提供优质服务,管理人员必须首先为服务人员提供优质内部服务。管理人员应加强服务文化建设,在整个企业里形成高层管理人员为基层管理人员服务、管理人员为员工服务、后台员工为前台服务人员服务、职能部门为服务部门服务的企业氛围。

(八) 技术质量

高新技术飞速发展,为服务性企业提高服务质量和经营管理工作效率提供了极为有利的条件。饭店企业不仅应采用高新科技成果,创造高效定制化服务操作体系,为顾客提供优质服务,而且应将高新技术设备质量管理工作作为整体质量管理工作的一个重要组成成分。

二、饭店服务质量管理的方法

现代饭店服务质量管理的方法,可以归结为流程分析与量化管理、过程控制与服务补救、定点超越与持续改进三个方面。

视频:饭店服务质量管理的方法

(一) 流程分析与量化管理

1. 流程分析

饭店企业要想提供较高水平的服务质量,必须理解影响顾客认知服务产品的各种因素。而流程分析(又称蓝图技巧法)为饭店有效地分析和理解这些因素提供了便利。流程分析是指通过分解组织系统和架构,鉴别顾客同服务人员的接触点并从这些接触点出发来控制企业服务质量的一种方法。

流程分析借助流程图来分析服务传递过程的各个方面,包括从前台服务到后台服务的全过程。它通常涉及四个步骤:

(1) 把服务的各项内容用流程图的方式画出来,使得服务过程能够清楚、客观地展现出来(见图 8-9)。

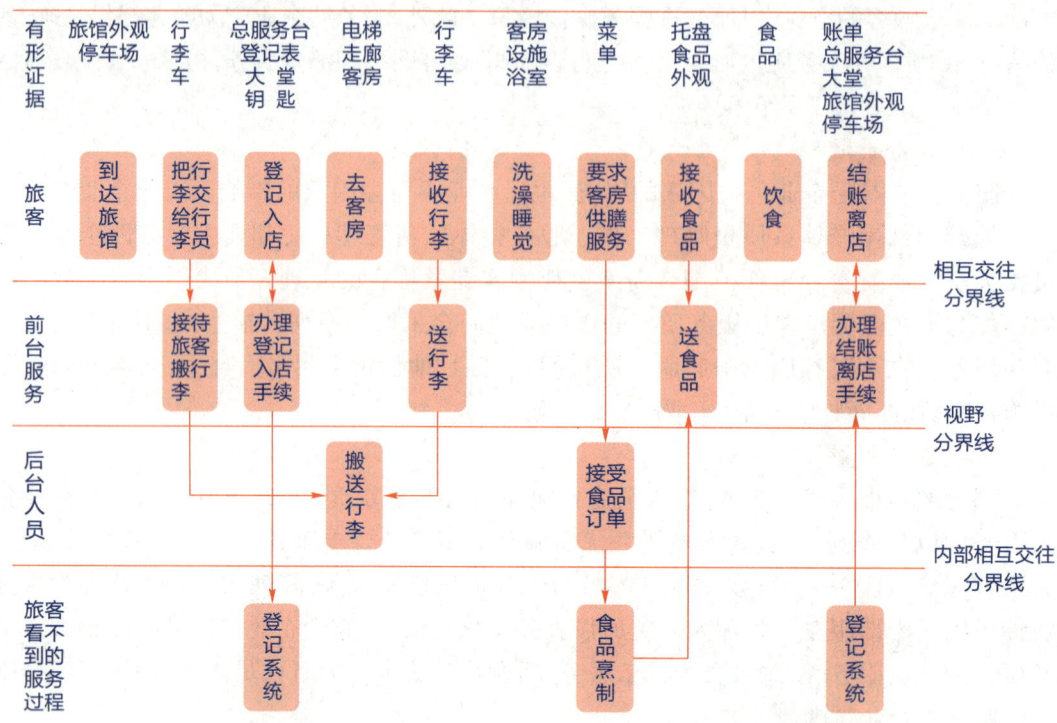

图 8-9 饭店服务流程图

(2) 把那些容易导致服务失败的点找出来。
(3) 确立执行标准和规范,而这些标准和规范应体现到企业的服务质量标准。
(4) 找出顾客看得见的服务展示,而每一个展示将被视为饭店与顾客的服务接触点。

在运用流程分析的过程中,识别和管理这些服务接触点具有重要意义,因为在每一个接触点,服务人员都要向顾客提供不同的功能质量和技术质量。而在这一点上,顾客对服务质量的感知情况将影响他们对饭店服务质量的整体印象。

案例分析

某饭店餐饮部西餐服务规范

(1) 餐前准备。每餐正式开始前,餐厅卫生整洁、干净。台型设计美观,台面摆放整齐,横竖成行;餐具布置完好,整洁大方。环境舒适,有利于客人就餐。

(2) 客人订座。客人订餐、订座,服务热情,彬彬有礼。迎接、问候、操作语言运用准确、熟练、规范。询问客人订餐、订座内容,要求用餐时间,复述客人订餐内容具体、明确,记录清楚,事先做好安排。无差错发生。

(3) 迎接客人。领位员熟知餐厅座位安排、经营风格、食品种类、服务程序与操作方法。

客人来到餐厅门口,微笑相迎,主动问好,称呼先生、太太或小姐,常客、贵宾要称呼姓名或姓氏后缀尊称。引导客人入座,先尊长后中青,先女士后男士,西餐座席以女主人(或主人)近侧为尊次,遵守礼仪顺序。对订餐、订座客人按事先安排引导,座位安排适当。对老人、儿童、伤残客人照顾周到。客人有舒适感。客人入座,主动拉椅,交桌面服务员照顾。

(4) 餐前服务。客人入座后,桌面服务员主动问好。递送餐巾、香巾及时。询问客人用何餐前鸡尾酒、饮料或冰水,服务操作主动热情。斟酒、送饮料服务规范,没有滴洒现象。双手递送菜单及时,侍候客人准备点菜。

(5) 开单点菜。桌面服务员熟悉菜单,熟知产品种类、品味、价格、做法及营养价值,掌握服务技巧。能熟练运用英语提供桌面服务。客人审视菜单并示意点菜时,服务员立即上前,询问客人需求,核实或记录点菜内容,客人所需饮料上桌准确及时,注意客人所点菜肴与酒水匹配,善于主动推销,主动介绍产品风味、营养与做法。

(6) 上菜服务。客人点菜后,按面包、黄油、冷菜、汤类、主菜、旁碟、甜点水果、咖啡、红茶顺序上菜。先上鸡尾酒或餐前饮料,20分钟内送上第一道菜,90分钟内菜点出齐。若菜点需要增加制作时间,应告知客人大致等候时间。各餐桌按客人点菜先后次序上菜。上菜一律用托盘,热菜食品加保温盖。托盘走菜轻稳,姿态端正。菜点上桌应介绍产品名称,摆放整齐,为客人斟第一杯饮料,示意客人就餐。上菜过程中,把好质量关,控制好上菜节奏、时间与顺序,无错上、漏上、过快、过慢现象发生。

(7) 看台服务。客人用餐过程中,照顾好每一张台面的客人。客人每用完一道菜,撤下餐盘刀叉,清理好台面,摆好与下一道菜相匹配的盘碟刀叉。服务操作快速、细致。符合西餐服务要求,每上一道菜,为客人分菜、派菜主动及时。分派操作熟练准确,斟酒及时,上客人需要用手食用的菜点,同时上茶水洗手盂。客人用餐过程中,随时注意台面整洁。及时撤换烟缸,烟缸内的烟头不超过3个。上水果甜点前,撤下台面餐具,服务及时周到。

(8) 结账清台。客人用餐结束示意结账,账单准备妥当,账目记录清楚,账单夹呈放客人面前,收款、结账准确无误。客人结账后,表示感谢。客人离座,主动拉椅,微笑送客,征求意见,欢迎再次光临。客人离座后,清理台面快速轻稳,台布、口布、餐具按规定收好,重新铺台、摆放餐具。3分钟内完成清台、摆台,准备迎接下一批客人。

2. 量化管理

量化管理,即对事物进行定量处理,从中找出可供比较、衡量、验证的量化标准和尺度。标准尺度的精确度越高,管理也就越有效。在饭店服务过程中,对每一个服务程序都尽可能地确定一个量化标准,是稳定服务质量、进行服务质量控制的有效方法。因为服务过程的量化管理,一方面确定了饭店的服务质量,使员工的服务行为有了标准,另一方面为饭店的服务绩效考核提供了依据。饭店量化管理的内容主要有:

(1) 服务时间的量化。饭店的服务程序大部分都可以用时间标准来规定。一般而言,服务质量越高的饭店,对服务时间的量化标准越精确。世界上不少先进的饭店集团都对服务过程中的各项服务规范有时间要求。例如,客房登记手续在3分钟以内完成;客人步入餐厅1分钟后必须把菜单送到客人手里;电话总机接线员必须在铃响3秒钟内拎起电话答话;客人预订房内用餐服务后,30分钟内饭菜送进房等。

(2) 服务空间的量化。在为顾客服务过程中,为方便顾客的饮食起居,增加服务环境的舒适感,还需对长度、宽度、高度、厚度、间距等服务空间尺寸予以量化。如餐饮铺台要求四角相等,餐具放于各人座位正中,各种就餐器皿等距离摆放;西餐的刀叉按间距12英寸摆放,西餐面包每片大约1厘米厚;前厅行李员引领客人到登记处办理住宿手续时,应站在客人身后1.5米处等候;等等。

(3) 其他方面的量化。在饭店服务过程中,度量的概念除了"时间""空间"以外,还包含"温度""湿度""频度""角度""速度"等内容。饭店服务的质量与这些内容同样息息相关。如客房内空调装置的温控标准;客房热水供应的水温标准;每天清扫整理客房的次数规定;员工进入客房时的敲门次数规定;等等。

案例分析

珠海度假村的量化管理

量化管理在珠海度假村酒店落实到了各个部门,从营业部门到后勤部门,从前台服务到后台管理。

服务方面,有客房服务的"369":办理入住手续时限为3分钟,办理标准房退房手续为6分钟,别墅退房9分钟,超过这一时限,客人只按净房价付费,迟单部分(如电话费、房内饮料费等)均由责任部门承担。餐饮服务的"双15":上第一道菜和村内送餐服务时限均为15分钟。

经营方面,规定康乐部每个季度举办两个赛事,两个培训班;餐饮部举办三个美食节,每月推出一个新菜式。

管理方面,采购必须货比三家,采购常规用品两天内到货,特殊用品四天内购回;会议记录在会后16小时内须发至相关部门;呈报文件,36小时内必须答复。

案例分析

金海湾大酒店的"十二快"

五星级的汕头金海湾大酒店注意通过时间特性来反映服务质量,推出了充分体现服务效率的"十二快"服务:

1. 开房快——3分钟
2. 结账快——3分钟
3. 接听电话快——2声铃响
4. 餐厅第一道菜上得快——5分钟

5. 客房急修快——5分钟处理好小问题，大问题尽快处理
6. 客房送餐快——10分钟
7. 客房传呼快——2分钟
8. 行李入房快——5分钟
9. 请示反应快——3分钟
10. 投诉处理快——10分钟
11. 回答询问快——立即
12. 部门协调快——2小时之内

（二）过程控制与服务补救

1. 过程控制

过程控制，就是将相关的服务和活动作为过程进行管理，以更高效地达到饭店期望的服务质量结果。过程控制方法的基本点是：

（1）识别和确定饭店服务质量管理体系所需的过程。实施过程的测量、监控、分析和改进。

（2）对饭店服务产品的实现过程进行策划和控制。

（3）对饭店服务的特殊过程进行识别和确认。

（4）对满足顾客要求的实现过程进行测量和监控，并对每一过程持续满足顾客需求的能力予以确认。

如果说服务规范强调了"做什么"与"怎么做"，那么服务过程控制则主要检查"有没有做到"应该提供的服务，是否有效地达到了饭店服务的各项标准。饭店服务过程控制要达到的目标是：

（1）对饭店服务的关键活动进行识别与控制。

（2）明确与服务质量控制活动有关的责任。

（3）配备服务质量控制所需的设施。

（4）满足对人员的技能和配置要求。

现列举客房送餐服务过程控制，见图8-10。

2. 服务补救

物质产品出现质量问题，可以通过售后服务解决，如退换、维修等。但饭店服务产品出现质量差错，则不能通过退换进行解决。顾客关注的服务质量属性中最重要的一点就是可靠性，但是饭店服务要做到100%的可靠是不现实的。当饭店服务传递系统出现故障时，服务补救（Service Recovery）就格外重要。

（1）服务补救的定义。服务补救是一种管理过程，它首先要发现服务失误，分析失误原因，然后在定量分析的基础上，对服务失误进行评估并采取恰当的管理措施予以解决。

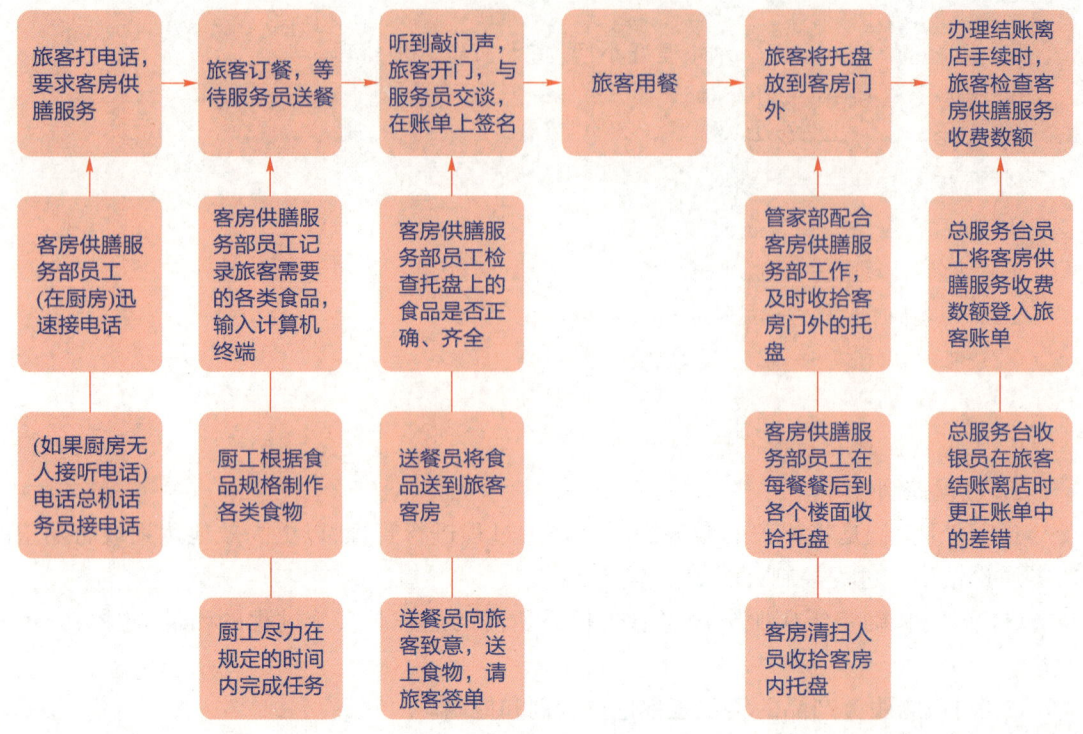

图 8-10 客房送餐服务过程控制

服务补救与传统意义上的投诉处理不同。投诉处理关注的是内部效率,尽可能地以较低成本来解决顾客抱怨;服务补救关注的是外部效率,着眼于与顾客建立长期的关系,而不是短期的成本节约。

(2) 服务补救的好处。服务补救是饭店企业对服务失败或者顾客不满意所采取的应对行动,目的是希望顾客能重新评价服务质量,留住顾客,避免反面宣传。服务补救是服务业中新的管理哲学,它把赢得顾客满意从成本层面转变为价值层面。

服务补救给饭店企业带来的好处是:

① 提高顾客的满意度。顾客遭遇服务失败是一件非常扫兴的事情,它破坏了顾客美好的消费经历,降低了对服务质量的评价。服务补救从另一个角度审视问题,可以把坏事变成好事,重新给顾客一个惊喜。

② 再次与顾客建立良好关系。服务补救是饭店服务失败后与顾客的再一次沟通。由于服务补救体现了对顾客的尊重,重新向顾客做出承诺,不但不会破坏与顾客的关系,反而因为饭店的诚心巩固了与顾客的关系。

③ 避免顾客对饭店的反面宣传。对饭店而言,公众的口碑宣传不但是有效的营销渠道,而且对树立企业的形象至关重要。对服务特别满意的顾客不仅成为企业的忠实客人,而且会进行义务宣传。反之,对服务不满意的顾客也会向别人倾诉自己的遭遇,使企业的形象遭受打击。"1—10—100"这一饭店服务的著名法则就形象地说明了这一道理。

④ 有利于饭店服务的改进。饭店服务传递过程是一个非常复杂的系统,经常会因各种

原因造成服务质量问题。在服务补救过程中,有助于饭店寻找让客人满意的方法。每一次的服务补救都是饭店服务改进的过程。

⑤激励员工提供卓越的服务。服务失败会打击员工的情绪,而且会干扰下一次的服务活动。采取恰当的服务补救措施,会激励员工努力提供更好的服务。在丽思·卡尔顿饭店,当员工服务失败时,管理者的职责不是责备员工,而是帮助他们分析问题,找出解决问题的方法,尽力使顾客满意。

饭店的服务补救

4名来自欧洲的MBA学员到位于美国亚利桑那州菲尼克斯的丽思·卡尔顿(Ritz Carlton)饭店参加服务营销理论研讨会。他们想在即将离开饭店前往机场的那个晚上到饭店的游泳池里轻松地度过几个小时。但是,当他们下午来到游泳池时,却被礼貌地告知游泳池已经关闭了,原因是为了准备晚上的一个招待酒会。这些学员向招待员解释说,晚上他们就将回家,这是他们唯一可以利用的一点时间了。听完他们的解释后,这个招待员让他们稍微等候一下。过了一会儿,一个管理人员过来跟他们解释说,为了准备晚上的酒会,游泳池不得不关闭。但他接着又说,一辆豪华轿车正在大门外等待他们,他们的行李将被运到Biltmore饭店,那里的游泳池正在开放,他们可以到那里游泳。至于轿车等费用,全部由Ritz Carlton饭店承担。

这4名学生感到非常高兴。这家饭店给他们留下了非常深刻的印象,也使得他们乐于到处传诵这一段服务佳话。

(3)服务补救的方式。丽思·卡尔顿饭店的总裁,曾创造了"1—10—100"的服务补救法则,认为出现服务失误后,当场补救可能要使企业支出1美元,第二天去补救时的费用会是10美元,以后再去补救的费用会上升到100美元。这是对服务补救经济意义的最好诠释。因此,饭店企业必须借助不间断的服务监控系统,及时发现服务失误,及时、有效地解决服务失误,并从质量问题和服务补救中吸取经验教训。表8-6表明了顾客所期望的服务补救的基本步骤与程序。

表8-6 饭店服务补救的方式

顾客期望	饭店补救方式
道歉	亲自道歉,即使服务失误不是由饭店造成的。但注意,在很多情况下仅仅道歉是远远不够的
合理赔偿	由与顾客接触的员工当场对顾客做好合理的赔偿
善待顾客	真诚对待提出抱怨的顾客,主要是安抚遭遇不好服务体验的顾客的情绪
超值补偿	把顾客认为有价值的东西送给顾客 有些情况下合理补偿即可起到这种作用
遵守诺言	与顾客接触的员工对服务补救中所做出的承诺都要保证兑现

263

(三) 定点超越与持续改进

1. 定点超越

饭店提高服务质量的最终目的是在市场上获得竞争优势,而获得竞争优势的简捷方法就是向自己的竞争对手学习。定点超越法是指企业将自己的产品、服务和市场营销过程等同市场上的竞争对手,尤其是最强的竞争对手的标准进行对比,在比较和检验的过程中逐步提高自身的水平。

尽管定点超越法最初主要应用于生产性企业,但它在饭店行业中的作用也是显而易见的。饭店企业在运用这一方法时可以从战略、经营和业务管理等方面着手。

(1) 在战略方面,饭店应该将自身的市场战略同竞争者成功的战略进行比较,寻找他们的相关关系。比如,竞争者主要集中在哪些子市场,竞争者追求的是低成本战略还是价值附加战略,竞争者的投资水平如何以及投资是如何分配在产品、设备和市场开发等方面的,等等。通过这一系列的比较和研究,饭店将会发现过去可能被忽略的成功的战略因素,从而制定出新的、符合市场条件和自身资源水平的战略。

(2) 在经营方面,饭店主要集中于从降低竞争成本和增强竞争差异化的角度了解对手的做法,并制定自己的经营战略。

(3) 在业务管理方面,饭店应该根据竞争对手的做法,重新评估那些支持性职能部门对整个企业的作用。比如,在一些饭店企业中,与顾客相脱离的后台部门,缺乏应有的灵活性而无法同前台的质量管理相适应。学习竞争对手的经验,让二者步调一致无疑是饭店提高服务质量的重要保证。表 8-7 所示为世界最佳饭店前 10 名排序。

表 8-7　世界最佳饭店前 10 名排序

位次	饭店名称	所在国家城市
1	东方饭店(Oriental)	泰国曼谷
2	四季饭店(Vier Jahreszeiten)	德国汉堡
3	贝尔·艾尔饭店(Bel-Air)	美国洛杉矶
4	丽思·卡尔顿饭店(The Ritz)	法国巴黎
5	丽晶饭店(The Regent)	中国香港
6	文华饭店(Mandarin Oriental)	中国香港
7	布里斯托尔饭店(Bristol)	法国巴黎
8	半岛饭店(Peninsula)	中国香港
9	香格里拉饭店(Shangri-la)	新加坡
10	大仓饭店(Okura)	日本东京

2. 持续改进

持续改进是饭店服务质量的一个永恒目标。饭店通过 PDCA 服务质量管理工作的循环方法,促进饭店服务质量持续改进。

PDCA 服务质量管理循环包括策划(Plan)、实施(Do)、检查(Check)和处理(Action)四个阶段和八个步骤,见图 8-11。

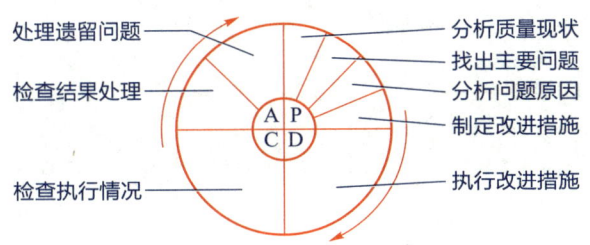

图 8-11　PDCA 服务质量管理循环图

(1) P——策划阶段。

① 分析了解服务质量现状。饭店可以从目标顾客的需求与饭店服务实绩的比较中寻找存在的问题。

② 寻找主要质量问题。饭店可以通过制定服务质量问题统计表与绘制柏莱特曲线图的方法来寻找存在的主要问题(见表 8-8、图 8-12)。

表 8-8　服务质量问题统计表

质量问题	问题数量	比率 /%	累计比率 /%
菜肴质量	235	67.1	67.1
服务态度	62	17.7	84.8
外语水平	29	8.3	93.1
娱乐设施	17	4.9	98.0
其他	7	2.0	100.0
合计	350	100.0	100.0

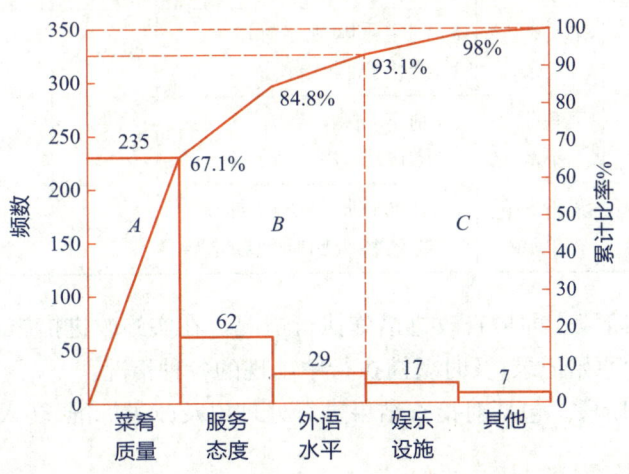

图 8-12　柏莱特曲线图(服务质量问题排列图)

③ 分析质量问题产生的原因。饭店管理者可借助鱼刺图这一管理工具来寻找服务质量问题产生的原因(见图 8-13)。

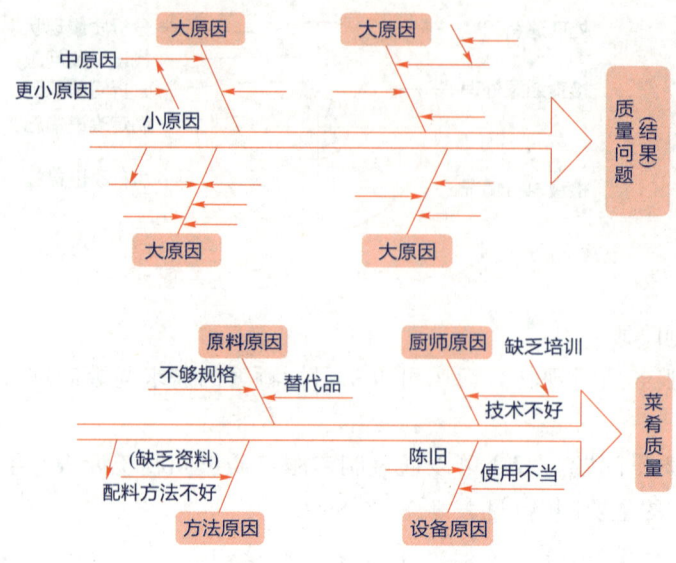

图 8-13 鱼刺图(菜肴质量问题的因果分析图)

④ 制定改进措施。即根据质量问题产生的原因,制定具体的、切实可行的改进措施。改进措施一般应包括 What(做什么)、Who(谁去做)、Where(在何处)、When(何时做)、How(如何做)五个基本要素,简称"4W1H"法。

(2) D——实施阶段。即执行改进措施。这一步骤的工作要求就是严格执行制定的改进措施。饭店可借助对策表这一改进服务质量的工具来控制措施的实施过程(见表 8-9)。

表 8-9 提高菜肴质量对策表

序号	问题	现状	对策	负责人	进度 5	10	15	20	25
1	原料不符规格	菜肴外形不美观	1. 制定采购规格标准 2. 严格原料入库手续	张××	—				
2	无标准菜谱	菜肴份额不均	1. 制定"标准菜谱" 2. 增设厨房配菜员	李××	—	—			
3	技术水平低	菜肴花色单调	1. 参加厨师等级培训考核 2. 聘请特级厨师现场指导	王××			—	—	—

(3) C——检查阶段。即检查改进措施执行情况。在实施改进措施过程中,要边实施边检查,注意做好各种原始记录,及时反馈执行中出现的各种情况。

(4) A——处理阶段。包括对检查结果进行处理以及改进标准,转入下一循环。

三、现代饭店服务品质的塑造

现代饭店提高服务质量的目标,是赢得顾客的忠诚。忠诚顾客,指非常偏爱某饭店及其提供的服务,且认定该饭店所提供的服务最符合他们的需要,并几乎总是选择该饭店消费的顾客。有一批忠诚顾客,是成功饭店的标志之一,有利于降低饭店市场开发费用,有利于增加饭店的经营利润,有利于提升饭店的竞争力。在体验经济时代,现代饭店必须把握顾客消费的变化趋势,不断提升饭店服务的品质。

(一)顾客需求的变化

今天,以"80后""90后"和中产阶级为代表的新消费群体的崛起成为推动酒店变革的重要力量。这些新消费群体的偏好正朝时尚化、个性化及自我彰显的方向发展。他们更看重住宿产品的形象价值、文化价值、品位价值和消费属性价值,希望能够通过使用来体现个人的自我价值和群体归属的满足感。

1. 消费者在选择酒店时,首先会关注网评分

网评分在4.5分以上的酒店一般为消费者的首选;网评分4.0分为消费者的心理分界线,低于4.0分的酒店基本上不会被消费者搜索。图8-14显示了网评分对消费者选择的影响度。

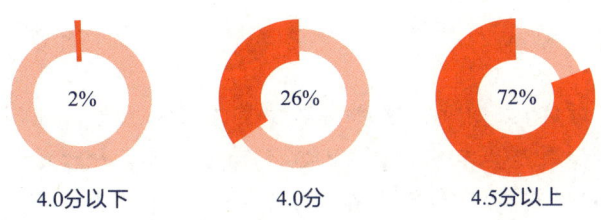

图8-14 网评分对消费者选择的影响度

2. 消费者对价格的敏感度在下降

据统计,出生在1990—1994年的客户平均消费金额为445元/间夜;出生在1995—1998年的客户平均消费金额为680元/间夜,对中高档次酒店尤为偏爱。消费者对酒店特色、酒店品牌、房型/早餐表现出了前所未有的关注度。

3. "时尚"和"科技"被认为是体验时代消费者渴望的二大内核

有追求的酒店经营者将围绕这个核心,丰富酒店产品的内涵和外延,把握吸引消费者关注度的大方向。

随着消费升级,顾客更注重场景体验,喜欢与众不同、参与性强的产品,并为这些产品的不菲价格买单。酒店需要从传统商业功能为核心的思维,转向现代商业场景氛围为主导的思维。在酒店搭建的消费场景里,每一位顾客不仅住得舒适,而且玩得尽兴。

新大谷饭店的启示

新大谷饭店是日本饭店业的后起之秀,是1964年9月为解决在东京召开的国际奥林匹克运动会客人的食宿问题而建成的。目前,新大谷饭店的总建筑面积为191 049 m²,共有客房2 057间。从1970年起,新大谷饭店组建饭店集团。现在,在日本国内另有9个新

大谷饭店,美国和保加利亚还有3个。同时,新大谷饭店已是日本最大的饭店之一,也是日本经营管理较好的饭店之一。在日本国内,新大谷饭店已能同有悠久历史的帝国饭店和大仓饭店相媲美,被日本称为日本饭店业的"三雄"之一。在某些重要项目方面,新大谷饭店的效益已超过了大仓和帝国饭店:纯利占营业收入的比例,新大谷饭店为8.3%,大仓饭店为5.5%,帝国饭店为1.3%;人均营业额,分别比大仓饭店和帝国饭店高29%和64%;人均纯利则分别高96%和9倍。

新大谷饭店之所以能在竞争中取胜,同它能提供高质量的服务密切相关。新大谷饭店的高质量服务不仅表现在先进的服务设施和齐备的服务项目上,更重要的是表现在饭店工作人员的服务质量上。新大谷饭店的服务宗旨是:客人是第一位的。他们的服务工作使客人感到方便、周到、舒适。饭店的一切服务工作都从客人出发,以客人为转移。他们强调服务工作的每一个环节,哪怕是看起来很琐碎的事情,都必须是高质量的。他们认为,服务员没有办法把不合口味的饭菜变得香甜可口,却有可能把香甜可口的饭菜变得无滋无味。不管厨师的饭菜做得多么好,餐具多么高级,如果服务不好,顾客是不会满意的。

客人一到新大谷饭店,立刻就会感到不同寻常的优质服务。在门前,他会受到门卫人员的热烈欢迎。客人如果是坐车来的,门卫要将车辆引到客人容易下车的地方,待车停稳后,躬身向客人致意:"欢迎你来到新大谷饭店!"打开车门时,要用手遮住车门的上沿,以免客人下车时碰着;对老人和儿童要搀扶下车,并提醒客人带好贵重易碎物品。客人离开饭店时,门卫要将车辆引到便于客人上车和装行李的地方,与服务员协作,将行李装上车,并请客人核对件数。待客人坐好后,再轻轻关上车门,并躬身向客人致谢。送客时,门卫要站在车辆的斜前方,离一两步远,使客人能清楚地看到。乘电梯时,里面有人,服务员就请客人先进;如果没人,服务员先进去按住门,选好楼层,再请客人进去。服务员在电梯内站在操纵盘前,帮助同乘电梯的其他客人选层,到所选楼层时,让客人先下。为保证客人安全,在电梯内不谈论客人姓名、房号,与客人交谈适度,不主动搭讪。

客人住进新大谷饭店,将会更进一步体会到饭店一流的服务。①房间干干净净。房间的清扫都有固定的顺序。清扫完毕,一定是家具光亮、清洁,无水点、手印;床铺整齐、合乎规格,各种物品摆放合乎标准,就连窗帘也会拉得适度。②饭店绝对安全。为了保证客人的安全,客房钥匙的保管很细致、很严格。每三层楼配备万能钥匙一把,每个房间配备钥匙三把,其中一把为备用钥匙,清扫房间使用,另两把由财务处掌握。曾经有一次万能钥匙丢失,为了安全,饭店竟然把三层楼的锁全部换掉。③服务员礼貌待客。服务员的值班姿势都有讲究:双脚稍微叉开,双手轻握身前,保持自然的姿势,不能依靠墙壁,懒懒散散,也不必僵直不动。服务员在同客人讲话时,不准背着手,更不准用手叉着腰。服务员在工作时,不准三五成群在一起聊天、办私事、打私人电话,如有急事需要打电话,要向领班请示。当服务员有事来到客人房间时,先按两遍谐音铃,客人在里面答应后,才能开门进去,同时说:"打扰你了!"不管你走到哪里,服务员都会向你点头示意问好。④问询工作周到、迅速。问询处分为电话问询和柜台问询两部分,主要为客人传送留言、信件,找人,转递包裹、贵重物。外面来人(或电话)约会在饭店的客人,值班人员要填写电话记录单一式三联,一联放在房间号码格里,同时按一下电钮,客人房间里电话机指示灯就会闪亮,客人回来后看到信号拨一下指定号码,问询处就可以把约会或留言传告。如果客人没有注意信号,值班人员也会每隔一小时将第二联集中起来由总服务人员往客房分送一次。第三联则作为存根,以便万一以后发生纠纷时核对。

新大谷饭店正是凭借着优质服务,在竞争激烈的饭店业中赢得了一席之地。

(二)产品变革的浪潮

随着消费需求的变化,饭店的功能产品也经历了从床、淋浴室到大堂的三次变革浪潮。

1. 床

睡眠是客人对酒店的核心需求。饭店的好坏决定了旅途生活的品质,床的好坏直接决定了饭店的品位。威斯汀的"天梦之床"、香格里拉"一夜香甜"、卡尔顿的"梦见奢华"、喜来登的"甜梦之床",掀起了饭店床的变革浪潮。

2. 淋浴室

沐浴体验,是影响客户满意度的关键因素之一。饭店在设计客房浴室时,会考虑智能化的水温控制、镜面电视、加热坐便器、定向喷头、水按摩功能、烘干机、电热毛巾架、舒适自然的照明等,以营造更多的忠诚客户。

3. 大堂

大堂是饭店的灵魂。饭店大堂的最初功能是为客人提供办理入住手续的场所。随着科技革新和千禧一代对分享和体验的需求,饭店的大堂将演绎为吃喝、娱乐、休闲、工作等住客共享的公共空间,成为社交活动的中心。源于顾客的需求和体验,为住客提供客房以外的第二空间,将成为未来饭店差异化竞争的必争之地。处于大堂的咖啡厅、酒吧等空间加强了饭店与住客之间的联系,大堂不再是住客匆匆路过的地方。饭店还将利用大堂的共享空间,换来顾客的停留时间。从此,饭店住宿不再仅仅等同于一个"歇脚的地方",而将成为消费者在旅途中值得期待的惊喜。

"客听"亮相华住饭店大堂

2019年1月,一家名叫"客听"的零售品牌进驻全季饭店大堂,为住店客人、都市白领及周边社区居民提供精选好书、生活好物和轻食简餐。在饭店大堂内为都市人创造出一个全新的"第三空间""公共客厅"。作为一家"旅途上的精神物质便利店",客听所提供的好书、好饮、好物,带来的不仅是饭店大堂空间的变革,更增加了多元生活的可能性。

简单、实用加好看,成为顾客的基本消费要素;基本功能之上的颜值诉求和仪式感,则成为饭店更具消费力群体的追逐目标。饭店B&B(床和早餐)的两大基本功能没有变,但需要在床的色彩氛围、灯光氛围上加以升级;在床边设施的便利性、智能化控制端口、充电设备、睡眠记录分析等附加值上做文章。

同时,不同领域两种及以上产品的跨界设计,往往可以给饭店带来全新的商业模式和一种前所未有的客户体验:

(1) 与家居装饰公司合作,展示新生活的方式。

(2) 邀请米其林星级厨师为客人烹饪当季美食。

(3) 酒店SPA与知名护肤品牌合作推出SPA套餐。

(4) 在酒店推出时尚设计师的限量版手袋。

(5) 开辟艺术画廊并不定期举办艺术品展览交流活动。

(6) 与运动品牌合作,供客人在店内免费使用运动用品;酒店的沐浴用品、床头闹钟、视听音像系统……

今天,我们已进入体验经济的时代。体验经济就是企业以服务为舞台,以商品为道具,以消费者为中心,创造能够使消费者参与的、值得记忆的活动。其中的商品是有形的,服务是无形的,而创造出的体验是令人难忘的。不同经济形态的产品特征如表8-10所示。

表8-10 不同经济形态的产品特征

经济形态	经济提供物	提供物的性质	关键属性
农业经济	产品	可替换的	自生的
工业经济	商品	有形的	标准化的
服务经济	服务	无形的	定制的
体验经济	体验	难忘的	消费者的参与感

(三) 服务品质的塑造

好的顾客体验,应是核心产品上适用,功能产品上可用,视觉和情感上爱用,客人用完了还想用,还愿意介绍给他人用。当今,饭店服务品质的塑造,尤为重视"文服务"的经典创造、"精服务"的理念推广和"云服务"的体系完善。

1. "文服务"的经典创造

中国文化博大精深。在饭店服务过程中,标准是底线,个性是高线,文化是无限。通过饭店服务的仪式感、主题文化氛围的营造,彰显中国文化的元素和魅力,对提升饭店服务的品质具有极大帮助。

(1) 仪式感。仪式是文化的外在表现。所谓仪式感,就是在特定时间、特定场合,依托仪式的外在表现形式,让人们获得心理上满足的一种情感体验。饭店是一个充满仪式感的行业,饭店服务程序与规范的仪式化创新,能增加客人对饭店服务的价值感知。

饭店个性化服务的设计

情景	个性化服务设计
独自出行	热牛奶　果盘　巧克力　艺术折巾
家庭出行	亲子房　艺术折巾　缝补衣服　果盘
朋友出行	小零食　菊花茶　果盘　苹果汁　小糕点
情侣出行	玫瑰花　艺术折巾　巧克力　酸奶　银耳羹　小糕点
儿童特色	儿童牙刷　故事书　小玩偶　果盘　酸奶　猜谜游戏
老人特色	小米粥　果盘　晚安饮品　足浴盆　艾叶泡脚　购机票
生日特色	蛋糕　艺术折巾　气球　贺卡　照片生日祝福歌　开机画面
商务出行	礼貌拜访　茶具服务　邮寄快递　订购车票　果盘
女士出行	女士楼层　女式拖鞋　黄瓜面膜　纯牛奶　莲子羹
婚房特色	红色喜字　气球　红色床单被罩　面条　鸡蛋　果盘
季节特色	应时水果盘　冰红茶　绿豆汤　南瓜汁　百香果饮
高考特色	高考楼层　寓意水果　艺术折巾　文具袋　金榜题名
节日特色	节日由来　形象故事　历史故事　幸运转盘　康乃馨 汤圆　鲜花预订　月饼　窗花　猜灯谜　贴对联　贺卡

(2) 主题文化。主题饭店是市场竞争的产物，它赋予饭店某种主题来体现其建筑风格、装饰艺术、经营项目及服务特色，让客人获得富有个性的文化感受。地域特色、可识别性和美好体验是塑造饭店主题文化的基本要素，从而为饭店营造出一种竞争者无法模仿和复制的个性特征。

2."精服务"的理念推广

"精服务"强调工匠精神，注重细节服务，重视亲情服务和心理服务的提供。一个能把小事做精的人至少是合格的员工；一个能把细节做到伟大的饭店，必定是一个杰出的企业。

(1) 亲情服务。在对客服务中，热情不能少，真情更可贵。所谓亲情服务，就是要求每一个员工把客人当作自己的亲人看待，真心实意、发乎情、发乎心，在自然而然中体现出酒店的好客之道。营造"不是家胜似家""不是亲人胜似亲人"，源于卓越企业文化的建设。亲情服务，体现的是东方的好客传统和文化内涵。

只有想不到的，没有做不到的

有了创造性，你超越顾客期望的机会将不局限于记住了他们的名字。让我们来思考一下麦克·格博(Michael Gerber)在他的《重访 E 神话》一书中所展示的例子,看看个性化服务究竟能达到怎么样的境界。

出差回旧金山的路上,麦克决定在一家能够欣赏到太平洋景致的小饭店住一夜。走到总台时,一位穿着得体的女士迅速走出来,表示欢迎。仅三分钟后,他就被门童领进了客房。房间里铺着豪华地毯、法式床单,不加装饰的柏木墙壁和一个石砌壁炉。壁炉的格栅旁,橡木段、卷桶纸及火柴,一应俱全。

梳洗完后,麦克便去了餐厅。入住登记时,接待员已为他在餐厅预订好了座位。没有预订的顾客还在等座位时,他却很快被领到了自己的座位上。那天晚上,当他再回到房间时,床已铺好,壁炉内炉火正旺,床头柜上放着一杯白兰地,旁边的一张卡片上写着:"欢迎您第一次入住 Venetia 饭店,希望您愉快。无论是白天还是夜晚,您有什么需要,请打电话告知。Kathi"。

早晨,麦克一醒来就闻到了咖啡的香味。走进洗手间,他又发现了沸腾着的咖啡壶。壶边的卡片上写着:"您喜欢的牌子,请慢用! K"。昨晚在餐厅时,有人曾问过他喜欢什么牌子的咖啡。而此刻,那种牌子的咖啡已热气腾腾放在他的房间。这时,传来了有礼貌的敲门声。当他打开门时,发现蹭鞋垫上放着《纽约时报》。入住登记时,服务员就曾问过他喜欢看什么报纸。此时,他喜欢的报纸已被送到了他面前。

(2) 心理服务。心理服务是员工与顾客之间心与心的交流,但这种心灵的交流是通过行为来实现的。一方面,员工的行为必须具有很强的表现力,能强烈地表达出员工对顾客的热情和关切;另一方面,员工应随时关注顾客的行为,领悟其行为所蕴含的内心需求。表面上看,员工与顾客只是行为与行为的互动,而实际上顾客得到的却是一种心理上的深层次满足。

小资料

丽思·卡尔顿饭店的优质服务三步骤

◆ 热情、真诚地问候客人,并尽可能称呼客人的名字。
◆ 预见并满足每一位客人的需求。
◆ 亲切道别,向客人热情地说"再见",并尽可能称呼客人的名字。

3. "云服务"的体系完善

人类已实现时空统一,进入以计算机互联网为标志的变革时期。"快鱼吃慢鱼""互联网+"将促进饭店行业不断提升科技含量,重视信息技术与"云酒店"服务模式。

互联网及智能手机的应用,使饭店可以与个体直接联系,高度适应不同客人的个性需求。这种沟通机制是双向互动的,使顾客更容易获得信息并进行信息反馈,饭店也可以更精准地把握顾客对产品和服务的需求。

丽思·卡尔顿饭店的 24 万个秘密

几年前,韩国一家大集团副总裁到澳大利亚出差。当住进丽思·卡尔顿饭店后,他打电话给该饭店客房服务部门,要求将浴室内放置的润肤乳液换成另一种品牌的产品。服务人员很快满足了他的要求。

事情并没有结束。三周后,当这位副总裁住进美国新墨西哥州的丽思·卡尔顿饭店,他发现浴室的架子上已经摆着他所熟悉的乳液,一种回家的感觉在他心中油然而生。

"凭借信息技术和多一点点的用心,丽思·卡尔顿饭店使宾至如归不再是口号。"丽思·卡尔顿饭店澳大利亚地区品质训练负责人琴·道顿女士道出了卡尔顿饭店成功的秘密。

在丽思·卡尔顿全球联网的计算机档案中,详细记载了超过 24 万个客户的个人资料。这是每一个顾客和卡尔顿员工共同拥有的秘密,使顾客满意在他乡。

在"互联网+"方面,饭店会向智慧化转型,打造智慧饭店。依托互联网、5G、云计算、大数据、人工智能等信息化技术,实施智慧营销、智慧管理、智慧服务。今天,信息互联网正走向物体互联网、价值互联网的新阶段。

人工智能正打开饭店行业的无限可能。机器人正在饭店行业大踏步前进,帮助饭店业把不可能变成可能。从创造个性化的客人体验到识别潜在的创收机会,AI 正在给现代饭店业带来一个个惊喜!

本 章 小 结

服务质量是饭店的生命,优质服务是现代饭店企业赢得顾客、取得企业持久竞争优势的保证。对饭店服务特性的研究和饭店服务质量构成要素的解析,是饭店开展服务质量管理的出发点。

通过顾客满意度的测评,有助于饭店全面、客观地了解服务质量的现状,把握饭店服务质量控制的正确方向。通过对服务质量差距成因的分析,有助于饭店寻找改进服务质量的有效途径。

要提高现代饭店服务质量,就必须树立整体服务质量管理的理念,掌握饭店服务质量管理的科学方法。在体验经济时代,现代饭店必须把握顾客消费的变化趋势,及时提升功能产品的质量,不断提升饭店服务的品质。

同步练习

一、问题讨论

1. 什么是饭店服务？具有哪些主要特性？
2. 饭店服务质量有哪些构成要素？
3. 如何运用 SERVPERF 模型测定饭店的服务质量？
4. 什么是现代饭店整体质量的观念？
5. 有哪些提高饭店服务质量的方法？
6. 现代饭店如何提升服务的品质？

二、社会调研

以 3~4 人的小组为研究单位，通过饭店实地调研，进行以下问题的研究，做出调研报告，编制 PPT 文件，在课堂里进行交流分享。

1. 设计一份饭店顾客满意度的调查表。
2. 选择若干家饭店，进行一次顾客满意度的实地调研。

三、在线自测

扫描二维码，完成在线练习。

在线自测 8

实例参考

饭店前厅服务质量标准

项目	服务质量标准
总机	正常情况下，在电话铃响 10 秒内回答
	接电话时正确问候宾客，同时报出酒店名称
	转接电话准确、及时、无差错
	熟练掌握岗位英语或岗位专业用语
	接电话的背景没有嘈杂声和其他干扰声
	语音清晰，态度亲切
预订	接电话时正确问候宾客，同时报出部门名称
	确认宾客抵离时间
	询问宾客是否需要交通接送服务
	提供所有适合宾客要求房型的信息

续表

项目	服务质量标准
预订	正确描述房型的差异（位置、大小、房内设施）
	如该日期无宾客要求的房型，主动提供其他选择
	询问宾客姓名及其拼写
	询问宾客地址或其联系方式
	说明房价及所含内容
	提供预订号码或预订姓名
	说明饭店入住的有关规定
	通话结束前重复确认预订的所有细节
	通话结束，员工向宾客致谢
	有独立网站，具有网上预订功能
登记入住	宾客抵达前台后，及时接待
	主动、热情、友好地问候宾客
	登记入住手续高效、准确无差错
	确认宾客姓名，并至少在对话中使用一次
	与宾客确认离店日期
	准确填写宾客登记卡上的有关内容
	询问宾客是否需要贵重物品寄存服务，并解释相关规定
	指示客房或电梯方向，或招呼行李员为宾客服务
	祝愿宾客入住愉快
门卫行李——到店	正常情况下，有门卫或行李员在门口热情友好地问候宾客
	为宾客拉开车门
	帮助宾客搬运行李
	为宾客开门或指引宾客进入饭店
	宾客登记入住后及时将行李送至宾客房间
	送行李进房时，轻轻敲击客房门或按门铃
	进房时，礼貌友好地问候宾客
	将行李放在行李架或行李柜上，并向宾客致意
	饭店大门入口处整洁、畅通、有序

续表

项目	服务质量标准
门卫行李——离店	接听电话时正确问候宾客,并报出所在部门
	与宾客确认房间号、行李件数、收取行李时间
	行李员应宾客要求,及时到达宾客房间
	行李员按门铃或轻轻敲击房门
	礼貌友好地问候宾客
	主动询问宾客是否需要酒店为其安排交通工具
	协助宾客将行李放入车辆中
	与宾客确认行李件数
	为宾客拉开车门
	感谢宾客并祝愿宾客旅途愉快
礼宾/问询服务	接电话时正确问候宾客,同时报出所在部门
	正常情况下,如宾客走到前台,能在30秒内被招呼
	热情友好地问候宾客
	礼宾服务台上备有及时更新的饭店宣传册
	提供地图并指出附近景点的准确位置
	所有的宾客留言、传真或宾客要求的物品都能应宾客要求及时送到
	所有留言都记录清晰、易懂,并记在饭店专用纸上
	员工熟悉饭店各项产品,包括餐饮、娱乐等信息
	能提供航班信息,并帮助客人确认机票
	推荐餐饮,并协助预订(不限店内、店外)
	协助安排出租汽车
	协助安排市内观光旅游
	可安排机场接机
	员工熟悉饭店周边环境,包括当地特色商品、旅游景点、购物中心、文化设施、餐饮设施等信息
	委托代办业务效率高,准确无差错
叫醒服务	正常情况下,电话在铃响后10秒内接起
	员工接电话时正确问候宾客,同时报出所在部门
	重复宾客的要求,确保信息准确,同时询问是否需要第二遍叫醒
	能够准确、有效地叫醒宾客
	叫醒电话正确问候宾客

续表

项目	服务质量标准
结账服务	热情友好地问候宾客
	确认宾客姓名,并至少在对话中使用一次
	确认宾客房间号
	确认宾客的所有消费,包括客房内微型酒吧消费、早餐等
	出示详细账单,条目清晰、正确完整
	结账手续效率高,准确无差错
	询问宾客入住是否愉快
	向宾客致谢并邀请宾客再次光临
前厅整体评价	各区域划分合理,方便客人活动
	各区域指示用标志实用、美观、导向效果良好
	各部位装修装饰档次匹配,色调、格调、氛围相互协调
	光线、温度适宜,无异味,无烟尘,无噪声,无强风
	背景音乐曲目、音量适宜,音质良好
	贵重物品保管箱位置隐蔽、安全,能保护宾客隐私
	地面:完整,无破损,无变色,无变形,无污迹,无异味,光亮
	门窗:无破损,无变形,无划痕,无灰尘
	天花板(包括空调排风口):无破损,无裂痕,无脱落;无灰尘,无水迹,无蛛网
	墙面:平整,无破损,无开裂,无脱落,无污迹,无蛛网
	柱:无脱落,无裂痕,无划痕;有光泽,无灰尘,无污迹
	台:整齐,平整,无破损,无脱落;无灰尘,无污迹
	电梯:平稳,有效,无障碍;无划痕,无脱落,无灰尘,无污迹
	家具:稳固,完好,无变形,无破损,无烫痕,无脱漆;无灰尘,无污染,与整体装饰风格相匹配
	灯具:完好,有效;无灰尘,无污迹,与整体装饰风格相匹配
	盆景、花木、艺术品:无枯枝败叶,修剪效果好;无灰尘,无异味,无昆虫,与整体装饰风格相匹配
	总台及各种设备(贵重物品保管箱、电话、宣传册及册架、分区标志等):有效,无破损;无污迹,无灰尘
	客用品(包括伞架、衣架、行李车、垃圾桶、烟灰缸等)完好无损;无灰尘,无污迹

第九章 饭店人力资源开发与管理

学习目标

知识目标：

知晓饭店人力资源管理的任务，了解饭店人力资源规划的内容，掌握饭店人力资源开发的方法。

能力目标：

能应用饭店员工劳动定额和人员编制的技术，能制定员工培训计划，能解释各种领导方式适用的对象，能说明员工职业生涯管理的步骤和意义。

第一节 饭店人力资源的规划

人力资源是相对于自然资源或物质资源而言的,它是一种以人的生命力为载体的社会资源。作为饭店人、财、物、时间、信息五大资源之一的人力资源,是饭店经营活动中最基本、最宝贵的资源。一个饭店若不能很好地调动员工的积极性、创造性,不能提高员工的满意度,那么即使拥有先进的设备、严密的组织制度,也不能成为一流的饭店,也不可能在激烈的竞争中取胜。因为饭店是劳动密集型服务企业,服务产品的质量直接取决于员工的素质及其对工作和企业的满意程度。所以说,人力资源管理已成为现代饭店管理的核心,是饭店经营管理成功的重要保证。

一、人力资源管理的任务和作用

饭店人力资源管理是在企业特定环境中进行的一种以人为对象的、包括一系列活动步骤的专项或专业管理工作。其基本过程如图9-1所示。

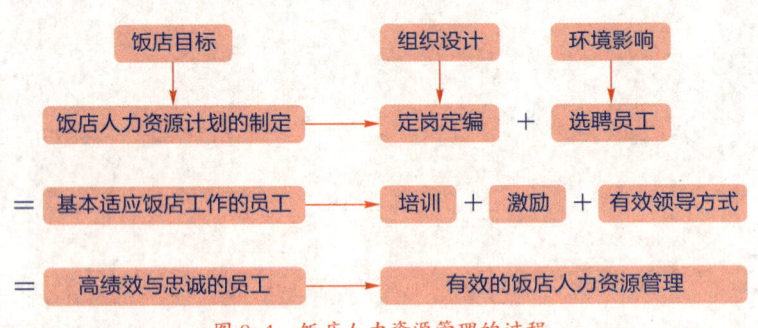

图9-1 饭店人力资源管理的过程

(一)饭店人力资源管理的任务

饭店人力资源管理的核心任务是提升员工的满意度,培育员工的忠诚度。具体体现在两个方面:一是激发员工的奉献精神;二是培养和发展员工的能力。第一方面解决员工愿不愿意做事的问题,第二方面解决员工能不能做事的问题。在竞争日趋激烈的时代,对员工工作积极性和工作能力的要求比以往任何时候都高,因而人力资源管理的任务就更为突出。

21世纪,在人力资源管理上,体现企业人本管理精髓的"土壤学说"替代了原有的"屋顶学说"。"屋顶学说",指企业提供许多资源,修建成一个大屋,让员工在屋里面成长,企业替员工遮风挡雨;员工通过任劳任怨的工作来回报企业,企业和经理的尊严神圣不能侵犯。而"土壤学说"则是指在现代饭店企业中,员工与企业的关系已经变成这样一种关系:饭店企业有很多资源灌溉土壤,所有的员工在这片丰硕的土地上自然成长,接受风吹雨打,能够长多高就可以长多高,企业是员工成长的沃土。人本管理的最终目的不是以规范员工的行为为终极目标,而是要在饭店企业内部创造一种员工自我管理、自主发展的新型人事环境,充分发挥人的潜能。因此,未来的饭店企业将会更加注重提高员工的知识含量。在人员培训上,将会以一种"投资"观念进行大投入。在饭店企业内部,将会建立一套按能授职、论功行赏的人事体制。通过员工的合理流动,发挥员工的才能;通过目标管理,形成一套科学的激励机制,在企业内部做到自主发展;通过饭店企业文化的渗透力,培养忠诚员工,确保饭店企业人力资源相对稳定,避免饭店因频繁的人事变动而大伤元气。

(二)饭店人力资源管理的作用

饭店人力资源管理的作用主要表现在:一方面,它会创造出一种环境,使员工将他们所有的资质和潜能发挥出来,并且能够通过在企业中工作来满足自己的成长、发展和自我实现需要;另一方面,这种管理活动会通过特有的方式将个人与企业牢固地联系在一起,使员工从内心深处把企业看作他们自己的,从而在工作中表现出高度的能动性、创造性和责任感。有效的人力资源管理活动要求做到满足企业的需要与满足个人的需要的有机统一。

(三)与传统人事管理的区别

人力资源管理,顾名思义,是将人视为企业经营中的一种特殊的和宝贵的资源,从有效开发人力资源的角度进行企业的人事管理工作。

人力资源管理是从传统的人事管理发展而来的。传统人事管理把人看作需要企业耗费成本开支的简单生产要素——劳动力,从这一着眼点出发考虑如何通过对人的管理工作来提高对该要素的利用效率。与这种人事管理仅单方面地关注企业目标的实现不同,人力资源管理则力图将企业的目标与员工个人的目标结合起来,注重员工的能动性和他们内在潜能的开发。认为人不仅仅是一种为企业提供劳动力的手段,而应是管理工作的目的本身。将这种"以人为本"的价值观转化为实际管理行动,就形成了一套人力资源管理的独特的原理、程序和方法。

二、饭店人力资源规划的内容

员工是人力资源的载体。饭店的人力资源规划与饭店整体的经营管理是紧密联系在一起的。通过制定人力资源规划,可以将饭店企业的目标和任务计划转换为需要哪些人员来实现这些目标和完成这些任务的人员配备计划。饭店人力资源规划一般包括如下四项主要内容。

视频:饭店人力资源规划的内容

(一)通过任务目标分析,确定人力资源需求计划

预计企业将来需要什么样的人力资源,这是制定人力资源规划的第一个步骤。人力资源规划应当从着眼于同饭店总体经营计划相匹配的角度来制定,这是各项计划要具有外部一致性的要求。因为任何企业对人力资源的需要,从根本上说,都是由企业落实其未来发展目标和战略的需要决定的。比如,开办一家新的饭店,或因经济衰退而缩小经营的规模等,这些总体经营计划会对企业人力资源需求产生很大的影响。人力资源需求计划应是对企业未来经营状况的一种反映。基于对饭店发展目标和经营规模的估计,管理者就可以估算出为达到预定的目标和经营规模所需要相应配备的人力资源的规模和素质状况。

(二) 通过职务分析,确定具体的职位空缺计划

职务分析,亦称职位分析、工作分析或岗位分析,旨在确定某项工作的任务和性质是什么,以及应寻找具备何种资格条件的人来承担这一工作。职务分析无论是由直线管理人员还是由人力资源管理专业人员来做,都必须着眼于了解和确定以下几方面的信息。

(1) 这一职务包含的工作活动有哪些。
(2) 工作中人的行为应该怎样。
(3) 工作中使用什么机器、设备、工具以及其他辅助用具。
(4) 衡量工作的绩效标准是什么。
(5) 这一职务工作的有效开展对人的素质条件有什么要求。

职务分析结束后要编制职务说明书(亦称工作说明书),以作为后面各阶段人力资源管理工作(如招聘、考评、激励、培训等)的依据。

一旦明确了饭店需要开展的工作,那么,将它与现有饭店的职务设计情况相比较,就可以制定出具体的职务空缺计划。职务空缺计划反映了饭店未来需要补充的人力资源类别和结构。

(三) 结合人力资源现状分析,制定满足未来人力资源需要的行动方案

根据饭店任务目标和职务分析的要求,确定了饭店在未来某一时刻需要填补空缺的职务。下一步的工作就是针对企业当前人力资源供应情况制定人力资源的增补计划与方案,确定是采取内部提升与轮换还是外部选聘,以及如何进行人才开发培训等。

通过职务分析,确定了饭店各项工作的开展所需要的人员。然后,要分析饭店现有人力资源的供应情况,确定人力资源的供求差距。可在全饭店范围开展人力资源调查。对于绝大多数企业来说,在计算机技术高度发达的年代,要形成一份准确、全面的人力资源调查报告不是一件困难的事。这份报告的数据来源于员工填写的调查表。调查表可列姓名、最高学历、所受培训、就业经历、所说语种、能力和专长等栏目,发给饭店中的每一个员工填写。此项调查能帮助管理者评价饭店中现有的人才与技能状况。

对人员未来需求和饭店现有人力资源情况做了以上评估以后,在正式制定人力资源规划之前,管理者还要进行两方面的人员供给预测:一是内部候选人供给预测;二是外部候选人供给预测。在预测基础上,管理者可以测算出未来人力资源短缺的情况和饭店中可能出现超员配置的领域,然后决定寻找合适人员填补空缺职位的途径。制定增补、选拔员工或减员的行动方案,要因地制宜,不能采取过于简单或强求统一的办法来处理。

(四) 从人力资源开发需要出发,制定有益于员工成长和发展的职业管理计划

饭店人力资源规划的制定必须考虑员工职业生涯的发展阶段,并将两者结合起来统筹考虑,以帮助员工确认自己的职业兴趣并制定明智的职业发展计划。这是因为,任何个人都需要在相对稳定的职业生涯中发展自己的技能,并取得比较稳定的工作收入。

人力资源规划的制定不仅影响饭店的经营管理活动,也直接关系到员工的前途命运。在越来越重视人力资源开发的现代企业中,采取措施帮助员工成为他们能够成为的人,促进员工实现工作中的成长与发展,这已经不仅是一个口号或价值观的东西,而且日益成了看得见的行动。培训、教育机会的提供,工作丰富化、工作轮换,以职业发展为导向的工作

绩效评价，以及以能力而不是以资历为依据进行的晋升等各项实践活动，就是其中有代表性的事例。它们表明，企业界已在努力采取措施帮助员工实现工作中的成长与发展。而对于这些以促进员工成长或发展为己任、注重人力资源开发的企业来说，人力资源规划的制定就不能不兼顾企业发展和员工发展这两个目标，并在两者的综合考虑中形成行之有效的、综合性的职业管理计划。

三、劳动定额与人员编制的确定

劳动定额与人员编制的确定是饭店人力资源规划的基础工作，同时，也为饭店人力资源的开发提供了依据。

（一）劳动定额的确定

劳动定额是指在一定的物质技术设备和劳动组织下，在保证饭店服务质量和充分发挥员工积极性的基础上，制定出每个员工平均应达到的定额工作量标准。劳动定额的制定必须科学而符合实际，即从本饭店的实际出发，包括员工素质、经营效益、工作内外环境、设备设施、管理方法及运营机制等方面。它应来自饭店内部各部门、各岗位的工作实际，而不是管理人员纸上谈兵式地提出一些不符合实际的指标。核定劳动定额是调动员工积极性和创造性、节约劳动成本、提高劳动效率的有力手段。实施劳动定额有利于员工明确任务，有利于饭店各部门的管理者对员工进行考核、评估、奖惩等工作，也有利于饭店的正常运营。劳动定额的编制方法依据各部门的具体情况也有所不同，通常有以下几种。

1. 经验估工法

它是根据饭店员工的实际工作经验，综合分析提高劳动效果的各种有利和不利因素的影响程度而制定劳动定额。这种方法适用于饭店工作过程中随机性大的部门，它的特点是方法简便，易于掌握，能较好地反映员工的劳动效率，尤其适用于难于进行具体量化测定的工种和部门，如公关部、市场营销部等。

2. 统计分析法

它是利用饭店经营多年的统计资料，在分析各类因素和总结的基础上制定的一种劳动定额方法。这种方法适用于业务量变化不大的部门和工种，如客房部、商务部等。其计算公式为：

$$劳动定额 = (综合平均数 + 最优完成数)/2$$

3. 技术测定法

它是通过对生产技术、生产组织和劳动组织的劳动条件的分析，在总结成功经验、挖掘生产潜力及实际操作合理化的基础上，采用观察测定和分析计算制定劳动定额的方法（见表9—1）。这种方法的主要优点是有充分的科技数据，制定的劳动定额质量较高，定额水平易于达到平衡，比较适合于客房部清洁工作的定额和餐饮部工作定额的确定。其计算公式为：

$$劳动定额 = \frac{规定时间 - (准备作业 + 结束时间)}{(基本作业 + 随机服务时间) \times (1 + 休息系数)}$$

表9-1　饭店客房单项操作时间测定例表

工作项目	项目序号	基本时间/分钟	间歇许可/%	意外耽搁/%	标准时间/分钟
整理一张床	1	1.8	22.0	10	2.38
重做一张床	2	3.9	22.5	10	5.17
清洁一只脸盆	3	1.2	13.0	10	1.48
清洁一只浴缸	4	1.92	14.5	10	2.40
清洁一套淋浴器	5	1.0	13.0	10	1.23
清洁一只坐厕	6	0.94	16.0	10	1.18
擦净一张梳妆台	7	0.43	11.0	10	0.52
一张梳妆台的打蜡	8	0.85	13.0	10	1.05
清洁一只废纸桶	9	0.72	11.0	10	0.87
10 m² 硬地吸尘	10	0.8	12.5	10	0.98
10 m² 地毯吸尘	11	4.3	16.0	10	5.42
10 m² 硬地推尘	12	1.2	13.5	10	1.48
10 m² 硬地湿拖	13	2.4	16.0	10	3.02
人工洗地 10 m²	14	3.7	22.0	10	4.88
机器洗地 10 m²	15	2.3	13.0	10	2.83
机器抛光 10 m²	16	2.1	11.0	10	2.54
擦玻璃 1 m²	17	0.65	13.5	10	0.8

4. 比较类推法

它是以过去达到的指标水平为基础,参照同类饭店同类型工种先进的管理经验,然后结合本饭店的实际,估算出工时消耗,从而制定劳动定额的一种方法。该方法简单易行,有较强的实用性。尤其有利于国内外同行的交流与学习,但资料必须准确、可靠(见表9-2)。

表9-2　国外饭店主要劳动生产率参照表

岗位	标准	工时/小时
客房服务员	16 间客房	8
行李员	25 个服务次数	8
咖啡厅服务员	30~40 客数	4
餐厅服务员	20~25 客数	4
厨师	90~100 客数	8
洗碗工	150~200 客数	8
酒吧服务员	500 美元	8
楼层领班	90~100 间公用客房	8
楼层应接员	100 应接次数	8

（二）人员编制的确定

定员工作直接关系到劳动力的使用和劳动效率的提高，是人力资源管理的重要内容。由于饭店各部门、各环节的各类人员工作性质及特点各不相同，因此定员的具体方法也不相同。通常，饭店定员编制的方法主要有以下几种。

1. 劳动效率定员法

劳动效率定员法以劳动效率为基础，根据员工的工作量、劳动率、出勤率来计算定员。凡是实行劳动定额管理并以手工操作为主的工种都可采用这种编制方法，如客房楼层班组和餐厅定员。该方法的计算公式为：

$$定员人数 = \frac{每一轮应完成的工作量 \times 每日轮班次数}{服务员的劳动效率 \times 出勤率}$$

例如，某饭店有500间客房，预期出租率为80%，日班清扫服务员的工作定额为10间，晚班清扫服务员的工作定额为40间，每周实行5天工作制（暂不考虑其他节假日），则客房部所需服务员人数可作如下计算：

$$客房部所需清扫服务员 = \frac{工作量预测}{工作定额 \times 出勤} = 70人$$

其中：

$$白班清扫服务员 = \frac{500间 \times 80\%}{10间/人 \times 5/7} = 56人$$

$$晚班清扫服务员 = \frac{500间 \times 80\%}{40间/人 \times 5/7} = 14人$$

2. 设施定员法

以设备数量和实际工作量为基础编制定员。主要适合于工程技术人员。其计算公式如下：

$$定员人数 = \frac{发挥功能的设施数量 \times 设施开动班次}{员工看管定额 \times 出勤率}$$

3. 比例定员法

它是依据饭店的统一标准，根据饭店内部各类人员在数量上存在的一定比例关系进行定员编制。这种比例关系应由饭店规模、星级、区位、生产率等因素而定（见表9-3、表9-4）。

表9-3 饭店客房与员工比例参照表

宾馆类型	员工客房比	典型比例	员工客房比
现代豪华胜地旅馆	2.0∶1	胜地旅馆（中等标准）	0.6∶1
会议旅馆（高级）	1.0∶1	服务内容极少的旅馆和汽车旅馆	(0.25~0.10)∶1
大城市中心旅馆	0.8∶1	公寓和共管公寓单元（根据所提供的服务内容）	(0.05~0.10)∶1

表9-4　中国1 000间客房饭店人员分配参考表

部门	人数	工号	比例/%
总经理办	9	00××	
销售部	8	02××	3.8
人事部	21	03××	
行政部	26	05××	
康乐部	25	08××	1.5
保卫部	60	10××	3.6
工程部	106	2×××	6.4
总服务台	48	30×× 31××	
行李部	41	33××	
商务中心	8	35××	28.5
电话总机	12	36××	
洗衣部	66	27××	
管家部	300	4×××	
厨房	224	6×××	
餐饮管理	6	80××	
宴会部	93	81××	
中餐厅	34	82××	
法餐厅	24	83××	
英餐厅	26	83××	48.7
咖啡厅	126	84×× 85××	
客房送餐	45	854×	
酒吧	118	86×× 87××	
管事部	114	88×× 86××	
财务部	125	9×××	7.5
总计	1 665		100

4. 岗位定员法

它是根据饭店内部的机构设置和各种服务设施、岗位职责与要求,再考虑各个岗位的工作量、工作班次和出勤率等因素来确定人员的方法。这种方法适合于饭店管理人员及门迎、行李员和综合服务设施服务人员的定员(见表9-5)。

（三）影响饭店定员的因素及对策

1. 影响饭店定员的因素

在饭店制定人员编制时，影响企业按上述科学方法配备员工的因素主要表现在以下三方面。

（1）员工的病假与事假。

（2）员工的即时流动。

（3）市场需求变化与相应工作量的波动。

表9-5　饭店客房部员工岗位定员参考表

岗位	员工数			
	200间房	400间房	600间房	800间房
房务主任	1	1	1	1
助理	1	1	2	2
秘书	0	1	1	1
夜班主任	0	1	1	1
布件间主管	1	1	1	1
客房服务员主管	0	1	1	1
公共区域主管	1	1	2	2
布件间/制服间服务员	2	3	4	4
缝纫房服务员	1	1	2	2
钥匙员	2	3	3	4
楼层主管——日班	3	6	8	11
楼层主管——晚班	1	3	4	5
客房服务员——日班	20	40	60	80
客房服务员——晚班	6	11	17	22
楼层服务员	3	6	9	12
大厦服务员	5	8	9	12
服务员助手	1	1	2	2
总计	48	89	127	163
员工与客房比例	0.24	0.22	0.21	0.20

2. 饭店解决干扰因素的对策

（1）适当安排员工的工作时间和休假时间。如全年带薪假期可安排在淡季或实习生进店顶岗的时候；适当安排上班时间；可根据工作需要采取灵活的上班时间制和分段工作时间制。

(2) 对专业相近岗位的员工进行交叉培训,以便使他们在忙闲不均时能互相照应。这种互相照应,既可以表现在正常工作时间内,又可以表现在业务时间里做超额工作。如日本大阪皇家饭店,在零点餐厅忙时,安排宴会厅的员工去帮忙;在宴会厅忙时,安排客房部的员工去帮忙。

(3) 建立一支招之即来、挥之即去的临时工与后备员工队伍。这既可解决临时缺员的紧急问题,又可适应不断补充正式员工的需要。在维也纳马里奥特饭店,除了有一支季节性的临时工队伍外,他们还与旅游学校的实习生建立良好的关系,为饭店建立了一支稳定的后备员工队伍。

第二节　饭店人力资源的开发

饭店人力资源开发的目的,就是寻找在数量、质量和结构等各方面为饭店所需要的员工。与传统人事管理相比,人力资源开发更强调将员工作为一种具有潜能的资源,更重视有效的人力资源对整个企业运营活动的支持与配合作用。饭店人力资源开发的内容包括员工的招聘、培训和绩效考评。

一、饭店员工的招聘

饭店员工的招聘,就是按照已制定的人力资源计划,获得能够胜任饭店工作的员工的工作过程,也是对社会或饭店的可利用的人力资源进行的第一次开发过程,因此,是饭店人力资源管理的重要环节。

(一) 饭店员工招聘的渠道

按照招聘员工的来源划分,饭店员工招聘渠道有外部招聘和内部招聘两类。外部招聘适合于企业有大量职位空缺的时候,如新饭店开业或老饭店扩建;内部招聘适合于企业少量职位空缺的时候,如人员流动或岗位调动等。

1. 外部招聘渠道

饭店外部招聘的主要渠道有以下几种。

(1) 职业院校或普通高校的毕业生。学校的毕业生是饭店业招聘的主要对象。随着中国教育水平的提高和教育规模的扩大,尤其是旅游业的迅猛发展,国内近千所院校都开设了旅游管理和饭店管理专业,每年都有大批的毕业生走向社会。由于他们具有较好的饭店经营管理的业务知识,并通过专业实习具备了一定的饭店管理实践经验,因而是饭店业最佳的招聘对象。

(2) 社会人员。在社会人员中,一部分为专业人员,即有过饭店工作经历,由于种种原因离开了原来饭店的人员。这部分人既有丰富的工作经验,又有一定的专业技能,是饭店理想的招聘对象。另一部分为非专业人员,他们有志于饭店业工作,有较高的工作热情,但由于缺少饭店业的专业知识,因而对这部分人的招聘,饭店应该较为谨慎。

饭店的外部招聘,具有广开门路、公平竞争,为企业输入新鲜血液的益处。

2. 内部招聘渠道

饭店内部招聘的途径主要有以下几种。

(1) 饭店内部员工的提升。饭店内部员工的提升，不仅可以将有管理才能的员工放在合适的职位上，更重要的是对饭店的员工能产生激励作用。但是，如果内部提升工作没有做好，也会对饭店人力资源的开发工作起到消极作用。因此，饭店的人力资源管理者首先在主观上要克服情感化的影响，真正做到任人唯贤；其次要掌握好饭店内部提升的方法。

(2) 饭店内部员工职位的调动。饭店内部员工职位调动的原因主要是：

第一，饭店的组织机构调整。例如，饭店根据经营的需要，新设了品质开发部；或根据管理的需要，把前厅和客房部两个部门合并为房务部。在此情况下，部分员工可能被调动到新的部门工作。

第二，为了增强员工的适应能力（尤其是规模较小的饭店），使员工掌握两种以上的操作技能，也可能采用轮岗的方式来培训员工；或为了员工的职业生涯规划，也会采用轮岗的方式来培养员工。

第三，一部分员工由于工作兴趣的转移，对原工作职位失去工作兴趣。为了调动他们的工作积极性，在可能的情况下，可采用调职的方法，重新安排员工到他们感兴趣的工作岗位上去。

第四，可能有些员工经培训后投入工作，而经过一段时间发现他们掌握的技能与工作表现不相适宜，则应对这些员工进行工作调动。

第五，如果发现有些员工在原工作部门或班组产生较严重的人际关系问题，不利于他们工作积极性的发挥，也应对这些员工进行工作调动，为他们创造新的工作环境。

饭店的内部招聘，有利于员工忠诚感的培育。

(二) 饭店员工招聘的程序

为了保证招聘工作的顺利进行，体现招聘工作的公正、公平和公开性，在市场经济的条件下，饭店已形成一套较规范的招聘模式。

1. 外部招聘的程序

外部招聘一般可以分六步进行。

(1) 发布招聘信息。发布本饭店招聘信息时，既要考虑发布方式的有效性和针对性，即招聘信息能直接传递给潜在的应聘者，又要考虑节约成本。因此，饭店往往采取到专业院校发布招聘信息和举行招聘活动的方式。饭店根据所招聘的岗位特点，还可在人才市场、劳务市场发布信息，利用人才交流会直接与求职者见面。对技术性强、层次较高的工作岗位，通过同行介绍和推荐，也不失为人才招聘的一种有效方法。但饭店在开业前或扩建后要进行的大规模招聘活动，则需使用成本较高的新闻媒体来发布，以达到传播面广的效果。

(2) 初步遴选。通过与应聘者初步接触与面谈，饭店与应聘者之间有了大致的了解。经过筛选，向合适的人员发应聘申请表，并要求应聘人员递交履历表、学历或工作经历证明文书等个人资料。

(3) 审核应聘者的材料。饭店招聘主管人员要对应聘者递交的申请表及个人资料进行审阅和核实，以确保应聘人员基本情况的可信度。通过审核材料，初步淘汰一部分基本情况不合适的应聘人员,并在此基础上,确定下一步参加正式面谈和测试的人员名单。

(4) 面谈和测试。面试能使饭店招聘主管人员有机会直接接触应聘者,直观地了解应聘者的外表、举止、表达能力,并能澄清已有资料中未能定论的疑点,对应聘者的综合素质进行评估,为录用决策提供依据。

在面试前,饭店要做好充分的准备,如选择好合适的场所;在仔细阅读应聘人员材料的基础上准备好面试的提纲;配备好合适的面试人员,由专业部门的人员与人事主管人员组成面试小组等。

在面试中,面试者不应有恩赐的思想、居高临下的姿态和不耐烦的表情,要营造良好的气氛,创造一个能使应聘者充分表现和发挥的环境。

在招聘有些岗位时,还要加之以相应的测验,如外语水平测试、心理测试、技能测试等,以深入地了解应聘者的实际能力和水平。

面试结束后,面试小组要及时整理和汇总记录,作出结论,报人事部门作出最终决定。

(5) 体格检查。对拟录用的人员要进行体格检查。健康的体魄是胜任饭店工作的基本条件。根据饭店服务行业的特点,要防止患有传染性疾病的人员从事服务性工作。

(6) 办理录用手续。向合格的新录用人员发出书面的通知书,与新录用的人员签订劳动合同。劳动合同是饭店与员工之间为确立双方劳务关系而订立的具有法律效力的协议。

在招聘工作中,饭店的招聘者应树立正确的观念,应把招聘与录用的过程看成树立饭店形象的公关过程。因此,在招聘中,态度应和蔼、热情、耐心,给人以亲切、礼貌的感觉,营造一种宽松、和谐的氛围,使应聘者无论是否会被录用,都对饭店留下良好的印象。另外,在招聘中,招聘者应坦诚,不能忽视应聘者同样有选择雇主的权利,应如实地向应聘者介绍饭店的情况,特别是饭店的某些弱点与不足之处,以免使新招聘的员工在进店后,觉得实际状况与自己想象或招聘者扬长避短式的介绍相去甚远而在短期内离职而去,勉强留任者的情绪也因此受到很大的影响。

2. 内部招聘的程序

内部招聘一般可以分三步进行。

(1) 确定提升候选人。这是搞好提升工作的基础。考察一个员工是否具有提升的资格,必须严格按照"才职相称"原则,从以下四个方面进行考核:第一,个人的才能。包括知识面、分析问题的能力和管理能力。第二,个人的品德。这是对管理者道德修养和品质方面的要求。第三,个人的工作表现。这方面的考核关键是看员工在工作中是否踏实肯干、尽职尽责。第四,工作年限。提升候选人虽不应论资排辈,但工作年限一方面可以反映工作经验,另一方面影响管理效果。

(2) 测试提升候选人。对提名候选人进行测试是选拔员工过程中一个必要环节。因为提名候选人往往多于岗位的实际需求人数,在这种差额选拔中,必须通过竞争来淘汰。公平竞争的合理方法,就是进行能力测试,包括分析能力、决策能力、领导能力以及人际关系灵敏度的测试。

(3) 确定提升人选。在测试考核的基础上,通过量化的分数值进行比较,可以最终确定提升人选。评分项目要科学、实用,真正反映各种能力。通常采用简单评分法和加权评分法。

① 简单评分法。即将各位候选人的考评项目分值相加,最高分者即为提升对象(见表9-6)。

表9-6 部门经理候选人评分表

候选人员	分项得分					总分
	分析问题能力	知识结构	组织能力	工作年限	风度气质	
A	4	5	2	2	3	16
B	3	3	5	5	1	17
C	3	4	1	5	5	18

通过总分比较,应该挑选 C 候选人担任部门经理。

② 加权评分法。不同的工作岗位,对各人的具体要求是各不相同的。例如,确定公共关系部的经理,风度气质和知识结构比较重要;挑选客房部或餐饮部的经理,则组织能力与问题分析能力就很重要了。采用加权评分法可以较好地解决这个问题。所谓"加权"就是通过对各个评分项目的得分乘上一个权数(比例系数),以突出某些项目的重要性。

$$总分 = \Sigma(权数 \times 项目得分) \div \Sigma 权数$$

权数必须是等差级数,如表9-7所示。

表9-7 餐饮部经理候选人加权评分表

候选人员	分项得分					总分(注:加权后计算的总分)
	组织能力	问题分析能力	知识结构	工作年限	风度气质	
A	2	4	5	2	3	3.2
B	5	3	3	5	1	3.8
C	1	3	4	5	5	2.9
权数	5	4	3	2	1	

表9-7是用来确定餐饮部经理的。因为按照餐饮部管理工作特点,必须有很强的组织能力和问题分析能力,所以赋予二者较大的权数。

通过总分比较,选 B 候选人担任餐饮部经理最为合适。

二、饭店员工的培训

开展员工培训工作是开发饭店人力资源和提高员工素质的重要手段。只有重视智力投资,加强员工培训,才能不断提高饭店企业的劳动生产率,从而为企业带来较高的经济效益。国际著名饭店企业都十分重视员工的培训,将其视为智力资源开发和企业重要的经营战略。同时,饭店员工培训工作也是吸引人才的一个重要方面。

视频:饭店员工的培训

（一）员工培训的类型

根据实施培训的不同时间阶段，饭店员工培训可分为职前培训、在职培训和职外培训三种类型。

1. 职前培训

职前培训也称就业培训，即饭店员工上岗前的训练。职前培训对饭店服务质量的提高和业务的发展起着至关重要的作用。职前培训目标是为饭店提供一支专业知识、业务技能与工作态度均符合企业要求的员工队伍。

职前培训因训练内容侧重不同，又可分为一般性职前培训与专业性职前培训。一般性职前培训指对新入职的员工就饭店行业知识、饭店工作的性质与特点、饭店工作人员素质要求与职业道德、饭店情况介绍等常识性内容进行灌输，以增进新员工对饭店工作的了解与信心；专业性职前培训侧重对新员工分部门、分工种进行专业针对性训练，要求员工在上岗前切实了解所在部门业务的原则、规范、程序、技术与方法，以便培训后立即能适应并胜任所分配的工作。

2. 在职培训

在职培训是指饭店员工在工作场所、在完成工作任务过程中所接受的培训。员工的在职培训是职前培训的继续，是从培训的初级阶段迈向培训的中级阶段。职前培训是为饭店员工做就业的准备，是每一个员工加入饭店行业的必由之路；在职培训是职前训练的深化，它持续的时间远比职前培训要漫长。对一个注重培训的饭店企业来讲，在职培训会始终贯穿每一个员工就业的全过程。

饭店业的在职培训旨在不断提高员工队伍的素质水平，它将直接影响饭店的经营水准与服务质量。在饭店日常经营中会产生各种矛盾或问题，在职培训就是解决各种经营问题的有效手段之一；饭店在发展过程中要不断采用各种新技术、新设备，要使员工能掌握这些新知识、新技能，也必须靠在职培训来实现；不同形式的在职培训也有助于改进饭店的服务方式，克服服务中的缺点，改善饭店盈利状况。

在职培训是在饭店照常营业的情况下进行的长期活动，因而在职培训在计划制定、训练方式选择、培训实施上都有特殊的难度。

在职培训要重视对饭店关键工种与岗位的员工，按等级标准定期进行等级培训与考核，并使培训考核结果与员工工资及职务晋升挂钩。在职培训中，还要经常开展职业道德的教育。

3. 职外培训

因饭店经营业务发展需要或员工因工种变更、职位提升等，需要接受某种专门训练，这种培训要求受训员工暂时脱离岗位参加学习或进修，因而称为职外培训。

根据受训时间安排和受训员工脱产时间长短区分，职外培训可分为全日式、间日式与兼时式培训。受训员工以全天的时间脱产参加培训为全日式培训；培训需数天以上的时间，但为避免影响工作，培训可采用间日式，即间隔为之；兼时式培训为在职培训与职外培训均可采用的方式，为避免影响工作或因培训安排需要，受训员工每天仅接受若干小时的训练，其余时间仍返回工作岗位，继续工作。

(二) 员工培训的内容

饭店员工培训的内容，从总体上可以分为三个方面：职业态度（Attitude）、职业技术（Skill）和职业知识（Knowledge），简称"A、S、K"培训。职业态度是每一位员工都必须拥有的，而职业知识与技术对不同的员工则有不同的要求。对员工和领班来说，关键是要掌握有关作业的知识与技术；对主管和部门经理来说，关键是要掌握有关本部门组织督导的知识与技术；对总经理和董事长来说，关键是要掌握经营管理的知识与技术。

处在饭店不同岗位层次的员工，所需掌握和使用的知识与技能的比率也是各不相同的。职业技术培训的主要对象是基层操作人员，职业知识培训的主要对象是管理人员（见图9-2）。

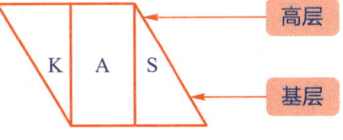

图9-2 培训内容与培训对象

(三) 培训的实施

饭店员工的培训工作，可以按以下顺序进行。

1. 发现培训需求

发现培训需求既是饭店培训工作的开始，又是衡量培训工作效果的主要依据，即培训是否满足了需求。培训需求的产生主要有三个方面：一是由于饭店经营环境（包括内部环境和外部环境）的变化，导致员工缺乏应具备的知识和技能而产生培训的需求；二是由于饭店各部门工作上产生问题而产生培训的需求；三是由于饭店员工流动而产生培训的需求。

2. 制定培训计划

参照国际著名饭店管理的经验，制定培训计划的方法是：

（1）先由饭店培训部发给各部门一份有关本部门业务的培训大纲。大纲包括三部分内容：第一部分是本部门培训纲要简介；第二部分是本部门培训的内容、要求达到的标准、方法、整个计划和每一项目培训的实际时间，学员及培训员的名单（签字），培训日期与考试题；第三部分是对培训方法与手段的简单介绍。

（2）培训部每年发两次半年培训计划表，请各部门填写。

（3）各部门经理与各部门主管（培训协调员）要填写每月培训计划表，培训部接到此表后，要安排好培训场所、培训所需的设备和用具，并帮助培训协调员研究培训活动的步骤、培训方法与考试内容等。

（4）在每一次培训活动结束后，要填写培训活动报告表。

3. 准备培训材料

培训材料应准备完全，印刷要求整齐、清晰。在材料的编排上，尽可能考虑到趣味性，深入浅出，易懂易记。应充分利用现代化的培训工具，采用视听材料，以增强感性认识，激发他们认真练习的动力。特别是准备好工作分析表（Job Breakdown），它是详细、系统说明某一岗位的工作具体做什么、如何做、在做时要注意的问题以及所使用的工具与资料等的实用培训教材，我们可以运用工作分析表来对员工进行实战性培训。

4. 具体实施培训

饭店培训的方法一般可以简单地概括为"T、S、F、C"四步培训法。第一步是传授（Tell

you),就是告诉你如何去做;第二步是示范(Show you),就是演示给你看;第三步是练习(Follow me),就是让你跟着练;第四步是纠正(Check you),就是对你所做的进行检查与纠正。

知识、技术的熟练掌握与运用,是以记忆为基础的。据调查,人通过不同器官实现记忆的有效率如下:通过阅读可记住10%,通过听课可记住20%,又看又听可记住50%,自己复述一遍可记住80%,一面复述一面动手做可记住90%。因此,我们应该尽量采取视听、研讨和角色扮演这些身临其境的培训方法以增强培训效果。

5. 评估培训成效

评估培训成效包含两层意义:一是对培训工作本身的评价;二是对受训者通过培训后所表现的行为是否反映出培训效果的评价。评估培训成效,能使培训工作不断改善。

三、员工的绩效考评

绩效考评是对员工工作行为表现进行核实、评定的方法和过程,是现代饭店人力资源开发的一项重要工作。

(一)绩效考评的内容

绩效考评的内容主要包括德、能、勤、绩四个方面。德是指思想品德;能是指胜任本职工作、完成特定任务表现出来的能力水平;勤主要包括纪律性、积极性、责任感、出勤率等;绩是指工作实绩,包括规定任务的完成情况、创造性和工作效率等。

绩效考评的内容或评价指标有时和岗位任职资格的评价中采用的指标相同,但后者是以岗位的职责(事)为评价依据,而绩效考评则是以人与事结合的结果(实际行为表现)作为评价依据。

(二)绩效考评的方法

绩效考评的方法很多,主要可以从以下六个方面加以区别。

1. 根据考评的持续与否,可分为日常考评与定期考评

其中考勤经常采用日常考评的形式,而在考绩中则定期考评形式的适用面更广。

2. 根据考评结果的表现形式,可分为定性与定量考评

定性考评的结果表现为对某人工作评价的文字描述,或人员之间评价高低的相对次序,以优、良、中、可、劣等形式表示,例如简单分等法、短句分等法等。定量考评的结果则以分值或系数等数量形式表示。

3. 根据考评标准与工作结果的关系,可分为直接考评与间接考评

直接考评是直接根据工作结果进行考评,即考评标准就是工作结果必须达到的质量、数量规定(定额)。例如,计件考核,是以应该完成的符合质量要求的实物数量(定额)为考核标准。直接考评除了计件考核外,还有目标考核等形式。无论何种形式的直接考评,都必须以相应的定额为基础,故适用于工作结果可见性强、事件感强的工作场合。直接考评通常都是定量考评。间接考评是间接根据工作结果进行考评,即考评标准不是工作结果的质量、数量规定,而是从与工作结果有关的其他方面进行考评。定性考评中有关方法均为间接考评。在定量考评中,间接考评也是一种运用很广的方法,特别适用于工作结果的可

见性和事件感不强的工作场合。直接考评、间接考评和定量、定性考评间的关系如图 9-3 所示。

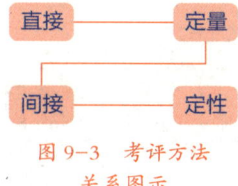

图 9-3 考评方法关系图示

4. 根据评分的参照标准,可分为绝对评分考评和相对评分考评

在间接定量考评中,通常采用参照一定内容或对象进行评分的方式。绝对评分考评是对照预先规定的评分标准进行评分,而相对评分考评则是对照其他考评对象的实际情况进行评分。在绝对评分考评中,评分标准有完全统一的形式,如图式评定、尺度法等,都是采用完全相同的标准去考评每一对象,有点类似于岗位评价中的因素评分法。但为了适应实际需要,也有按对象分别建立评分标准的形式,主要用于考评对象的工作性质差别较大的场合。

5. 根据考评中的评分者,可分为机构考评、自我考评、主管考评与互相考评

机构考评是由专门的考评机构实施考评,在日常考评中这种机构往往是常设的专职机构,在定期考评中,则往往是由非专职人员组成的临时机构。机构考评可独立实施,也可与自评等其他形式结合进行。自评与互评通常需与其他考评形式结合进行。主管考评是由部门主管对所属人员进行评分,也可独立实施,在两级或多级考核中较为有效(见表 9-8)。

6. 根据考评层次,可分为一级考评和二级(多级)考评

一级考评直接考核到每一个员工,适用于考评对象较少或奖金进行一级分配等情况。二级考评先对部门考核,再按部门对个人进行考核,是多级考评中最常见的,主要适用于考评对象较多或奖金进行两级分配等情况。

表 9-8 服务员工表现评估表
Staff Performance Appraisal Form

☐ 建议 / 推荐 Recommendation for	(晋升 / 调职 Promotion/Transfer)
☐ 试用期满 End of Probation	(新员工 / 晋升 / 调职 New Staff/Promotion/Transfer)
☐ 定期评核 Periodic Assessment	(由_____ 至_____) (From_____ to_____)
员工姓名 Name:_____	员工编号 Employee No.:_____
部门 / 职位 Department/Position:_____	
就职日期 Date Joined:_____	评核日期 Date of Assessment:_____
员工签署 Employee Signature:_____	
评核者 Appraiser:_____	
部门主管 Department Head:_____	
人事培训部 Personnel & Training Department:_____	
等级 Rating:(评估范围 A 至 E On a scale of A to E)	
A:优 Excellent	(90~100 分)
B:良 Good	(80~89 分)
C:一般 Meet Standard	(70~79 分)
D:要改善 Needs Improvement	(60~69 分)
E:不合格 Below Experience	(60 分以下)

续表

第一部分 Part 1：工作表现质量 Quality of Performance

要点 Particulars	A	B	C	D	E	备注 Remarks
工作知识 Job Knowledge						
工作效率 Effectiveness						
主动性 Initiative						
判断力 Judgement						
准确性 Accuracy						
责任感 Responsibility						
可靠性 Reliability						

第二部分 Part 2：个人特性 Personal Characteristics

要点 Particulars	A	B	C	D	E	备注 Remarks
热心工作程度 Enthusiasm						
待人礼貌 Courtesy						
合作程度 Cooperation						
沟通能力 Communication						
学习能力 Learning Ability						
待人接物 Sociability						
服从性 Obedience						
纪律性 Discipline						
出勤率 Attendance						
仪表 Apperance						

第三部分 Part 3：总评语 General Comments

1. 员工优点 Strengths of The Staff：

2. 员工须改善之处 Areas Requiring Improvement for The Staff：

3. 其他评语 Other Comments：

4. 总分 Total Score（最高分为100分　Max. Score 100 Points）：

第四部分 Part 4：年终评核结果员工表现情况 For Annual Performance Appraisal
退步 Decline
进步 Normal Progress
较佳进展 Rapid Growth

第五部分 Part 5：建议／推荐 Recommendation
员工试用期满评核结果 For the End of Probation Appraisal：
确定员工试用期满 Confirmation of Probationary Period
确定为长期员工 Confirmation to Permanent Staff
晋升为／调职至
Promotion/Transfer to
□由　　　　开始终止劳动合同
Termination of Employment with Effect From

第三节　饭店人力资源的管理

现代饭店人力资源管理的目标,是提升员工的满意度,培育员工对企业的忠诚感。通过科学的、有效的人力资源管理,将人力资源的能量挖掘出来。在不同的企业环境和人际关系中,员工潜力的发挥会产生相当大的差别。饭店管理者需通过科学的领导方法,使员工的积极性和创造性得到充分的发挥,形成对饭店企业的高度忠诚感。

一、饭店领导艺术

饭店管理者的职责是在饭店经营活动中进行计划、组织、指导、控制和协调等方面的工作,以达到饭店既定的整体目标。在管理者完成这些工作的过程中,他们所表现出的领导艺术将影响饭店员工的行为。应用有效的领导行为,掌握有效的领导方式,是饭店人力资源管理的重要一环。

(一)领导影响力的来源

领导是针对有组织集体的一种活动和行为,是为该组织集体确立目标、实现目标所进行的活动施加影响的过程,而致力于实现这个过程的人,就是领导者。由此可知,领导是管理者的活动和行为,其作用是影响员工个人或群体,使他们努力达到某个特定的目标。

员工为什么能够服从领导者的指示,听从领导者的命令呢?这是因为领导者拥有员工所没有的影响力。他们的影响力能够影响和改变他人的思想和行为。领导者发挥领导功能的有效程度取决于领导者所具有的影响力的大小。决定领导者影响力的因素很多,如领导者的权力、地位、知识、素质、能力等。从影响力的性质来区分,主要可分为强制性影响力和自然影响力(见图9-4)。

图9-4　领导影响力

1. 强制性影响力

强制性影响力是由社会、组织赋予个人的职务、地位和权力所构成的。当饭店某员工接受了饭店组织(或有关部门)所授予的职务和相应的权力后,便具有了这种影响力。强制性影响力的特点是对他人的影响带有强迫性和不可抗拒性。因为领导者可以利用他们所掌握的权力来奖励(包括金钱、实物、精神等各种形式)服从指挥的员工,惩罚不服从命令的员工,以达到影响员工的行为的目的。

2. 自然影响力

自然影响力是不可能由饭店组织和上级有关部门授予的,而是建立在领导者本身所具有的使人信服的素质和威信的基础之上的。这种影响力的基础主要是领导者的德和才,领导者的思想觉悟、道德品质、行为作风、文化素养、专业知识和特殊技能使他人心悦诚服,从而产生领导者的影响力。员工是出于对领导者的尊重、信任而愿意追随领导者的。

这两种影响力可以用一个词来概括,即领导者的"权威"。"权威"这个词表达了两层含义:权力与威信。权力意味着强制性影响力,而威信则需靠领导者自己去建立。一个领导者如果仅仅依靠权力来维护其领导地位,充其量只是一个高级监工而已。而真正的领导者对下属不是命令而是引导,不是强调权力而是贯注自己的热情,不是要求下属安分守己而是鼓励他们创新。中国古代思想家老子曾经对领导有过一段论述,其大意是:最好的领导者仅使被领导者感觉到有他的存在而已,其次者是使被领导者亲近和赞美他,再次者是使被领导者害怕他,最次者是使被领导者憎恨他。老子的这段论述,可谓是对领导的最精辟的概括。

(二)有效的领导方式

领导的基本内容有两个方面,就是工作与关系。工作是指达成目标的活动;关系是指处理领导者与被领导者之间的关系。

以工作为主的领导行为是建立在 X 理论的基础之上的。X 理论假设一般人都不愿工作,尽可能地逃避工作,并认为绝大多数人怕承担责任,宁愿被领导。因此,为了达成目标,必须采用强制、监督和惩罚等威胁手段。基于这样的假设,领导对员工没有信心。因此,所采用的领导方式是自己决定与工作有关的一切事宜,并发号施令,命令员工执行。如果工作达不到要求,员工将受到威吓、训斥或惩罚。这种强制性的领导行为的特点是"命令和统一""权威和服从"。

以关系为主的领导行为是建立在 Y 理论的基础之上的。Y 理论认为一般人不是不愿意工作,只要赋予与工作有关的目标,人们在工作时是愿意自我控制和自我管理的,并且会有效地完成工作。根据 Y 理论,领导与员工的关系是坦诚、友好和相互信任的关系。因此,所采用的领导方式是经过与员工商议后,制定目标和发出命令。领导强调员工的价值和重要性,一切决定都反映了员工的建议和意见。这种民主的领导行为,体现了领导的权力基本来自下属员工,员工可以参与领导的决策。

两种截然不同的领导行为,分别体现了领导工作的两个方面。研究发现,在一种情境下具有相当效能的领导方式,在另一种情境下可能失去效能。因此,不存在一种普遍适用的领导方式,有效的领导方式是因情境而权变的。

那么,在饭店经营活动中,管理者采取哪种领导方式最适宜呢?根据领导生命周期理论,领导者在选择合适的领导方式之前,必须考虑被领导者的成熟度。所谓被领导者的成熟度,主要反映下属在执行某一特定任务时承担起自己行动责任的能力和意愿。它从低到高可以划分为四个程度,与此相对应,能够取得成功的、合适而有效的领导行为也就表现出不同的方式、风格(见图 9-5)。

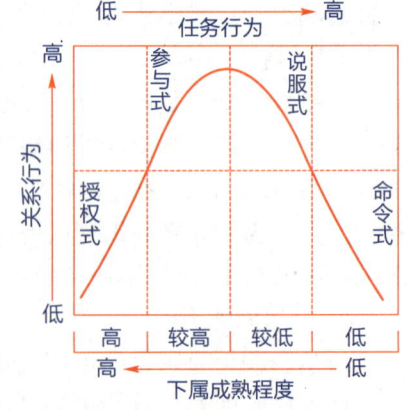

图 9-5 领导生命周期曲线图

1. 命令式

这是一种高任务与低关系组合的领导行为,适用于下属成熟程度很低的情形,即被领导者既无能力也无意愿承担责任。这时,领导者需要为被领导者确定工作任务,并以下命令的方式告诉他们做什么,怎么做,何时何地做。

2. 说服式

这是一种高任务与高关系组合的领导方式,适用于下属成熟程度中等偏低(较低)的情形。这时，由于被领导者虽有意愿承担责任但缺乏应有的能力，所以需要领导者对其工作任务做出决策，但在决策下达过程中宜采取说服的方式让被领导者了解所做出的决策，并在决策任务执行中给予大力的支持和帮助，使其高度热诚又充满信心地产生预期的行动。

3. 参与式

这是一种低任务与高关系组合的领导方式，适用于被领导者有能力但不愿意承担责任的中等偏高（较高）成熟程度的情形。这时需要让被领导者参与做出决策，领导者则从中给予支持和帮助。

4. 授权式

这是一种低任务与低关系组合的领导方式，只能适用于被领导者既有能力也有意愿承担责任的高度成熟的情形。领导者既不下达指令，也不给予支持，而是让被领导者自己决定和控制整个工作过程，领导者只起监督的作用。

总之，随着下属从不成熟逐渐向成熟过渡，领导行为应当按命令式、说服式、参与式和授权式方向逐步推移和权变。因为这种趋势类似于产品生命周期曲线的变化，所以这种权变领导理论被称为领导生命周期理论。

二、饭店员工的激励

激励是指由于需要、愿望、兴趣、感情等内外刺激的作用，使企业员工始终处于一种持续的兴奋状态中，就是通常说的调动人的积极性。员工的潜能是否能得到充分发挥，不仅取决于人力资源使用配置的客观情况是否合理，更重要的还受员工积极性高低的影响。因此，通过科学的激励方法提高员工的主观积极性，从而充分发挥员工的潜在能力，也是饭店人力资源开发的重要途径。

视频：饭店员工的激励

调动饭店员工积极性的因素很多，归纳起来大体有两类：一类是物质的因素，一类是精神的因素。这两类因素能够激励员工的行为，是与人具有自然属性和社会属性分不开的。现代心理学和行为科学的研究表明，人的劳动行为是有原因的，这种原因称为行为动机。而行为动机的产生是为了满足人的某种需要。人的需要包括自然需要和社会需要两方面。自然需要是指人的衣、食、住、行等方面的需要，是维持人的生命存在和生理健康的自然性要求。社会需要是指人对友谊、交流、受尊重、自我实现（事业心）等方面的需要，是保持人的心理健康的社会性要求。

人的自然需要只能靠外在的物质生活资料去满足，人的社会需要则要通过与他人的交往，通过社会或他人对自己的评价，从工作成就中去满足。因此，通过适当的物质激励和精神激励，可以激发员工的劳动动机，促使员工通过劳动来满足其各方面的需要。

（一）物质激励的主要形式

目前，饭店企业中常用的物质激励形式主要是工资、奖金和福利等。

饭店企业工资的表现形式多种多样，其实质仍然是基于计时与计件的两种工资形式。

1. 计时工资

计时工资的优点，一是考核和计量简便，二是适用范围比较广泛。其具体形式包括小时工资制、日工资制和月工资制。计时工资的缺点是不能将员工的工作表现准确地与工资激励结合起来,因此,一些饭店在计时工资的基础上注入了新的形式,如结构工资、岗位工资、提成工资、全浮动工资等。其中结构工资一般由四部分组成,包括基础工资、年功工资、职务或岗位工资和浮动工资。

2. 计件工资

计件工资是根据员工完成一定的工作量,以劳动定额为依据,按预先规定的计件单价来计算劳动报酬的工资形式,具有较大的激励作用。其具体形式有直接无限计件、超额计件、包工计件等。但无论何种形式,都要首先确定计件单价。

计件工资有以下优点:① 能够把员工的劳动报酬同他们的实际劳动贡献紧密联系起来,激励其工作积极性;② 有利于员工的全面发展;③ 有利于促进企业劳动定额等基础管理工作。其局限性主要是只适用于能实行准确劳动定额的工作场合,如饭店客房打扫等。

工资是员工定额劳动的报酬,奖金是员工超额劳动的报酬。这两部分对于员工工作行为的激励作用都不可忽视。从能力的角度看,取得工资说明员工具备担任目前工作或者职务的能力,取得奖金意味着员工具有超过担任目前工作或者职务的能力。由于它们都影响员工对自己能力的评价,因此它们又在一定程度上可以满足员工的精神需要。一般情况下,奖金比工资更具有灵活性、适应性,便于及时直接激励员工的劳动积极性。

除了工资和奖金,福利也是饭店企业中一项较重要的物质激励内容。员工福利问题解决不好,往往直接给员工造成家务负担过重等后顾之忧,导致员工不能安心工作,妨碍员工工作后的休息。员工福利搞得好,就会对饭店经营的发展起到重要的激励作用。

(二)精神激励的主要形式

饭店管理者在调动员工积极性过程中所采用的精神激励方式主要有以下几种。

1. 目标激励

心理学家的研究表明:激发人的动机要有一个激励的目标。饭店管理者要把饭店企业的目标与员工个人的目标结合起来,形成目标链,从而能对员工产生激励的作用。

实施目标激励,首先饭店企业的目标应是能鼓舞和振奋人心的。引导员工奋发向上,但又必须是切实可行的,而且要把饭店企业的总目标分解,明确为各部门、每个人的具体目标,从而形成一个目标链,使每个员工都清楚自己在目标链中所处的位置,意识到自己的责任,鼓励员工发挥各自的积极性去达到目标。

2. 情感激励

情感激励是针对人的行为最直接的激励方式。管理者要用自己真诚的感情去打动和征服员工的感情,真正地尊重、信任和关心员工,从感情上赢得员工的信赖。管理者与被管理者之间在感情上的融洽能产生难以估量的激发力量,使员工保持高昂的工作积极性。

管理者对员工进行情感激励要注意两点。首先,应真诚对待每一个被管理者,切忌因人而亲疏;管理者不仅要在政治上、工作上关心和鼓励员工,而且要关心员工的生活和事业发展,从而普遍地在员工心中营造一种和谐的心理气氛。其次,管理者对属下员工的关心和帮助应表现为同志和朋友之间的友好感情,绝不是一种居高临下式的恩赐或怜悯。

3. 参与激励

参与激励就是创造和提供各种机会和途径，使员工主动关心饭店企业的发展，参与饭店各个层次上的经营管理活动，激发员工当家做主的热情。

在饭店层面上，应通过职工大会的形式，实行民主管理，广泛地听取、收集员工对饭店经营管理和企业发展上的建议和方案；饭店各部门和班组的管理者在日常管理中，遇事多和员工商量，多采纳员工的意见和建议。这样，既增强了上下级之间的沟通，又调动了员工参与的积极性，承认了员工的价值，可进一步激发起员工的工作热情。

4. 榜样激励

榜样的力量是巨大的。在饭店中树立起实在的、生动的、让人信服的个人或集体榜样，给人以鼓舞和鞭策，激发起他人学习和追赶的愿望。

榜样激励也是一种竞争激励。对作为榜样者本身来说，得到了他人的承认，荣誉感、成就感等自尊的需要得到了满足。为了维护这个荣誉，他必须做出更大的努力。对于其他员工，尤其是对荣誉追求有较强欲望的年轻员工来说，在不甘落后于他人的心理支配下，必然想赶超榜样，从而努力工作。这就是榜样产生的激励作用。

美国哈佛大学教授詹姆士（William James）曾经指出，绝大部分的员工为了应付企业指派给他的全部工作，一般只需要付出自己能力的 20%~30%，也就是说，员工为了"保住饭碗"，在工作中所发挥的效能只是其本身能力的很小部分。如果员工受到有效的激励，则将付出他们全部能力的 80%~90%。由此可知，激励对员工潜在的工作表现和工作能力有相当大的推动力。饭店管理者必须了解各种不同的激励方式的内涵，在管理过程中针对不同的对象灵活掌握和运用，有效地激发起每个员工的工作热情，从而达到调动员工工作积极性的目的。

三、员工职业生涯规划与管理

做好员工职业生涯的规划，是调动员工的积极性、激发员工的创造性、提升员工忠诚度的极其重要的工作。

（一）员工职业生涯阶段的划分

研究表明，一个人的一生总是要经历若干职业生涯阶段而最终退出其职业生活。管理者要有针对性地开展人力资源管理工作，就必须了解员工的职业发展阶段，并制定合理的人力资源规划和政策。一般而言，一个人的职业生涯可划分为如下几个典型阶段。

1. 探索阶段

此阶段发生在一个人开始进入社会的早期，即青春期。在这一阶段，个人开始认真地探索各种可能的职业选择。他们最初可能做出一些带有试验性质的较宽泛的职业选择，然后根据对自己兴趣和能力的认识情况不断予以修正和重新界定。探索阶段的最重要任务，就是个人对自己的能力和天资形成一种现实性的评价。企业管理者在这一阶段的工作，主要是通过提供有关工作和企业的正面及负面的信息，帮助个人形成对职业工作的一种正确预期。

2. 确立阶段

此阶段发生在一个人的青年至中年时期。通常个人会在这一期间找到适合自己的职业并全身心地投入有助于自己在此职业中取得永久发展的各种活动中去。这一阶段可以分为尝试、稳定和职业中期危机等几个分阶段。尝试阶段，个人确定当前所选择的职业是否适合自己，如果不合适，则会准备换一下工作。稳定阶段，个人已经给自己确立了较坚定的职业目标，并制定较明确的职业计划来确定自己晋升的潜力、工作调换的必要性和所需的教育培训等。有些人到了40岁左右的年龄，可能进入职业中期危机阶段。此时，他可能根据自己最初的理想和目标对自己的职业选择做一次重要的重新评价，如果发现不能朝着自己所梦想的目标靠近，或者当初所梦想的并不是自己真正想要的东西，这时他就会开始一个新的职业选择，或者重新思考工作和职业到底在自己的全部生活中占有多大的地位，据此调整今后努力的方向。

3. 维持阶段

这是职业生涯的后期阶段。个人已经趋向于安心于现有的工作，并普遍为自己在工作领域中创下的一席之地感到愉悦。这一时期的人们会将主要精力放在保有现时的位置，而不再表现出先前的闯劲。故管理者工作的重点宜集中于充分调动和利用这类人员的已有资源。

4. 衰退阶段

这是临近退休的人们通常不得不面临的艰难时期。对处于这一时期的员工，管理者需要帮助他们学会接受权力交接和责任减少的现实，学会使自己成为年轻人的良师益友的新角色。

（二）员工职业生涯规划的编制

饭店可以采取以下方式帮助员工编制职业生涯规划。

1. 工作研讨会

饭店可以给所有员工提供系列的工作研讨会，以帮助员工加深对自己的了解，并了解企业需要的技能。可在研讨会的前两周，给与会者一封资格确认函、若干清单等资料以及一些在研讨会召开以前必须完成的工作，包括技能清单、人生价值观与人生目标清单和一份职业选择表。通常，研讨会的目的在于帮助员工在企业内获得职业发展。在研讨会上，每个人首先进行自我评估以明确自己的价值观、技能、职业动机和兴趣，然后进行环境评估，之后确定特定的职业目标，最后制定与企业需要相吻合的员工职业生涯规划。

2. 一对一辅导

这种辅导主要是帮助员工进行自我分析和做决策，一般由人力资源开发部门主管负责。在辅导中，员工与主管人员就职业生涯规划展开讨论，力求达成共识。讨论结束后，主管人员要提出一整套的行动计划方案。

3. 自我评估和发展手册

手册旨在帮助员工更好地了解自己、评估自己，并作出切合实际的职业生涯规划。内容包括用于自我评估的测验和问题，描述个人目标及考虑因素、个人优点、发展空间、可能出现的绊脚石、现职发展计划、下一个恰当的工作和时间，以及将自我评估转换成行动方案的方法。

4. 工作机会的信息传递

通过职位空缺公告、电子平台、出版物等形式,提供专门信息让员工了解目前企业内的职位空缺情况及争取该职位的申请手续。

(三)员工职业生涯管理的步骤

企业对员工的职业生涯管理,是指企业通过考察分析员工个人的特点,了解员工成长和发展的方向及兴趣,分析个人职业生涯的企业因素和社会因素,制定协调个人职业发展目标与企业发展目标、促进企业和个人共同发展的战略设想与计划安排。职业生涯管理是一个相当复杂的过程,主要包括以下几个步骤。

1. 员工自我评估

员工自我评估,是指员工为了确定恰当合理的职业生涯发展路线和职业生涯目标,对自己的兴趣、能力、气质、性格以及职业发展方面的要求和目标等进行分析和评估(见表9-9)。

表9-9 员工自我评估法

自我评估法	含义
撰写自传	了解员工的个人背景,包括接触过的人、居住的地方、生活中发生的事情、已经进行过的工作转换以及未来的计划等
志趣考察	包括员工愿意从事的职业、喜欢的课程、喜欢的人的类型,将员工的志趣与成功者的志趣进行比较,得出员工的志趣形象
价值观研究	根据员工选择的自己认为最有价值的事物来了解员工在理论、经济、审美、社会、政治和宗教信仰方面的价值观
24小时日记	要求员工记录一个工作日和一个非工作日的活动,以侧面了解员工
与两个重要人物面谈	员工与自己的朋友、配偶、同事或亲戚谈自己的想法,并将谈话进行录音
生活方式描写	员工用语言、照片等方式向他人描述自己的生活方式

员工自我评估需要依靠个人所具备的能力和从企业所能够获得的支持。员工自我评估是否准确、合理,受员工个人的知识水平、道德观念以及所了解信息的制约,可能自我评价过低,也可能自我评价过高,但不管什么情况,企业都应当为员工提供必要的帮助。例如,企业可以为员工提供关于如何进行自我评估的材料,还可以为员工制定一些针对员工具体情况的评价方法,以协助员工做好自我评估工作。

2. 企业对员工的评估

在员工职业生涯管理的过程中,企业需要对员工的能力和潜力作出客观、公正的评价。企业评价是企业职业生涯管理的关键步骤。企业评价员工有多种方法可以选择。评价中心是一种很好的评价方法,它是由受过训练的观察者以被评价者在专门选定的练习中的绩效为基础,对被评价者的各种性格特征进行的一种评估。

评价中心的一个关键因素是:确定成功员工的性格特征,即确定要使正在被评估的特定工作有良好的绩效,员工应当具备的性格特征。当某项特定工作成功员工的性格特征被确定以后，评价人就可以依据这些性格特征，在被评价人参与评价中心设计的某一活动时，评估他们的表现。最经常采用的方法是绩效评价方法，还可以运用心理、体能测验等对员工职业素质进行评价。总之，企业要采用多种方法，尽可能获得员工的多种信息，通过比较、鉴别、核对和分析客观准确地评价员工。

一般而言，企业对员工个人的评价应由人力资源部门的人员与员工的直接管理者共同实施，员工的直接管理者担任辅助者。

3. 职业信息的传递

企业要及时为员工提供有关企业发展变化和员工个人方面的信息，包括职位升迁机会与条件限制、工作绩效评估结果、工作轮换及培训机会等，以增进员工对企业的了解，帮助员工建立自己的职业发展道路。

对企业所有空缺职位"公开、公正、公平"的做法，能够确保企业内部候选人的职业发展计划与企业内部的各种晋升机会相匹配。企业在传递职业信息时，必须注意公开、公正、公平地将有关员工职业发展的方向、职业发展途径，以及有关职位在技能、知识等方面的要求及时地利用企业内部报刊、局域网、公告等形式传递给广大员工，促进员工之间的公平竞争。

4. 职业发展通道引导

职业发展通道引导，是指在企业内从一种职位发展到另一种职位的具体途径，即员工要获得另一种职位所具备的能力而必须进行的一系列开发活动，包括工作体验、正式与非正式教育和培训等。职业发展通道引导的基本步骤如下。

（1）确定或再次确认目标职位所必需的能力及最终行为。这项工作要随着时间的变化而变化。

（2）经常检查核实员工兴趣、技能、经验和职业目标等背景资料的准确性与完整性。

（3）和员工一起分析考察员工个人及其目标职位，确定员工个人与其目标职位是否匹配。

（4）将员工的职业期望、发展需要及目标职业要求与企业的职业管理协调起来。

（5）明确员工为获得目标职位需要进行哪些工作、教育及培训。

（6）制定包含行动时间表的职业道路行动规划。

5. 职业咨询

职业咨询，是指企业进行职业生涯管理的各项工作中，由管理者、人力资源管理人员提供的一系列指导、建议和帮助活动。

职业咨询的主要形式有：为员工提供必要的信息，帮助员工进行实事求是的客观分析，指导其依据自己的实际情况、工作分析资料和企业需要，确定职业目标；直接管理者与员工进行讨论沟通，充分交换意见，就职业计划和有关职业发展的活动达成共识；请人力资源管理专家、职业顾问和心理学家就员工的职业选择和职业发展问题，给予有效的指导、咨询与帮助；举办专题讨论会，向员工公布企业职业规划方案及其实施办法，介绍可能的职务机会与发展途径。

职业咨询人员需要学习掌握一些人际关系方面的知识,积累一些咨询的经验和技巧。例如,要保守员工的秘密;要从员工的角度看问题,尽力与员工进行心灵沟通;学会做一名真诚的倾听者;帮助员工扩展思维,考虑多种选择;等等。

(四)员工职业生涯管理的意义

员工个人的职业生涯是与企业的发展紧密相连的。一个优秀员工的职业生涯规划如不能在本企业内实现,那么他迟早会离开。重视员工职业生涯规划,对饭店人力资源的管理具有积极的作用。

1. 有利于工作满意度提高

做好员工职业生涯规划,不仅影响员工个人的精神状态,还会影响其生产率水平。实践表明,员工的精神状态与生产率具有正相关关系。一个快乐的员工,会倾向于表现出更高的生产率。

2. 有利于工作投入度提高

比工作满意度的含义更深一层,工作投入度是指员工认可自己的工作,主动参与工作的程度,并认为工作好坏对实现个人价值至关重要。工作投入度对生产率的影响要比工作满意度更为直接,且强度更大。

3. 有利于增强对企业的忠诚度

企业忠诚度是指员工对企业的忠诚、认可、关注及参与的程度。做好员工职业生涯规划,会使员工将企业当作自己的家,始终如一、不计得失地为企业奉献自己的智慧和能力。

本 章 小 结

- 人力资源管理是现代饭店管理的核心,是现代饭店经营成功的重要保证。与传统人事管理不同,饭店人力资源管理力图将企业的目标与员工个人的目标结合起来,注重员工能动性和他们内在潜能的开发。提升员工的满意度,培育员工的忠诚度,是现代饭店人力资源管理的核心。

- 通过制定人力资源规划,可以将饭店企业的目标和任务计划转换为需要哪些人员来实现这些目标和完成这些任务的人员配备计划。确定劳动定额和人员编制,是人力资源规划的一项基础性工作。

- 饭店人力资源开发的内容包括员工的招聘、培训和绩效的考评。通过人力资源的开发,可为饭店配备在数量、质量和结构等各方面与饭店需要吻合的员工。

- 通过正确的领导方式和有效的员工激励,以及员工职业生涯的规划和管理,有助于企业塑造一支能长期保持高绩效并具有高度忠诚感的员工队伍,它也是现代饭店人力资源管理的目标。

同步练习

一、问题思考
1. 什么是现代饭店人力资源管理的核心任务？
2. 饭店人力资源规划包括哪些主要内容？
3. 核定员工劳动定额和人员编制有哪几种方法？
4. 饭店员工培训的内容和步骤有哪些？
5. 饭店员工精神激励的方式有哪几种？
6. 有哪几种领导行为模式？什么是有效的领导方式？

二、讨论交流
以 3~4 人组成的小组为研究单位，通过互联网查找资料或实地考察饭店，进行以下问题的研究，撰写调研报告，编制 PPT 文件，在课堂上进行交流分享。
1. 编制一份饭店员工的培训计划。
2. 编制一份饭店员工的考核方案。

三、在线自测
扫描二维码，完成在线练习。

在线自测 9

实例参考

香格里拉饭店员工培训项目与计划

一、入职培训
1. 目标

对新员工的培训是从他们加入香格里拉饭店的第一天开始的，也是他们同香格里拉共同发展与成长的第一步。入职培训计划旨在传授给新员工与其工作相关的基本技能

2. 内容

(1) 对香格里拉饭店和度假村，以及香格里拉国际饭店管理公司的介绍

① 公司历史

② 集团饭店与度假村的介绍

③ 香格里拉国际饭店管理集团总部管理人员的介绍

(2) 对公司文化的介绍

① 远景目标

② 使命

③ 经营哲学：殷勤好客亚洲情

④ 指导原则
⑤ 殷勤好客亚洲情的五个核心部分
⑥ 自豪而不骄矜
(3) 2020年远景及战略计划
① 为什么制定2020年远景及战略计划
② 顾客忠诚感
③ 员工忠诚感
④ 进程改善与技术
⑤ 领导技能
(4) 公司企业结构表的介绍
(5) 了解你的饭店
① 饭店知识
② 饭店旅程
(6) 人力资源政策
① 饭店规章
② 员工手册
③ 工会
④ 其他
(7) 安全与保卫
① 安全程序
② 防火措施
(8) 个人仪表与卫生
① 仪表标准
② 健康与卫生
(9) 香格里拉情之一(详见香格里拉情之一部分)
(10) 金环计划
(11) 使客人无比愉悦
(12) 员工之声
(13) 接电话技巧
(14) 团队精神
(15) 饭店知识及服务意识测验
(16) 部门培训入门介绍
① 检测表
② 培训记录册
③ 时间:4天

④ 培训员：人力资源部经理，培训部经理，香格里拉情培训大使
⑤ 培训对象：所有新员工

二、"香格里拉情"标准1：殷勤好客亚洲情

1. 目标

(1) 本阶段培训工作的目的是建立员工对公司经营理念和指导原则的忠诚感，以达到香格里拉2020年远景目标，特别是在提高市场份额，维系顾客，以及保持顾客忠诚感方面

(2) 建立员工信心，使其能在每时每刻为所有顾客提供最好的"殷勤好客亚洲情"式的服务

(3) 在本阶段培训结束时，参加者将能够

① 从顾客的角度理解顾客的期望

② 理解顾客对我们的高度期望

③ 利用核心价值不断地超越顾客的期望

④ 理解自身在首次及每次为顾客提供"殷勤好客亚洲情"式的服务时的重要作用

(4) 强化公司经营理念和指导原则的传播

2. 内容

(1) 为什么需要"香格里拉情"？

(2) "殷勤好客亚洲情"的重要性

① 旅途劳顿

② 顾客期望

③ 顾客为什么选择香格里拉

④ 顾客对香格里拉的期望

⑤ 顾客如何评价我们：服务质量监测

⑥ 顾客服务中的过失

⑦ 经营哲学、指导原则以及自身的角色

(3) 什么是"殷勤好客亚洲情"？

① 核心价值：尊敬、谦恭、礼貌、助人、真诚

② "殷勤好客亚洲情"的象征

(4) 我在提供"殷勤好客亚洲情"式的服务中的作用

① 时间：1天

② 培训员：经集团认可的培训员和培训大使

③ 培训对象：所有员工

三、"香格里拉情"标准2：使客人无比愉悦

1. 目标

(1) 完全了解战略计划的每个部分

(2) 完全了解建立顾客忠诚感的重要性

(3) 学习与演示使顾客愉悦的四个驱动力

(4) 学习与演示对"金环计划"客人的感激

2. 内容

(1) 对"香格里拉情"标准1的扼要重述

(2) 战略计划

① 战略计划的重要性

② 客户忠诚感

③ 员工忠诚感

④ 进程改善与技术

⑤ 领导技能

⑥ 经营结果

(3) 使顾客愉悦的四个驱动力

① 认知

② 预见

③ 灵活

④ 补救

(4) 金环计划

① 时间：一天半

② 培训员：经集团认可的培训员和培训大使

③ 培训对象：所有员工

四、战略计划——成为龙头企业之路

1. 目标

使所有管理人员了解香格里拉2020年远景计划

2. 内容

(1) 香格里拉2020年远景

(2) 顾客忠诚感

(3) 员工忠诚感

(4) 进程的改善与技术

(5) 领导技能

① 时间：半天

② 培训员：人力资源总监

③ 培训对象：三级以上员工

五、培训技能1

1. 目标

(1) 培训结束时，参加者能够进行知识与技能的一对一培训

(2) 以直接的方式肯定员工的成绩

(3) 协助工作中的培训

2. 内容

(1) 培训的重要性

(2) 为什么要培训

(3) 技能与知识的培训

(4) 培训对象

(5) 培训时间

(6) 学习的原则

(7) 开始、学习及贯彻技能培训的方法

(8) 开始、传授和测验知识培训的方法

(9) 提问技巧

(10) 对成绩提高的反馈

(11) 培训员的作用

(12) 培训中的障碍

(13) 部门培训的管理

(14) 计划行动

① 时间:3 天

② 培训员:经集团认可的培训技能讲师

③ 培训对象:所有可能的部门培训员

六、培训技能 2

1. 目标

(1) 培训结束时,参加者能够安排小组培训,包括使用力破坚冰、集思广益、角色表演、小组讨论的技巧对 18 人以下的小组进行培训

(2) 在各种学习环境下应付不同的参加者

2. 内容

(1) 教授的原则

(2) 教授的步骤

(3) 培训方法(激励,向小组传授,培训目标的准备)

(4) 头脑风暴

(5) 指导讨论小组

(6) 提问技巧

(7) 指导短剧表演

(8) 企业讨论

(9) 指导不同的参加者

(10) 培训辅助设备

(11) 计划培训期

(12) 评估培训结果

(13) 安排日程

① 时间:4天

② 培训员:经集团认可的培训技能2教授员

③ 培训对象:所有可能的部门培训员

④ 对待不同情绪的人应注意的问题

⑤ 对待焦虑的人:

  站姿挺直,头部仰起

  声音清晰,声调低沉

  正常说话速度

  保持礼貌的距离

  使客人放心,问题可以得到解决

  经常了解进展情况,不断使客人放心

⑥ 对待失望的人:

  身姿低沉

  音调低沉,说话速度缓慢

  接近对方

  严肃/理解的表情

  倾听

  注视对方

  表示希望帮助对方的愿望

⑦ 对待不耐烦的人:

  说话快捷,不拐弯抹角

  行动迅速,采取果断行动

  减少目光注视

  不得同对方靠得很近

⑧ 对待发怒的人:

  倾听

  表示同意对方,道歉,低头垂目,将手抱在一起

  保持一定距离

  语调低沉、缓慢、柔和,同对话者的态度正相反

  不断地道歉,直至对方怒气全消

  使对方息怒后再提出解决方案(解决方案不可提得太早)

香格里拉培训部门按照培训对象的性格与心理特征将其分为不同的类型来提供针对性的指导，以确保培训的效果。例如它制定了让学员自己填写的学员类型调查表，并提出了对待不同情绪的人应注意的问题

学员类型调查表

"你是何种类型的学员？"_____
在培训期间,你是否曾……_____
感到很乏味_____
睡着了_____
问了很多问题_____
被禁止提问_____
与一位腼腆的人同座_____
被表扬_____
参加了小组讨论_____
参加集思广益的讨论_____
希望培训课快点儿结束_____
希望多休息几次_____
听不懂培训员的话_____
迟到_____
被批评过_____
做了游戏_____

第十章 饭店绩效评价体系与分析

学习目标

　　知识目标：

　　　　知晓饭店绩效评价系统的要素和设计要求，熟悉饭店绩效评价的指标体系，了解饭店绩效评价指标的含义。

　　能力目标：

　　　　能说明平衡计分卡的四个基本问题，能解读饭店偿债能力、营运能力、获利能力和财务比率四大指标的概念。

第一节 饭店绩效评价系统的建立

绩效评价（Performance Appraisal）是指根据确定的目的来测定对象系统的属性，并将这种属性变为客观定量的计值或者主观效用的行为。绩效评价是现代饭店经营管理的一项重要内容。

开展饭店绩效评价，首先要确立绩效评价系统，确定绩效评价指标体系的要素，选择合适的绩效评价方法。

一、饭店绩效评价系统的要素

视频：饭店绩效评价系统的要素

绩效评价系统作为饭店管理控制系统中一个相对独立的子系统，由以下几个基本要素构成。

（一）评价目标

饭店绩效评价系统的目标是整个系统运行的指南和目的，它服从和服务于企业目标。绩效评价系统要处理好评价系统目标和企业目标之间的依存关系。企业目标的实现需要各方面的努力：建立合适的组织结构，建立管理控制系统，制定预算，设计绩效评价系统和激励系统等。

（二）评价对象

绩效评价系统有两个评价对象：一是企业，二是企业管理者，两者既有联系又有区别。评价对象的确定非常重要。评价的结果对绩效评价对象必然会产生影响，关系到评价对象今后的命运问题。对企业的评价关系到企业的扩张、维持、重组、收缩、转向或退出；对管理者的评价关系到奖惩、升降等问题。

（三）评价指标

绩效评价系统关心的是评价对象与企业目标的相关方面，即关键成功因素（Key Success Factors, KSFs）。关键成功因素具体表现在评价指标上。关键成功因素有财务方面的，如投资报酬率、销售利润率、每股税后利润等，也有非财务方面的，如售后服务水平、产品质量、创新速度和能力等。因此，作为用来衡量绩效的指标也分为财务指标和非财务指标。如何将关键成功因素准确地体现在各具体指标上，是绩效评价系统设计的重要问题。

（四）评价标准

绩效评价标准是指判断评价对象业绩优劣的基准。选择什么标准作为评价的基准取决于评价的目的。在饭店绩效评价系统中，常用的三类标准分别为年度预算标准、资本预算标准及竞争对手标准。为了全面发挥绩效评价系统的功能，同一个系统中应同时使用这三类不同的标准。在具体选用标准时，应与评价对象密切联系。一般来讲，评价对象为管理者时，采用年度预算标准较为恰当；评价对象为企业时，最好采用资本预算标准和竞争对手标准。

（五）分析报告

绩效评价分析报告是绩效评价系统的输出信息，也是绩效评价系统的结论性文件。绩效评价人员以绩效评价对象为单位,通过会计信息系统及其他信息系统,获取与评价对象有关的信息,经过加工整理后得出绩效评价对象的评价指标数值或状况,将该评价对象的评价指数的数值状况与预先确定的评价标准进行对比,通过差异分析,找出产生差异的原因、责任及影响,得出评价对象业绩优劣的结论,形成绩效评价分析报告。

上述五个要素共同组成一个完整的绩效评价系统,它们之间相互联系、相互影响。不同的目标决定了不同的对象、指标和标准的选择,其报告的形式也不同。目标是绩效评价系统的中枢,没有明确的目标,整个绩效评价系统将处于混乱状态。

在饭店管理体系中,饭店是一个层级结构,绩效评价系统具有明显的层次结构。无论这种层次有多少,不外乎两个基本层次:一是饭店外部出资所有者对饭店及其管理者的评价,二是饭店内部管理者对下属部门和下属人员的评价。

二、绩效评价系统的设计要求

乔伊、米克在《国际会计》中指出:"一个设计得很好的绩效评价系统可以使高层管理者判断现有经营活动的获利性,发现尚未控制的领域,有效地配置企业有限的资源,评价管理业绩。"绩效评价系统应使管理者能够:评价他经营的经济实绩,常常是指对单位经营实绩的评价;评价单位管理者的业绩;追踪并监督公司目标(包括战略目标)的实现进程;帮助实现有效的资源配置。

评价系统的设计很大程度上取决于组织结构特征。适应经营组织战略的结构,则有助于实施适当的控制。组织结构也影响信息的流向与流量,因此,任何控制系统都需要被设计在整个组织的结构之中。而且组织结构随企业战略的发展而演进,控制系统也需要随组织结构的演进而做调整,以取得和谐一致。企业的战略发展和组织演进,使得组织的外部环境和内部结构日趋复杂,这就从根本上决定了必须有一个完善的评价控制系统。

一个控制系统的设计,必须满足以下要求。

(一)准确、及时和客观

若要确认实际绩效是否符合预期绩效,关于绩效的信息就必须是准确的。在一个有效的控制系统中,计量什么及如何计量,必须是十分清楚的。

信息只有及时获得才是有用的。迟到的信息可能导致不适当的反应或根本没有反应。因此,何时计量及以多快的速度将计量结果予以报告,就成为一个有效的控制系统的关键。

信息必须尽可能地客观,而不是限于个人意见。个人意见可能是片面的,确保客观也是有困难的。这是因为感性的偏见很可能影响即使看起来是客观的绩效计量。

(二)可接受与可理解

一个控制系统只有当人去使用它时才会有作用。如果一个控制系统不能为组织成员所接受,那么他们会无视它的存在,或是不甚情愿地遵守它。这样,提供的信息很可能是不准确、不及时和不客观的,因此,一个好的控制系统,必须尽可能地按使用者的所需而设计。

信息只有当它是可理解的和能被用户恰当地解释时才是有用的。难以理解的信息会导致错误的行动,确保所提供信息的清晰,是设计有效控制系统的一个重要方面。

（三）反映企业特性和成本效益

一个有效的评价控制系统的设计，也必须反映独有的特征。任何评价控制系统的一个重要目的，就是评价组织成员的业绩。从控制的观点出发，绩效评价的焦点通常集中于评价企业或下属机构经理的业绩，以确定该单位是否实现了预期的结果。

一个良好的控制系统应能提供较其实施和维护成本更大的利益，这种利益包括基于控制系统所提供的信息和所作的管理决策的改善。

（四）目标一致性

有效的绩效评价系统，其评价指标应是战略目标实施计划的分解，评价指标完成也就能保证战略目标计划的完成。

（五）可控性和激励性

对管理者的评价只有将评价范围限制在他所能控制的范围内，他才能接受，才会感到公平。即使某指标与战略目标非常相关，只要经理人员无法对他实施控制，他也无法对该指标的完成情况负责，用它来评价经理人员的业绩会引起抵触。非可控指标应尽量避免出现。此外，指标水平应是平均先进水平，这对经理人员的工作具有一定的挑战性，以激发其工作潜能。

（六）良好的应变性

良好的绩效评价系统应对企业战略变化及内外部变化非常敏感，并且系统本身能较快作出反应，进行相应调整，以适应变化的要求。

三、饭店绩效评价的方法

视频：饭店绩效评价的方法

饭店绩效评价一般采用综合评价（Comprehensive Evaluation, CE）的方法。综合评价指对以多属性体系结构描述的对象系统作出全局性、整体性的评价，即对评价对象的全体，根据所给的条件，采用一定的方法给每个评价对象赋予一个评价值（又称评价指数），再据此择优或排序。

目前国内外常用的 CE 法可分为经济分析法、专家评价法和多目标决策法等。

（一）经济分析法

这是一种以事先议定好的某个综合经济指标来评价不同对象的 CE 方法，常用的有：直接给出综合经济指标的计算公式或模型的方法、费用—效益分析（Cost-benefit Analysis）法等。该方法含义明确，便于不同对象的对比；不足之处是计算公式或模型不易建立，而且对于涉及较多因素的评价对象来说，往往很难给出一个统一的量化公式。

（二）专家评价法

这是一种以专家的主观判断为基础，通常以"分数""指数""序数""评语"等作为评价的标准，对评价对象做出总体评价的方法。常用的方法有评分法、分等法、加权评分法及优序法等。该方法简单方便，易于使用，但主观性强。

（三）多目标决策法

多目标决策（Multiple Objective Decision Making, MODM）法本身有很多种：一是化多为少法，即通过多种汇总的方法将多目标化成一个综合目标来评价，最常用的有加权和方法、加权平方和方法、乘除法及目标规划法等;二是分层序列法,即将所有目标按重要性依次排列,重要的先考虑;三是直接求所有非劣解的方法;四是重排次序法;五是对话法。该方法较严谨,要求评价对象的描述清楚,评价者能明确表达自己的偏好,这对某些涉及模糊因素、评价者难以确切表达自己的偏好和判断的评价问题的求解带来了一定的困难。

第二节 饭店绩效评价的指标体系

视频:饭店绩效评价的指标体系

评价饭店企业的经营绩效,首先要明确经营绩效的内涵。所谓经营绩效,也可称经营成果,指经济实体在一定时期内利用其有限资源从事经营活动所取得的成果。一般表现为效果和效率两个方面。饭店经营绩效的表现形式是多方面的,如总产值、净产值、销售收入、净收益、产量、投资报酬率、销售利润率等。各种表现形式在不同条件下有不同的作用。出资人投资于企业的目的就在于取得令人满意的利润,因而,出资人评价企业经营绩效侧重于收入成果,同时,还有一些为取得收入成果必备的条件。一般而言,可从财务指标与非财务指标两方面来评价。

美国著名会计学家、哈佛大学商学院卡普兰教授和美国复兴全球公司总裁诺顿在20世纪90年代设计了平衡计分卡,从财务维度、顾客维度、内部业务流程维度和学习成长维度四个方面全面评价企业的绩效。中国的饭店业也可运用平衡计分卡来构建绩效评价的指标体系(见图10-1)。

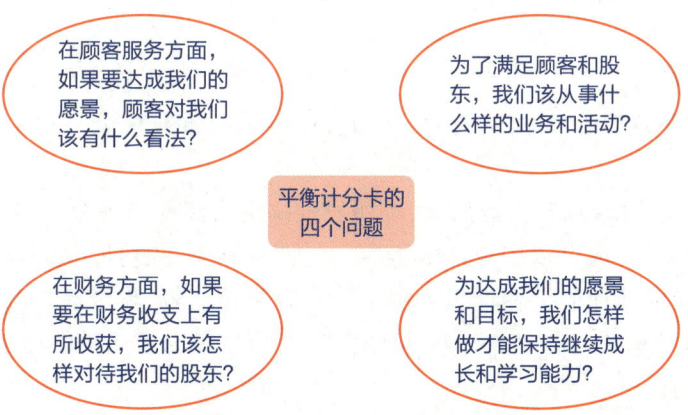

图10-1 BSC评价模型的四个基本问题

一、财务评价指标体系

(一)净收益和每股收益额

净收益就是企业的净利润。在其他条件不变的情况下,饭店净收益越多,所做的贡献越大,成就也越显著,这正是企业的根本目的所在。从表面上看,它受收入和成本的影响。实际上,它还反映饭店产品产量及质量、品种结构、市场营销等方面的工作质量,因而在一定程度上反映了饭店的经营管理水平。无论是用货币数额还是联系股份数额表示的会计净收益均被广泛用于企业绩效的计量。

(二) 投资报酬率

投资报酬率是收益与投入资本之比,反映投资的有效性,是一个效率指标。投资报酬率(ROI)把一个饭店赚得的收益和所使用的资产联系起来,评价饭店资产使用的效率水平,并且把与维持企业经营必要的资本密切联系的成本考虑在内。因此,ROI是监控资产管理和经营策略有效性的有用工具。

当ROI被用于计量一个饭店的绩效时,所用的净资产反映的是产生现金流量和收益的企业的历史成本。ROI等于某一个时期实现的收益或现金流量与所使用净资产的比值。饭店投资基础可以是全部资产、使用的净资产(负债、递延项目以及权益)或权益。如果保持一贯地使用,按每个基础计算的比率对饭店的决策者来说都是有用的。

(三) 剩余收益

剩余收益是指净收益与投资成本的差异。计算公式为:

$$剩余收益 = 净收益 - 投资额(投资成本)$$

剩余收益是净收益之外的另一个可选用的指标,它确认资本成本,用货币数量代替投资收益率。从观念上看,投资报酬率最大化告诉企业最大限度地提高投资报酬率,而剩余收益最大化告诉企业最大限度地提高收益额,使之超过最低报酬额。

以剩余收益作为评价饭店经营绩效的尺度的基本要求是:只要投资的收益大于投资成本,该项投资便是可行的。因而,它避免了投资报酬率的缺陷,使饭店能够选择既有利于其自身又有利于总公司的投资机会。

(四) 营业现金流量

以上评价指标的会计基础均是权责发生制,在商业信用极为频繁的情形下,会计的收益与企业的实际现金收入相差极大。为此,也可采用营业现金流量来评价饭店的经营绩效。

营业现金流量是指饭店正常经营活动所发生的现金流入与现金流出之间的净额,它可以用来评价饭店绩效,也可以用来评价饭店支付债务利息、支付股息的能力及偿付债务的能力,还可用于现金管理业绩的计量。由于同净收益相比较,现金流量受会计估算和分摊的影响较小,因此它有助于理解一个饭店的经营、投资以及财务活动的动态。

(五) 市场价值

理论上,一个企业潜在未来收益的综合计量结果,是由市场所决定的该企业的价值。财务理论家们假设,在一个有序、有效的股票市场中,所有者的预期未来现金流量的变化是受企业的股票市场价格变化影响的,如果所有者来自股息和存货增值预期的未来利润是建立在企业真实价值或现金生产能力的基础上,那么市场价格的变化也许是企业绩效的一个恰当的指示器。

市场价值比率主要有市盈率、净资产倍率等。

(六) 经济增加值

在经济术语中,企业绩效的主要计量方法是经济增加值。经济增加值是指从一个时期到另一时期对所有者产生的预期未来现金流量的现值减去企业所有者的净投资后的差额。

贴现是预计未来现金流量所得到的现值,常被用于评价企业经营活动,评价购置资产备选方案,制定资本投资决策。出于计量饭店企业绩效的目的,经济增加值是指在绩效计量期内,由于培训管理人员提高工作频率而使企业增加的价值。

二、客户评价指标体系

绩效评价体系中的客户评价指标,使饭店企业能够把自己的核心顾客结果评价标准——满意、忠诚、回头率和获利能力——同其所选中的顾客群体和市场部分相衔接。关于客户方面的一般评价指标有以下几项。

(一) 市场份额的评价

在确定顾客团体或市场领域之后,就可直截了当地评价市场份额。饭店协会、贸易协会和政府的统计数字以及其他公众组织,通常可对市场的总体规模进行估计。

(二) 获得客户的评价

饭店若想扩大自己的市场份额,就应制定一项在市场中扩大客户来源的计划。争取客户的工作既可通过新顾客的数量来评价,也可通过统计向这些新客户销售的产品总额来评价。

(三) 顾客满意程度的评价

评价顾客的满意程度可以对饭店绩效提供反馈。无论多么重视顾客的满意程度都不过分。研究表明,只有在客户购买产品时完全满意或极为满意的情况下,饭店才能指望他们反复购买自己的产品。

(四) 留住客户的评价

显然,若想通过特定的顾客群体保持或增加市场份额,一种可取的方式是保住现有的客户。除了留住顾客之外,许多饭店都希望通过评价同现有客户进行的交易量来评价这些顾客的忠诚性。

(五) 从客户处获取利润的评价

饭店不仅要评价同客户做成的交易量,也要评价这种交易是否有利可图,特别是在特定的客户群体中。能否长期获利应成为决定保留或排除客户的关键。尽管目前在某些新客户身上无利可图,但这些客户仍然很重要,因为他们有增长潜力。但是,同饭店保持多年关系的客户如果仍无利可图,饭店就应摆脱这类客户。

通过对市场份额和客户是否有利可图的评价,经营者可以得到有关其市场战略的效果的反馈信息。

三、学习及成长评价指标体系

现代企业绩效评价制度强调对未来进行投资的重要性。要实现长期的财务目标,企业必须对其基础设施——员工、信息系统和经营过程进行投资。饭店企业的学习及成长评价一般包括三大内容:员工能力;信息沟通能力;积极性和创造能力。

(一) 员工能力

饭店企业要想超越现有的财务和客户业绩,提高员工能力相当重要。

1. 对员工的满意程度进行评价

员工感到满意是提高劳动生产率、反应速度和服务质量的一个必要前提。对本职工作最满意的员工同时能使饭店的客户最满意。所以，饭店要想使客户感到高度满意，就应该使员工对本职工作感到满意。每年对员工的满意程度进行一次调查，或每月对员工的满意程度进行一次抽查。员工感到满意的因素一般有以下几项。

(1) 参与决策。

(2) 认为本职工作不错。

(3) 在做好本职工作时得到肯定。

(4) 主观能动性得到鼓励。

(5) 后勤部门提供积极支持。

(6) 对企业整体上感到满意。

员工可以根据上述标准给本人对饭店的满意程度打分，非常满意可打最高分，不满意给最低分。这样，可列出员工满意程度的综合指数。

2. 对员工保留率的评价

员工保留是指企业保留那些对企业有长期利益的员工。饭店对员工进行长期投资，这些员工不辞而别将给饭店造成知识资本的损失。长期聘用的、忠实的员工代表着企业的价值观念。

3. 对员工劳动生产率的评价

评价员工的劳动生产率是对员工进行的总体培训的效果进行评价，这种总体培训包括加强员工技能、改善工作态度、改进经营程序并使客户感到满意，培训目的是使员工的劳动生产率同投入的员工数量成正比。

评价员工劳动生产率最简单的标准是每位员工给饭店带来的收入。因为企业和员工都注重向客户提供高附加值产品和服务，每位员工给饭店带来的收入应有所增加。

(二) 信息沟通能力

要想使员工在今天的竞争环境中有效地发挥作用，就必须使他们获得足够的信息，即有关客户、过程程序及财务决策的后果等方面的信息。

第一线的员工需要及时、准确、全面地了解每一位客户同饭店的关系。这些信息可能包括成本分析和每个客户可能给饭店带来的利润。第一线的员工必须得到的信息还包括在多大程度上满足现有客户的现有需要，并且满足客户未来的需要。第一线的员工需要及时、准确地得到所生产的产品和所提供的服务的信息反馈，只有得到这些信息反馈，员工们才能贯彻改进计划，系统地消除弊端，并且在服务过程中减少多余的成本、时间和浪费现象。

良好的信息系统可以帮助员工不断地改进生产和服务过程。一些企业已制定了信息覆盖比率，用于评价现有的信息系统满足员工需要的能力。对信息系统的灵敏程度进行评估的标准可能包括反应时间、周期、成本反馈，以及直接面对客户的员工接触信息系统的途径等。

(三) 积极性和创造能力

如果不激发员工的积极性，使他们以最好的方式为企业服务，不给他们以决策和采取行动的自由,那么向技术熟练的员工提供完美的信息途径也不能保证饭店获得成功。所以,饭店内部的学习成长过程的第三个要素是营造企业内部环境,激发员工的积极性和创造力。

1. 测定被采纳建议的数量并对改进结果进行评价

可通过多种手段评价饭店是否已激发员工的积极性并向员工授予一定的权力。一种广泛采取的简单方式是,测定每个员工提出建议的数量。这一手段可评价出员工对改善饭店绩效的参与程度。饭店还可采取其他措施对这一手段进行补充,包括测定被采纳或执行的建议的数量,这一附加手段可评价员工提出建议的质量高低,同时可向其他员工表明:员工的建议受到饭店重视和认真考虑。对建议进行反馈并执行其中的一些建议的做法会促使员工提出更多的建议。

2. 个人之间及部门之间协作的评价

个人之间与部门之间能否实现联合,取决于个人、各部门和企业的目标是否有联系。在部门的较低层单位实行绩效评价制度有两个目的:① 使个人及部门的目标、报酬和认知程度同实现企业目标息息相关;② 对工作表现进行集体评估。

3. 对团队的表现进行评价

饭店越来越多地依赖团队合作来实现重要的经营程序——产品开发、对客户提供服务及进行经营活动等。这些饭店需要一些目标和评估手段来鼓励团队建设,并评估团队所取得的业绩。

四、内部运作评价指标

在饭店内部运作过程中,有三个主题推动着内部绩效的改进,即收入的增长和混合,降低成本和提高生产率,资产利用和投资战略。收入的增长和混合是指增加产品和服务的提供,获得新的市场和客户,调整产品和服务的构成以实现增值,以及重新确定产品和服务的价格;降低成本和提高生产率是指努力降低产品和服务的直接成本和间接成本,以及与其他经营单位分享共同的资源;对资产利用主题来说,管理者要努力降低支撑业务的特定数量和构成所要求的运营资本水平。管理者还通过在新的业务中利用目前未加利用的生产能力、提高资源的利用效率和清除其市场价值盈利不足的资产,竭力提高对其固定资产基础的利用。

(一)收入的增长和混合

对处于成长阶段和收获阶段的经营单位来说,最常用的收入增长评价方法是销售额增长率和市场份额。

1. 新产品

处于成长阶段的饭店通常注重扩大现有的产品种类或者提供全新的产品和服务。关于这一目标,常用的评价方法是一个具体期间,比如2~3年推出的新产品和服务占所创造收入的百分比。

2. 新的客户和市场

诸如新的客户、市场份额和地区的创收率这样的评价方法比较注重对增加收入的来源进行调查。一家饭店在目标市场上所占的份额,是一项常用的计量方法。这项方法还使饭店能够估计,它的市场份额的增大是来源于富于竞争力的供应改善,还是来源于市场总规模的扩大。销售额增大,但在市场上所占份额遭受损失,这可能表明饭店的战略或者其产品和服务的吸引力存在问题。

3. 新产品和服务的构成

饭店可以选择通过改变其产品和服务的构成来增加收入。

4. 新的定价战略

利润增长计划,特别是那些成熟的或者处在收获期的饭店企业的利润增长计划,可能是通过提高产品和服务的价格来实现的。一些饭店已经发现,可以提高一些特殊的产品或是根据客户特殊要求定做的产品的价格;或取消价格优惠,以便在现有的无利可图的产品和客户身上收回成本。产品的利润率,或者是无利可图的产品和客户的百分比,可提供反映过去实行的定价战略成功与否的指数。对于同类产品和服务项目来说,一个简单的定价公式,如每间客房的收入等,都可反映出饭店企业的定价战略。

(二) 降低成本和提高生产率

除了建立有关收入的增加与构成等目标外,饭店企业还可能要改善自己在成本费用和生产率方面的业绩。

1. 提高生产率

处于成长阶段的经营单位,重点不大可能是降低成本费用。其生产率目标应当注重增加收入,比如员工人均收入等,以促进向附加值较高的产品和服务转移,提高本企业的实物和人力资源的能力。

2. 降低单位成本

对处于维持阶段的企业来说,实现有竞争力的成本水平、提高经营利润、监测间接和辅助性开支水平,将有助于提高获利能力和投资回报率。对产出比较单一的企业来说,为其提供降低单位成本的简单目标就足够了。

3. 改善交易渠道

降低成本费用的重要方法就是把客户和供应商从由高成本的人力处理渠道转移到低成本的电子渠道。一个经营单位若采用这一降低成本战略,就能够评价不同渠道交易所占有的百分比。

4. 降低营业成本

许多饭店积极致力于降低销售开支、一般性开支和管理开支。这一工作是否成功可通过这些开支的绝对数量或者这些开支在总成本或利润总额中所占的百分比来评价。削减开支和费用的计划应与饭店绩效评价体系的其他手段综合使用,如客户的反应、产品质量和工作表现等,这样,削减开支才不会影响重要的客户计划和内部经营目标的成功实施。饭店应对间接开支和后勤开支所产生的价值进行评估,而不应局限于削减这些开支和减少后勤支持,更应着眼于提高这些开支和后勤支持的效率,如发展更多的客户、增加销售额、增加交易额、提供更多的新产品、改进服务技术等,同时提高后勤支持部门的工作效率,增加这些部门的投入和产出比例。通过以经营活动为基础的成本分析可以看出间接开支、后勤支持和管理开支同这些开支产生的经营活动和成果之间的联系。

(三)资产利用和投资战略

饭店可利用资本回报率、投资回报率和经济附加值等目标提供对内部运作绩效的总体评价。

第三节 饭店绩效评价指标的分析

视频：饭店绩效评价指标的分析

饭店绩效评价指标的分析有两大用途：一是确定企业的偿债能力；二是评价企业的经营业绩。通过饭店绩效评价指标的分析，将反映过去的经营成果和财务状况的企业财务报表数据信息，转变成预计企业未来的有用信息，体现传统饭店会计报表数据信息的真正价值。

一、饭店偿债能力分析

偿债能力是指饭店偿还各种到期债务的能力。偿债能力分析包括短期偿债能力分析和长期偿债能力分析两个方面。

(一)短期偿债能力分析

短期偿债能力是指饭店以流动资产偿还流动负债的能力。通过分析流动资产与流动负债的关系，即饭店资产的流动状况，可判断饭店短期偿债能力。这类比率主要包括流动比率、速动比率、现金比率三个比率。

1. 流动比率

流动比率是指流动资产总额与流动负债总额之比。表示每元流动负债可由多少流动资产来偿还。其计算公式是：

$$流动比率 = \frac{流动资产}{流动负债}$$

公式中的流动资产指货币资金、应收账款净额、应收票据、存货、预付货款、短期投资以及其他应收款和待摊费用。流动负债指短期借款、应付账款、应付票据、应收货款、应付工资福利费、应付利润、应交税金等各种未交款、其他应付款、预提费用以及一年内到期的长期负债等。

流动率反映了饭店的短期偿债能力。比值越高，偿债能力越大；反之，则小。一般而言，流动比率能达到 2∶1 的水平，就表明该企业的财务状况是稳妥可靠的。因为此时企业的营运资金(流动资产减流动负债后的余额)是流动负债的 1 倍，一方面使债务偿还有保证；另一方面不至于使大量资金滞留在流动资产上。从另一个角度看，在扣除了约占流动资产的一半、变现能力最差的存货金额之后，剩下的一半流动性较大的流动资产至少要等于流动负债，企业的短期偿债能力才会有保证。

流动比率并非越大越好，因为流动比率大，可能是存货积压或滞销的结果，也可能是拥有过多的货币资金，未能很好地在经营中加以运用的缘故。所以，在评价流动比率时应注意：对债权人来说，流动比率越大越好，但对企业来说应该有个上限。

2. 速动比率

标志饭店偿债能力、反映流动资产的流动性指标，除上述流动比率外，还有速动比率。速动比率是指企业的速动资产对流动负债的比率。速动资产是那些可按其本身市值即时转换为现金、偿付流动负债的那些流动资产，它是流动资产中最具流动性的一部分。速动资产主要包括货币资金、应收账款、应收票据（扣除坏账准备）和可替代现金的短期投资，以及其他应收款。速动资产不包括存货，这是因为：存货变现速度慢，要通过市场销售才变为现金，并且其转换为现金的时间和数额都不好确定；部分存货可能已损失报废或抵押出去而未做处理；由于计价方法的影响，存货的估价存在成本与市价的差距。

速动比率比流动比率更足以表明企业的短期偿债能力。流动比率只能表明企业的流动资产总额与流动负债总额之间的关系，如果流动比率较高，而流动资产总额的流动性都很低时，其偿还能力仍然是不高的。因此，在不希望饭店用变现存货的办法来还债，而又想了解饭店当前的变现能力时，可计算速动比率，因为它抛开了变现力较差的存货。

速动比率计算公式为：

$$速动比率 = \frac{速动资产}{流动负债}$$

分子中的速动资产计算方法有二：一是用减法，即流动资产减存货，或流动资产减存货、待摊费用和预付费用；二是用加法，从流动资产中去掉其他一些可能与当期现金流量无关的项目，即用现金、可上市短期有价证券、应收账款净额三项作为速动资产与流动负债相比。第二种方法称为保守速动比率或超速动比率。这是因为：预付款只能减少未来的现金支出，不能转换为现金，不属速动资产；待摊费用因缺乏市场价值而无变现价值可言，也不属速动资产。

假定企业面临财务危机或办理清算时，在存货、待摊费用、预付费用等无法立即变现的情况下，速动比率反映企业以速动资产支付流动负债的能力，即企业应付财务危机的能力。速动比率越大，其偿还能力就越高，一般认为速动比率以 1∶1 为宜。当然，这个比率也不是绝对不变的，应视每个饭店企业速动资产构成等因素而定。如果速动资产过多，又可能使企业丧失良好的投资获利机会。

3. 现金比率

现金比率只把现金和可上市短期有价证券之和与流动负债进行对比。即：

$$现金比率 = \frac{现金 + 短期有价证券}{流动负债}$$

这是衡量饭店短期偿债能力的一个最保守的指标，反映饭店的即刻变现能力。它表明饭店在财务状况最坏情况下随时可以还债的短期偿债能力。

在企业把应收账款和存货都抵押出去或者已有证据可以肯定应收账款和存货的变现能力存在严重问题的情况下，可用现金比率分析企业的短期偿债能力。

过高的现金比率，说明企业的资金闲置或尚未充分利用现金资源，投入经营赚取更多利润；过低的现金比率则可能反映企业当前付款的困难。

(二) 长期偿债能力分析

对饭店长期偿债能力的分析主要是为了确定该饭店偿还债务本金与支付债务利息的能力。这种分析可从资产负债表反映的资本结构的合理性和损益表反映的偿还借款本息的能力两方面进行。前者用负债经营比率表示，后者用利息保障倍数反映。这两个指标也称资本结构比率或杠杆比率。其用途一是提供偿债能力指标，二是提供所有者所负风险程度的指数。通过这些指标可以分析权益与资产的关系、权益之间的关系和权益与收益之间的关系，从而最终评定企业资本结构的合理性，评价企业的长期偿债能力。

杠杆比率是衡量一个企业在与债权人提供的贷款相比之下的由所有者所供给的资金。其含义在于：第一，债权人所提供贷款的安全程度，将由所有者提供的资金来保证。如果所有者提供的资金在资本总额中只占很小的比例，企业的风险将主要由债权人承担。第二，通过举债筹资，所有者可以得到用有限的投资而保持企业的控制权的利益。第三，如果企业所获得的利润多于所支付的借款利息，所有者的利润就随之而扩大。

1. 资产负债率

它是饭店负债总额与资产总额（权益总额）之比。反映在总资产中有多大的比例是通过举债而筹资的，也表明债权人债权的保障程度。其计算公式是：

$$资产负债率 = \frac{负债总额}{资产总额}$$

饭店的负债控制在什么水平比较有利，主要取决于饭店的投资收益率与借款利息率的比较。当投资收益率高于借款利息率时，负债率越高，企业的资金成本越低，利润越多，对企业越有利，股东所得利润也相应增加；反之，当投资收益率低于借款利息率时，负债率越高，利润越少，对企业越不利，股东所得利润也相应减少，如果企业的经营收益少于应付的利息，则企业将发生亏损，甚至因此面临破产的危险。

从股东的立场看，企业的借入资金与股本在经营中发挥的作用是相同的。股东所关心的是借入资本的计价，当企业所得的资本利润率超过借款利息率时，归股东所得的利润将随之扩大。这样，股东的好处一方面是获得较高的投资收益，另一方面是参与甚至控制企业的管理。

当经济衰退时，负债比率低的企业风险较小，但其预期的利润也较少；当经济繁荣时，负债比率高的企业风险较大，但有赚取较多利润的机会。负债比率反映了一个企业理财决策的效果和举债经营的能力。

从债权人的立场看，债权人权益比率（负债比率）反映了债权人提供的资本占全部资本的比率，这个比例的大小反映了债权人所提供贷款的安全程度，如果这个比率很大，则说明企业的风险将主要由债权人负担，这当然不是债权人所希望的。

从经营者的角度看，这个比率反映了企业的魄力和能力。举债经营手法，是所冒风险和所获利润的较量，实质上是权益上的衡量。

如果企业发生清理的话，与债权人相比，所有者则可能由于要扩大利润或筹措新的资金而放弃某种程度的企业控制权，去寻求更高的杠杆。如果负债比率过高，可能产生鼓励所有者对企业经营不负责任的危险，因为他们对企业只承担其股本额为限的经济责任。他们可能铤而走险从事投机活动,成功了,他们会获得巨额利润;失败了,他们的损失却很少,因为他们的投资很少。

下面是负债比率反映资本结构的衍生指标。

(1) 产权比率。也称股东权益比率或净资产比率。这个比率是指股东投入的资金与资产总额的比率。它反映了属于股东投入资本在全部资本中所占的比重,即股东权益在权益中的比重。

它是一个与债权人权益比率(负债比率)相配合的比率,两者相加之和应为100%。计算公式是:

$$产权比率 = \frac{股东权益}{资产总额}$$

(2) 负债权益比率。它是指负债总额与股东权益的比率,表示债权人提供的资金与股东提供资金的相对关系,它表明企业财务结构的强弱以及债权人的资本受到股东权益的保障程度。其计算公式是:

$$负债权益比率 = \frac{负债总额}{股东权益}$$

(3) 负债与有形净值比率。有形净值指股东权益减去无形资产,即账面上股东具有所有权的有形资产的价值。负债与有形净值比率是更保守和谨慎的衡量长期偿债能力的指标,也反映在企业清算时保护债权人利益的程度,且比值越低越好。

由于无形资产不一定能用来还债,出于谨慎,在净资产(股东权益)中将其扣除之后再行计算。公式如下:

$$负债与有形净值比率 = \frac{负债总额}{股东权益 - 无形资产}$$

2. 利息保障倍数

反映长期偿债能力的另一个指标就是利息保障倍数,即债务中获得的收益是所需支付的债务利息的多少倍。只要利息赚取倍数足够大,饭店无力偿债的可能性就很小,如果饭店在支付利息方面不存在困难,通常也将有能力再借款用于归还到期的债务本金。当然,关键是企业的信誉。

举债的目的是获得必要的经营资本,但前提是所付利息必须少于借款所赚取的利润,即举债经营。利率越高,借入资本的盈利少于利息的风险就越大,衡量这种风险的程度可用利息保障倍数指标。其计算公式是:

$$利息保障倍数 = \frac{息前税前利润}{利息费用}$$

公式中息前税前利润 = 税后净利润 + 利息费用 + 所得税,或 = 利润总额 + 利息费用。之所以用息前税前利润,是因为所得税和利息费用也是以借款赚取的,且本身不影响利息的支付。利息资本化导致把那些本该按费用支付出去的利息加到了固定资产价值上去。这部分利息也应该包括在上述公式中的利息费用中。

由于企业支付的利息计入当前费用后直接影响当前的利润,所以,在其他因素不变的前提下,利息负担越重,利润越低;反之,就越高。因此,这个比率高,表示负债尚未形成企业负担,债务的安全性就大,企业的偿债能力也强;反之,这个比率接近1,表示该企业的利息负担过重,债务的安全性差。

从长远看,一个饭店的利息保障倍数至少要大于1,否则,就不能举债经营。但短期内,可能在指标低于1的情况下,仍有能力支付利息,这是因为有些减少利润的费用项目不需要当前支付现金,如折旧、摊销等。债权人和所有者都希望这个比率越高越好。

二、饭店营运能力分析

反映饭店资产周转营运能力的比率指标,主要包括应收账款周转率、存货周转率、营业周期、客房收益、营运资金周转率、总资产周转率六个方面。

(一) 应收账款周转率

应收账款周转率是指销售收入与应收账款的平均余额之比。表现为以下三个指标:

$$应收账款周转次数 = \frac{商品销售收入}{应收账款平均额}$$

$$收回应收账款的平均天数 = \frac{365}{应收账款周转次数}$$

$$应收账款周转天数 = \frac{应收账款平均余额}{商品销售收入} \times 365$$

在上述应收账款周转率的三个指标中,应收账款周转次数是计算期内应收账款转为现金的平均次数。应收账款周转天数则是饭店从取得应收账款的权利到收回款项转化为现金所需要的时间,即应收账款周转一次所需天数。周转次数越多,周转天数越少(平均收款期越短),则应收账款周转率越高,说明应收账款的收回越快,可以减少坏账损失,增强资产的流动性和短期偿债能力,避免了营运资金过多地长时间地滞留在应收账款上,一定程度上可以弥补流动比率低的不利影响。收回应收账款的平均天数则是天数越少越好。但是,如果应收账款周转率过高,则可能是付款条件过于苛刻的严格信用政策所致,这可能影响企业销量的扩大而制约饭店的盈利水平;如果企业的应收账款周转率过低,说明企业的收账效率太低,信用政策太松而影响资金周转和资金利用。

计算这些指标时,应收账款应是扣除坏账损失后的净额,且包括应收票据。其平均数的计算是:(期初余额 + 期末余额)/2。

(二) 存货周转率

存货周转率是指销售成本与存货平均之比,说明饭店的存货量是否适当及销售能力的强弱。表现为以下两个指标:

$$存货周转次数 = \frac{商品销售成本}{存货平均余额}$$

$$存货周转天数 = \frac{存货平均余额}{商品销售成本} \times 365$$

$$或 = \frac{365}{存货周转次数}$$

存货周转次数表示计算期内存货转化为现金或应收账款的次数；存货周转天数表示存货转化为现金或应收账款一次所需的天数，即存货额相当于多少天的销售额(成本)。存货周转次数越多，周转天数越小，则存货周转率越高，说明存货的流动性好，即占用数量少，周转速度快；在利润率不变的条件下，则利润就多，或利润额不变，其存货资金占用量就少。因此，存货周转率是衡量饭店销售能力大小和存货过量或短缺的指标，它与饭店的获利能力有着直接的联系。

当然，也不能绝对地认为存货周转率越高，效率就越高。库存少，周转率肯定高。但订货次数多使订货成本增加且不能享受数量折扣，还有不能按时交货的风险。因此，必须寻求最佳存货批量。存货周转率过低，则说明存货积压或销售不畅或是囤积所致。另外，企业经营方针的调整、存货计价方法的变更等都会影响存货周转率。

(三) 营业周期

营业周期是指从取得存货开始到销售存货并收回现金为止的这段时间。其计算公式是：

$$营业周期 = 应收账款周转天数 + 存货周转天数$$

营业周期指的是需要多长时间才能把期末存货全部变为现金。营业周期的长短说明资金周转的快慢。

(四) 客房收益(RevPAR)

客房收益是饭店每间可供出租房每天产生的平均实际营业收入。用以衡量饭店住宿设施的利用情况，说明饭店的营运能力。其计算公式为：

$$客房收益 = 实际客房营业额 / 可售客房数$$
$$= 实际平均房价 \times 客房出租率$$

(五) 营运资金周转率

营运资金周转率是指产品销售收入和平均营运资金之比。其计算公式是：

$$营运资金周转率 = \frac{产品销售收入}{营运资金平均余额}$$

营运资金周转率这个比率表明饭店所拥有的平均每百元营运资金能实现多少商品销售收入。

(六) 总资产周转率

总资产周转率也称总资产利用率，是饭店销售收入净额与平均资产总额的比率。其计算公式是：

$$总资产周转率 = \frac{销售收入}{平均资产总额}$$

公式中的平均资产总额 = (期初资产总额 + 期末资产总额)/2。该比率反映饭店全部资产的使用效率，衡量饭店运用全部资产创造销售收入的能力，它的高低会影响企业的获利能力,应采取措施提高销售收入和降低资产占用。

三、饭店获利能力分析

饭店资本增值获利能力是指饭店企业以成本赚取利润、以资本获得增值的能力。它是饭店企业生存和发展的根本。

资本增值获利能力是上述资金周转营运能力的结果,是资金流动偿债能力的基础,具有综合性和核心性。

饭店资本增值获利能力比率的指标较多,主要有销售利润率、客房收益率、资产收益率、资本增值率和市场价值率五个方面。

（一）销售利润率

销售利润率是利润与销售收入净额之比。主要有毛利率和净利率两个指标。

1. 毛利率

毛利率表示每一元销售收入有多少可以用于各项期间费用和形成税前利润。

$$毛利率 = \frac{毛利润}{销售收入}$$

毛利润仅指销售收入扣除销售成本（包括流转税）后的余额。毛利率的作用在于：

揭示企业销售产品的主营业务的获利能力；

反映占企业费用支出最主要部分的销售成本对企业当前利润的直接影响；

可以看出售价、流转税对企业获利能力的影响；

估计企业承担销售费用、管理费用、财务费用等期间费用的能力。

2. 净利率

净利率反映每一元销售收入带来多少税后净利润。

$$净利率 = \frac{净利润}{销售收入}$$

净利润指的是所得税后净利润。净利率受行业特点影响较大。竞争方式、经济条件、筹资方法、资本结构以及营业特点等因素,都会使不同企业的利润水平不一致。

（二）客房收益率

客房收益率是反映饭店客房经营成果的指标,是饭店实际实现的销售收入与潜在的销售收入的比值。计算公式如下：

$$客房收益率 = \frac{实际客房销售额}{潜在客房销售额} \times 100\%$$

$$= \frac{实际客房数}{客房总数} \times \frac{日平均实际房价}{日平均潜在房价}$$

$$= 出租率 \times 房价实现率$$

其中：

$$实际客房销售额 = 实际售出客房数 \times 日平均实际房价$$

$$潜在客房销售额 = 实有客房数量 \times 日平均潜在房价$$

$$日平均实际房价 = \frac{客房总销售额}{客房总销售数}$$

$$房价实现率 = \frac{日平均实际房价}{日平均潜在房价} \times 100\%$$

客房收益率指标兼顾了客房出租率与房价两大要素,为了解饭店企业的客房获利能力提供了一种全面、客观的评估分析手段。

(三) 资产收益率

资产收益率包括总资产收益率和净资产收益率。

1. 总资产收益率

总资产收益率是指饭店税后净利润加利息支出与资产总额平均数的比率关系。总资产收益率用于衡量饭店运用全部资产(投资总额)产生利润的能力,反映饭店全部资产的使用的综合效果和全面经营效率。计算公式如下:

$$总资产收益率 = \frac{税后利润 + 利息支出}{平均资产总额}$$

$$平均资产总额 = (期初资产总额 + 期末资产总额)/2$$

总资产收益率一方面反映了所有者和债权人提供资本的获利能力,即投入产出能力;另一方面反映了饭店管理资产、利用资源的效率。这个指标的高低与饭店的资产存量、资产结构、资产增量密切相关,综合体现了饭店的经营管理水平。

2. 净资产收益率

净资产收益率是指净利润与所有者权益之比,是所有者投资的投资利润率。其计算公式是:

$$净资产收益率 = \frac{净利润}{平均所有者权益}$$

公式中的平均所有者权益,是指资产总额减负债总额后的净资产的期初、期末平均数。净资产收益率反映所有者投资的收益水平,也称所有者权益报酬率。

(四) 资本增值率

资本增值率是在不考虑货币时间价值和物价变动因素影响的情况下,期末所有者权益与期初所有者权益的比率。即:

$$资本增值率 = \frac{期末所有者权益}{期初所有者权益}$$

资本增值率这一指标反映饭店的资本保全和资本增值,等于1为保全,大于1为增值。

(五) 市场价值率

市场价值率是反映上市公司财务状况、股票价格和盈利能力的重要指标。上市公司是指股票经过批准已公开挂牌上市交易的股份有限公司。市场价值率主要包括每股收益率、市盈率、净资产倍率和股利支付率。

1. 每股收益率

$$每股收益率 = \frac{净利润 - 优先股股利}{普通股流通股数}$$

2. 市盈率

$$市盈率 = \frac{每股市价}{每股净利润}$$

该指标表示投资者对每赚一元税后利润所愿支付的股票价格。该指标的倒数是以股票市价计算的股东投资报酬率。市盈率越高,表示股东所要求的投资报酬率越低。股东如愿意接受目前较低的投资报酬率,可能是公司预期股票会增值或税后利润会增加,而愿冒此投资风险。

一般认为市盈率以 10~20 为正常。比率小说明股价低,风险小;比率大说明股价高,风险大。发展前景较好的企业通常都有较高的市盈率;前景不佳的企业这个比率也就较低。

3. 净资产倍率

净资产倍率指普通股每股市场价格与每股账面价值的比率。公式是:

$$净资产倍率 = \frac{每股市场价格}{每股账面价值}$$

每股账面价值 =(所有者权益总额 - 优先股权益)/ 发行在外的普通股股数

净资产倍率反映普通股股票本身价值的大小,净资产倍率越大,股票的价值越高。因此,该比率反映了企业发展的潜在能力。

4. 股利支付率

股利支付率是每股股利与每股收益的比率。也可以表示为分配的现金股利总额与税后净利润总额的比率。即当前净利润中有多大部分用于支付股利。其中,每股股利 = 分配的现金股利总额 / 流通在外股数。计算公式是:

$$股利支付率 = \frac{每股股利}{每股收益} \times 100\%$$

$$或 = \frac{现金股利总额}{税后净利润总额} \times 100\%$$

股利支付率表示属于普通股股东的收益中,已经以现金支付部分所占的比例。其高低只取决于企业的股利政策。即在实现的净利润中,留归企业发展和向股东发放股利的分配关系。这种政策往往影响股市价格。股东有时以每股股利除以每股市价来衡量其投资报酬的大小,以取得股利收入为主要目标的长线投资股东,尤其重视这一现金报酬率或股息率。

四、财务比率综合分析

综合分析是将具有内在联系的各种财务比率进行系统的加工整理,形成对饭店财务状况和经营业绩的总体评价。饭店财务综合分析一般采用杜邦财务分析体系。

杜邦分析法是通过几种主要财务比率的关系系统和等式来综合分析企业财务状况的方法。因美国杜邦公司最先采用这种分析技术，故称杜邦分析法或杜邦系统。杜邦分析法的核心内容是把资金周转快慢和销售利润实现幅度联系起来，并显示这些比率相互影响的情况，以确定资产的盈利情况及其原因。这些内容可通过杜邦恒等式和杜邦系统图表示（见图10-2）。

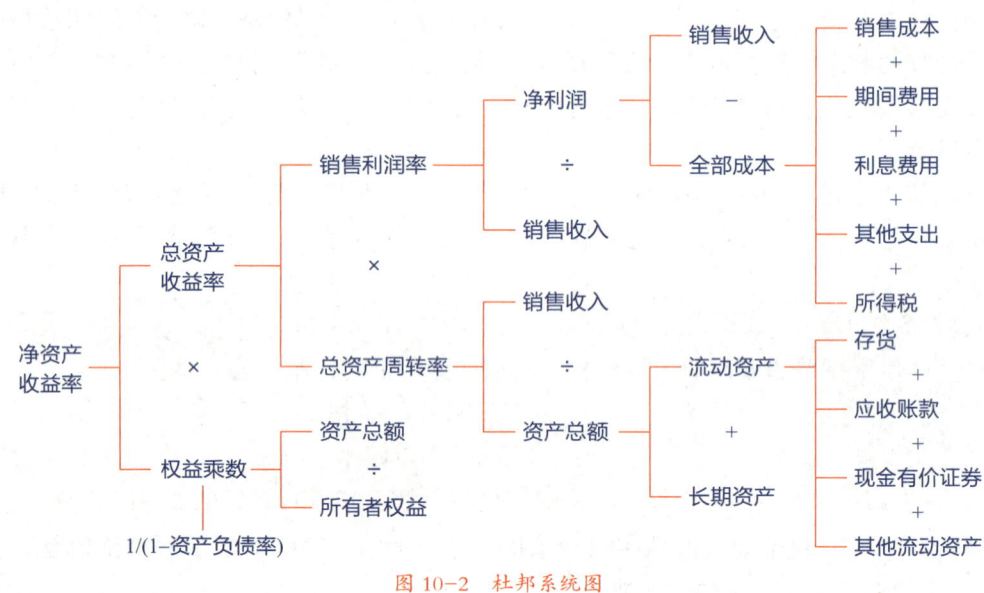

图 10-2 杜邦系统图

（一）杜邦恒等式

$$净资产收益率 = 总资产收益率 \times 权益乘数$$
$$总资产收益率 = 销售利润率 \times 总资产周转率$$
$$净资产收益率 = 销售利润率 \times 总资产周转率 \times 权益乘数$$
$$权益乘数 = 资产总额 / 所有者权益 = 1/(1-资产负债率)$$

（二）杜邦系统图

杜邦分析法通过列示几个主要比率的相互关系，把资产收益率这一综合指标进行逐步分解，用以解释指标变动的原因。用一个综合指标更能说明问题，如表10-1 所示。

表 10-1 财务比率综合分析

总资产收益率	销售净利润率	总资产周转率
A 公司		
第一年 10%	5%	2.0次
第二年 10%	4%	2.5次

续表

总资产收益率	销售净利润率	总资产周转率
B 公司		
第一年 10%	4%	2.5 次
第二年 8%	4%	2.0 次
C 公司		
第一年 10%	4%	2.5 次
第二年 8%	3.2%	2.5 次

A 公司资产使用效率提高,总资产周转率加速 0.5 次,被成本上升销售净利润率下降 1% 抵消,使其两年总资产收益率相同。B 公司与 C 公司的总资产收益率水平变动趋势相同,但原因不同:B 公司是总资产周转率下降、资产使用效率降低所致;C 公司则是成本上升、销售净利润率下降所致。

本 章 小 结

- 效益是根本,现代饭店开展经营管理活动的主要目的,就是取得良好的经营绩效。饭店经营绩效的分析与评价,为饭店经营者了解经营现状,分析经营中产生问题的原因,以及改进经营绩效的决策活动,提供了有益的帮助。
- 绩效评价是指根据确定的目的来测定对象系统的属性,并将这种属性变为客观定量的计值或者主观效用的行为。饭店绩效评价可从财务指标与非财务指标两方面进行,采用国际流行的综合平衡计分卡方法,从财务、顾客、内部业务流程和学习与成长四个方面,构建饭店绩效评价的指标体系。
- 饭店绩效评价指标的分析,主要针对偿债能力、营运能力、获利能力和财务比率综合分析四个方面。通过上述分析,确定饭店企业的偿债能力和经营业绩,将反映过去的经营成果和财务状况的企业财务报表数据信息,转变成预计企业未来的有用信息。

同 步 练 习

一、问题思考

1. 饭店绩效评价系统由哪些要素构成?
2. 什么叫平衡计分卡?它的核心思想是什么?

3. 饭店偿债能力分析的指标有哪些？
4. 可从哪些方面了解饭店的营运能力？
5. 反映饭店获利能力的指标有哪些？
6. 什么叫杜邦分析法？

二、讨论交流

以 3~4 人组成的小组为研究单位，通过互联网查找资料，进行以下问题的研究，撰写调研报告，编制 PPT 文件，在课堂上进行交流分享。
1. 中国星级饭店出租率和平价房价格变化分析。
2. 解读下文实例参考"饭店综合实力评价体系"。

三、在线自测

扫描二维码，完成在线练习。

在线自测 10

饭店综合实力评价体系

A. "××饭店综合实力评价体系"的模型

××饭店综合实力评价体系引入国外最先进的 BSC(Balanced Score Card) 模型（图 10-3），并根据现代饭店业的特点和要求，结合关键业绩指标法（Key Performance Indicator, KPI）来建立××饭店综合实力的测评体系。

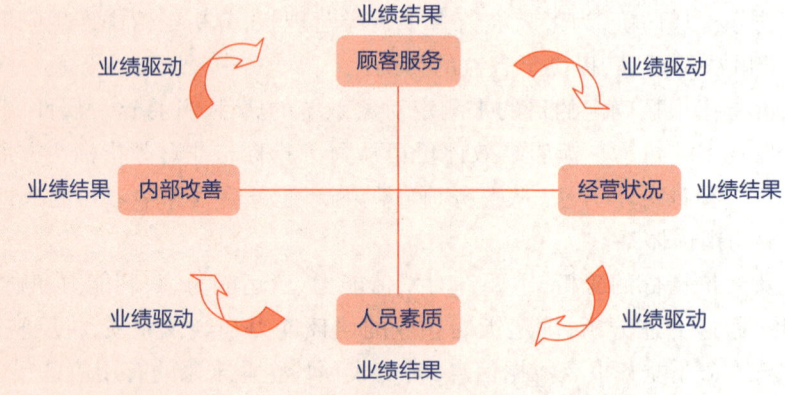

图 10-3 BSC 模型

B. "××饭店综合实力"评价指标体系

BSC 评价模型是一个多指标的结构，运用层次化结构设定指标，能够由表及里，深入清晰地表述"××旅游饭店综合实力评价体系"的内涵。根据现代饭店业的特性，确定××饭店综合实力评价的关键指标（KPI）如下（见图 10-4）：

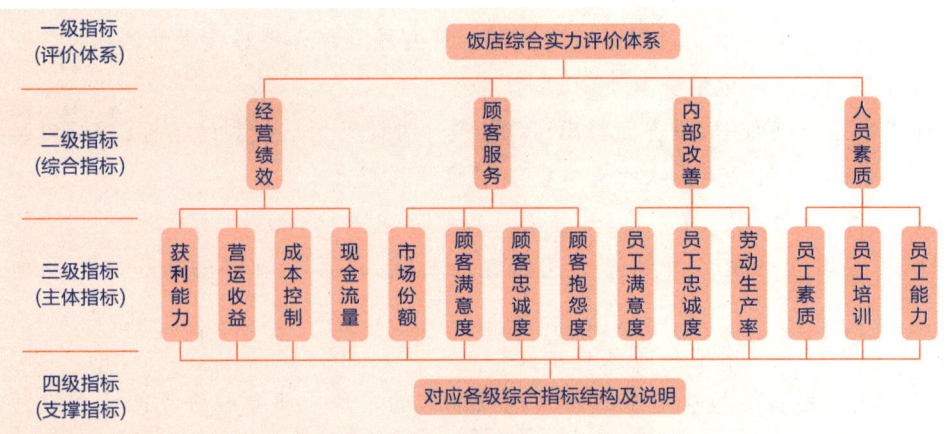

图 10-4 BSC 评价指标体系层次图

C. 各级指标结构及说明

一、经营绩效指标结构及说明

主体指标	支撑指标	权重/%
获利能力	1. 净资产收益率	3
	2. 资本回报率	3
	3. 主营业务利润率	3
	4. 市场增加值	2
营运收益	1. 客房收益率	2
	2. 餐饮毛利率	2
	3. 营业增长率	2
成本控制	1. 成本费用降低率	2
	2. 存货周转天数	2
	3. 应收账款周转天数	2
	4. 成本费用利润率	2
现金流量	1. 资产负债率	2
	2. 速动比率	2
	3. 盈余现金保障倍数	2
	4. 现金流动负债率	2
合计		33

指标说明：

（一）获利能力——利润

这是饭店经营绩效评估最常用的指标，它可以考核饭店资本投资额所赚取利润。资本回报率等指标体现了饭店发展的状况。

1. 净资产收益率 = 净利润率 ÷ 平均净资产 ×100%

本指标是评价饭店自有资本及其积累获取报酬水平的最具综合性与代表性的指标。

2. 资本回报率 = 利润 ÷ 运用资本 × 100%

本指标也称资本运用回报率、投资回报率(ROI),是一种评估饭店盈利的指标,指饭店利润占投资金额的百分比,说明饭店投入的资本能够创造的利润大小。

3. 主营业务利润率 = 主营业务利润 ÷ 主营业务收入净额 × 100%

本指标体现了饭店主营业务利润对利润总额的贡献,以及对饭店全部收益的影响程度。

4. 市场增加值(MVA) = 总市值 − 投入资本

本指标是股东已经投资到饭店的金额与其他以今天的市价出售其股份收回的金额之间的差异。它是饭店当前市场价值与在整个饭店生命期中已投入资本的总和之差。

(二) 营运收益——收入

经营绩效可以用主营收入或营业增长率来衡量,它充分体现了饭店发展成功的状况。

1. 客房收益率 = $\dfrac{实际客房销售额}{潜在客房销售额}$ = 出租率 × 房价实现率

本指标从客房平均房价和平均出租率反映饭店收益水平及市场占有份额。

2. 营业增长率 = 本年主营业务收入增长额 ÷ 上年主营业务收入总额 × 100%

本指标是衡量饭店经营状况和市场占有能力,不断增加主营业务收入是饭店生存的基础和发展的条件。

3. 餐饮毛利率 = 毛利额 ÷ 主营业务收入 × 100%

本指标是通过食品原材料及饮料进货成本、验收、加工、烹饪、销售等各环节的餐饮成本控制,评价餐饮获利能力。

(三) 成本控制——成本

大多数饭店的财务计划有费用预算和产品或服务计划成本,绩效评估的一般方法是看其实际成本费用比预算成本费用高还是低,来判断成本费用控制是否失控。

1. 成本费用降低率 = (实际成本费用 − 预算成本费用) ÷ 预算成本费用 × 100%

2. 存货周转天数 = 平均存货 × 360 ÷ 主营业务成本

本指标存货周转天数越少,资金占用水平越低,表示饭店由于销售顺畅而具有较高的流动性。

3. 应收账款周转天数 = 平均应收账款 × 360 ÷ 主营业务收入净额

本指标周转天数越少说明收回应收账款越快,收账费用和坏账损失减少。采用本指标目的在于促进饭店通过合理制定赊销政策、严格销货合同管理、及时结算等途径,加强应收账款的前后期管理,加快应收账款回收速度,活化饭店营运资金。

4. 成本费用利润率 = 利润总额 ÷ 成本费用总额 × 100%

本指标从耗费角度评价饭店收益状况,有利于促进饭店加强内部管理,节约支出,提高经营效益。

（四）现金流量

饭店也应监控其现金流量，以确保饭店从经营中创造充分的现金去满足可预见的负债。测定现金流量能力的指标，是饭店在某一期间赚取的自有现金流量金额。自有现金流量是指饭店管理层日常有权开销的现金。

1. 资产负债率 = 负债总额 ÷ 资产总额 ×100%

本指标是衡量饭店债务偿还能力和财务风险的重要指标。

2. 速动比率 = 速动资产 ÷ 流动负债 ×100%

本指标表明饭店偿还流动负债的能力。

3. 盈余现金保障倍数 = 经营现金净流量 ÷ 净利润

本指标从饭店经营活动所产生的现金及其等价物的流入量与流出量的动态角度，对饭店收益的质量进行评价，充分反映出饭店当期净收益中有多少是有现金保障的。

4. 现金流动负债率 = 年经营现金净流量 ÷ 年末流动负债 ×100%

本指标从现金流入和流出的动态角度，充分体现饭店经营活动所产生的现金净流入可以在多大程度上保证当前流动负债的偿还，直观反映饭店偿还流动负债的能力。

二、顾客服务指标结构及说明

主体指标	支撑指标	权重/%
市场份额	1. 全部市场占有率	2
	2. 可达市场占有率	2
	3. 相对市场占有率	2
顾客满意度	1. 企业顾客总体满意度	3
	2. 总体顾客满意指数	3
	3. 相对顾客满意指数	3
顾客忠诚度	1. 顾客保留率	3
	2. 顾客推荐率	3
	3. 顾客保持度	2
顾客抱怨度	1. 顾客投诉率	2
	2. 重大投诉率	2
	3. 抱怨处理满意率	3
合计		30

指标说明：

（一）市场份额

1. 全部市场占有率 = $\dfrac{\text{企业的销售额}}{\text{全行业销售额}} \times 100\%$

市场份额反映出相对于竞争者企业的经营状况，以及满足市场需求的能力。

使用这种测量方法必须作出两项决策:一是要以单位销售量或以销售额来表示市场占有率;二是要正确认定行业范围。

2. 可达市场占有率 $= \dfrac{\text{企业销售额}}{\text{可达市场销售额}} \times 100\%$

可达市场,一是企业产品最适合的市场;二是企业营销努力所及的市场。

3. 相对市场占有率 $= \dfrac{\text{企业销售额}}{\text{市场领导竞争者}} \times 100\%$

以企业销售额相对市场领导竞争者的销售额的百分比来表明企业的市场地位。

(二)顾客满意度

用顾客满意度指数来度量企业经济运行的水平,弥补了经营指标的不足,对测评企业综合能力提供了科学依据。

1. 企业顾客总体满意度 $= \dfrac{\text{顾客期望}}{\text{服务实绩}}$

通过可靠性、反应性、保证性、移情性和有形性五大服务质量标准,测定顾客期望与服务实绩之间的差异,计算企业顾客的满意度指数。

2. 总体顾客满意指数 $= \dfrac{\text{企业顾客总体满意度}}{\text{行业顾客平均满意度}}$

总体顾客满意指数是本企业顾客总体满意度与行业顾客平均满意度之间的比较,从而从服务质量角度确定它在市场上的位置。

3. 相对顾客满意指数 $= \dfrac{\text{企业顾客总体满意度}}{\text{主要竞争对手的顾客满意度}}$

通过本企业顾客总体满意度与主要竞争对手的顾客满意度的对比,可确定本企业在企业竞争中的地位。

(三)顾客忠诚度

1. 顾客保留率 $= \dfrac{\text{回头客人数}}{\text{入住本饭店人数}} \times 100\%$

顾客忠诚度与企业利润和持续增长有密切的因素。

回头客即重复购买的顾客。重复购买的人数越多,意味着企业忠诚客越多。

2. 顾客推荐率 $= \dfrac{\text{愿意向他人推荐本饭店的客人数}}{\text{入住本饭店客人数}} \times 100\%$

3. 顾客保持度 $= \dfrac{\text{回头客维系时间总长度}}{\text{回头客人数}}$

愿意向他人推荐本饭店的客人,意味着对本企业的满意度与忠诚感较高。

顾客保持度是描述企业和顾客关系维系的时间长度,企业与顾客关系维系时间越长,越能赢得顾客忠诚。

(四)顾客抱怨度

化解顾客抱怨是赢得顾客忠诚的重要内容。通过顾客抱怨,企业可以了解顾客需求,改进企业工作。对顾客抱怨有一个满意处理,可以赢得顾客的好感与信任。

1. 顾客投诉率 = $\dfrac{投诉次数}{入住本店人数} \times 100\%$

2. 重大投诉率 = $\dfrac{重大投诉次数}{总投诉次数} \times 100\%$

3. 抱怨处理满意率 = $\dfrac{对投诉处理感到满意的客人数}{投诉的客人数} \times 100\%$

三、内部改善指标结构及说明

主体指标	支撑指标	权重/%
员工满意度	1. 员工整体满意度	2
	2. 部门满意度	2
	3. 激励力	4
员工忠诚度	1. 员工保留率	2
	2. 员工流动率	2
	3. 员工勤奋度	4
劳动生产率	1. 全员劳动生产率	4
	2. 人均创利	5
合计		25

指标说明:

(一)员工满意度

1. 员工整体满意度 = 员工绩效/员工报酬

饭店员工满意与否,实际上取决于员工的劳动付出与劳动回报之间的比较,其差异的程度就是员工满意度。该指标探索员工满意度与管理工作之间的关系,了解员工满意度的改善重点,为饭店管理工作指明方向。同时也可用以考核中低层管理人员的管理水平。

2. 部门满意度 = 部门绩效/部门报酬

本指标主要考核各部门团队精神和凝聚力,以及高层管理人员的管理水平。

3. 激励力 = $[\sum(目标价值 \times 期望概率)]/n$

本指标反映了饭店员工的积极性和能动性。

(二)员工忠诚度

1. 员工保留率 = 1-(年内员工流失人数/年内员工总人数)

本指标反映了饭店对员工工作环境、前程发展等的关怀程度。

2. 员工勤奋度 = 1-(操作余裕时间/主体操作时间)

本指标是服务人员从事某项工作所必需的特定熟练程度和适应能力,用以评价员工的服务效率。

3. 员工流动率＝年内新进员工人数/年内员工总人数

本指标反映了饭店的活力。

(三) 劳动生产率

1. 全员劳动生产率＝年内营业收入总额/年内员工总人数

本指标反映了饭店劳动效率的数量状况。

2. 人均创利＝年内利润总额/年内员工总人数

本指标反映了饭店劳动效率的质量状况。

四、员工素质指标

主体指标	支撑指标	权重/%
员工素质	1. 知识结构	1
	2. 员工素质值	2
员工培训	1. 员工培训率	1
	2. 培训时间率	1
	3. 培训费用率	1
	4. 培训达标率	1
员工能力	1. 人才储用率	2
	2. 法约尔参决率	1
	3. 德鲁克成效率	1
	4. 泰勒激励率	1
合计		12

指标说明：

(一) 员工素质

1. 知识结构＝f(知识深度×知识广度×知识时间度)

本指标反映了员工的学习能力与知识的变通性、更新率、转化率，也反映了饭店的竞争优势。

2. 员工素质值＝员工人数×[高学历员工人数/(管理人员数＋服务人员数)]

本指标反映了饭店的员工队伍建设状况。

(二) 员工培训

1. 员工培训率＝受训员工数/员工总数

本指标反映了员工工作能力的获得与提高，是饭店实现人力资源质的飞跃的关键，是提高工作效率和工作质量的根本保证。

2. 培训时间率＝[∑(店内累计受训时间＋店外累计受训时间)]/在店工作时间

本指标反映了饭店培训的持续性，以及对时间、对人力进行分配与利用的合理性。

3. 培训费用率＝年内培训费用/全年营业收入总额

本指标反映了饭店对培训的投入，也反映了饭店对人才渴求程度与重视程度。

4. 培训达标率＝培训后能胜任工作人数／受训员工总数

本指标反映了饭店的培训效果,以及员工的知识转化能力。

（三）员工能力

1. 人才储用率＝大专以上学历人数／饭店员工总人数

本指标反映了饭店的可持续发展能力。

2. 法约尔参决率＝主管参与决策次数／饭店完成管理项目次数

本指标反映了饭店的民主化程度和员工参政议政的能力。

3. 德鲁克成效率＝饭店技术开发完成成果数／饭店技术开发计划项目数

本指标反映了饭店的科研开发能力和科研成果转化能力。

4. 泰勒激励率＝已实施激励政策条款数／饭店管理激励政策条款数

本指标反映了饭店的诚信程度和执行政策的能力。

参考文献

[1] 朱承强. 饭店管理实证研究[M]. 上海：上海交通大学出版社，2013.
[2] 朱承强，曾琳. 现代酒店营销实务[M]. 武汉：华中科技大学出版社，2016.
[3] 朱承强，杨瑜. 酒店管理概论. 北京：中国人民大学出版社，2014.
[4] 朱承强. 饭店前厅与客房管理[M]. 2版. 天津：南开大学出版社，2010.
[5] 朱承强. 旅游市场营销[M]. 北京：中国财政经济出版社，2006.
[6] 李勇. 互联网＋酒店[M]. 北京：人民邮电出版社，2016.
[7] 陈亮，郭庆，魏云豪. 收益管理[M]. 北京：人民邮电出版社，2018.
[8] 胡质健. 收益管理[M]. 北京：旅游教育出版社，2009.
[9] 祖长生. 饭店收益管理[M]. 北京：中国旅游出版社，2016.
[10] 陈新. 走出中国酒店建设和管理的误区[M]. 北京：人民出版社，2017.
[11] 克里斯廷·格罗鲁斯. 服务管理与营销[M]. 4版. 北京：电子工业出版社，2019.
[12] 菲利普·科特勒，等. 旅游市场营销[M]. 谢彦君，等译. 6版. 北京：清华大学出版社，2017.
[13] 瓦伦. 现代饭店管理技巧[M]. 潘惠霞，等译. 6版. 北京：旅游教育出版社，2002.
[14] 冉斌. 目标与绩效管理[M]. 深圳：海天出版社，2002.
[15] 汪纯孝，等. 智力型企业经营管理[M]. 广州：中山大学出版社，2001.
[16] 汪纯孝，等. 服务性企业整体质量管理[M]. 广州：中山大学出版社，1999.
[17] 王怡然，等. 现代饭店营销策划书与案例[M]. 沈阳：辽宁科学技术出版社，2001.
[18] 邹统钎，等. 饭店战略管理：理论前沿与中国的实践[M]. 广州：广东旅游出版社，2002.
[19] 张士泽. 现代酒店经营管理学[M]. 广州：广东旅游出版社，2002.
[20] 谷慧敏. 世界著名饭店集团管理精要[M]. 沈阳：辽宁科学技术出版社，2001.
[21] 傅云新. 服务营销实务[M]. 广州：广东经济出版社，2002.
[22] 苏伟伦. 成功企业如何赢得顾客忠诚[M]. 北京：经济日报出版社，2002.
[23] 唐晓芬. 顾客满意度测评[M]. 上海：上海科学技术出版社，2001.
[24] 逄爱梅. 旅游企业人力资源管理与开发[M]. 上海：华东理工大学出版社，2009.
[25] 杨荫稚，陈为新. 饭店业概述[M]. 天津：南开大学出版社，2009.

郑重声明

高等教育出版社依法对本书享有专有出版权。任何未经许可的复制、销售行为均违反《中华人民共和国著作权法》，其行为人将承担相应的民事责任和行政责任；构成犯罪的，将被依法追究刑事责任。为了维护市场秩序，保护读者的合法权益，避免读者误用盗版书造成不良后果，我社将配合行政执法部门和司法机关对违法犯罪的单位和个人进行严厉打击。社会各界人士如发现上述侵权行为，希望及时举报，我社将奖励举报有功人员。

反盗版举报电话　（010）58581999　58582371
反盗版举报邮箱　dd@hep.com.cn
通信地址　北京市西城区德外大街4号
　　　　　高等教育出版社法律事务部
邮政编码　100120

读者意见反馈

为收集对教材的意见建议，进一步完善教材编写并做好服务工作，读者可将对本教材的意见建议通过如下渠道反馈至我社。

咨询电话　01058582742
反馈邮箱　zhangwei6@hep.com.cn
通信地址　北京市朝阳区惠新东街4号富盛大厦1座19层
邮政编码　100029